Strafrechtliche Grenzen der Palliativmedizin

Europäische Hochschulschriften
Publications Universitaires Européennes
European University Studies

Reihe II
Rechtswissenschaft

Série II Series II
Droit
Law

Bd./Vol. 4423

PETER LANG
Frankfurt am Main · Berlin · Bern · Bruxelles · New York · Oxford · Wien

Tanja Grauer

Strafrechtliche Grenzen der Palliativmedizin

PETER LANG
Europäischer Verlag der Wissenschaften

Bibliografische Information Der Deutschen Bibliothek
Die Deutsche Bibliothek verzeichnet diese Publikation in der Deutschen Nationalbibliografie; detaillierte bibliografische Daten sind im Internet über <http://dnb.ddb.de> abrufbar.

Zugl.: Heidelberg, Univ., Diss., 2006

D 16
ISSN 0531-7312
ISBN 3-631-55513-X

www.peterlang.de

Melvin

Vorwort

Die vorliegende Arbeit wurde im Wintersemester 2005/2006 von der Juristischen Fakultät der Ruprecht-Karls-Universität Heidelberg als Dissertation angenommen. Sie befasst sich mit den strafrechtlichen Problemen, die bei der palliativen Behandlung entstehen können, und führt dabei in die medizinischen Hintergründe ein.

Meinem Doktorvater, Herrn Prof. Dr. Dr. h. c. Thomas Hillenkamp, danke ich an dieser Stelle herzlich für seine freundliche und umfassende Betreuung sowie die zügige Erstattung des Erstgutachtens. Mein Dank gilt auch Herrn Prof. Dr. Lothar Kuhlen für die Übernahme des Zweitgutachtens.

Des Weiteren möchte ich Herrn Prof. Dr. Hubert Bardenheuer herzlich für die tatkräftige Unterstützung und anregenden Diskussionen über die medizinischen Aspekte meiner Arbeit danken.

Einen besonderen Dank möchte ich auch meinen Eltern und meinem Mann aussprechen, die es mir ermöglicht haben, neben meiner beruflichen Tätigkeit diese Arbeit zu erstellen.

Mannheim, im April 2006 Tanja Grauer

Inhaltsverzeichnis

A) Einleitung

„Im Moment geht es mir ganz gut“[1]. So beginnt und endet ein Artikel in der Süddeutschen Zeitung vom 22.08.2003 über eine unheilbar krebskranke Frau, deren Schmerzen palliativmedizinisch im Zeitpunkt des Berichtes durch 300 mg Morphin täglich gelindert werden. Wie hier stößt man in letzter Zeit immer häufiger auf das Wort „palliativ“. So wird in den Medien von der Eröffnung von Palliativstationen in Krankenhäusern berichtet. Ferner werden Vorträge über Palliativmedizin gehalten. Auch der 106. Deutsche Ärztetag in Köln im Jahr 2003 hat sich mit der Palliativmedizin beschäftigt.

Oftmals wird die Palliativmedizin im Rahmen der Sterbehilfediskussion als Alternative zur aktiven direkten Sterbehilfe, der gezielten Tötung zur Beendigung der Leiden des Patienten, genannt[2]. Sie verfolgt das Ziel, zur Gewinnung und Erhaltung der Lebensqualität von sterbenskranken Patienten deren krankheits- und therapiebedingte Behinderungen, Beschwerden und Nebenwirkungen als Kontrolle der krankheitsbedingten Symptome zu lindern oder zu verhindern[3]. Kurz gefasst beinhaltet die Palliativmedizin die Linderung von Leiden im Endstadium des Lebens. Sie will unheilbar Kranken ihre verbleibende Zeit erleichtern, wie dieser Frau aus dem Zeitungsartikel, die froh ist, nunmehr durch die palliative Behandlung mehr Lebensqualität zu haben als bei der mit quälender Übelkeit einhergehenden vergeblichen Strahlentherapie.

Von der hier berichteten, wichtigen Lebensqualität kann es abhängen, dass palliativ betreute Patienten fast nie den Wunsch nach aktiver direkter Sterbehilfe oder nach Beihilfe zum Suizid äußern sollen[4]. Die ihnen

---

[1] Süddeutsche Zeitung vom 22.08.2003, S. 11

[2] Aulbert in: Aulbert/Zech Lehrbuch der Palliativmedizin S. 83; Husebø in: Husebø/ Klaschik Palliativmedizin S. 75, 95ff.; Pressemitteilung der Bundesärztekammer zum 106. Deutschen Ärztetag in Köln vom 22.05.2003, siehe www.bundesaerztekammer.de/30/Aerztetag/106.DAET/20Pressemitt/20030522.html; vgl. Die Welt vom 23.05.2003; vgl. Mannheimer Morgen vom 23.05.2003; vgl. Süddeutsche Zeitung vom 23.05.2003 und 22.08.2003

[3] Aulbert in: Aulbert/Zech Lehrbuch der Palliativmedizin S. 89; Klaschik in: Husebø/ Klaschik Palliativmedizin S. 3

[4] Csef in: Zenz/Donner Schmerz bei Tumorerkrankungen S. 312f.; Czerner Euthanasie-Tabu S. 21 Fn. 37; Husebø in: Husebø/Klaschik Palliativmedizin S.97; Kimsma/ Leeuwen in: Gordijn/Have Medizinethik und Kultur S. 74, 93, 97; Müller-Busch/Klaschik/Woskanjan DÄBl. 101 (2004), A1077f.; Schockenhoff in: Gordijn/Have Medizinethik und Kultur S. 468; Stüwe DÄBl. 101 (2004), A3376; vgl. Enquete-Kommission Ethik und Recht der modernen Medizin Zwischenbericht BT-Drs. 15/5858, 7; vgl. Oduncu/Eisenmenger MedR 2002, 327ff. (330)

verbleibende Zeit wird als ihnen wichtig und wertvoll beschrieben zum bewussten Abschiednehmen und Regeln der notwendigen Angelegenheiten.

Dass die Palliativmedizin aber auch mit dem Strafrecht in Berührung kommen und wie schmal der Grat zwischen aktiver direkter und indirekter Sterbehilfe bei „lediglich" palliativer Behandlung sein kann[5], zeigt sich an einem im Jahr 2003 eingehend in der Presse berichteten Ermittlungsverfahren gegen eine Ärztin. Diese Problematik wird in der Überschrift eines Artikels des Mannheimer Morgen vom 02.10.2003 – „Sterbehilfe-Verdacht gegen Internistin offenbart Gratwanderung in der Schmerztherapie" – treffend beschrieben. Die Ärztin war in der Paracelsus-Klinik in Hannover-Langenhagen als Belegärztin tätig. In dem Ermittlungsverfahren wird Pressemitteilungen[6] zufolge überprüft, ob die Ärztin eine Schmerzbehandlung bei den Patienten vorgenommen und sich lediglich die unvermeidbare, von der Ärztin unbeabsichtigte Nebenwirkung der möglichen Lebensverkürzung realisiert hat (indirekte aktive Sterbehilfe), oder ob sie zielgerichtet deren Leben vorzeitig durch eine Überdosierung von Schmerzmitteln beendet hat (direkte aktive Sterbehilfe). Die Ärztin hat sich dahingehend eingelassen, dass sie lediglich Sterbebegleitung praktiziert habe und im finalen Stadium natürlich auch höhere Dosen Morphium verabreicht würden. Dadurch beruft sie sich auf von ihr vorgenommene Schmerzbehandlungen mit einer möglicherweise damit zusammenhängenden Lebensverkürzung in der Form der indirekten aktiven Sterbehilfe, die bei der Vornahme einer palliativen Behandlung auch vorkommen kann, und weist die Vornahme einer direkten Sterbehilfe durch zielgerichtetes Töten eines Patienten von sich. Die teilweise schwierige Abgrenzung zwischen den beiden Sterbehilfeformen wird gerade durch dieses Verfahren deutlich, in welchem nach nunmehr mehr als zwei Jahre andauernden Ermittlungen Anklage erhoben wurde[7].

Inwieweit bei erforderlich werdender stärkerer Dosierung schmerzlindernder Medikamente eine mögliche, wahrscheinliche, vielleicht auch sichere Lebensverkürzung als Nebenfolge auftreten sowie aktive direkte und indirekte Sterbehilfe nicht mehr klar trennbar sein, sondern sozusagen ineinander übergehen können, soll im Rahmen dieser Arbeit näher

---

[5] Antoine Aktive Sterbehilfe S. 48; Schwarzenegger in: Niggli/Wiprächtiger Strafgesetzbuch Vor Art. 111 Rn. 25; vgl. Czerner Euthanasie-Tabu S. 23

[6] Dahlkamp/Fröhlingsdorf/Ludwig Der Spiegel 41/2003, 206, 208; vgl. Mannheimer Morgen vom 02.10.2003, 07.10.2003, 14.02.2004 und 01.03.2004

[7] vgl. Die Welt vom 05.08.2005; vgl. Hamburger Abendblatt vom 05.08.2005; vgl. Richter-Kuhlmann DÄBl. 102 (2005), A1297

erörtert werden. Da prinzipiell jede Handlung, die eine Lebensverkürzung bewirkt, und sei es auch nur eine geringfügige, geeignet ist, eine Tötungshandlung im Sinne der §§ 211ff. StGB darzustellen, zeigt sich hier die strafrechtliche Relevanz eines solchen Handelns.

Nahezu einmütig wird die aktive indirekte Sterbehilfe für straflos gehalten. Die Begründungen dieser Straflosigkeit gehen jedoch weit auseinander. Aus strafrechtlicher Sicht liegt die Problematik darin, dass sich der Arzt bei der aktiven indirekten Sterbehilfe bei Verwirklichung des Risikos der Lebensverkürzung wegen eines Tötungsdelikts gem. §§ 211ff. StGB strafbar machen kann. Andererseits stellt sich – wenn durch die Schmerzbehandlung eine Strafbarkeit des Arztes in Betracht kommt – die Frage, ob und gegebenenfalls wieweit eine Pflicht des Arztes zur Schmerzlinderung im Rahmen der palliativen Behandlung besteht. Bei einer derartigen Verpflichtung kann dies wiederum strafrechtlich relevant im Hinblick auf eine möglicherweise verwirklichte vorsätzliche oder fahrlässige Körperverletzung oder gar Totschlag bzw. fahrlässige Tötung durch Unterlassen sein, wenn der Arzt seiner Verpflichtung zur Schmerzlinderung nicht bzw. nicht ausreichend nachkommt. So ergibt sich für den Arzt potentiell das Dilemma, sich strafbar zu machen, sowohl wenn er eine Schmerzlinderung vornimmt, als auch wenn er diese unterlässt.

Ob bzw. wann diese Problematik sich für den Arzt stellt, ist Gegenstand dieser Arbeit.

B) Begriff der Palliativmedizin

Bevor auf die strafrechtlichen Probleme eingegangen wird, soll der Begriff der Palliativmedizin und dessen Inhalt näher erläutert werden. Der Wortteil „palliativ" stammt aus dem Lateinischen (pallium = Mantel[8], palliare = mit einem Mantel umgeben, ummanteln[9]), die Palliativmedizin umhüllt und schützt – bildlich gesprochen – den Patienten[10]. Sie will den Patienten demnach umfassend betreuen.

Die Palliativmedizin wird häufig als neue medizinische Disziplin beschrieben, tatsächlich gehört sie zu den wahrscheinlich ältesten medizinischen Behandlungsformen[11]. Dies ergibt sich daraus, dass es in früheren Epochen bei fast keiner Erkrankung einen kurativen, d. h. heilenden Ansatz gab[12]. Neu sind nur die medizinischen und wissenschaftlichen Fortschritte bei der Symptomkontrolle und Schmerztherapie[13] und der dafür verwendete Name der Palliativmedizin.

Die Weltgesundheitsorganisation (WHO) definiert in einem Bericht aus dem Jahr 1990 Palliativmedizin wie folgt: Palliativmedizin ist die aktive, ganzheitliche Behandlung von Patienten mit einer progredienten, weit fortgeschrittenen Erkrankung und einer begrenzten Lebenserwartung zu der Zeit, in der die Erkrankung nicht mehr auf eine kurative Behandlung anspricht und die Beherrschung von Schmerzen, anderen Krankheitsbeschwerden, psychologischen, sozialen und spirituellen Problemen höchste Priorität besitzt[14].

In einer neueren Definition aus dem Jahr 2002 rückt die WHO auch die Lebensqualität der Angehörigen neben derjenigen der Patienten in den

---

[8] v. Hornstein in: Gralow/Husstedt/Bothe/Evers/Hürter/Schilgen Schmerztherapie interdisziplinär S. 369; Radbruch/Zech in: Aulbert/Klaschik/Pichlmaier Palliativmedizin/ Alternative Sterbehilfe S. 53; Radbruch/Zech in: Aulbert/Zech Lehrbuch der Palliativmedizin S. 1

[9] Pschyrembel siehe Palliativmedizin

[10] Radbruch/Zech in: Aulbert/Klaschik/Pichlmaier Palliativmedizin/Alternative Sterbehilfe S. 53; Radbruch/Zech in: Aulbert/Zech Lehrbuch der Palliativmedizin S. 1

[11] Klaschik in: Zenz/Donner Schmerz bei Tumorerkrankungen S. 233; Nauck in: Hankemeier/Schüle-Hein/Krizanits Tumorschmerztherapie S. 359

[12] Klaschik in: Zenz/Donner Schmerz bei Tumorerkrankungen S. 233; Pichlmaier in: Aulbert/Klaschik/Pichlmaier Palliativmedizin/Ganzheitliches Konzept S. 2; Radbruch/ Zech in: Aulbert/Zech Lehrbuch der Palliativmedizin S. 3

[13] Klaschik in: Zenz/Donner Schmerz bei Tumorerkrankungen S. 233

[14] siehe Czerner Euthanasie-Tabu S. 21 Fn. 37; Klaschik in: Diener/Maier Schmerztherapiebuch S. 276; Klaschik Palliativmedizin Praxis S. 5; Radbruch/Zech in: Aulbert/Zech Lehrbuch der Palliativmedizin S. 1

Vordergrund und hebt den präventiven, frühzeitigen Einsatz palliativmedizinischer Behandlungsmethoden hervor. Danach ist die Palliativmedizin ein Ansatz zur Verbesserung der Lebensqualität von Patienten und ihren Familien, die mit den Problemen konfrontiert sind, die mit einer lebensbedrohlichen Erkrankung einhergehen, und zwar durch Vorbeugen und Lindern von Leiden, durch frühzeitiges Erkennen, Einschätzen und Behandeln von Schmerzen sowie anderen belastenden Beschwerden körperlicher, psychosozialer und spiritueller Art[15].

Ähnlich lautet die Definition der European Association for Palliative Care (EAPC)[16]. Danach ist Palliativmedizin die angemessene medizinische Versorgung von Patienten mit fortgeschrittenen und progredienten Erkrankungen, bei denen die Behandlung auf die Lebensqualität zentriert ist und die eine begrenzte Lebenserwartung haben (obwohl die Lebenserwartung gelegentlich mehrere Jahre betragen kann). Palliativmedizin schließt die Berücksichtigung der Bedürfnisse der Familie vor und nach dem Tod des Patienten ein.

Ursprünglich wurde das Konzept der Palliativmedizin für Patienten mit Tumorerkrankungen entwickelt, gilt aber auch für jede andere Erkrankung, die progredient und irreversibel zum Tode führt[17].

Die Palliativmedizin will den Tod weder beschleunigen (Abgrenzung zur direkten, aktiven Sterbehilfe) noch hinauszögern; die Linderung von Schmerzen und anderen Beschwerden steht im Vordergrund[18]. Hauptziel aller Behandlungs- und Betreuungsmaßnahmen stellt die Verbesserung der Lebensqualität des Patienten dar[19]. Dafür ist die wirksame und kon-

---

[15] siehe Enquete-Kommission Ethik und Recht der modernen Medizin Zwischenbericht BT-Drs. 15/5858, 5; Definition in Englisch siehe: www.who.int/cancer/palliative/definition/en/print.html

[16] siehe Radbruch/Zech in: Aulbert/Klaschik/Pichlmaier Palliativmedizin/Alternative Sterbehilfe S. 54; Radbruch/Zech in: Aulbert/Zech Lehrbuch der Palliativmedizin S. 2

[17] Klaschik in: Zenz/Donner Schmerz bei Tumorerkrankungen S. 234; Klaschik Palliativmedizin Praxis S. 6; Radbruch/Zech in: Aulbert/Klaschik/Pichlmaier Palliativmedizin/Alternative Sterbehilfe S. 53; Radbruch/Zech in: Aulbert/Zech Lehrbuch der Palliativmedizin S. 1

[18] Klaschik in: Husebø/Klaschik Palliativmedizin S. 3; Klaschik in: Zenz/Donner Schmerz bei Tumorerkrankungen S. 233; Nauck in: Hankemeier/Schüle-Hein/Krizanits Tumorschmerztherapie S. 361; Radbruch/Zech in: Aulbert/Klaschik/Pichlmaier Palliativmedizin/Alternative Sterbehilfe S. 53; Radbruch/Zech in: Aulbert/Zech Lehrbuch der Palliativmedizin S. 1

[19] Doyle in: Aulbert/Zech Lehrbuch der Palliativmedizin S. 12; Fresenius/Hatzenbühler/Heck Repetitorium Schmerztherapie S. 155; Klaschik in: Zenz/Donner Schmerz bei Tumorerkrankungen S. 233; Klaschik Palliativmedizin Praxis S. 7; Klaschik/Nauck

sequente Behandlung quälender Symptome wesentliche Voraussetzung bei Vorliegen einer unheilbaren, chronisch fortschreitenden Erkrankung[20]. Als Palliativa werden daher Mittel bezeichnet, die die Symptome, nicht die Ursache der Krankheit bekämpfen. Das zweite wesentliche Ziel der Palliativmedizin zur Verbesserung der Lebensqualität des Patienten ist die Unterstützung und Hilfe bei Bewältigung und Verarbeitung der Krankheit, beispielsweise durch psychosoziale Betreuung und Unterstützung[21].

in: Zenz/Donner Schmerz bei Tumorerkrankungen S. 240; Radbruch/Zech in: Aulbert/Klaschik/Pichlmaier Palliativmedizin/Alternative Sterbehilfe S. 54, 60; Radbruch/Zech in: Aulbert/Zech Lehrbuch der Palliativmedizin S. 2

[20] Aulbert in: Aulbert/Zech Lehrbuch der Palliativmedizin S. 90; Aulbert/Zech in: Aulbert/Klaschik/Pichlmaier Palliativmedizin/Alternative Sterbehilfe S. 67; Klaschik in: Zenz/Jurna Lehrbuch der Schmerztherapie S. 733; Nauck in: Hankemeier/Schüle-Hein/Krizanits Tumorschmerztherapie S. 372; Pichlmaier in: Aulbert/Klaschik/Pichlmaier Palliativmedizin/Ganzheitliches Konzept S. 1

[21] Aulbert in: Aulbert/Zech Lehrbuch der Palliativmedizin S. 89, 94

C) Entwicklung der Palliativmedizin

Die ersten Hospize, die Reisenden, Waisen, Bedürftigen, Kranken und Sterbenden Unterkunft und Hilfe boten, gab es bereits mit Beginn des Christentums im Römischen Reich[22]. In der zweiten Hälfte des 4. Jahrhunderts dehnten sich die Hospize (lat. hospitium: Gastfreundschaft, Herberge) über den östlichen Mittelmeerraum hinaus aus und wurden von christlichen Orden geleitet[23].

Die erste Verwendung des Wortes „Hospiz“ in Verbindung mit der Pflege und Begleitung Sterbender datiert aus dem Jahr 1842, als Madame Jeanne Garnier aus Lyon ein Hospiz gründete, auch „Calvaire“ (Kalvarienberg, Kreuzweg) genannt, dem weitere Gründungen in Frankreich folgten[24]. Nach dem frühen Verlust ihres Mannes und ihrer beiden Kinder widmete Jeanne Garnier ihr weiteres Leben in Lyon der Hilfe und Pflege unheilbar kranker Frauen[25]. Sie gründete zusammen mit anderen Witwen die „Association des Dames du Calvaire“, die unheilbar kranke Frauen pflegten, welche im Krankenhaus wegen ihrer unheilbaren Krankheit nicht aufgenommen wurden[26]. Dadurch entstand die erste Einrichtung zur palliativen Pflege unheilbar Kranker. Im Jahr 1874 fasste diese Organisation in Paris Fuß, woraus die spätere „Maison médicale Jeanne Garnier“ gegründet wurde[27]. Mit Jeanne Garnier wird in Frankreich das Wort „Hospiz“ im Zusammenhang mit der Betreuung Kranker bis an deren Lebensende in Verbindung gebracht. Sie war das Vorbild für die Gründung weiterer derartiger Einrichtungen in Frankreich sowie im Ausland.

---

[22] Klaschik in: Zenz/Jurna Lehrbuch der Schmerztherapie S. 729; Pichlmaier in: Aulbert/Klaschik/Pichlmaier Palliativmedizin/Ganzheitliches Konzept S. 2; Radbruch/Zech in: Aulbert/Zech Lehrbuch der Palliativmedizin S. 4

[23] Klaschik in: Zenz/Jurna Lehrbuch der Schmerztherapie S. 729

[24] Enquete-Kommission Ethik und Recht der modernen Medizin Zwischenbericht BT-Drs. 15/5858, 9; Klaschik in: Zenz/Jurna Lehrbuch der Schmerztherapie S. 729; vgl. Klaschik Palliativmedizin Praxis S. 9

[25] siehe www.jeanne-garnier.org; www.oncoprof.net/Generale2000/g15_Palliatifs/-g15_sp01.html

[26] siehe http//xavieres.cef.fr/paris15/p15_6_MM.html unter „Dames du Calvaire“, www.jeanne-garnier.org; siehe auch www.oncoprof.net/Generle2000/g15_Palliatifs/-g15_sp01.html; www.sfap.org

[27] siehe www.oncoprof.net/Generale2000/g15_Palliatifs/g15_sp01.html

In Großbritannien breitete sich die Hospizidee schnell aus und viele Länder schlossen sich dieser Bewegung an[28]. 1967 gründete Cicely Saunders das St. Christopher's Hospice in London, das zum weltweiten Vorbild für derartige Einrichtungen[29] und zum Ausgangspunkt der modernen Hospizbewegung wurde[30].

Die Palliativmedizin ist mit der Hospizbewegung eng verbunden, sie ist sozusagen durch die Integration der Hospizidee in die Schulmedizin entstanden[31]. 1975 wurde die weltweit erste Palliativstation am Royal Victoria Hospital in Montreal (Kanada) als in das Krankenhaus integrierte Station mit allen dort befindlichen Möglichkeiten eröffnet[32]. Belfour Mount, der Gründer dieses Palliative Care Service, benutzte als Erster in diesem Zusammenhang das Wort „palliativ"[33].

In fast allen europäischen Ländern entwickelte sich, von Einzelinitiativen abgesehen, erst Ende der 80er-Jahre bzw. Anfang der 90er-Jahre eine derartige Hospiz-Bewegung[34]. Die in Hospizen gemachten Erfahrungen wurden in Krankenhäusern umgesetzt[35].

---

[28] Klaschik in: Husebø/Klaschik Palliativmedizin S. 4; Klaschik in: Zenz/Jurna Lehrbuch der Schmerztherapie S. 729; vgl. Pichlmaier in: Aulbert/Klaschik/Pichlmaier Palliativmedizin/Ganzheitliches Konzept S. 3

[29] Pichlmaier in: Aulbert/Klaschik/Pichlmaier Palliativmedizin/Ganzheitliches Konzept S. 3; Radbruch/Zech in: Aulbert/Zech Lehrbuch der Palliativmedizin S. 4

[30] Enquete-Kommission Ethik und Recht der modernen Medizin Zwischenbericht BT-Drs. 15/5858, 10; Klaschik in: Husebø/Klaschik Palliativmedizin S. 4; Klaschik in: Zenz/Jurna Lehrbuch der Schmerztherapie S. 729; vgl. Klaschik Palliativmedizin Praxis S. 9

[31] Klaschik in: Husebø/Klaschik Palliativmedizin S. 4; Klaschik in: Zenz/Donner Schmerz bei Tumorerkrankungen S. 234; Klaschik in: Zenz/Jurna Lehrbuch der Schmerztherapie S. 729; Nauck in: Hankemeier/Schüle-Hein/Krizanits Tumorschmerztherapie S. 361

[32] Klaschik in: Husebø/Klaschik Palliativmedizin S. 4; Klaschik in: Zenz/Jurna Lehrbuch der Schmerztherapie S. 729; Radbruch/Zech in: Aulbert/Zech Lehrbuch der Palliativmedizin S. 4

[33] Enquete-Kommission Ethik und Recht der modernen Medizin Zwischenbericht BT-Drs. 15/5858, 10; Klaschik in: Husebø/Klaschik Palliativmedizin S. 4; Klaschik in: Zenz/Jurna Lehrbuch der Schmerztherapie S. 729; Nauck in: Hankemeier/Schüle-Hein/Krizanits Tumorschmerztherapie S. 360; Radbruch/Zech in: Aulbert/Zech Lehrbuch der Palliativmedizin S. 4

[34] Klaschik in: Husebø/Klaschik Palliativmedizin S. 4; Klaschik in: Zenz/Jurna Lehrbuch der Schmerztherapie S. 729; Klaschik Palliativmedizin Praxis S. 9; vgl. zum derzeitigen Stand der Palliativmedizin und Hospizarbeit in anderen europäischen Ländern: Enquete-Kommission Ethik und Recht der modernen Medizin Zwischenbericht BT-Drs. 15/5858, 41ff.

[35] Radbruch/Zech in: Aulbert/Zech Lehrbuch der Palliativmedizin S. 5

1990 wurde die European Association for Palliative Care (EAPC) gegründet, der Deutschland seit 1995 mit seiner „Deutschen Gesellschaft für Palliativmedizin“ (DGP) angehört[36]. Zu den Aufgaben, die sich diese Gesellschaft gestellt hat, zählen u. a. auch die Förderung und Durchführung von Aus-, Fort- und Weiterbildung[37].

In den letzten Jahren sind eine Reihe neuer palliativmedizinischer Einrichtungen in Deutschland entstanden[38]. Auch in Deutschland ist die Palliativ- und Hospizbewegung mit ihrer Idee mittlerweile zu einer die Gesellschaft bewegenden Institution geworden[39].

Die Palliativmedizin hat sich in Deutschland jedoch langsam entwickelt. Gerade im Bereich der wirksamen Schmerzbekämpfung wird darauf hingewiesen, dass in Deutschland die Verschreibung von Opioiden gegen chronische Schmerzen trotz steigender Tendenz noch weit hinter dem Standard anderer Länder wie beispielsweise England oder Dänemark zurückbleibt[40]. Von den Vereinten Nationen jährlich ermittelte Verbrauchszahlen für Morphin sind ein wesentlicher Indikator für die Qualität einer Schmerzbekämpfung in einem Land, wobei diese umso geringer ist, je weniger Opioide zur Schmerzbekämpfung eingesetzt werden[41]. Diese schlechte Position kann auf das Zusammenwirken mehrerer Ursachen zurückgeführt werden.

Bereits das erste öffentliche Bewusstmachen des Problems unzureichender Versorgung unheilbar Kranker und Sterbender durch den 1971 im Fernsehen ausgestrahlten Dokumentarfilm „Noch 16 Tage – eine

---

[36] Hundeshagen/Heubel in: Gordijn/Have Medizinethik und Kultur S. 187f., Tab. 2; Pichlmaier in: Aulbert/Klaschik/Pichlmaier Palliativmedizin/Ganzheitliches Konzept S. 3; vgl. Klaschik in: Zenz/Jurna Lehrbuch der Schmerztherapie S. 729; vgl. Radbruch/Zech in: Aulbert/Klaschik/Pichlmaier Palliativmedizin/Alternative Sterbehilfe S. 57

[37] v. Hornstein in: Gralow/Husstedt/Bothe/Evers/Hürter/Schilgen Schmerztherapie interdisziplinär S. 370

[38] Radbruch/Zech in: Aulbert/Klaschik/Pichlmaier Palliativmedizin/Alternative Sterbehilfe S. 59; Radbruch/Zech in: Aulbert/Zech Lehrbuch der Palliativmedizin S. 6; vgl. Pichlmaier in: Aulbert/Klaschik/Pichlmaier Palliativmedizin/Ganzheitliches Konzept S. 6

[39] Pichlmaier in: Aulbert/Klaschik/Pichlmaier Palliativmedizin/Ganzheitliches Konzept S. 4; vgl. Jaspers/Schindler Gutachten Palliativmedizin S. 5ff.

[40] Bericht der Arbeitsgruppe „Patientenautonomie am Lebensende“ S. 52; Enquete-Kommission Ethik und Recht der modernen Medizin Zwischenbericht BT-Drs. 15/5858, 24; Kutzer in: Salger-FS S. 663ff.; Kutzer MedR 2001, 77ff. (78); Sohn in: Zenz/Donner Schmerz bei Tumorerkrankungen S. 285

[41] Kutzer in: Salger-FS S. 663ff.; vgl. Csef in: Zenz/Donner Schmerz bei Tumorerkrankungen S. 307

Sterbeklinik in London" über die letzten Tage eines Patienten hat zahlreiche Kritik hervorgerufen[42]. Durch diesen Film wurden Assoziationen von Hospiz und „Sterbeklinik" geweckt und die Hospizidee als Schritt zur Euthanasie missdeutet. Dies führte zu ablehnenden Stellungnahmen von Kirchen, Wohlfahrtsverbänden, Krankenhausgesellschaften und Einzelpersonen auf eine im Jahr 1978 vom Bundesministerium für Jugend, Gesundheit und Familie durchgeführte Anfrage nach einer Befürwortung des Baus von Sterbekliniken in Deutschland[43]. Erst in den 80er Jahren entstandene Initiativen und Vereine trugen wesentlich zur Weiterverbreitung und Akzeptanz der Hospizidee bei.

Als eine weitere, wesentliche Ursache für den unzureichenden Einsatz von Opiaten[44] und Opioiden ist auch die Betäubungsmittel-Verschreibungs-Verordnung (BtMVV) zu sehen[45]. Dies zeigt die über Jahre hinweg anhaltende, stetig steigende Verordnung von schwachen Opioiden, die nicht der BtMVV unterliegen, jedoch zu einer nicht zufrieden stellenden Behandlung starker bis stärkster Schmerzen führen[46]. Die BtMVV führte spezielle BtM-Rezepte in Verbindung mit die Verschreibung komplizierenden, teilweise strafbewehrten Vorschriften ein und trug mit einer behördlichen Überwachungspraxis zum Verschreibungsrückgang bei[47]. Grundlage für die restriktive Betäubungsmittel-Verschreibungs-Verordnung war Misstrauen und eine im Wesentlichen unbegründete Angst vor Toleranzwirkung und Sucht[48].

Diese Bedenken der Verursachung einer Abhängigkeit des Patienten durch eine Opioidtherapie sowie die Angst vor strafrechtlichen Konsequenzen bei möglicher Überdosierung[49] im Rahmen der Bekämpfung

---

[42] Enquete-Kommission Ethik und Recht der modernen Medizin Zwischenbericht BT-Drs. 15/5858, 29; Radbruch/Zech in: Aulbert/Zech Lehrbuch der Palliativmedizin S. 5
[43] Radbruch/Zech in: Aulbert/Zech Lehrbuch der Palliativmedizin S. 5
[44] siehe D III
[45] Czerner Euthanasie-Tabu S. 25; Freye Opioide in der Medizin S. 4; Hankemeier/Krizanits in: Hankemeier/Schüle-Hein/Krizanits Tumorschmerztherapie S. 59; Strumpf/Zenz in: Zenz/Jurna Lehrbuch der Schmerztherapie S. 492f.; Uhlenbruck MedR 1993, 296ff. (298)
[46] Strumpf/Zenz in: Zenz/Jurna Lehrbuch der Schmerztherapie S. 492
[47] Kutzer in: Salger-FS S. 663ff. (672); Kutzer ZRP 1993, 404ff.; Strubelt DÄBl. 1993, B1292ff.; Strumpf/Zenz in: Zenz/Jurna Lehrbuch der Schmerztherapie S. 492
[48] vgl. Enquete-Kommission Ethik und Recht der modernen Medizin Zwischenbericht BT-Drs. 15/5858, 24f.
[49] Bericht der Arbeitsgruppe „Patientenautonomie am Lebensende" S. 50ff., die eine Ergänzung des § 216 StGB dahingehend vorschlägt, dass die Anwendung einer medizinisch angezeigten leidmindernden Maßnahme, die das Leben als nicht beabsichtigte Nebenwirkung verkürze, nicht strafbar sei

schwerster Schmerzzustände mit der Folge einer Atemdepression haben bei den Ärzten zu einer zurückhaltenden Verschreibung geführt[50].

Ferner war bei den Ärzten ein Prozess des Umdenkens erforderlich. Der Arzt sah seine Verpflichtung vorwiegend in der Behandlung und Heilung der Krankheit selbst[51]. Wenn sich die Unheilbarkeit der Krankheit herausstellte, wurde dies als eine Art Versagen gedeutet und die dennoch bestehende Aufgabe möglicher Schmerzlinderung nicht ausreichend beachtet. Erst allmählich räumten medizinische Forschung und Praxis der Schmerztherapie den ihr nach den Patientenbedürfnissen zukommenden hohen Rang ein und öffneten sich hierbei auch psychosomatischen und sozialpsychologischen Erkenntnissen[52]. Vielfach besteht bei niedergelassenen Allgemein- und auch Fachärzten aber immer noch Unkenntnis über die Durchführung einer angemessenen Schmerztherapie mit Opioiden[53].

Aus der Aufgabe des Arztes, die Schmerzen des Patienten fachgerecht zu behandeln, ergibt sich auch die Verpflichtung, sich über moderne Verfahren der Schmerztherapie umfassend zu unterrichten und fortzubilden, so dass er sie selbst beherrscht oder zumindest so viele Kenntnisse hat, dass er den Schmerzkranken an einen geeigneten Spezialisten oder eine fachkundige Einrichtung überweisen kann[54].

Die von Kutzer[55] vorgeschlagene Einführung einer ärztlichen Zusatzbezeichnung für besondere Kenntnisse in der Schmerztherapie wurde mittlerweile aufgegriffen. Die Weiterbildungsordnungen der Länder sehen vor, dass eine Zusatzbezeichnung „Spezielle Schmerztherapie" von Ärzten erworben und geführt werden kann[56]. Derzeit besteht jedoch noch ein Missverhältnis zwischen Ausbildungswilligen und Ausbildungsplätzen

---

[50] Freye Opioide in der Medizin S. 5, 131f.; Kutzer ZRP 1993, 404ff. (405); vgl. Enquete-Kommission Ethik und Recht der modernen Medizin Zwischenbericht BT-Drs. 15/5858, 24f.; vgl. Schara Anaesthesist (1986) 35, 395f.; vgl. Uhlenbruck in: Söllner/Gitter/Waltermann/Giesen/Ricken Heinze-Gedächtnisschrift S. 949ff. (952)
[51] vgl. Kutzer Der Schmerz 1991, 53ff.
[52] Kutzer Der Schmerz 1991, 53ff.
[53] Freye Opioide in der Medizin S. 4
[54] Kutzer Der Schmerz 1991, 53ff.; Kutzer in: Salger-FS S. 663ff. (667f.)
[55] Kutzer Der Schmerz 1991, 53ff. (54); Kutzer in: Salger-FS S. 663ff. (668)
[56] Andreas ArztRecht 1999, 232ff. (233); vgl. Sohn in: Zenz/Donner Schmerz bei Tumorerkrankungen S. 285; vgl. Wieden in: Schockenhoff Spezielle Schmerztherapie S. 62

dahingehend, dass nicht ausreichend Ausbildungsplätze vorhanden sind[57].

Der Deutsche Ärztetag hat im Mai 2003 die Aufnahme der Palliativmedizin in die neuen Weiterbildungsordnungen beschlossen, was für die Palliativmedizin einen wesentlichen Schritt zur Verbesserung der Qualifikation auf diesem Gebiet tätiger Ärzte und der künftigen klinischen Versorgung der Patienten bedeutet[58]. Einerseits wurde die Zusatz-Weiterbildung Palliativmedizin in die (Muster-)Weiterbildungsordnung eingeführt. Andererseits wurden mit der Änderung der (Muster-)Weiterbildungsordnung auch die Inhalte der Basisweiterbildung der Gebiete, die patientennah arbeiten, um Kompetenzen in der Palliativmedizin erweitert[59]. Die neue (Muster-)Weiterbildungsordnung wird derzeit in den Landesärztekammern umgesetzt, in der Bayerischen Landesärztekammer ist dies bereits 2004 erfolgt[60].

Zu bemerken ist allerdings, dass die Palliativmedizin derzeit kein Pflichtfach nach § 27 der Approbationsordnung für Ärzte darstellt, sondern nach Anlage 15 zu § 29 ÄAppO die Prüfungsaufgaben lediglich einen oder mehrere der nachfolgend aufgeführten Aspekte, u. a. auch die Schmerzbehandlung und Palliativmedizin, berücksichtigen sollten[61].

In den Grundsätzen der Bundesärztekammer zur ärztlichen Sterbebegleitung 2004 wird dagegen nunmehr ausdrücklich auf die Verpflichtung des Arztes hingewiesen, Sterbenden Hilfe in Form von palliativmedizinischer Versorgung zu leisten[62].

---

[57] Strumpf/Schwarz/Zenz in: Zenz/Jurna Lehrbuch der Schmerztherapie S. 917

[58] Klaschik Zusammenfassung Kurzvortrag DÄT siehe www.bundesaerztekammer-.de/30/Aerztetag/106_DAET/24Referate/KlaschikTOPIII.html; Uhlenbruck in: Söllner/Gitter/Waltermann/Giesen/Ricken Heinze-Gedächtnisschrift S. 949ff.

[59] siehe Enquete-Kommission Ethik und Recht der modernen Medizin Zwischenbericht BT-Drs. 15/5858, 20; vgl. beispielsweise Abschnitt B Gebiete Anästhesiologie, Chirurgie, Frauenheilkunde und Geburtshilfe, Innere Medizin und Allgemeinmedizin, Kinder- und Jugendmedizin der (Muster-)Weiter-bildungsordnung Stand Mai 2005

[60] Enquete-Kommission Ethik und Recht der modernen Medizin Zwischenbericht BT-Drs. 15/5858, 20

[61] BGBl. 2002 I, S. 2435; vgl. die Forderung der Aufnahme als Pflichtfach im Bericht der Arbeitsgruppe „Patientenautonomie am Lebensende" S. 14; vgl. Enquete-Kommission Ethik und Recht der modernen Medizin Zwischenbericht BT-Drs. 15/5858, 17; vgl. Uhlenbruck in: Söllner/Gitter/Waltermann/Giesen/Ricken Heinze-Gedächtnisschrift S. 949ff.

[62] Bundesärztekammer DÄBl. 101 (2004), C1040f.

Die Beachtung und Anerkennung der Palliativmedizin zeigt sich ferner deutlich in dem Zwischenbericht der Enquete-Kommission Ethik und Recht der modernen Medizin über die „Verbesserung der Versorgung Schwerstkranker und Sterbender in Deutschland durch Palliativmedizin und Hospizarbeit" vom 22. Juni 2005[63] sowie dem Bericht der Arbeitsgruppe „Patientenautonomie am Lebensende" vom 10. Juni 2004. Nach letzterem ist die Bereitstellung von Palliativmedizin und hospizlicher Versorgung eine wesentliche Voraussetzung für die wirksame Ausübung des Rechts auf Selbstbestimmung am Lebensende[64].

Seit einigen Jahren werden in Deutschland palliativmedizinische Versorgungsstrukturen vorwiegend im stationären Bereich aufgebaut[65]. Die palliative Versorgungssituation ist jedoch noch immer unzureichend[66]. Der ambulante Bereich ist nicht in der Lage, die palliativmedizinische Betreuung von Patienten komplett zu übernehmen. Durch die Arbeit einiger Modellprojekte bzw. regionaler Einzelinitiativen konnte gezeigt werden, dass durch eine spezialisierte palliativmedizinische und/oder palliativpflegerische Betreuung die ambulante Versorgungsqualität schwerkranker und sterbender Menschen deutlich gebessert werden kann[67]. Ein weiterer Ausbau der palliativmedizinischen und hospizlichen Versorgung ist daher erforderlich[68]. Da ein großer Teil der alten Menschen den Lebensabend in einer Alten- und Pflegeeinrichtung verbringt, wird vor dem Hintergrund der prognostizierten demographischen Entwicklung in Deutschland die dortige Integration palliativmedizinischer und palliativpflegerischer Kompetenz immer dringlicher[69].

Von Bedeutung ist daher vor allem eine Ausweitung der Aus- und Fortbildungsmöglichkeiten für die palliativmedizinische Betreuung. Ein wichtiger Schritt dazu ist die im Jahr 1999 erfolgte Einrichtung des ersten

---

[63] siehe Enquete-Kommission Ethik und Recht der modernen Medizin Zwischenbericht BT-Drs. 15/5858, 1ff.

[64] Bericht der Arbeitsgruppe „Patientenautonomie am Lebensende" S. 14

[65] Uhlenbruck in: Söllner/Gitter/Waltermann/Giesen/Ricken Heinze-Gedächtnisschrift S. 949ff.

[66] Uhlenbruck in: Söllner/Gitter/Waltermann/Giesen/Ricken Heinze-Gedächtnisschrift S. 949ff.; vgl. Enquete-Kommission Ethik und Recht der modernen Medizin Zwischenbericht BT-Drs. 15/5858, 28; vgl. Enquete-Kommission „Recht und Ethik der modernen Medizin" Schlussbericht BT-Drs. 14/9020, 197

[67] Enquete-Kommission Ethik und Recht der modernen Medizin Zwischenbericht BT-Drs. 15/5858, 36

[68] Enquete-Kommission „Ethik und Recht der modernen Medizin" Zwischenbericht BT-Drs. 15/3700, 47

[69] Enquete-Kommission Ethik und Recht der modernen Medizin Zwischenbericht BT-Drs. 15/5858, 35f.; Jaspers/Schindler Gutachten Palliativmedizin S. 4, 6, 174f., 433

Lehrstuhls für Palliativmedizin an der Rheinischen Friedrich-Wilhelms-Universität in Bonn[70]. Ein zweiter Lehrstuhl wurde 2002 am Universitätsklinikum Aachen besetzt, weitere Lehrstühle sind geplant[71]. Weniger als 10 % der medizinischen Fakultäten in Deutschland haben bisher Lehrbeauftragte für Palliativmedizin benannt, und nur an 8 Universitätskliniken sind Palliativstationen vorhanden[72].

Um die Defizite im Wissen der Ärzte über palliative Behandlungsmöglichkeiten zu beheben, müsste die Palliativmedizin einen wichtigen Aspekt in der medizinischen Ausbildung darstellen und als ein Pflichtfach mit Leistungsnachweisen in § 27 ÄAppO aufgenommen werden[73]. Diese Maßnahme ist als Grundlage für eine bessere ärztliche palliative Versorgung schwerstkranker und sterbender Patienten geboten, die mit einer Verbesserung der Aus-, Fort- und Weiterbildung aller an der palliativmedizinischen und palliativpflegerischen Versorgung beteiligten Berufsgruppen verbunden werden sollte[74]. Langfristig ist anzustreben, an jeder medizinischen Fakultät einen Lehrstuhl für Palliativmedizin einzurichten und neben der theoretischen Wissensvermittlung in den Universitätskliniken Palliativstationen aufzubauen[75].

Durch die geringe Zahl an Lehrstühlen sowie Palliativstationen mit jeweils geringer Bettenanzahl hat sich bisher nur wenig Forschung auf dem Gebiet der Palliativmedizin entwickelt, die palliativmedizinische Versorgung beruht derzeit auf klinischen Erfahrungen[76]. Um die Behand-

---

[70] Enquete-Kommission Ethik und Recht der modernen Medizin Zwischenbericht BT-Drs. 15/5858, 19; v. Hornstein in: Gralow/Husstedt/Bothe/Evers/Hürter/Schilgen Schmerztherapie interdisziplinär S. 371; Nauck in: Hankemeier/Schüle-Hein/Krizanits Tumorschmerztherapie S. 370

[71] Enquete-Kommission Ethik und Recht der modernen Medizin Zwischenbericht BT-Drs. 15/5858, 19

[72] Enquete-Kommission Ethik und Recht der modernen Medizin Zwischenbericht BT-Drs. 15/5858, 19

[73] Enquete-Kommission Ethik und Recht der modernen Medizin Zwischenbericht BT-Drs. 15/5858, 17, 19, 71; Uhlenbruck in: Söllner/Gitter/Waltermann/Giesen/Ricken Heinze-Gedächtnisschrift S. 949ff. (950); vgl. Bericht der Arbeitsgruppe „Patientenautonomie am Lebensende" S. 14; vgl. Enquete-Kommission „Ethik und Recht der modernen Medizin" Zwischenbericht BT-Drs. 15/3700, 5; vgl. Enquete-Kommission „Recht und Ethik der modernen Medizin" Schlussbericht BT-Drs. 14/9020, 197

[74] Enquete-Kommission Ethik und Recht der modernen Medizin Zwischenbericht BT-Drs. 15/5858, 19, 71f.

[75] Enquete-Kommission Ethik und Recht der modernen Medizin Zwischenbericht BT-Drs. 15/5858, 20

[76] Enquete-Kommission Ethik und Recht der modernen Medizin Zwischenbericht BT-Drs. 15/5858, 22, 75

lungserfolge auf diesem Gebiet weiter voranzubringen, ist daher die Ausweitung der Forschung neben der Aus- und Weiterbildung erforderlich.

Die Enquete-Kommission Ethik und Recht der modernen Medizin zieht dabei die Schlussfolgerung, dass als wesentliche Grundlage für die Weiterentwicklung und fortgesetzte Umsetzung im Sinne einer angemessenen palliativmedizinischen Leistungserbringung eine gesetzliche Absicherung des Anspruchs des einzelnen Patienten auf eine bedarfsgerechte Palliativversorgung notwendig sei[77].

[77] Enquete-Kommission Ethik und Recht der modernen Medizin Zwischenbericht BT-Drs. 15/5858, 68f.

D) Schmerztherapie

I. Allgemeines

Schmerzen sind nach mehreren Studien die häufigsten quälenden Symptome[78], die es im Rahmen der Palliativmedizin zu behandeln gilt. Schmerzen werden nach der Definition der Internationalen Gesellschaft zum Studium des Schmerzes (IASP) als ein unangenehmes Sinnes- und Gefühlserlebnis beschrieben, das mit aktueller oder potentieller Gewebeschädigung verknüpft ist oder mit Begriffen einer solchen Schädigung beschrieben wird[79].

Ziel der Schmerztherapie ist die größtmögliche Schmerzreduktion auf ein für den Patienten akzeptables Schmerzniveau bei gleichzeitiger guter Symptomkontrolle[80].

Für eine wirksame Schmerztherapie ist das Erkennen der Schmerzursache Voraussetzung[81]. Bei Tumorpatienten sind die Schmerzen überwiegend durch den Tumor bedingt (ca. 60-90 %)[82]. Daneben können Schmerzen therapiebedingt (ca. 10-25 %), tumorassoziiert (ca. 5-20 %), d. h. ohne direkte Folge des Tumorwachstums, sondern infolge von tu-

---

[78] Aulbert in: Aulbert/Zech Lehrbuch der Palliativmedizin S. 89; Aulbert/Radbruch/Grond/Zech in: Aulbert/Zech Lehrbuch der Palliativmedizin S. 167; Aulbert/Zech in: Aulbert/Klaschik/Pichlmaier Palliativmedizin/Alternative Sterbehilfe S. 65; für Tumorerkrankungen Dertwinkel in: Zenz/Donner Schmerz bei Turmorerkrankungen S. 65; Schele/Kloke in: Diener/Maier Schmerztherapiebuch S. 209; Schug/Zech in: Aulbert/Zech Lehrbuch der Palliativmedizin S. 427

[79] IASP Subcommittee Pain 6 (1979), 249ff. (250); siehe auch Bader/Gallacchi Schmerzkompendium S. 7; Diener/Maier in: Diener/Maier Schmerztherapiebuch S. 3; Fresenius/Hatzenbühler/Heck Repetitorium Schmerztherapie S. 3; Marx in: Schockenhoff Spezielle Schmerztherapie S. 3; Pfingsten/Hildebrandt in: Zenz/Jurna Lehrbuch der Schmerztherapie S. 182; Schäfer in: Brune/Beyer/Schäfer Schmerz S. 3; Treede in: Zenz/Jurna Lehrbuch der Schmerztherapie S. 39

[80] Hankemeier/Krizanits/Schüle-Hein in: Hankemeier/Schüle-Hein/Krizanits Tumorschmerztherapie S. 2; Strumpf in: Zenz/Jurna Lehrbuch der Schmerztherapie S. 717

[81] Fresenius/Hatzenbühler/Heck Repetitorium Schmerztherapie S. 107; Hankemeier/Krizanits/Schüle-Hein in: Hankemeier/Schüle-Hein/Krizanits Tumorschmerztherapie S. 5; Klaschik Medikamentöse Schmerztherapie bei Tumorpatienten S. 7

[82] Fresenius/Hatzenbühler/Heck Repetitorium Schmerztherapie S. 106; Grond in: Zenz/Donner Schmerz bei Tumorerkrankungen S. 3; Klaschik in: Husebø/Klaschik Palliativmedizin S. 168; Klaschik Medikamentöse Schmerztherapie bei Tumorpatienten S. 7; Schele/Kloke in: Diener/Maier Schmerztherapiebuch S. 209; Sorge in: Aulbert/Zech Lehrbuch der Palliativmedizin S. 431; Strumpf in: Zenz/Jurna Lehrbuch der Schmerztherapie S. 715

morbedingten Symptomen oder Komplikationen[83], oder unabhängig vom bestehenden Tumor oder der erfolgten Therapie (ca. 3-10 %) verursacht sein[84]. Tumorassoziierte und tumorunabhängige Schmerzen bedürfen aufgrund ihrer vielfältigen möglichen Ursachen einer jeweils erforderlichen spezifischen Therapie[85]. So sind Schmerzen aufgrund eines Bandscheibenvorfalls oder aufgrund von Migräne Beispiele für tumorunabhängige Schmerzen. Tumorunabhängige Schmerzen können letztendlich auf jeder möglichen Krankheit beruhen, die Schmerzen verursacht. Je nach Tumorart und Lage können auch tumorassoziierte Schmerzen entstehen. Wird beispielsweise ein Bandscheibenvorfall durch eine Wirbelsäulenmetastase hervorgerufen, sind dadurch verursachte Schmerzen tumorassoziiert. Tumorassoziierte und tumorunabhängige Schmerzen sind demzufolge in Entstehung und Behandlung vielfältig und unterliegen regelmäßig nicht den Besonderheiten einer palliativen Therapie, so dass hierauf im Rahmen dieser Arbeit nicht näher eingegangen werden soll.

Pathophysiologisch werden Schmerzen durch Reizung von Nozizeptoren (d. h. Schmerzwahrnehmung vermittelnde Rezeptoren) vermittelt und stehen unter dem Einfluss psychologischer Faktoren, die sich wechselseitig beeinflussen[86]. Dementsprechend entstehen Tumorschmerzen durch eine Aktivierung der Schmerzrezeptoren[87], auch Nozizeptoren genannt (nozizeptive Schmerzen)[88].

---

[83] Grond in: Zenz/Donner Schmerz bei Tumorerkrankungen S. 3; Strumpf in: Zenz/Donner Schmerz bei Tumorerkrankungen S. 147f.; vgl. Striebel/Toussaint in: Kretz/Schäffer Anästhesie S. 633; vgl. Strumpf in: Zenz/Jurna Lehrbuch der Schmerztherapie S. 719

[84] Drechsel/Nagel in: Zenz/Donner Schmerz bei Tumorerkrankungen S. 15f.; Fresenius/Hatzenbühler/Heck Repetitorium Schmerztherapie S. 106; Klaschik in: Husebø/Klaschik Palliativmedizin S. 168; Schele/Kloke in: Diener/Maier Schmerztherapiebuch S. 210; Zenz Taschenbuch Schmerztherapie S. 96

[85] Strumpf in: Zenz/Donner Schmerz bei Tumorerkrankungen S. 148f.

[86] Grond in: Zenz/Donner Schmerz bei Tumorerkrankungen S. 3; vgl. Beyer in: Brune/Beyer/Schäfer Schmerz S. 119f.; vgl. Drechsel/Nagel in: Zenz/Donner Schmerz bei Tumorerkrankungen S. 16; vgl. Fresenius/Hatzenbühler/Heck Repetitorium Schmerztherapie S. 105; vgl. Klaschik in: Husebø/Klaschik Palliativmedizin S. 171; vgl. Nauck in: Gralow/Husstedt/Bothe/Evers/Hürter/Schilgen Schmerztherapie interdisziplinär S. 373

[87] Pschyrembel siehe Schmerzrezeptoren

[88] Grond in: Zenz/Donner Schmerz bei Tumorerkrankungen S. 3; Henze in: Klöss Anästhesie S. 481f.; Nauck in: Gralow/Husstedt/Bothe/Evers/Hürter/Schilgen Schmerztherapie interdisziplinär S. 373; Striebel/Toussaint in: Kretz/Schäffer Anästhesie S. 628f.; vgl. Bader/Gallacchi Schmerzkompendium S. 51; vgl. Beyer in: Brune/Beyer/Schäfer Schmerz S. 119; vgl. Fresenius/Hatzenbühler/Heck Repetitorium Schmerztherapie S. 107; vgl. Klaschik in: Husebø/Klaschik Palliativmedizin S. 169

Hiervon werden neuropathische Schmerzen abgegrenzt, die durch eine pathologische Schädigung des Nervensystems selbst entstehen[89]. Neuropathische Schmerzen werden vom Patienten als attackenartig, hell einschießend oder auch als brennende Dauerschmerzen beschrieben[90], während nozizeptive Schmerzen häufig besser lokalisierbare, ziehende oder stechende Qualität aufweisen[91]. Die genaue Untersuchung der Art der Schmerzen ist deshalb wichtig, weil neuropathische Schmerzen erfahrungsgemäß auf Schmerzmittel (Analgetika) vom Opioidtyp weniger gut ansprechen[92]. Bei einschießenden Schmerzattacken sind Antikonvulsiva (die Aktivität von Nervenzellen vermindernde Medikamente verschiedener Art) und bei Dauerschmerzen Antidepressiva (stimmungsaufhellende Medikamente) meist die gewählte Therapie, Schmerzmittel (Analgetika) vom Opioidtyp sind erst in zweiter Linie angezeigt[93]. Antidepressiva zeigen neben der stimmungsaufhellenden auch eine – bei neuropathischen Schmerzen im Vergleich zu Opioiden sogar stärkere –

---

[89] Baron in: Zenz/Jurna Lehrbuch der Schmerztherapie S. 475; Fresenius/Hatzenbühler/Heck Repetitorium Schmerztherapie S. 8, 107; Grond in: Zenz/Donner Schmerz bei Tumorerkrankungen S. 3; vgl. Treede in: Zenz/Jurna Lehrbuch der Schmerztherapie S. 39

[90] Baron in: Zenz/Jurna Lehrbuch der Schmerztherapie S. 475; Beyer in: Brune/Beyer/Schäfer Schmerz S. 120; Drechsel/Nagel in: Zenz/Donner Schmerz bei Tumorerkrankungen S. 16; Freye Opioide in der Medizin S. 56; Hankemeier/Krizanits/Schüle-Hein in: Hankemeier/Schüle-Hein/Krizanits Tumorschmerztherapie S. 16; Klaschik in: Husebø/Klaschik Palliativmedizin S. 169; Strumpf in: Zenz/Donner Schmerz bei Tumorerkrankungen S. 146; Strumpf in: Zenz/Jurna Lehrbuch der Schmerztherapie S. 718 (Tab. 5), 719, 721; Zenz Taschenbuch Schmerztherapie S. 99; vgl. Fresenius/Hatzenbühler/Heck Repetitorium Schmerztherapie S. 8f.; vgl. Striebel/Toussaint in: Kretz/Schäffer Anästhesie S. 661

[91] Drechsel/Nagel in: Zenz/Donner Schmerz bei Tumorerkrankungen S. 16; vgl. Beyer in: Brune/Beyer/Schäfer Schmerz S. 119; vgl. Klaschik in: Husebø/Klaschik Palliativmedizin S. 169; vgl. Strumpf in: Zenz/Jurna Lehrbuch der Schmerztherapie S. 718 (Tab. 5); vgl. Willenbrink in: Schockenhoff Spezielle Schmerztherapie S. 532

[92] Grond in: Zenz/Donner Schmerz bei Tumorerkrankungen S. 7; vgl. Beyer in: Brune/Beyer/Schäfer Schmerz S. 119

[93] Beyer in: Brune/Beyer/Schäfer Schmerz S. 130; Gehling/Tryba in: Zenz/Donner Schmerz bei Tumorerkrankungen S. 82; Jurna/Motsch in: Zenz/Jurna Lehrbuch der Schmerztherapie S. 284f.; Sorge in: Zenz/Jurna Lehrbuch der Schmerztherapie S. 468f.; Strumpf in: Zenz/Donner Schmerz bei Tumorerkrankungen S. 147; vgl. Bader/Gallacchi Schmerzkompendium S. 146f., 273; vgl. Baron in: Zenz/Jurna Lehrbuch der Schmerztherapie S. 478f.; vgl. Diener/Kindler/Maier in: Diener/Maier Schmerztherapiebuch S. 320, 323; vgl. Fresenius/Hatzenbühler/Heck Repetitorium Schmerztherapie S. 37f.; vgl. Freye Opioide in der Medizin S. 57, 126; vgl. Gehling/Tryba in: Zenz/Donner Schmerz bei Tumorerkrankungen S. 78; vgl. Gustorff in: Schockenhoff Spezielle Schmerztherapie S. 92f., 107; vgl. Klaschik in: Husebø/Klaschik Palliativmedizin S. 226; vgl. Striebel/Toussaint in: Kretz/Schäffer Anästhesie S. 632, 659, 661; vgl. Zenz Taschenbuch Schmerztherapie S. 106, 212

analgetische Wirkung, wenn auch deren Wirkmechanismus bisher nicht ganz geklärt ist[94].

Ferner ist die Einschätzung der Schmerzintensität für den Therapieerfolg erforderlich[95]. Dies erfolgt durch 3 Aspekte: Als Erstes ist die Beschreibung des Schmerzes durch den Patienten maßgeblich, bei der als eine Möglichkeit der Skalierung die Erfassung auf einer numerischen Ratingskala oder visuellen Analogskala zur Verfügung steht[96]. Bei Verwendung der visuellen Analogskala markiert der Patient auf einer Skala die von ihm empfundene Schmerzintensität, welche von keinem Schmerz bis zu einem unerträglichen Schmerz reicht. Auf der Rückseite ist die Skala in Ziffern von 0 (= kein Schmerz) bis 10 (= maximal vorstellbarer Schmerz) nummeriert, so dass dadurch ein Anhaltspunkt für die Schmerzintensität des Patienten gegeben werden kann[97]. Darüber hinaus sind alle Faktoren, die die Schmerzintensität beeinflussen können (wie z. B. Schlaflosigkeit, Angst, Depression), mit zu berücksichtigen und diese gegebenenfalls zu verringern bzw. zu beseitigen[98]. Als weiterer, zweiter Anhaltspunkt für die Schmerzintensität dient die Erfassung eines Erfolges oder Misserfolges bei einer vorangegangenen oder eingeleiteten Schmerztherapie. Drittens nimmt schließlich der Therapeut noch eine klinische Einschätzung vor[99].

In der Regel wird eine medikamentöse Schmerztherapie bei Tumorpatienten durchgeführt[100], auch wenn selbst in der Palliativbehandlung auf eine Verkleinerung des Tumors zielende operative Verfahren, Strahlen-,

---

94 Gehling/Tryba in: Zenz/Donner Schmerz bei Tumorerkrankungen S. 77f.; Jurna/ Motsch in: Zenz/Jurna Lehrbuch der Schmerztherapie S. 82ff.

95 Grond in: Zenz/Donner Schmerz bei Tumorerkrankungen S. 9; Klaschik Medikamentöse Schmerztherapie bei Tumorpatienten S. 7

96 Drechsel/Nagel in: Zenz/Donner Schmerz bei Tumorerkrankungen S. 17; Fresenius/Hatzenbühler/Heck Repetitorium Schmerztherapie S. 9; Henze in: Klöss Anästhesie S. 483; Klaschik in: Husebø/Klaschik Palliativmedizin S. 172; Klaschik Medikamentöse Schmerztherapie bei Tumorpatienten S. 7f.

97 Klaschik in: Husebø/Klaschik Palliativmedizin S. 172; Radbruch/Zech in: Aulbert/ Zech Lehrbuch der Palliativmedizin S. 438

98 Hankemeier/Krizanits/Schüle-Hein in: Hankemeier/Schüle-Hein/Krizanits Tumorschmerztherapie S. 10; Klaschik Medikamentöse Schmerztherapie bei Tumorpatienten S. 8; Schug/Zech in: Aulbert/Zech Lehrbuch der Palliativmedizin S. 429

99 Klaschik Medikamentöse Schmerztherapie bei Tumorpatienten S. 7

100 Klaschik Medikamentöse Schmerztherapie bei Tumorpatienten S. 5; Klaschik Palliativmedizin Praxis S. 20; Klaschik Schmerztherapie mit oralem Morphin und Hydromorphon bei Tumorpatienten S. 6; Striebel/Toussaint in: Kretz/Schäffer Anästhesie S. 656

Chemo- und Hormontherapie indiziert sein und mit medikamentöser Therapie sinnvoll kombiniert werden können[101].

In der Tumorschmerzbehandlung hat sich der WHO-Stufenplan bewährt, der eine systematische rationale Therapie mit hochwirksamen Analgetika ermöglicht[102].

II. WHO-Stufenplan

1986 empfahl die Weltgesundheitsorganisation erstmals, die medikamentöse Schmerztherapie von Tumorschmerzen nach diesem Stufenplan durchzuführen, dessen Effektivität durch Studien belegt wurde[103]. Weit verbreitet wird der sog. WHO-Stufenplan seitdem angewendet. Die Kernaussagen seiner Empfehlungen beinhalten die orale Anwendung der Medikamente, Einnahme nach bestimmtem Zeitschema sowie die gestufte Verordnung von Analgetika entsprechend ihrer Wirkstärke[104].

Der Stufenplan beinhaltet drei Stufen, nach denen in Abhängigkeit von der individuellen Schmerzintensität des Patienten der sukzessive Einsatz von nicht-opioidhaltigen Analgetika über schwache Opioide bis hin zu starken Opioiden vorgesehen ist[105].

---

[101] Grond/Zech in: Aulbert/Zech Lehrbuch der Palliativmedizin S. 446; Schug/Zech in: Aulbert/Zech Lehrbuch der Palliativmedizin S. 428; Sorge in: Aulbert/Zech Lehrbuch der Palliativmedizin S. 434; Klaschik in: Husebø/Klaschik Palliativmedizin S. 172f.; Striebel/Toussaint in: Kretz/Schäffer Anästhesie S. 656; vgl. Klaschik in: Zenz/Jurna Lehrbuch der Schmerztherapie S. 734

[102] Grond/Zech in: Aulbert/Zech Lehrbuch der Palliativmedizin S. 446f.

[103] Beyer in: Brune/Beyer/Schäfer Schmerz S. 121; Dertwinkel in: Zenz/Donner Schmerz bei Tumorerkrankungen S. 66; Strumpf/Zenz in: Zenz/Jurna Lehrbuch der Schmerztherapie S. 485; vgl. Bader/Gallacchi Schmerzkompendium S. 176; vgl. Hankemeier/Krizanits in: Hankemeier/Schüle-Hein/Krizanits Tumorschmerztherapie S. 42; vgl. Nauck in: Gralow/Husstedt/Bothe/Evers/Hürter/Schilgen Schmerztherapie interdisziplinär S. 375; vgl. Zenz/Raber/Strumpf in: Soyka Schmerz S. 117

[104] Dertwinkel in: Zenz/Donner Schmerz bei Tumorerkrankungen S. 66; Fresenius/Hatzenbühler/Heck Repetitorium Schmerztherapie S. 105; Hankemeier/Krizanits in: Hankemeier/Schüle-Hein/Krizanits Tumorschmerztherapie S. 42; Strumpf/Zenz in: Zenz/Jurna Lehrbuch der Schmerztherapie S. 485; Zenz Taschenbuch Schmerztherapie S. 191; vgl. Klaschik in: Husebø/Klaschik Palliativmedizin S. 173

[105] Beyer in: Brune/Beyer/Schäfer Schmerz S. 121; Grond/Zech in: Aulbert/Zech Lehrbuch der Palliativmedizin S. 447; Hankemeier/Krizanits in: Hankemeier/Schüle-Hein/Krizanits Tumorschmerztherapie S. 42f.; Klaschik in: Husebø/Klaschik Palliativmedizin S. 174; Klaschik Medikamentöse Schmerztherapie bei Tumorpatienten S. 11f.; Klaschik Palliativmedizin Praxis S. 21; Strumpf/Zenz in: Zenz/Jurna Lehrbuch der Schmerztherapie S. 485

Die Gabe von nicht-opioidhaltigen Analgetika wird bei Übergang zu schwachen Opioiden von Stufe 1 nach Stufe 2 nicht abgesetzt, sondern in der Regel mit der Gabe von schwachen Opioiden kombiniert[106]. Ebenso verhält es sich bei der 3. Stufe in Kombination mit starken Opioiden. Studien haben gezeigt, dass Nichtopioidanalgetika bei bestehender Opioidtherapie die Schmerzen signifikant senken können und zum Teil eine bessere Aufhebung der Schmerzempfindung (Analgesie) in der Kombination mit Opioiden erreichen, als wenn Opioide allein gegeben werden[107].

Zusätzlich erhält der Patient jeweils eine Begleitmedikation wie z. B. Abführmittel, um eventuelle oder wahrscheinlich auftretende Nebenwirkungen zu verhindern bzw. solchen entgegenzuwirken. Danach ergibt sich folgendes Dreistufenschema:

Stufe 1:	nicht-opioidhaltige Analgetika + Begleitmedikation
Stufe 2:	nicht-opioidhaltige, schwache opioidhaltige Analgetika + Begleitmedikation
Stufe 3:	nicht-opioidhaltige, starke opioidhaltige Analgetika + Begleitmedikation

Dieses Schema ist jedoch nur als Orientierungshilfe zu betrachten, d. h. die Therapie nach den einzelnen Stufen hängt grundsätzlich von der Intensität des jeweiligen Schmerzes ab[108]. Bei schon anfangs bestehenden sehr starken Schmerzen können auch die ersten beiden Stufen übersprungen werden[109]. In der Regel wird die Therapie aber bei einem niedrigen Schmerzpotential mit nicht-opioidhaltigen Analgetika begonnen[110]. Wird auch bei Höchstdosierung keine zufrieden stellende Schmerzlinderung erreicht, ist zusätzlich ein schwaches Opioid indiziert und damit zu

---

[106] Beyer in: Brune/Beyer/Schäfer Schmerz S. 118, 121, 124; Klaschik in: Husebø/Klaschik Palliativmedizin S. 174f.; vgl. Klaschik Medikamentöse Schmerztherapie bei Tumorpatienten S. 12

[107] Dertwinkel in: Zenz/Donner Schmerz bei Tumorerkrankungen S. 66

[108] Freye Opioide in der Medizin S. 121; Klaschik in: Husebø/Klaschik Palliativmedizin S. 175; Klaschik Medikamentöse Schmerztherapie bei Tumorpatienten S. 12; Willenbrink Schmerzbehandlung bei Tumorpatienten S. 33

[109] Dertwinkel in: Zenz/Donner Schmerz bei Tumorerkrankungen S. 66; Fresenius/Hatzenbühler/Heck Repetitorium Schmerztherapie S. 108; Freye Opioide in der Medizin S. 121; Klaschik Medikamentöse Schmerztherapie bei Tumorpatienten S. 12; Willenbrink Schmerzbehandlung bei Tumorpatienten S. 33; vgl. Bader/Gallacchi Schmerzkompendium S. 177

[110] Klaschik in: Husebø/Klaschik Palliativmedizin S. 174f.; Willenbrink Schmerzbehandlung bei Tumorpatienten S. 33

Stufe 2 überzugehen[111]. Die Bezeichnung „schwach" orientiert sich an der Dosisäquivalenz zu Morphin, dessen Wirkstärke (bei intramuskulärer Gabe) mit 1 festgesetzt ist[112]. Aufgrund der unterschiedlichen Wirkmechanismen kommt es bei dieser Analgetikakombination zu einer additiven Wirkung[113]. Ist bei gleichzeitiger Gabe von Begleitmedikamenten und schwachem Opioid der schmerzlindernde Effekt selbst dann nicht ausreichend, ist der Übergang auf ein stark wirkendes Opioid in Kombination mit Nichtopioidanalgetika erforderlich[114]. Verschiedene Opioide können sich in ihrer Wirkungsweise beeinträchtigen[115], beispielsweise kommt bei einer Kombination von einem schwachen mit einem starken Opioid das schwache Opioid nicht zur Wirkung[116], so dass jeweils die Anwendung nur eines Opioids in der 2. und 3. Stufe empfohlen wird.

Beim Auftreten von zusätzlichen, durch die eingestellte Therapie infolge besonderer Ursachen nicht ausreichend gelinderten Schmerzen (sog. Schmerzspitzen) wird den Patienten ergänzend eine Bedarfsmedikation an Opioiden in schnell wirksamer (d. h. nicht retardierter) Form verabreicht[117].

Weiterer Grundsatz einer wirksamen Schmerztherapie ist das Prinzip der Therapie nach einem bestimmten Zeitschema, dem Prinzip der Antizipa-

---

[111] Fresenius/Hatzenbühler/Heck Repetitorium Schmerztherapie S. 34; Klaschik in: Husebø/Klaschik Palliativmedizin S. 175; Willenbrink Schmerzbehandlung bei Tumorpatienten S. 34

[112] Willenbrink in: Schockenhoff Spezielle Schmerztherapie S. 537f.; Willenbrink Schmerzbehandlung bei Tumorpatienten S. 34; vgl. Henze in: Klöss Anästhesie S. 489

[113] Jage/Jurna in: Zenz/Jurna Lehrbuch der Schmerztherapie S. 274; Striebel/Toussaint in: Kretz/Schäffer Anästhesie S. 657

[114] Grond/Zech in: Aulbert/Zech Lehrbuch der Palliativmedizin S. 462; Klaschik in: Husebø/Klaschik Palliativmedizin S. 175; Striebel/Toussaint in: Kretz/Schäffer Anästhesie S. 657; Willenbrink Schmerzbehandlung bei Tumorpatienten S. 34

[115] Freye Opioide in der Medizin S. 121; vgl. Nauck in: Gralow/Husstedt/Bothe/Evers/Hürter/Schilgen Schmerztherapie interdisziplinär S. 384; vgl. Striebel/Toussaint in: Kretz/Schäffer Anästhesie S. 662

[116] Jage Medikamente gegen Krebsschmerzen S. 32f.; vgl. Sorge in: Zenz/Jurna Lehrbuch der Schmerztherapie S. 461f.

[117] Beyer in: Brune/Beyer/Schäfer Schmerz S. 122; Diener/Kindler/Maier in: Diener/Maier Schmerztherapiebuch S. 308; Nauck in: Gralow/Husstedt/Bothe/Evers/Hürter/Schilgen Schmerztherapie interdisziplinär S. 375f.; Striebel/Toussaint in: Kretz/Schäffer Anästhesie S. 662; Strumpf in: Zenz/Jurna Lehrbuch der Schmerztherapie S. 717; Willenbrink in: Schockenhoff Spezielle Schmerztherapie S. 542; vgl. Bader/Gallacchi Schmerzkompendium S. 178 (Tab. 10-3); vgl. Schele/Kloke in Diener/Maier Schmerztherapiebuch S. 213f.

tion entsprechend[118]; d. h. es erfolgt eine nächste Analgetikagabe vor dem Wiederauftreten von Schmerzen[119], so dass eine möglichst gleich bleibende Konzentration von Schmerzmitteln im Körper eine lang anhaltende Analgesie gewährleistet[120]. Die Aufrechterhaltung eines stabilen Wirkspiegels im Blut des Patienten wird insbesondere durch die Anwendung von Retard-Präparaten erreicht, die ihren jeweiligen Analgetikawirkstoff langsam ins Blut abgeben. Die Einnahmeintervalle müssen sich an der Wirkungszeit der einzelnen Analgetika orientieren und so bemessen sein, dass die nächste Dosis gegeben wird, ehe die Wirkung der vorausgegangenen abklingt, unabhängig davon, ob der Patient gerade Schmerzen hat oder nicht[121].

III. Opioide

Unter Opioiden (von griech. opiumähnliche) werden alle Substanzen verstanden, die an spezifischen Rezeptoren im Körper, den Opioidrezeptoren, wirksam werden[122]. Opioidrezeptoren befinden sich nicht nur im zentralen Nervensystem (Gehirn und Rückenmark), sondern konnten auch außerhalb des Gehirns und Rückenmarks (peripher) nachgewiesen werden[123]. Unter die Opioide fallen auch halb- und vollsynthetische bzw. körpereigene Substanzen, die nicht den natürlichen Opiaten angehören

---

[118] Fresenius/Hatzenbühler/Heck Repetitorium Schmerztherapie S. 24; Freye Opioide in der Medizin S. 124; Klaschik in: Husebø/Klaschik Palliativmedizin S. 173; Klaschik Medikamentöse Schmerztherapie bei Tumorpatienten S. 9; vgl. Schele/Kloke in: Diener/Maier Schmerztherapiebuch S. 213

[119] Fresenius/Hatzenbühler/Heck Repetitorium Schmerztherapie S. 1; Klaschik in: Husebø/Klaschik Palliativmedizin S. 173; Striebel/Toussaint in: Kretz/Schäffer Anästhesie S. 656

[120] dazu eingehend Freye Opioide in der Medizin S. 124; siehe auch Striebel/Toussaint in: Kretz/Schäffer Anästhesie S. 656

[121] Grond/Zech in: Aulbert/Zech Lehrbuch der Palliativmedizin S. 462; Klaschik in: Husebø/Klaschik Palliativmedizin S. 173; Klaschik Medikamentöse Schmerztherapie bei Tumorpatienten S. 9; Zenz Taschenbuch Schmerztherapie S. 191

[122] Dertwinkel in: Zenz/Donner Schmerz bei Tumorerkrankungen S. 68; Grond/Zech in: Aulbert/Zech Lehrbuch der Palliativmedizin S. 452; Klaschik in: Husebø/Klaschik Palliativmedizin S. 188; Scherer in: Gralow/Husstedt/Bothe/Evers/Hürter/Schilgen Schmerztherapie interdisziplinär S. 308; Striebel/Toussaint in: Kretz/Schäffer Anästhesie S. 642; Willenbrink Schmerzbehandlung bei Tumorpatienten S. 43

[123] Brune in: Brune/Beyer/Schäfer Schmerz S. 38; Dertwinkel in: Zenz/Donner Schmerz bei Tumorerkrankungen S. 68; Diener/Kindler/Maier in: Diener/Maier Schmerztherapiebuch S. 302; Henze in: Klöss Anästhesie S. 482, 487, 489; Jage/Jurna in: Zenz/Jurna Lehrbuch der Schmerztherapie S. 255; Nauck in: Gralow/Husstedt/Bothe/Evers/Hürter/Schilgen Schmerztherapie interdisziplinär S. 377; Reymann in: Schockenhoff Spezielle Schmerztherapie S. 47; Schäfer in: Brune/Beyer/Schäfer Schmerz S. 23ff.; Scherer in: Gralow/Husstedt/Bothe/Evers/Hürter/Schilgen Schmerztherapie interdisziplinär S. 308; vgl. Freye Opioide in der Medizin S. 39

und morphinartige oder zum Teil auch partiell morphinantagonistische Wirkung aufweisen[124]. Als Opiate werden ausschließlich diejenigen Alkaloide bezeichnet, die natürlicherweise im Opium, der getrockneten Milch des Schlafmohns, zu finden sind[125]. Nicht alle Opiate sind demnach Opioide, aber die meisten Opiate interagieren mit den Opioidrezeptoren und wirken somit als Opioid (z. B. Morphin).

1. Wirkung

Opioide bewirken durch Vermittlung der Opioidrezeptoren eine Hemmung der Schmerzleitung und der Schmerzausbreitung sowie eine Linderung des Schmerzerlebens[126]. D. h. Opioide verursachen eine Bindung an den Opioidrezeptoren, was in der Zelle einen Vorgang auslöst, der zu einer verminderten bis hin zu einer fehlenden Ansprechbarkeit der Zelle auf ankommende Reize führt, die bei Weiterleitung eine Schmerzempfindung bewirken würden[127]. Im Rückenmark, der ersten Schaltstelle der Schmerzleitung[128], wird durch diese Bindung ebenfalls eine verminderte Ansprechbarkeit der schmerzleitenden Nervenzellen hervorgerufen[129]. Dadurch ist die Nervenzelle anschließend weniger bzw. nicht mehr für ankommende Reize ansprechbar und die Weiterleitung von zur Schmerzauslösung führenden Impulsen unterbrochen[130].

Die nötige Dosis eines Opioids hängt von dessen Bindungsbereitschaft (Rezeptoraffinität, d. h. physikochemische Kraft, die für eine reversible Bindung einer Substanz an einen Rezeptor erforderlich ist[131]) zum Opi-

---

[124] Freye Opioide in der Medizin S. 405; Pschyrembel siehe Opioide; vgl. Hankemeier/Krizanits in: Hankemeier/Schüle-Hein/Krizanits Tumorschmerztherapie S. 52

[125] Brune in: Brune/Beyer/Schäfer Schmerz S. 33; Freye Opioide in der Medizin S. 405; vgl. Hankemeier/Krizanits in: Hankemeier/Schüle-Hein/Krizanits Tumorschmerztherapie S. 52; vgl. Jage/Jurna in: Zenz/Jurna Lehrbuch der Schmerztherapie S. 255

[126] dazu eingehend Klaschik in: Husebø/Klaschik Palliativmedizin S. 189; siehe auch Diener/Kindler/Maier in: Diener/Maier Schmerztherapiebuch S. 302; Freye Opioide in der Medizin S. 33f., 36f.

[127] Freye Opioide in der Medizin S. 17

[128] Freye Opioide in der Medizin S. 34; vgl. Jage/Jurna in: Zenz/Jurna Lehrbuch der Schmerztherapie S. 257

[129] Freye Opioide in der Medizin S. 17; Jage/Jurna in: Zenz/Jurna Lehrbuch der Schmerztherapie S. 255, 257; Scherer in: Gralow/Husstedt/Bothe/Evers/Hürter/Schilgen Schmerztherapie interdisziplinär S. 308; vgl. für körpereigene Opioidpeptide Schäfer in: Brune/Beyer/Schäfer Schmerz S. 24

[130] Freye Opioide in der Medizin S. 17; vgl. für körpereigene Opioidpeptide Schäfer in: Brune/Beyer/Schäfer Schmerz S. 24

[131] Scherer in: Gralow/Husstedt/Bothe/Evers/Hürter/Schilgen Schmerztherapie interdisziplinär S. 308

oidrezeptor ab[132]. Sie ist umso größer, je besser das Opioid in die Struktur des Rezeptors passt, gleich einem Schlüssel-Schloss-Prinzip[133]. Diese Affinität zusammen mit der Stärke der durch diese Bindung ausgelösten Prozesse (genannt intrinsische Aktivität, wodurch eine hemmende Wirkung erzielt wird[134]) verursacht die unterschiedliche analgetische Wirkstärke der Opioide[135]. Substanzen mit hoher intrinsischer Aktivität werden als Agonisten, solche mit geringer oder fehlender intrinsischer Aktivität als Antagonisten bezeichnet[136]. Ist die intrinsische Aktivität gleich null, so ist trotz hoher Rezeptorbindung ein schmerzlindernder (analgetischer) Effekt nicht erreichbar (z. B. Naloxon als reiner Antagonist)[137]. Ferner gibt es auch Opioide mit gemischt agonistischer und antagonistischer Wirkung[138]. Wichtig ist dabei, dass bei der (teil-)agonistischen Wirkung Dosissteigerungen ab einer bestimmten Höhe eine Abnahme der Wirksamkeit und Verstärkung der Nebenwirkung erzielen (sog. Ceiling-Effekt)[139]. Dieses Problem besteht bei reinen Agonisten nicht, d. h. es gibt im Prinzip keine Dosierungsgrenze[140]. Dies ist entsprechend der individuellen Schmerzintensität und unter Beachtung der Nebenwirkungen nutzbar[141].

2. Nebenwirkungen

Ein Vorteil der Schmerztherapie mit Opioiden besteht darin, dass die Nebenwirkungen dieser Substanzgruppe bekannt sind und regelmäßig durch prophylaktische Maßnahmen verhindert werden können[142].

---

[132] Freye Opioide in der Medizin S. 39

[133] Freye Opioide in der Medizin S. 39

[134] Scherer in: Gralow/Husstedt/Bothe/Evers/Hürter/Schilgen Schmerztherapie interdisziplinär S. 308

[135] Freye Opioide in der Medizin S. 39, 54; Jage/Jurna in: Zenz/Jurna Lehrbuch der Schmerztherapie S. 261; Klaschik in: Husebø/Klaschik Palliativmedizin S. 189; vgl. Beyer in: Brune/Beyer/Schäfer Schmerz S. 123

[136] Beyer in: Brune/Beyer/Schäfer Schmerz S. 124; vgl. Jage/Jurna in: Zenz/Jurna Lehrbuch der Schmerztherapie S. 274f., 278

[137] Klaschik in: Husebø/Klaschik Palliativmedizin S. 189

[138] Beyer in: Brune/Beyer/Schäfer Schmerz S. 125; Jage/Jurna in: Zenz/Jurna Lehrbuch der Schmerztherapie S. 258

[139] Beyer in: Brune/Beyer/Schäfer Schmerz S. 125; Jage/Jurna in: Zenz/Jurna Lehrbuch der Schmerztherapie S. 258; Klaschik in: Husebø/Klaschik Palliativmedizin S. 189; Sorge in: Zenz/Jurna Lehrbuch der Schmerztherapie S. 465

[140] Beyer in: Brune/Beyer/Schäfer Schmerz S. 125; Klaschik in: Husebø/Klaschik Palliativmedizin S. 189; vgl. Jage/Jurna in: Zenz/Jurna Lehrbuch der Schmerztherapie S. 275

[141] Jage/Jurna in: Zenz/Jurna Lehrbuch der Schmerztherapie S. 275

[142] Klaschik in: Husebø/Klaschik Palliativmedizin S. 192

a) Obstipation

Eine Nebenwirkung von Opioiden stellt die Stuhlverstopfung (Obstipation) dar, der mit der Gabe von Abführmitteln (Laxantien) als Begleitmedikament begegnet werden kann[143]. Ursache dafür ist die Bindung von Opioiden an Opioidrezeptoren im Darm und zentralen Nervensystem. Am Dünn- und Dickdarm führt dies infolge der Hemmung der Muskulaturtätigkeit zu einer längeren Verweildauer des Darminhalts im Darm und zu erhöhtem Wasserentzug[144]. Da diesbezüglich eine Toleranzwirkung im Sinne eines verminderten Ansprechens auf die Wirkung eines Arzneimittels[145] ausbleibt, ist die Gabe eines Begleitmedikaments zur Verhinderung dieser Nebenwirkung während der gesamten Therapie mit Opioiden erforderlich[146].

b) Übelkeit, Erbrechen

Übelkeit und Erbrechen sind oft Begleitsymptome bei der Morphintherapie. Ein Grund dafür ist die durch Opioide hervorgerufene Verzögerung der Magenentleerung[147]. Diese Wirkung lässt jedoch bald nach, so dass nach ca. 1 Woche regelmäßig auf eine Begleitmedikation gegen Übelkeit in Form von Antiemetika verzichtet werden kann[148].

---

143 Beyer in: Brune/Beyer/Schäfer Schmerz S. 127; Grond/Zech in: Aulbert/Zech Lehrbuch der Palliativmedizin S. 452; Henze in: Klöss Anästhesie S. 491; Klaschik in: Husebø/Klaschik Palliativmedizin S. 195; Klaschik in: Zenz/Jurna Lehrbuch der Schmerztherapie S. 746; Klaschik Medikamentöse Schmerztherapie bei Tumorpatienten S. 28; Klaschik Schmerztherapie mit oralem Morphin und Hydromorphon bei Tumorpatienten S. 9; Sorge in: Zenz/Jurna Lehrbuch der Schmerztherapie S. 467; Striebel/Toussaint in: Kretz/Schäffer Anästhesie S. 658, 663; Willenbrink Schmerzbehandlung bei Tumorpatienten S. 45; Zenz/Raber/Strumpf in: Soyka Schmerz S. 123

144 Hankemeier/Krizanits in: Hankemeier/Schüle-Hein/Krizanits Tumorschmerztherapie S. 61f.; Klaschik in: Husebø/Klaschik Palliativmedizin S. 195; Klaschik in: Zenz/Jurna Lehrbuch der Schmerztherapie S. 746; Klaschik/Nauck in: Zenz/Donner Schmerz bei Tumorerkrankungen S. 99; vgl. Jage/Jurna in: Zenz/Jurna Lehrbuch der Schmerztherapie S. 272

145 Pschyrembel siehe Toleranz; vgl. Beyer in: Brune/Beyer/Schäfer Schmerz S. 128; vgl. Klaschik in: Husebø/Klaschik Palliativmedizin S. 193f.

146 Beyer in: Brune/Beyer/Schäfer Schmerz S. 127; Hankemeier/Krizanits in: Hankemeier/Schüle-Hein/Krizanits Tumorschmerztherapie S. 62; Klaschik in: Husebø/Klaschik Palliativmedizin S. 195f.; Klaschik in: Zenz/Jurna Lehrbuch der Schmerztherapie S. 746; Striebel/Toussaint in: Kretz/Schäffer Anästhesie S. 658

147 Beyer in: Brune/Beyer/Schäfer Schmerz S. 127; Grond/Zech in: Aulbert/Zech Lehrbuch der Palliativmedizin S. 452

148 Beyer in: Brune/Beyer/Schäfer Schmerz S. 127; Grond/Zech in: Aulbert/Zech Lehrbuch der Palliativmedizin S. 452; Hankemeier/Krizanits in: Hankemeier/Schüle-Hein/Krizanits Tumorschmerztherapie S. 63; Klaschik Medikamentöse Schmerztherapie bei Tumorpatienten S. 25; Klaschik Schmerztherapie mit oralem Morphin und

c) Desorientierung

Weitere mögliche, jedoch seltene Nebenwirkungen bei Opioiden sind auftretende Verwirrtheit, Desorientierung und Halluzinationen[149]. Diese lassen typischerweise rasch nach, können auch gegebenenfalls durch Begleitmedikamente wie Neuroleptika bzw. Dosisreduktion oder Opioidwechsel therapiert werden[150].

d) Sedierung

Schläfrigkeit und nachlassende Konzentrationsfähigkeit sind typische Opioidnebenwirkungen[151]. Dies ist Ausdruck der aktivitätsdämpfenden Wirkung der Opioide auf das zentrale Nervensystem[152]. Sie treten vor allem am Anfang einer Opioidbehandlung und bei einer Dosissteigerung auf und nehmen in der Regel nach wenigen Tagen infolge Toleranzentwicklung ab[153]. Bei anhaltendem vermindertem Wachheitszustand des Patienten (Vigilanzminderung) ist eine Reduktion der Opioiddosis, eventuell eine Änderung des Applikationsintervalls oder ein Überprüfen anderer Arzneimittel erforderlich[154].

Hydromorphon bei Tumorpatienten S. 9; Klaschik/Nauck in: Zenz/Donner Schmerz bei Tumorerkrankungen S. 95; Willenbrink Schmerzbehandlung bei Tumorpatienten S. 45; vgl. Klaschik in: Husebø/Klaschik Palliativmedizin S. 195

[149] Fresenius/Hatzenbühler/Heck Repetitorium Schmerztherapie S. 35; Grond/Zech in: Aulbert/Zech Lehrbuch der Palliativmedizin S. 452; Klaschik in: Husebø/Klaschik Palliativmedizin S. 194; Nauck in: Gralow/Husstedt/Bothe/Evers/Hürter/Schilgen Schmerztherapie interdisziplinär S. 379; Willenbrink Schmerzbehandlung bei Tumorpatienten S. 44

[150] Grond/Zech in: Aulbert/Zech Lehrbuch der Palliativmedizin S. 452; Klaschik in: Husebø/Klaschik Palliativmedizin S. 194; Nauck in: Gralow/Husstedt/Bothe/Evers/Hürter/Schilgen Schmerztherapie interdisziplinär S. 379

[151] Freye Opioide in der Medizin S. 67f.; Grond/Zech in: Aulbert/Zech Lehrbuch der Palliativmedizin S. 452; Klaschik in: Husebø/Klaschik Palliativmedizin S. 194

[152] Jage Medikamente gegen Krebsschmerzen S. 194

[153] Grond/Zech in: Aulbert/Zech Lehrbuch der Palliativmedizin S. 452f.; Klaschik in: Husebø/Klaschik Palliativmedizin S. 194; Nauck in: Gralow/Husstedt/Bothe/Evers/Hürter/Schilgen Schmerztherapie interdisziplinär S. 379; Willenbrink Schmerzbehandlung bei Tumorpatienten S. 45; vgl. Bader/Gallacchi Schmerzkompendium S. 137; vgl. Henze in: Klöss Anästhesie S. 491; vgl. Jage Medikamente gegen Krebsschmerzen S. 194

[154] Klaschik in: Husebø/Klaschik Palliativmedizin S. 194; Nauck in: Gralow/Husstedt/Bothe/Evers/Hürter/Schilgen Schmerztherapie interdisziplinär S. 379; Sorge in: Zenz/Jurna Lehrbuch der Schmerztherapie S. 467; vgl. Beyer in: Brune/Beyer/Schäfer Schmerz S. 127f.

e) Abhängigkeit

Die Angst, dass eine richtig angewendete Opioidtherapie zu einer Abhängigkeit des Patienten führen könne, ist weitgehend unbegründet[155]. Zu unterscheiden ist zwischen psychischer und physischer Abhängigkeit.

Eine psychische Abhängigkeit im Sinne eines unabweisbaren Verlangens nach der Einnahme einer Substanz, um deren Wirkung zu erfahren, stellt bei regelmäßiger, ausreichend dosierter Dauerbehandlung mit Retard-Opioiden eine Seltenheit dar[156]. Eine solche Abhängigkeit dient primär nicht dem Ziel, vorhandene Schmerzen zu reduzieren, sondern euphorisierende Effekte zu erhalten[157]. Wenn Patienten Opioide lediglich bei Bedarf oder in zu geringer Dosierung erhalten, entwickeln diese als adäquates Verhalten von Schmerzpatienten lediglich den Wunsch nach immer wiederkehrender Schmerzlinderung. Diese Reaktion beruht jedoch auf keiner Abhängigkeit, wie das problemlose Absetzen von Opioiden bei anderweitiger Schmerzlinderung (beispielsweise durch Bestrahlung) gezeigt hat[158]. Die psychische Abhängigkeit kann bei fehlender Retard-Dauertherapie durch rasch wirksame und schnell metabolisierte Opioide induziert werden, insbesondere bei direkter intravenöser Applikation. In diesem Fall steht die euphorisierende Wirkung der Opioide durch das rasche Anfluten im Zentralnervensystem im Vordergrund, welche der entscheidende Trigger (Auslöser) für die Entstehung der Sucht darstellt. Das Hervorrufen einer psychischen Abhängigkeit ist bei der üblichen Therapie nach einem bestimmten Zeitschema (Antizipation)[159], d. h. die nächste Analgetikagabe erfolgt vor dem Wiederauftreten von Schmerzen, nicht zu befürchten.

Die physische Abhängigkeit ist die Anpassung des Körpers mit seinen Regulationssystemen an die dauernde Anwesenheit eines zentral wirksamen Pharmakons. Sie entsteht regelmäßig bei längerer Opioideinnahme und äußert sich durch körperliche Entzugssymptome beim Ab-

---

155 Kutzer ZRP 1993, 404ff. (405); Schara Anaesthesist (1986) 35, 395f.

156 Freye Opioide in der Medizin S. 83, 132; Grond/Zech in: Aulbert/Zech Lehrbuch der Palliativmedizin S. 453; Henze in: Klöss Anästhesie S. 491; Jage/Jurna in: Zenz/Jurna Lehrbuch der Schmerztherapie S. 273; Kutzer in: Salger-FS S. 663ff.; Sorge in: Zenz/Jurna Lehrbuch der Schmerztherapie S. 467; vgl. Freye Opioide in der Medizin S. 4

157 Beyer in: Brune/Beyer/Schäfer Schmerz S. 128; Freye Opioide in der Medizin S. 81, 83

158 Grond/Zech in: Aulbert/Zech Lehrbuch der Palliativmedizin S. 453

159 siehe D II

setzen des Opioids oder bei der Gabe von Opioidantagonisten[160]. Körperlichen Entzugssymptomen kann durch eine individuell abgestufte, schrittweise Reduzierung der Opioiddosierung bis hin zur Beendigung der Opioidgabe, d. h. durch ausschleichendes Absetzen, vorgebeugt werden[161]. Während der Opioidbehandlung ist die physische Abhängigkeit infolge der durch die Therapie erfolgenden regelmäßigen Versorgung mit Opioiden ohne Bedeutung. Bei der palliativen Behandlung einer unheilbaren Krankheit mit Opioiden wird der Patient regelmäßig diese Schmerzzustände bis zu seinem Tod aufweisen und einer – oftmals aufgrund steigender Schmerzen noch in erhöhter Dosierung fortgesetzten[162] – Opioidtherapie bis zum Tod bedürfen[163]. Sofern ein verminderter bzw. fehlender Bedarf an Opioiden eintreten sollte, können durch eine langsame Reduktion der Dosis die unerwünschten Entzugssymptome vermieden werden[164]. Daher ist die Gefahr der durch längere Opioideinnahme entstehenden physischen Abhängigkeit als gering einzustufen und nicht als Hinderungsgrund für eine Opioidtherapie anzusehen.

f) Atemdepression

Die gefährlichste Nebenwirkung von Opioiden ist die Atemdepression. Die zentral (im Gehirn) ausgelöste Atemdepression[165] beruht auf einer Hemmung des Atemzentrums und geht mit einer verminderten Ansprechbarkeit auf den Kohlensäurepartialdruck (pCO_2)[166], d. h. einer allmählichen Lähmung des Atemzentrums[167], einher. Durch Wirkung des Opioids wird der Atemantrieb vermindert mit der Folge gesteigerter CO_2-Werte[168]. D. h. durch die Wirkung des Opioids werden höhere CO_2-Werte

---

160 Beyer in: Brune/Beyer/Schäfer Schmerz S. 128; Grond/Zech in: Aulbert/Zech Lehrbuch der Palliativmedizin S. 453; Jage/Jurna in: Zenz/Jurna Lehrbuch der Schmerztherapie S. 273

161 Grond/Zech in: Aulbert/Zech Lehrbuch der Palliativmedizin S. 453; Jage/Jurna in: Zenz/Jurna Lehrbuch der Schmerztherapie S. 273; Kutzer in: Salger-FS S. 663ff.; Sorge in: Zenz/Jurna Lehrbuch der Schmerztherapie S. 467

162 Klaschik in: Diener/Maier Schmerztherapiebuch S. 277; Nauck in: Hankemeier/Schüle-Hein/Krizanits Tumorschmerztherapie S. 374, 377

163 Klaschik in: Diener/Maier Schmerztherapiebuch S. 277; Klaschik/Nauck in: Zenz/Donner Schmerz bei Tumorerkrankungen S. 240

164 Beyer in: Brune/Beyer/Schäfer Schmerz S. 128; Gustorff in: Schockenhoff Spezielle Schmerztherapie S. 91

165 Bader/Gallacchi Schmerzkompendium S. 136f.; Freye Opioide in der Medizin S. 61

166 Freye Opioide in der Medizin S. 62, 195

167 Schockenhoff in: Gordijn/Have Medizinethik und Kultur S. 463; vgl. Antoine Aktive Sterbehilfe S. 48

168 Freye Opioide in der Medizin S. 61ff.; Grond/Zech in: Aulbert/Zech Lehrbuch der Palliativmedizin S. 452; Jonen-Thielemann in: Aulbert/Zech Lehrbuch der Palliativ-

in Kauf genommen, wobei CO_2 eine narkotisierende Wirkung aufweist. Der Patient hat somit erst bei einer höheren Kohlendioxidkonzentration das Bedürfnis, atmen zu müssen, und atmet dementsprechend weniger. Dies kann je nach der Stärke der Verschiebung zu einer Unterversorgung des Körpers mit Sauerstoff führen. Im Extremfall kann der Patient an der opioid-induzierten Atemlähmung (sog. respiratorische Insuffizienz) versterben.

Die Gefahr einer Atemdepression ist bei opioid-„naiven" Patienten direkt proportional zur analgetischen Stärke des jeweiligen Opioids[169]. So können schon geringe Mengen eines potenten Analgetikums eine Atemdepression auslösen, während wirkarme Opioide selbst in Dosen über den therapeutischen Wirkungsbereich hinaus zu keiner nennenswerten Beeinflussung der Atmung führen[170]. Bei mit Opioiden vorbehandelten Patienten ist grundsätzlich ebenfalls eine Atemdepression durch Dosissteigerung möglich. In diesem Fall hängt die atemdepressive Wirkung akut applizierter Opioide jedoch von der Dauer der Vorbehandlung, dem Opioidplasmaspiegel sowie der Schnelligkeit des Wirkungseintritts des injizierten Opioids ab.

Bei schmerzfreien gesunden Patienten führt die Gabe eines Opioids dosisabhängig zu einer Atemdepression, die durch gleichzeitige Sedierung verstärkt wird[171]. Der Schmerz ist der Gegenspieler (Antagonist) für eine zentral sich entwickelnde Atemdepression[172]. Solange man sich mit der Dosierung nach dem vom Patienten geäußerten Ausmaß des Schmerzes richtet, ist eine Atemdepression in der Regel nicht zu befürchten[173].

---

medizin S. 682; vgl. für Morphin: Klaschik in: Zenz/Jurna Lehrbuch der Schmerztherapie S. 748

[169] Freye Opioide in der Medizin S. 61

[170] Freye Opioide in der Medizin S. 61; vgl. Bader/Gallacchi Schmerzkompendium S. 143; vgl. Diener/Kindler/Maier in: Diener/Maier Schmerztherapiebuch S. 317; vgl. Jage Medikamente gegen Krebsschmerzen S. 31; vgl. Jage/Jurna in: Zenz/Jurna Lehrbuch der Schmerztherapie S. 275

[171] Klaschik in: Husebø/Klaschik Palliativmedizin S. 192, 215; vgl. Hankemeier/Krizanits in: Hankemeier/Schüle-Hein/Krizanits Tumorschmerztherapie S. 49; vgl. Jage Medikamente gegen Krebsschmerzen S. 195

[172] Freye Opioide in der Medizin S. 131; Gustorff in: Schockenhoff Spezielle Schmerztherapie S. 87; Hankemeier/Krizanits in: Hankemeier/Schüle-Hein/Krizanits Tumorschmerztherapie S. 49; Jage Medikamente gegen Krebsschmerzen S. 116, 142, 198; Jage/Jurna in: Zenz/Jurna Lehrbuch der Schmerztherapie S. 270; Sorge in: Zenz/Jurna Lehrbuch der Schmerztherapie S. 467; vgl. Klaschik in: Husebø/Klaschik Palliativmedizin S. 200

[173] Dertwinkel in: Zenz/Donner Schmerz bei Tumorerkrankungen S. 73; Freye Opioide in der Medizin S. 131; Henze in: Klöss Anästhesie S. 491; Jage Medikamente ge-

Die Atemdepression ist ein Zeichen einer Überdosierung[174]. In einer Analyse von Studien wurde bei oraler Gabe des Opioids in keinem Fall eine Atemdepression beschrieben[175]. Die Gefahr einer Atemdepression ist bei chronischen Schmerzpatienten darüber hinaus deshalb geringer, weil mit der regelmäßigen Einnahme eine Gewöhnung an die atemdepressive Nebenwirkung der Opioide (Toleranz) eintritt[176].

Bei nicht oraler Verabreichung von Opioiden, insbesondere der intravenösen Opioidgabe mittels Kurzinjektion oder durch Pumpen, ist die Gefahr der Induktion einer Atemdepression größer. Nach Injektion eines Opioids kann zeitlich nacheinander Folgendes beobachtet werden: Zuerst erfolgt eine Verlangsamung der Atmung mit partieller Kompensation durch Vergrößerung des Atemzugvolumens, danach eine Atmung, die nur durch Reize, wie beispielsweise Schmerzreize, initiiert werden kann. Anschließend folgt eine Zeitspanne, in der das Atmen ganz „vergessen" wird (sog. Kommandoatmung) und schließlich atmet der Patient trotz Aufforderung nicht mehr spontan und muss beatmet werden[177]. Die Wachheit des Patienten (Vigilanz) ist ein wichtiger Faktor für eine ausreichende Atmung und führt zu einer gesteigerten Bereitschaft, auf erhöhten Kohlensäurepartialdruck zu reagieren[178]. Es sei darauf hingewiesen, dass die opioid-induzierte Ateminsuffizienz ein äußerst komplexer Vorgang ist, der von zahlreichen Variablen des Patienten, den pharmakologischen Charakteristika des jeweiligen Opioids sowie der Applikationsform bestimmt wird.

Bei einer Schmerztherapie mittels eines Opioid-Pflasters (transdermale Gabe von Opioiden) ist zu berücksichtigen, dass auch nach Entfernung des Pflasters noch einige Stunden das Opioid aus dem Gewebsdepot (z.

---

gen Krebsschmerzen S. 196; Jage/Jurna in: Zenz/Jurna Lehrbuch der Schmerztherapie S. 270; Klaschik in: Husebø/Klaschik Palliativmedizin S. 192, 215; Klaschik Schmerztherapie mit oralem Morphin und Hydromorphon bei Tumorpatienten S. 9; Sorge in: Zenz/Jurna Lehrbuch der Schmerztherapie S. 467

[174] Dertwinkel in: Zenz/Donner Schmerz bei Tumorerkrankungen S. 73; Gustorff in: Schockenhoff Spezielle Schmerztherapie S. 106; Klaschik in: Husebø/Klaschik Palliativmedizin S. 215; vgl. Jage Medikamente gegen Krebsschmerzen S. 196

[175] Dertwinkel in: Zenz/Donner Schmerz bei Tumorerkrankungen S. 66; Freye Opioide in der Medizin S. 131; vgl. Grond/Zech in: Aulbert/Zech Lehrbuch der Palliativmedizin S. 452

[176] Jage Medikamente gegen Krebsschmerzen S. 116; Striebel/Toussaint in: Kretz/Schäffer Anästhesie S. 644

[177] Freye Opioide in der Medizin S. 62, 195

[178] Freye Opioide in der Medizin S. 65; vgl. Jage Medikamente gegen Krebsschmerzen S. 195, 198

B. Fettgewebe) freigesetzt wird[179]. Zu beachten ist dabei, dass die Zufuhr des Opioids durch die Haut auch nach Eintritt einer starken Sedierung nicht sofort unterbrochen werden kann[180]. Der Speicher der Haut hat den Wirkstoff bereits aus dem Pflaster aufgenommen und gibt diesen im Körper weiter, ohne dass dies durch Abnahme des Pflasters zu verhindern ist. Außerdem muss eine übermäßige Erwärmung an der Klebestelle des Pflasters vermieden werden, da ansonsten eine beschleunigte Aufnahme des Medikaments eintritt und die erhöhte Gefahr einer Überdosierung mit der Folge einer Atemdepression entsteht[181].

Eine Atemdepression kann regelmäßig durch die Gabe eines spezifischen Opioidantagonisten (z. B. Naloxon) aufgehoben werden[182]. Dabei verdrängt der Antagonist wegen seiner höheren Affinität (Bindungsstärke) zum Rezeptor das Opioid und setzt sich an seine Stelle, der Übergang der Opioidrezeptoren in die inaktive Form wird begünstigt und die atemdepressive Wirkung somit umgekehrt[183]. Es gibt jedoch auch Opioide, die eine sehr starke Bindung mit den Opioidrezeptoren (infolge seiner hohen intrinsischen Aktivität) eingehen, die sich kaum durch einen Antagonisten aufheben lässt[184]. Eine durch diese Opioide hervorgerufene Atemdepression ist danach praktisch unumkehrbar bzw. nur sehr schwer aufzuheben.

Das Zusammenwirken von Opioiden mit anderen, gleichzeitig verabreichten Medikamenten, solchen mit starken vigilanzmindernden Eigenschaften[185] – beispielsweise aus der Gruppe der Barbiturate, Benzodia-

---

[179] Beyer in: Brune/Beyer/Schäfer Schmerz S. 127; Diener/Kindler/Maier in: Diener/Maier Schmerztherapiebuch S. 319; Gustorff in: Schockenhoff Spezielle Schmerztherapie S. 94; Jage/Jurna in: Zenz/Jurna Lehrbuch der Schmerztherapie S. 266; Sorge in: Zenz/Jurna Lehrbuch der Schmerztherapie S. 465

[180] Diener/Kindler/Maier in: Diener/Maier Schmerztherapiebuch S. 310

[181] Sorge in: Zenz/Jurna Lehrbuch der Schmerztherapie S. 466; vgl. Hankemeier/Krizanits in: Hankemeier/Schüle-Hein/Krizanits Tumorschmerztherapie S. 57

[182] Freye Opioide in der Medizin S. 62; Jage/Jurna in: Zenz/Jurna Lehrbuch der Schmerztherapie S. 278

[183] Freye Opioide in der Medizin S. 62; Jage/Jurna in: Zenz/Jurna Lehrbuch der Schmerztherapie S. 278

[184] Diener/Kindler/Maier in: Diener/Maier Schmerztherapiebuch S. 319; Fresenius/Hatzenbühler/Heck Repetitorium Schmerztherapie S. 30; Freye Opioide in der Medizin S. 128f.; Sorge in: Zenz/Jurna Lehrbuch der Schmerztherapie S. 465; vgl. Jage Medikamente gegen Krebsschmerzen S. 32, 43

[185] Hankemeier/Krizanits in: Hankemeier/Schüle-Hein/Krizanits Tumorschmerztherapie S. 49; Striebel/Toussaint in: Kretz/Schäffer Anästhesie S. 644; vgl. Jage/Jurna in: Zenz/Jurna Lehrbuch der Schmerztherapie S. 271

zepine, Hypnotika (auch Alkohol) – verstärkt die Nebenwirkung der Atemdepression[186]. Dies ist bei der Dosierung zu beachten.

3. Dosierung

Ganz wichtig ist dementsprechend die sorgfältige, am Effekt orientierte Einstellung der Opioiddosis. Zu beginnen ist gerade bei der Opioideinstellung mit geringen Dosen. Es erfolgt eine sog. Titration am Schmerz[187], d. h. der Arzt tastet sich durch langsame Dosiserhöhung an die zur Linderung des individuellen Schmerzes erforderliche Dosis des Opioids heran[188]. Die Dosiseinstellung erfolgt mit schnell anflutenden und kurz wirksamen Opioiden, während danach die Langzeitbehandlung mit retardierenden Substanzen fortgeführt wird[189].

Bei einer regelmäßigen Überwachung während der Dosiseinstellung bzw. einer im späteren Verlauf durchgeführten regelmäßigen Kontrolle der erforderlichen Anpassung der Opioiddosis an das Schmerzniveau kann das Auftreten einer Atemdepression in der Regel verhindert werden[190].

Grundsätzlich ist eine Linderung jeder Schmerzintensität mit einer bestimmten Menge an Opioiden bis zu einem erträglichen Maß möglich. Erfolgt eine Atemdepression, ist dies ein Zeichen relativer Überdosierung[191]. Bei unerträglichen Schmerzen, die eine sehr hohe Dosis an Opioiden für eine Linderung erfordern, kann das Risiko einer Atemdepression jedoch nicht ganz ausgeschlossen werden. Zeigt sich als typisches Kennzeichen einer opioidbedingten Atemdepression eine Abnahme der Atemfrequenz und eine begleitende Sedierung/Bewusstseinstrübung,

---

[186] Freye Opioide in der Medizin S. 217f. (s. auch Tab. 21-3); vgl. Bader/Gallacchi Schmerzkompendium S. 137; vgl. Jage Medikamente gegen Krebsschmerzen S. 28f., 116, 196; vgl. Jage/Jurna in: Zenz/Jurna Lehrbuch der Schmerztherapie S. 273

[187] Willenbrink in: Schockenhoff Spezielle Schmerztherapie S. 539; vgl. Grond/Zech in: Aulbert/Zech Lehrbuch der Palliativmedizin S. 453

[188] siehe zum Verfahren: Freye Opioide in der Medizin S. 124, 122 (Tab. 17-1); Klaschik in: Husebø/Klaschik Palliativmedizin S. 195, 203, 215; Klaschik Medikamentöse Schmerztherapie bei Tumorpatienten S. 16; Willenbrink Schmerzbehandlung bei Tumorpatienten S. 62; vgl. Grond/Zech in: Aulbert/Zech Lehrbuch der Palliativmedizin S. 468f.

[189] Nauck in: Gralow/Husstedt/Bothe/Evers/Hürter/Schilgen Schmerztherapie interdisziplinär S. 377

[190] vgl. Klaschik in: Husebø/Klaschik Palliativmedizin S. 203, 215, 217

[191] Jage/Jurna in: Zenz/Jurna Lehrbuch der Schmerztherapie S. 270; Klaschik in: Husebø/Klaschik Palliativmedizin S. 215

muss die Opioiddosis reduziert und der Patient engmaschig und ggf. stationär überwacht werden[192].

Sofern bei einer Dosiseinstellung ein Schmerz nicht (mehr) auf Opioide bzw. dieser erst auf Dosierungen anspricht, die nicht zu tolerierende Nebenwirkungen wie eine Atemdepression hervorrufen, muss, wenn eine Therapie der möglichen Begleitsymptome mitberücksichtigt wurde, von einer verminderten Opioidsensibilität ausgegangen werden[193]. Entweder ist in einem solchen Fall ein Opioidwechsel oder ein anderes, evtl. invasives Vorgehen angezeigt[194].

Eine Reduktion der Opioide ist bei erfolgreichem Einsatz zusätzlicher anderer Methoden der Schmerzlinderung erforderlich, z. B. Neurolyse oder Bestrahlung[195]. Wenn bei einer laufenden Morphintherapie eine schmerztherapeutische Maßnahme hinzukommt, die den Schmerz schlagartig ausschaltet, kann jetzt eine opioidbedingte Atemdepression auftreten[196]. Dies hat seine Ursache darin, dass die Morphindosis durch die anderweitige schmerztherapeutische Maßnahme nicht mehr die Funktion hat, den Schmerz zu lindern, da die Schmerzlinderung schon von dieser übernommen wird. Die Morphindosis ist damit als zusätzliche Schmerzbekämpfungsmaßnahme, zumindest in der unverminderten Konzentration, eine Überdosierung und kann folglich die Nebenwirkung Atemdepression hervorrufen.

---

[192] Freye Opioide in der Medizin S. 124; Grond/Zech in: Aulbert/Zech Lehrbuch der Palliativmedizin S. 452; vgl. Gustorff in: Schockenhoff Spezielle Schmerztherapie S. 87

[193] Willenbrink in: Schockenhoff Spezielle Schmerztherapie S. 539; Willenbrink Schmerzbehandlung bei Tumorpatienten S. 62

[194] Maier in: Klaschik/Nauck Palliativmedizin heute S. 10f., 12; Striebel/Toussaint in: Kretz/Schäffer Anästhesie S. 658; Willenbrink in: Schockenhoff Spezielle Schmerztherapie S. 539; Willenbrink Schmerzbehandlung bei Tumorpatienten S. 62; vgl. Hankemeier/Krizanits in: Hankemeier/Schüle-Hein/Krizanits Tumorschmerztherapie S. 43f.

[195] Jage Medikamente gegen Krebsschmerzen S. 198; Nauck in: Gralow/Husstedt/Bothe/Evers/Hürter/Schilgen Schmerztherapie interdisziplinär S. 376

[196] Jage/Jurna in: Zenz/Jurna Lehrbuch der Schmerztherapie S. 270; Klaschik in: Husebø/Klaschik Palliativmedizin S. 215; Striebel/Toussaint in: Kretz/Schäffer Anästhesie S. 644

E) Strafrechtliche Probleme bei palliativer Behandlung

Im Rahmen der palliativen Behandlung durch den Arzt stellen sich – aus strafrechtlicher Sicht betrachtet – mehrere Probleme. Diese ergeben sich vor allem im Rahmen der Behandlung von Schmerzen, können sich aber auch bei – unterlassener – psychotherapeutischer Behandlung einstellen.

I. Fallgruppen

Der weitere Fortgang der Arbeit wird sich mit folgenden Fallgruppen näher auseinander setzen:

1. Reine Sterbehilfe

Als Erstes ist die Hilfe im Sterben im Sinne einer Erleichterung des Sterbens, die vor allem in schmerzlindernder, aber auch in psychopharmakologischer Behandlung durch den Arzt besteht, ohne Einfluss auf die Dauer des Lebens des Patienten erfolgt und teilweise als sog. „reine Sterbehilfe“[197] bezeichnet wird, strafrechtlich zu würdigen.

2. Unterlassen der palliativen Behandlung

Als Zweites sind im Rahmen einer vom Arzt unterlassenen palliativen Behandlung zwei unterschiedliche Aspekte denkbar. Einerseits stellt sich die Frage, ob und ggf. welche strafrechtliche Relevanz sich ergibt, wenn der Arzt keine Schmerzbehandlung durchführt und eine Schmerzlinderung durch hierfür erforderliche Medikation unterlässt. Andererseits ist die strafrechtliche Bedeutung einer unterlassenen psychotherapeutischen Betreuung zu bewerten.

3. Unzureichende Schmerzbehandlung

Ferner ist zu untersuchen, ob strafrechtlich eine andere Bewertung zu treffen ist, wenn der Arzt zwar eine Schmerzbehandlung durchführt, diese jedoch unzureichend ist und die Schmerzen nicht im Rahmen des Möglichen lindert.

4. Indirekte (aktive) Sterbehilfe

Von Interesse ist schließlich die Untersuchung der möglichen Strafbarkeit des Arztes im Rahmen der indirekten Sterbehilfe. Indirekte Sterbehilfe liegt – ohne hier bereits einzeln zu differenzieren – vor, wenn bei einem todkranken Menschen schmerzlindernde Maßnahmen vorgenom-

---

[197] Roxin in: Roxin/Schroth Medizinstrafrecht S. 94; Schreiber NStZ 1986, 337ff. (338); Schröder Recht auf menschenwürdiges Sterben S. 93; Tröndle ZStW 99 (1987), 25ff. (28)

men werden, obwohl sie den Eintritt des Todes beschleunigen können[198]. Dabei wird auch geprüft, inwieweit eine nicht ausreichende Schmerztherapie, die bei ausreichender Dosierung das Nebenwirkungsrisiko der Lebensverkürzung mit sich bringt, zu einer Strafbarkeit des Arztes führt.

---

[198] Roxin in: Roxin/Schroth Medizinstrafrecht S. 96; Schreiber NStZ 1986, 337ff. (340); Schröder Recht auf menschenwürdiges Sterben S. 96f.

II. „Reine Sterbehilfe“

Bei der „reinen Sterbehilfe“ werden, wie gerade dargestellt, dem Patienten als palliative Maßnahme Medikamente zur Linderung von Schmerzen und sonstigen Leiden wie beispielsweise Übelkeit, Angst oder Depression verabreicht, die keine lebensverkürzende Wirkung haben.

Die Gabe von Medikamenten kann von vornherein straflos sein, wenn diese als ärztlicher Heileingriff bzw. Heilbehandlung zu werten ist und nicht vom Tatbestand der vorsätzlichen bzw. fahrlässigen Körperverletzung gem. §§ 223, 229 StGB erfasst wird.

1. Linderung von Leiden als ärztlicher Heileingriff

Eine genaue gesetzliche Definition des ärztlichen Heileingriffs besteht nicht. Selbst das Wort „Heileingriff“ bzw. „Heilbehandlung“ ist im Strafgesetzbuch nicht erwähnt[199]. In Rechtsprechung und Literatur wird er als ein Sonderfall im Rahmen des Körperverletzungstatbestandes erörtert.

Soweit zwischen Heileingriff und Heilbehandlung differenziert wird, wird der Heileingriff enger gefasst im Sinne einer von außen kommenden Einwirkung auf den Körper, die mit einem mehr oder minder gewaltsamen Eindringen in die körperliche Substanz verbunden ist[200]. Nach neuerer Ansicht fallen unter den „ärztlichen Eingriff“ nicht mehr nur alle unmittelbaren Eingriffe auf den Körper, sondern neben den eigentlichen therapeutischen werden auch diagnostische und prophylaktische Maßnahmen erfasst, darin einbezogen Strahlentherapie und medikamentöse Behandlung[201]. Im Folgenden soll in Anlehnung an die weitergehende Begriffsbestimmung der Heilbehandlung inhaltlich nicht zwischen den beiden Begriffen unterschieden werden.

Inwieweit einzelne palliative Behandlungsformen, wie beispielsweise Injektion oder Medikamentengabe, möglicherweise zu einer unterschiedlichen Betrachtung im Rahmen des Körperverletzungstatbestandes führen, wird nachfolgend[202] erörtert. Zuerst soll untersucht werden, ob die palliative Behandlung generell unter die ärztliche Heilbehandlung fällt.

---

[199] vgl. Hartmann Eigenmächtige und fehlerhafte Heilbehandlung S. 43

[200] Engisch ZStW 58 (1939), 1ff. (2); Hartmann Eigenmächtige und fehlerhafte Heilbehandlung S. 24

[201] Hartmann Eigenmächtige und fehlerhafte Heilbehandlung S. 24; Tag Körperverletzungstatbestand S. 39f.; vgl. Eser in: Sch/Sch § 223 Rn. 34

[202] siehe E II 3

Für die Frage, ob palliative Maßnahmen eine ärztliche Heilbehandlung darstellen, ist vornehmlich der in beiden Begriffen enthaltene Wortteil der Heilung interessant. Denn gerade bei palliativ-medizinischen Maßnahmen kann das Vorliegen einer ärztlichen Heilbehandlung unter dem Aspekt des Ziels der Heilung des Patienten fraglich sein. Bei der Palliativmedizin besteht gerade eine unheilbare, weit fortgeschrittene Erkrankung[203]. Die Erkrankung selbst kann nicht mehr bekämpft, lediglich die Symptome der Krankheit - wie vorhandene Schmerzen - können gelindert bzw. aufgehoben werden. Daher ist zu untersuchen, ob die palliative Linderung von Schmerzen und sonstigen Leiden von denjenigen, die den Begriff der Heilbehandlung verwenden, hierunter gefasst wird bzw. werden würde.

Nach einer Definition wird der ärztliche Heileingriff als zur Abwendung oder Bekämpfung eines regelwidrigen körperlichen oder geistigen Zustandes bedingte Behandlungsmaßnahmen bezeichnet, die – nach Erkenntnis und Übung der medizinischen Wissenschaft und Praxis – aufgrund individueller und/oder überindividuell im Interesse der Gesellschaft ausgerichteter medizinischer Indikation, im zielstrebigen Vorgehen von außen in die Integrität des menschlichen Körpers bzw. den Ablauf seines biologischen Geschehens für Zeit und Dauer erheblich und/oder nachhaltig einzugreifen geeignet sind[204].

Auf dieser Definition beruhend wird der Heileingriff durch seine auf Heilung gerichtete Tendenz, seine medizinische Indikation und medizinisch korrekte Durchführung (lege artis) charakterisiert[205].

Die soeben geforderte auf Heilung gerichtete Tendenz stellt ein Indiz dar, dass unter den Begriff des Heileingriffs nur solche ärztlichen Handlungen fallen sollen, die auch von dem Zweck und dem Ziel getragen sind, eine Heilung des Patienten zu erreichen. Auf dieser Grundlage kann die von Roxin[206] ohne nähere Begründung geäußerte Auffassung beruhen, es handele sich bei einer Injektion schmerzlindernder oder beruhigender Mittel durch den Arzt gegen den Willen des Patienten, der den Tod bei möglichst klarem Bewusstsein erleben und nicht in ein sanf-

---

[203] Pichlmaier in: Aulbert/Klaschik/Pichlmaier Palliativmedizin/Ganzheitliches Konzept S. 1; Radbruch/Zech in: Aulbert/Zech Lehrbuch der Palliativmedizin S. 1
[204] Hartmann Eigenmächtige und fehlerhafte Heilbehandlung S. 23
[205] Hartmann Eigenmächtige und fehlerhafte Heilbehandlung S. 23; vgl. Eser in: Sch/Sch § 223 Rn. 34f.
[206] Roxin in: Roxin/Schroth Medizinstrafrecht S. 95

tes Hinüberschlummern verwandelt sehen möchte, um keinen Heileingriff.

Nach der oben genannten Definition, nach der beim ärztlichen Heileingriff ein regelwidriger körperlicher oder geistiger Zustand nach den Erkenntnissen der medizinischen Wissenschaft und Praxis abgewendet oder bekämpft werden soll, müsste die palliative Therapie jedoch infolge der nunmehr weit reichenden Anerkennung palliativer Maßnahmen in der ärztlichen Wissenschaft und Praxis von der Heilbehandlung umfasst sein.

Dies ergibt sich ferner durch die historisch gewachsene Tradition ärztlichen Handelns, wonach es früher bei fast keiner Erkrankung einen kurativen, d. h. heilenden Ansatz gab[207]. Die Ärzte konnten sich schon damals lediglich auf die Linderung von Symptomen konzentrieren, während die Krankheit ihren natürlichen Lauf nahm, also entweder zur Heilung oder zum Tod führte[208]. So bedeutet Heilen in allen Kulturen vor allem auch das Lindern von Schmerzen und ist eine der zentralen Aufgaben von Medizinmännern, Schamanen und Ärzten[209]. Erst mit der schnellen Entwicklung der Medizin orientierte sich das ärztliche Denken hin zur Suche und Beseitigung der Krankheitsursachen und die Beschäftigung mit der Symptomlinderung trat in den Hintergrund[210]. Dass die Symptombehandlung jedoch weiterhin mit zum Behandlungsauftrag des Arztes gehört, sieht man an den Grundsätzen der Bundesärztekammer zur ärztlichen Sterbebegleitung[211]. Danach ist der Arzt verpflichtet, in jedem Fall unabhängig vom Ziel der medizinischen Behandlung für eine Basisbetreuung zu sorgen, die Linderung von Schmerzen und anderer Leiden wie beispielsweise Übelkeit ist darin inbegriffen. Dadurch wird auch zum Ausdruck gebracht, dass die Linderung von Schmerzen und anderer Leiden, d. h. die Symptomkontrolle, heute noch mit zu den grundlegenden Aufgaben eines Arztes gehört, auch wenn eine Heilung möglicherweise nach dem jetzigen Kenntnisstand der Medizin ausgeschlossen ist.

Dass diese medizinische Sichtweise auch von juristischer Seite anerkannt wird, zeigt die Erklärung in den Beschlussvorschlägen des 56.

---

207 Klaschik in: Zenz/Donner Schmerz bei Tumorerkrankungen S. 233; Pichlmaier in: Aulbert/Klaschik/Pichlmaier Palliativmedizin/Ganzheitliches Konzept S. 2; Radbruch/Zech in: Aulbert/Zech Lehrbuch der Palliativmedizin S. 3

208 Radbruch/Zech in: Aulbert/Zech Lehrbuch der Palliativmedizin S. 3

209 Marx in: Schockenhoff Spezielle Schmerztherapie S. 3

210 Radbruch/Zech in: Aulbert/Zech Lehrbuch der Palliativmedizin S. 3

211 Bundesärztekammer DÄBl. 101 (2004), C1040f.; frühere: Bundesärztekammer NJW 1998, 3406f.

Deutschen Juristentags 1986[212]. Danach stellt die reine Sterbehilfe, welche alle indizierten Maßnahmen zur medizinischen Behandlung einschließlich der Schmerzlinderung umfasst, für den Arzt eine Rechtspflicht dar. Auch bei Todkranken wird die Schmerzlinderung ohne Heilungsaussicht als Aufgabe und sogar Pflicht des Arztes angesehen.

Dies wird auch in der strafrechtlichen Literatur teilweise deutlich, in der unter einer Heilbehandlung auch die Konstellation gefasst wird, die lediglich nicht zu einer Verschlechterung der Gesundheit führt[213]. Der Heilungszweck wird umfassender gesehen und sowohl die Gesundheit als auch die Beseitigung oder Linderung von Leiden darin einbezogen[214]. Das Ziel der Linderung von Leiden stellt gerade das der palliativen Behandlung von Schmerzen und sonstigen Leiden dar.

Koch[215] sieht selbst die indirekte Sterbehilfe, die Leidenslinderung unter Inkaufnahme einer möglichen Lebensverkürzung, als eine Art Heilbehandlung an. Die Verpflichtung zur Leidensmilderung im Sinne indirekter Sterbehilfe sei als Bestandteil des ärztlichen Behandlungsauftrags medizinisch geboten und modifiziere die ansonsten bestehende Lebenserhaltungspflicht des Arztes in der Sterbephase[216]. Wenn sogar die indirekte Sterbehilfe als Heilbehandlung aufzufassen ist, dann muss dies erst recht für die reine Sterbehilfe gelten, da diese als Linderung von Leiden ohne Einfluss auf die Lebensdauer in diesem Sinne sozusagen als Minus zur indirekten Sterbehilfe zu betrachten ist.

Auch Eser[217] geht davon aus, dass der ärztliche Heileingriff umfassend im Sinne von ärztlichen Maßnahmen zu verstehen ist, da er anfangs generell den Begriff der ärztlichen Maßnahmen erläutert und anschließend darunter das Problem der strafrechtlichen Einordnung des ärztlichen Heileingriffs fasst.

---

212 Ständige Deputation des Deutschen Juristentages 56. Dt. Juristentag Bd. II S. M 173

213 Eser in: Sch/Sch § 223 Rn. 32; Gössel BT 1 § 13 Rn. 68, 70; vgl. Tröndle/Fischer § 223 Rn. 11

214 Engisch ZStW 58 (1939), 1ff. (2); Eser in: Sch/Sch § 223 Rn. 34; Hartmann Eigenmächtige und fehlerhafte Heilbehandlung S. 26; vgl. Hiersche in: Ständige Deputation des Dt. Juristentages 56. Dt. Juristentag Bd. II S. M 21

215 Koch in: Gordijn/Have Medizinethik und Kultur S. 236

216 Koch in: Pressestelle der deutschen Ärzteschaft Ärztliche Sterbebegleitung S. 44f.

217 Eser in: Sch/Sch § 223 Rn. 28ff.

Teilweise[218] wird in der strafrechtlichen Literatur lediglich der zur Gesundung führende Heileingriff erörtert, der Spezialfall der palliativen Behandlung bei unheilbarer Erkrankung jedoch nicht. Daraus kann jedoch nicht die Schlussfolgerung gezogen werden, dass palliative Maßnahmen des Arztes nicht unter den Begriff der Heilbehandlung fallen sollen. Denn dafür hätte diese Konstellation ausdrücklich erörtert werden müssen.

Hartmann[219] vertritt zwar die Auffassung, dass eine Behandlung erst dann als eine Heilbehandlung angesehen werden darf, wenn zusätzlich zu den Kriterien der Indikation und sachgemäßen Durchführung noch das Merkmal der Heilungsabsicht hinzukomme. Die Heilungsabsicht wird von ihr jedoch in einem weiteren Sinne verstanden. Darunter wird u. a. die Zielsetzung des Arztes gefasst, durch sein Handeln nach Möglichkeit dem Patienten das Leben zu erhalten und sein körperliches Wohl und Wohlbefinden durch Beseitigung oder Linderung von Leiden zu fördern[220]. In Anlehnung an diese weitergehende Begriffsbestimmung des Heilungszwecks fällt auch die palliative Behandlung unter diese Zielrichtung, so dass auch danach eine Heilbehandlung in einem solchen Fall anzunehmen ist.

Die von Roxin[221] geäußerte und oben beschriebene Auffassung ist daher abzulehnen. Die Injektion schmerzlindernder oder beruhigender Mittel bei einem Sterbenden stellt eine palliative Maßnahme zur Symptombehandlung dar, die auch beim letzten Lebensabschnitt, wie aus den Leitlinien der Bundesärztekammer sowie der Auslegung der Definition und der Beschreibung der Merkmale einer Heilbehandlung ersichtlich, im Rahmen der ärztlichen Aufgaben liegt. Die Heilbehandlung umfasst auch die palliative Symptombehandlung als ärztliche Pflicht, bei Unheilbarkeit der Krankheit dem Patienten zumindest seine dadurch hervorgerufenen Leiden und Schmerzen zu lindern.

Die palliative Linderung der Symptome bei unheilbarer Krankheit gehört somit auch zu den Aufgaben des Arztes und ist unter den Begriff der ärztlichen Heilbehandlung zu fassen.

---

[218] Niese in: Eberhard Schmidt-FS S. 364ff.
[219] Hartmann Eigenmächtige und fehlerhafte Heilbehandlung S. 60f.
[220] Hartmann Eigenmächtige und fehlerhafte Heilbehandlung S. 26
[221] Roxin in: Roxin/Schroth Medizinstrafrecht S. 95

2. Meinungsstand zur strafrechtlichen Würdigung der ärztlichen Heilbehandlung

Die strafrechtliche Würdigung ärztlichen Handelns, welches in diesem Kontext in der palliativen Behandlung durch beispielsweise Injektionen, Vergabe von oral einzunehmenden Medikamenten oder auch palliative Bestrahlungen liegen kann, ist im Hinblick auf eine mögliche vorsätzliche oder fahrlässige Körperverletzung gem. § 223 bzw. § 229 StGB umstritten.

a) Tatbestandsmerkmale

Der Streit bezieht sich auf die Möglichkeit, ob die ärztliche Heilbehandlung unter die Tatbestandsmerkmale der körperlichen Misshandlung und der Gesundheitsschädigung gefasst werden kann[222]. Unter einer körperlichen Misshandlung wird allgemein eine üble, unangemessene Behandlung verstanden, durch die das Opfer in seinem körperlichen Wohlbefinden oder in seiner körperlichen Unversehrtheit nicht nur unerheblich beeinträchtigt wird[223]. Eine Gesundheitsschädigung ist in einem Hervorrufen oder Steigern eines vom Normalzustand der körperlichen oder seelischen Funktionen nachteilig abweichenden krankhaften Zustandes zu sehen[224].

b) Tatbestandslösungen

Die verschiedenen Tatbestandslösungen lehnen, teilweise mit unterschiedlichen Begründungen und einzelnen Differenzierungen, die Subsumtion des ärztlichen Heileingriffs unter den Körperverletzungstatbestand ab. Sie zeichnen sich durch eine Betrachtung der Behandlungsmaßnahme durch den Arzt in ihrer Gesamtheit aus[225]. Nachfolgend wird auf die im Wesentlichen vertretenen Auffassungen eingegangen; einzelne abweichende, weiter differenzierende Meinungen bleiben außer Betracht, da diese für die weitere Bearbeitung unbeachtlich sind.

---

[222] vgl. Eser in: Sch/Sch § 223 Rn. 30, 32; vgl. Niese in: Eberhard Schmidt-FS S. 364ff.

[223] Eser in: Sch/Sch § 223 Rn. 3; Kargl GA 2001, 538ff. (547); Tag Körperverletzungstatbestand S. 171; Tröndle/Fischer § 223 Rn. 3a; Ulsenheimer in: Laufs/Uhlenbruck Handbuch des Arztrechts § 139 Rn. 14

[224] Eser in: Sch/Sch § 223 Rn. 5; Lilie in: LK § 223 Rn. 12; Otto Grundkurs Strafrecht BT § 15 Rn. 5; Tag Körperverletzungstatbestand S. 173; Tröndle/Fischer § 223 Rn. 6; Wessels/Hettinger Strafrecht BT 1 Rn. 257

[225] Bockelmann in: Ponsold S. 33; Eser in: Sch/Sch § 223 Rn. 30; Gössel BT 1 § 13 Rn. 70

aa) Lex-artis-Theorien

Nach einer Ansicht[226] ist der kunstgerechte (lege artis durchgeführte) Heileingriff selbst bei seinem späteren Misslingen keine tatbestandliche Körperverletzung. Die ärztliche Maßnahme wird im Zeitpunkt ihrer Vornahme (ex ante) betrachtet. Die Begründungen gehen im Einzelnen jedoch auseinander. Teilweise[227] wird darauf abgestellt, dass ein indizierter und kunstgerechter Heileingriff im Ganzen gesehen keine Körperinteressenverletzung darstelle. Eberhard Schmidt[228] zieht jedoch beim misslungenen ärztlichen Heileingriff die Grundsätze des unechten Unterlassungsdelikts in Betracht. Teilweise[229] wird Tatbestandslosigkeit angenommen, wenn die Handlung geeignet war und in dem Willen durchgeführt wurde, die dem Rechtsgut drohenden Gefahren ausschließlich zu verringern. Eine solche Gefahrverringerung soll bei Eingriffen vorliegen, die vorhandene Schmerzen nur unwesentlich steigern, um sodann zu einer Schmerzbefreiung zu führen. Bei Durchführung einer Behandlung, bei der dem Patienten zusätzliche, erheblich stärkere Schmerzen oder neue erhebliche Risiken zugemutet würden, könne nur eine Einwilligung des Patienten den Tatbestand der Körperverletzung ausschließen[230].

bb) „Erfolgstheorie"

Die Vertreter der „Erfolgstheorie"[231] differenzieren zwischen dem gelungenen und dem misslungenen Heileingriff. Führt der Eingriff des Arztes als Erfolg im Rahmen einer Ex-post-Betrachtung zu einer Verbesserung einschließlich der Verhinderung weiterer Verschlechterung der Gesundheit, mindestens jedoch zu keiner Gesundheitsverschlechterung, so sei dieser gelungene Heileingriff nicht als Misshandlung oder Gesundheitsbeschädigung zu werten. Unabhängig von einer Einwilligung des Patienten sei ein solcher Eingriff nicht tatbestandsmäßig. Bei einem zu einer Gesundheitsverschlechterung des Patienten führenden Eingriff werde dagegen grundsätzlich der Körperverletzungstatbestand erfüllt. Die weiteren Begründungen differieren. Nach einer Auffassung wird infolge des auf die Verbesserung oder Erhaltung der Gesundheit zielenden ärztli-

---

[226] Blei Strafrecht II S. 58ff.; Engisch ZStW 58 (1939), 1ff. (5ff.); Hartmann Eigenmächtige und fehlerhafte Heilbehandlung S. 60f.; Welzel Strafrecht S. 289
[227] Engisch ZStW 58 (1939), 1ff. (5ff.); Schmidt, Eb. Der Arzt im Strafrecht S. 69ff., 72f.
[228] Schmidt, Eb. Der Arzt im Strafrecht S. 78ff.
[229] Meyer GA 1998, 415ff. (419)
[230] Meyer GA 1998, 415ff. (420)
[231] Bockelmann in: Ponsold S. 35; Bockelmann Strafrecht des Arztes S. 67; Gössel BT 1 § 13 Rn. 68ff.; Kaufmann ZStW 73 (1961), 341ff. (372ff.); Niese in: Eberhard Schmidt-FS S. 364ff. (364, 367)

chen Heileingriffs der Vorsatz verneint[232]. Eine andere Ansicht begründet die Straflosigkeit mit allgemeinen dogmatischen Überlegungen, dass das körperverletzende Handeln des Arztes im Rahmen des erlaubten Risikos liege bzw. sozialadäquat sei[233].

cc) Modifizierte Erfolgstheorie

Teilweise[234] wird diese Erfolgstheorie dahingehend modifiziert, dass nur die gelungene Heilmaßnahme, die ohne wesentlichen Substanzverlust zu einer Wiederherstellung, Verbesserung oder jedenfalls keiner Gesundheitsverschlechterung führt, als nicht tatbestandsmäßig betrachtet wird. Danach sind gelungene Heileingriffe mit wesentlichen Substanzveränderungen, worunter auch Persönlichkeitsveränderungen durch Psychopharmaka gezählt werden[235], sowie misslungene Heilbehandlungen grundsätzlich unter den Körperverletzungstatbestand zu subsumieren. Dieser kann nach dieser Ansicht jedoch durch tatbestandsausschließende Einwilligung entfallen[236].

dd) Zweispurige Lösung

Ferner wird eine sog. zweispurige Lösung[237] vertreten. Jede unmittelbare und physische Einwirkung auf den Organismus eines anderen, d. h. auch der ärztliche Heileingriff, erfülle den objektiven Tatbestand der körperlichen Misshandlung, soweit diese unter Missachtung des Selbstbestimmungsrechts erfolge[238]. Eine wirksame Einwilligung führe, auch wenn dem Arzt bei der Durchführung einer Operation Fehler unterliefen, dagegen zum Ausschluss des Tatbestands. Für das Tatbestandsmerkmal der Gesundheitsschädigung gilt danach eine andere Betrachtung. Ist der Eingriff objektiv ex ante gesehen medizinisch indiziert und lege artis durchgeführt, so liegt nach dieser Auffassung – unabhängig vom Willen des Patienten – keine Gesundheitsschädigung vor. Fehle eine dieser Voraussetzungen, so sei eine Gesundheitsschädigung dann gegeben, wenn eine Verschlechterung des gesundheitlichen Gesamtzustandes

---

232 Bockelmann in: Ponsold S. 35f.; Bockelmann Strafrecht des Arztes S. 68; differenzierend Gössel BT 1 § 13 Rn. 72, 75, 78, der bei vorliegender Einwilligung in die vorgenommene Behandlung einschließlich der tatsächlich hervorgerufenen Folge bereits eine den objektiven Tatbestand ausschließende Einwilligung sieht bzw. den Vorsatz verneint

233 Kaufmann ZStW 73 (1961), 343ff. (373); vgl. Welzel ZStW 58 (1939), 491ff. (516ff.)

234 Eser in: Sch/Sch § 223 Rn. 32f.; Eser ZStW 97 (1985) 1ff. (6ff.)

235 Eser in: Sch/Sch § 223 Rn. 33

236 Eser in: Sch/Sch § 223 Rn. 33, 37

237 Horn/Wolters in: SK-StGB § 223 Rn. 35ff.

238 Horn/Wolters in: SK-StGB § 223 Rn. 36

nach Abschluss der Tätigkeit im Vergleich zu dem Zustand vor dem Anfang des Eingriffs eingetreten sei[239].

c) Rechtfertigungslösung

Die Rechtsprechung[240] sowie ein Teil der Literatur[241] stehen auf dem Standpunkt, dass jeder ärztliche Eingriff in die körperliche Unversehrtheit des Patienten eine tatbestandsmäßige Körperverletzung darstellt. Die ärztliche Heilbehandlung ist danach, wie jede Körperverletzung, nach dem einzelnen, die körperliche Integrität verletzenden Akt, nicht jedoch nach dem bezweckten und letztendlich erzielten, zu einem positiven Gesamtsaldo führenden Behandlungserfolg zu betrachten[242]. Damit die ärztliche Heilbehandlung rechtmäßig ist, bedarf sie nach dieser Ansicht grundsätzlich der Einwilligung des Patienten[243].

d) Kritische Würdigung

Die Erfolgstheorie ist deshalb problematisch, weil sie die Strafbarkeit von einem zukünftigen Behandlungserfolg abhängig macht. Das Verbotensein einer Handlung muss jedoch bei ihrer Vornahme feststehen[244]. Ansonsten würde dem Arzt ein für diesen nicht absehbares Behandlungsrisiko aufgebürdet. Nach der Erfolgstheorie würde die Strafbarkeit oftmals über einen nicht überschaubaren Zeitraum in der Schwebe bleiben und ein für den Arzt unzumutbares Warten und Hoffen auf den Erfolg der Behandlung mit sich bringen[245].

Ähnliche Kritik kann der modifizierten Erfolgstheorie entgegengebracht werden. Sie kommt bei gelungenen Heileingriffen ohne wesentlichen Substanzverlust ebenso zum Ausschluss des Tatbestandes der Körperverletzung und ist bei dieser Konstellation derselben Kritik ausgesetzt wie die Erfolgstheorie. Dagegen ist nach dieser Auffassung bei gelungener Heilbehandlung mit wesentlichem Substanzverlust der Körperverletzungstatbestand erfüllt, und es bedarf zu dessen Ausschluss eines Ein-

---

[239] Horn/Wolters in: SK-StGB § 223 Rn. 35, 40ff.

[240] BGH NStZ 1996, 34f.; BGHSt 11, 111ff. (112); RGSt 25, 375ff. (377ff., 382)

[241] Arzt in: Baumann-FS S. 201ff.; Baumann NJW 1958, 2092ff. (2093f.); Cramer in Lenckner-FS S. 761ff. (776); Deutsch NJW 1980, 1305ff. (1306); Tröndle/Fischer § 223 Rn. 9; Weber in: Arzt/Weber Strafrecht BT § 6 Rn. 99

[242] Tröndle/Fischer § 223 Rn. 9

[243] BGH NStZ 1996, 34f.; Tröndle/Fischer § 223 Rn. 9

[244] Engisch ZStW 58 (1939), 1ff. (9); Eser in: Sch/Sch § 223 Rn. 36; Hartmann Eigenmächtige und fehlerhafte Heilbehandlung S. 59; vgl. Tag Körperverletzungstatbestand S. 185

[245] Hartmann Eigenmächtige und fehlerhafte Heilbehandlung S. 59; vgl. Tag Körperverletzungstatbestand S. 184f.

verständnisses des Patienten. Gerade die Einbeziehung von Bewusstseinsveränderungen in die Gruppe des wesentlichen Substanzverlusts mit dem Erfordernis des Einverständnisses zur Erreichung eines Tatbestandsausschlusses wird für den Arzt in der Praxis problematisch sein. Denn diese Ansicht kommt zu verschiedenen Lösungen, je nachdem, ob dieselbe Medikation beim jeweiligen Patienten zu einer Bewusstseinstrübung führt oder nicht. Der Arzt weiß jedoch oft im Voraus nicht, ob beim Patienten später eine Bewusstseinstrübung eintreten wird oder nicht. Damit weiß er ebenfalls vor der Gabe der Medikamente nicht, ob er ein Einverständnis des Patienten einholen muss oder dieses im Hinblick auf eine eventuelle Strafbarkeit entbehrlich ist, und müsste zur Sicherheit vor einer möglichen Bestrafung generell ein Einverständnis einholen. Auch aus diesem Grund ist die modifizierte Erfolgstheorie abzulehnen.

Gegen die Argumentation, die Handlung des Arztes diene lediglich der Verringerung der Gefahren für das Rechtsgut der körperlichen Unversehrtheit, spricht, dass dieses Kriterium zu unbestimmt ist. Die Abgrenzung zwischen einer nur unwesentlichen Steigerung vorhandener Schmerzen und dem Zufügen erheblich stärkerer Schmerzen ist schon deswegen problematisch, weil nicht sicher ist, wer dies bestimmen soll. Schmerzen werden von jedem Menschen subjektiv und unterschiedlich stark wahrgenommen[246], so dass als Konsequenz eine mögliche Strafbarkeit von der Bewertung des Patienten abhängen würde.

Ebenso abzulehnen ist die zweispurige Lösung. Sie sieht zwar das Selbstbestimmungsrecht des Patienten, beachtet es jedoch lediglich im Rahmen der körperlichen Misshandlung. Nur bei dem Tatbestandsmerkmal der körperlichen Misshandlung wird die tatsächliche oder mutmaßliche Einwilligung als tatbestandsausschließende Voraussetzung für erforderlich gehalten, bei einer Gesundheitsschädigung soll eine Einwilligung keine Voraussetzung für den Ausschluss des Tatbestands sein. Dies wird aber der Verfügungsbefugnis des einzelnen über seinen Körper nicht ausreichend gerecht[247]. Zudem ist die Differenzierung willkürlich, da nicht ersichtlich ist, aus welchem Grund das Selbstbestimmungsrecht gerade bei der Beeinträchtigung der Gesundheit nicht gelten soll.

Der Rechtfertigungslösung ist zu folgen, da nur bei dieser das Selbstbestimmungsrecht des Patienten ausreichend gewahrt bleibt. Bei den Tat-

---

[246] v. Dellingshausen Sterbehilfe S. 52; Oduncu/Eisenmenger MedR 2002, 327ff. (328); vgl. Kantianis Palliativmedizin S. 27f.; vgl. Möllering Schutz des Lebens S. 14
[247] vgl. Tag Körperverletzungstatbestand S. 196

bestandslösungen ist die Achtung des Selbstbestimmungsrechts des Patienten nicht bzw. nicht hinreichend gewährleistet. Gerade wenn unter den ärztlichen Heileingriff auch Maßnahmen fallen, die jedenfalls zu keiner Gesundheitsverschlechterung führen, wird selbst dafür nach den Tatbestandslösungen keine Einwilligung des Patienten benötigt. Bezüglich eines solchen eigenmächtigen Eingriffs – sei es durch einen Arzt oder auch einen „Nichtarzt" – besteht dann eine Schutzlücke, sofern dieser nicht unter die §§ 239, 240 StGB fällt[248]. Das Handeln des Arztes oder der Pflegeperson kann somit trotz möglichen Widerspruchs des Patienten straflos sein. Dies wird dem Selbstbestimmungsrecht des Patienten nicht gerecht, der in die Gefahr gerät, nicht mehr selbst über eine Behandlung seiner Schmerzen entscheiden zu können.

Dieser Lösung wird zwar entgegengehalten, sie würde isoliert auf die einzelnen Teilakte wie z. B. die Injektion abstellen, obgleich es auf den Gesamtakt einschließlich des sich am Ende ergebenden Resultats ankomme[249]. Aber auch die Betrachtung des Gesamtergebnisses kann nicht überzeugen, da das Gesamtergebnis nicht den ganz wesentlichen Aspekt der Wahrung des Selbstbestimmungsrechts des Patienten entbehrlich machen kann. Zudem fallen definitionsgemäß nach der Rechtfertigungslösung lediglich solche Maßnahmen unter den Tatbestand der Körperverletzung, die das körperliche Wohlbefinden des Patienten nicht nur unerheblich beeinträchtigen. Durch diese Erheblichkeitsschwelle werden minimale Beeinträchtigungen herausgenommen. Des Weiteren ist die von Vertretern der Tatbestandslösungen erhobene Kritik, der lediglich durch Einwilligung gerechtfertigte Arzt werde mit einem „Messerstecher" auf eine Stufe gestellt[250], verfehlt. Das Unwerturteil der Rechtsordnung über eine konkrete Tat wird nicht schon bei Verwirklichung des Tatbestandes, sondern erst mit der Bejahung der Rechtswidrigkeit gefällt[251]. Liegt durch eine wirksame Einwilligung des Patienten ein Rechtfertigungsgrund vor, so handelt der Arzt im Einklang mit dem Recht.

3. Ärztliche Maßnahmen als tatbestandsmäßige Körperverletzung

Ausgehend von der Rechtfertigungstheorie ist nun zu untersuchen, welche ärztlichen Maßnahmen unter den Tatbestand der Körperverletzung im Sinne von einer körperlichen Misshandlung oder Gesundheitsschädigung fallen. Durch das bestehende Alternativverhältnis beider Tatbe-

---

248 Eser in: Sch/Sch § 223 Rn. 30, 32
249 Bockelmann Strafrecht des Arztes S. 66; Gössel BT 1 Rn. 70
250 Bottke Suizid und Strafrecht S. 135; Maurach/Schroeder/Maiwald Strafrecht BT 1 § 8 Rn. 23; vgl. Schmidhäuser Strafrecht AT 8/120
251 Cramer in: Lenckner-FS S. 761ff. (774); Hollmann NJW 1973, 1393ff.

standsmerkmale ist ausreichend, wenn lediglich eines von beiden Merkmalen erfüllt ist[252]. Dabei sollen insbesondere Maßnahmen betrachtet werden, die bei palliativer Behandlung relevant sind.

a) Substanzverletzende Maßnahmen

Zunächst sollen Injektionen und Infusionen schmerzlindernder Medikamente sowie palliative Operationen, z. B. eine operative Verkleinerung eines Tumors zur Schmerzlinderung, auf die Möglichkeit der Subsumtion unter den Körperverletzungstatbestand untersucht werden. Bei Injektionen, Infusionen sowie Operationen[253] handelt es sich jeweils um substanzverletzende Maßnahmen. Das Durchstechen der Haut mit der Nadel bzw. der Spritze sowie der Schnitt durch die Haut verletzen deren Unversehrtheit an dieser Stelle. Unter dem Tatbestandsmerkmal der körperlichen Misshandlung ist eine üble, unangemessene Behandlung zu verstehen, die das körperliche Wohlbefinden oder die körperliche Unversehrtheit nicht nur unerheblich beeinträchtigt[254]. Das Merkmal des körperlichen Misshandelns ist weit auszulegen und umfasst alle substanzverletzenden Einwirkungen, auch solche, die weder das körperliche Wohlbefinden schmälern noch unter eine Gesundheitsschädigung fallen[255]. Die oben genannten Handlungen erfüllen damit den Körperverletzungstatbestand im Sinne einer körperlichen Misshandlung[256].

Die mögliche Überschneidung beider Tatmodalitäten wird gerade bei der Durchführung einer Operation deutlich. Die durch die Operation hervorgerufene Wunde hat im Körper des Patienten einen Verletzungszustand im Sinne einer Gesundheitsschädigung verursacht, der der Heilung bedarf. Dass der Patient an einer unheilbaren Krankheit leidet, ist dafür unerheblich. Der Patient braucht vorher nicht gesund zu sein, noch schadet eine Vorschädigung[257]. Maßgeblich ist allein, dass weitere krankhafte Zustände hinzukommen. Es genügt auch die Verschlimmerung oder Aufrechterhaltung einer bereits vorhandenen Krankheit[258]. Zusätzlich zur körperlichen Misshandlung wird auch eine Gesundheitsschädigung verwirklicht.

---

252 vgl. Eser in: Sch/Sch § 223 Rn. 2

253 Baumann NJW 1958, 2092ff. (2093)

254 Eser in: Sch/Sch § 223 Rn. 3; Kargl GA 2001, 538ff. (547); Tag Körperverletzungstatbestand S. 171; Tröndle/Fischer § 223 Rn. 3; vgl. unter E II 2 a

255 Küper Strafrecht BT S. 219f.; Tag Körperverletzungstatbestand S. 170f.; Wessels/Hettinger Strafrecht BT 1 Rn. 255

256 vgl. v. Dellingshausen Sterbehilfe S. 40; vgl. für die Injektion schmerzlindernder oder beruhigender Mittel: Roxin in: Roxin/Schroth Medizinstrafrecht S. 95

257 Horn/Wolters in: SK-StGB § 223 Rn. 19; Tröndle/Fischer § 223 Rn. 6

258 BGH NJW 1960, 2253f.; Eser in: Sch/Sch § 223 Rn. 5

b) Orale Medikamentengabe

Fraglich ist jedoch, ob der Tatbestand der Körperverletzung auch durch die orale Gabe von Medikamenten durch den Arzt, beispielsweise zur Schmerzlinderung im Rahmen der Palliativmedizin, erfüllt wird. Rufen diese eine körperliche Veränderung wie eine Bewusstseinstrübung oder Funktionsbeeinträchtigung der Nerven hervor, so liegt darin ebenfalls eine Beeinträchtigung der körperlichen Integrität[259]. Im Körper des Patienten wird eine Reaktion hervorgerufen, die seine Unversehrtheit in diesem Bereich beeinträchtigt. Diese Beeinträchtigung ist auch eine den körperlichen Zustand des Patienten wesentlich beeinflussende Folge, da der Patient dadurch nicht mehr bei vollem Bewusstsein ist und seine Umwelt nicht mehr richtig wahrnimmt. Es handelt sich hierbei um eine körperliche Misshandlung, da die körperliche Unversehrtheit des Patienten durch diese Wirkung maßgeblich beeinträchtigt wird.

Ferner ist die mögliche Verwirklichung des Körperverletzungstatbestandes zu klären, wenn dem Patienten durch den Arzt orale Medikamente zur Schmerzlinderung verabreicht werden, die zusätzlich zur Schmerzlinderung zu Nebenwirkungen führen. Eine daraufhin eintretende Obstipation (Stuhlverstopfung) oder beispielsweise Erbrechen als Folge von einer Opioideinnahme sind das körperliche Wohlbefinden negativ beeinflussende, nicht nur unwesentliche Begleiterscheinungen[260]. Regelmäßig liegt damit eine körperliche Misshandlung vor.

c) Orale Medikamentengabe ohne Begleiterscheinungen

Problematisch im Hinblick auf das Vorliegen des Körperverletzungstatbestandes gem. §§ 223, 229 StGB ist, wenn ein Medikament lediglich die beabsichtigte Wirkung der Schmerzlinderung ohne weitere Nebenwirkungen hervorruft.

In diesem Fall scheidet eine Gesundheitsschädigung als Hervorrufen oder Steigern eines vom Normalzustand der körperlichen oder seelischen Funktionen nachteilig abweichenden krankhaften Zustandes[261] von vornherein aus, wenn das Medikament gerade nur die gewünschte Wirkung zeigt und den Zustand lediglich verbessert oder zumindest nicht weiter verschlechtert. Maßnahmen ohne Gesundheitsverschlechterung

---

[259] v. Dellingshausen Sterbehilfe S. 40

[260] vgl. für die Nebenwirkung Erbrechen infolge einer Strahlentherapie: Tag Körperverletzungstatbestand S. 188

[261] Eser in: Sch/Sch § 223 Rn. 5; Lilie in: LK § 223 Rn. 12; Otto Grundkurs Strafrecht BT § 15 Rn. 5; Tag Körperverletzungstatbestand S. 173; Wessels/Hettinger Strafrecht BT 1 Rn. 257

oder sogar solche, die zu einer Gesundheitsverbesserung führen, fallen nicht unter das Tatbestandsmerkmal der Gesundheitsschädigung. Fraglich ist, inwieweit eine solche auch vorkommen kann, wenn der Arzt zur palliativen Schmerzlinderung dem Patienten oral Medikamente verabreicht, bei denen außer der gewünschten Schmerzlinderung keine weiteren Nebenwirkungen eintreten.

Dies hängt von den durch die Medikamente im Körper hervorgerufenen Wirkungen ab. Bei der Behandlung mit schmerzlindernden Medikamenten wird das körpereigene Warnsystem beeinträchtigt bzw. ausgeschaltet. Beispielsweise bei der Gabe von Opioiden besetzen diese die Schmerzrezeptoren, was in der Zelle einen Vorgang auslöst, der zu einer verminderten bis hin zu einer fehlenden Ansprechbarkeit der Zelle auf ankommende Reize führt, die bei Weiterleitung eine Schmerzempfindung bewirken würden[262]. Die Schmerzempfindung wird auf diese Weise stark vermindert oder sogar völlig unterdrückt. Die Beeinträchtigung der Weiterleitung und letztlich der Wahrnehmung von Schmerzen bezieht sich auf sämtliche ankommenden Schmerzimpulse. Hierbei wird vom Körper nicht unterschieden, woher der Reiz ausgelöst wurde. Dadurch wird beispielsweise der durch einen Tumor verursachte Schmerz, der unterdrückt werden soll, ebenso wie ein beim Stoßen an einen Schrank normalerweise hervorgerufener Schmerz vermindert oder sogar überhaupt nicht wahrgenommen, so dass dieses System der Schmerzweiterleitung sich in einem nicht normal funktionierenden, krankhaften Zustand befindet.

Daher ist auch bei einem Medikament mit lediglich intendierter schmerzlindernder Wirkung infolge der generell verminderten Wirksamkeit des schmerzleitenden Systems von einer Gesundheitsschädigung auszugehen und der objektive Tatbestand der Körperverletzung wird erfüllt. Ob dadurch ferner eine körperliche Misshandlung vorliegt, kann hier offen bleiben, da der Körperverletzungstatbestand bereits infolge der Gesundheitsschädigung gegeben ist.

d) Orale Medikamenteneinnahme bzw. alternative Applikationsformen

Wenn die Medikamente nicht vom Arzt direkt verabreicht werden, sondern der Patient diese selbst einnimmt, stellt sich die Frage der möglichen Strafbarkeit des Arztes unter dem Aspekt der Selbstverletzung des

---

[262] siehe D III 1; dazu eingehend: Freye Opioide in der Medizin S. 17, 33; siehe auch Diener/Kindler/Maier in: Diener/Maier Schmerztherapiebuch S. 302; Klaschik in: Husebø/Klaschik Palliativmedizin S. 189

Patienten. Eine vergleichbare Situation stellt sich bei Zäpfchen (Suppositorien)[263] dar, die der Patient selbst einführt. Weitere Möglichkeiten der Verabreichung von Opioiden zur Schmerzlinderung, beispielsweise durch Nasensprays[264], in der klinischen Erprobung befindliche Inhalationssysteme[265] sowie durch Pumpensysteme[266] zur Bekämpfung von Schmerzspitzen, die der Patient selbst bedient, weisen ebenfalls eine solche Situation auf. Inhalationssysteme und Pumpen sind regelmäßig so konzipiert, dass der Patient innerhalb einer vorgegebenen Zeit lediglich eine bestimmte, vom Arzt voreingestellte Opioidmenge abrufen kann[267].

Die Selbstverletzung besteht, wie soeben[268] erörtert, im Hervorrufen einer Gesundheitsschädigung durch Medikamenteneinnahme auch dann, wenn diese lediglich die beabsichtigten Wirkungen hervorrufen. Dadurch, dass der Tatbestand der Körperverletzung gem. § 223 StGB nur bei einer körperlichen Misshandlung oder Gesundheitsschädigung einer anderen Person eingreift, liegt bei einer Selbstverletzung des Patienten durch eigenständige Medikamenteneinnahme ein tatbestandsloses Verhalten vor. Infolge dessen fehlt es an einer erforderlichen Haupttat für eine Strafbarkeit des Arztes wegen Anstiftung bzw. Beihilfe zur Körperverletzung gem. §§ 223, 26, 27 StGB bezüglich des Überlassens der Medikamente und der Aufforderung zur Einnahme, beispielsweise zur Schmerzlinderung.

Daher kommt höchstens eine Strafbarkeit des Arztes wegen Körperverletzung in mittelbarer Täterschaft gem. §§ 223, 25 Abs. 1 2. Alt. StGB in Betracht, wenn der Patient sich schmerzlindernde Medikamente selbst verabreicht. Der Patient begeht die Selbstverletzung als tatbestandslos handelndes Werkzeug. Dies kann dazu führen, dass der Arzt die Tat-

---

263 Freye Opioide in der Medizin S. 145; Schlunk in: Zenz/Donner Schmerz bei Tumorerkrankungen S. 118; Willenbrink in: Schockenhoff Spezielle Schmerztherapie S. 545

264 Freye Opioide in der Medizin S. 164f.

265 Freye Opioide in der Medizin S. 165f.

266 Schlunk in: Zenz/Donner Schmerz bei Tumorerkrankungen S. 119f.; Willenbrink in: Schockenhoff Spezielle Schmerztherapie S. 544f.; vgl. Zech/Bischoff/Grond in: Zimmermann/Arnau Schmerztherapeutische Versorgung S. 69f.

267 Freye Opioide in der Medizin S. 166 für Inhalationssysteme; für Pumpen: Schlunk in: Zenz/Donner Schmerz bei Tumorerkrankungen S. 119; Wiedemann in: Zenz/Donner Schmerz bei Tumorerkrankungen S. 138; Willenbrink in: Schockenhoff Spezielle Schmerztherapie S. 544

268 siehe E II 3 b, c

herrschaft aufgrund Willens- oder Wissensüberlegenheit innehat[269]. Hier hat der Arzt in der Regel allein das umfassende Wissen über die Wirkungen der einzelnen Medikamente und deren Nebenwirkungen. Er weiß, welche körperlichen Auswirkungen durch die Einnahme hervorgerufen werden und wie man gegebenenfalls auftretenden Nebenwirkungen begegnen kann. Ferner hat der Arzt auch die für den Patienten nach seiner Einschätzung notwendige Dosierung der Medikamente ermittelt. Dies spiegelt sich in der Situation auch wider. Der Patient begibt sich regelmäßig in dem Vertrauen zum Arzt, dass dieser seine Aufgabe richtig erfüllen und die geeigneten Medikamente und Dosierungen wählen werde. Aufgrund dieser Kenntnisse hat der Arzt eine Wissensüberlegenheit gegenüber dem Patienten, wenn er diesem die Einnahme von Medikamenten in den oben beschriebenen Möglichkeiten anrät bzw. zur Verfügung stellt und teilweise – beispielsweise bei Pumpen – auch einrichtet. Der Arzt kennt ferner sein überlegenes Wissen gegenüber dem Patienten und nimmt dies sowie die Selbstverletzung des Patienten zumindest billigend in Kauf. Die Voraussetzungen der mittelbaren Täterschaft liegen demnach vor.

Eine anderweitige Betrachtung ergibt sich jedoch bei einer umfassenden Aufklärung des Patienten durch den Arzt, wenn dieser infolgedessen seine Wissensherrschaft gegenüber seinem Patienten verliert. Regelmäßig ist eine Aufklärung des Patienten Voraussetzung für eine wirksame rechtfertigende Einwilligung[270]. Wenn der Patient dadurch in der Lage ist, eine eigenverantwortliche Entscheidung zu treffen, ist er bei der mittelbaren Täterschaft nicht mehr als das „Werkzeug" des den Patienten aufgrund seines umfassenden Wissens beherrschenden Arztes anzusehen. Die Konstellation der mittelbaren Täterschaft, bei der der mittelbare Täter nicht selbst handelt, sondern ein Werkzeug für sich handeln lässt, welches er beherrscht, so dass die Tat als seine eigene anzusehen ist, liegt dann nicht vor. Der Arzt hat ihn über Diagnose, Verlauf und Risiken aufgeklärt[271], d. h. ihm die Folgen und Risiken der Medikamenteneinnahme mitgeteilt. Der Patient wird dadurch in die Lage versetzt, sich selbst ein Bild über die Auswirkungen zu machen und eine freie, selbstverantwortliche Entscheidung zu treffen[272]. Durch die Aufklä-

---

[269] Cramer/Heine in: Sch/Sch § 25 Rn. 6a; Lackner/Kühl § 25 Rn. 4

[270] Eser in: Sch/Sch § 223 Rn. 40; Uhlenbruck in: Söllner/Gitter/Waltermann/Giesen/Ricken Heinze-Gedächtnisschrift S. 949ff. (954); vgl. Laufs in: Laufs/Uhlenbruck Handbuch des Arztrechts § 63 Rn. 1f.

[271] vgl. Laufs in: Laufs/Uhlenbruck Handbuch des Arztrechts § 63 Rn. 11

[272] Laufs in: Laufs/Uhlenbruck Handbuch des Arztrechts § 63 Rn. 11; vgl. Eser in: Sch/Sch § 223 Rn. 40

rung kann der Patient sich damit eigenverantwortlich die Medikamente verabreichen. Der Arzt kennt sich zwar weiterhin umfassender auf diesem Gebiet aus. Der Patient erhält jedoch dadurch in dem für ihn maßgeblichen Bereich die Fähigkeit, Chancen und Risiken der Medikamenteneinnahme eigenverantwortlich abzuschätzen und zu beurteilen. Infolgedessen verliert der Arzt die Wissens- und Willensherrschaft gegenüber dem Patienten, wenn dieser die Medikamente aufgrund aufgeklärter Entscheidung selbst einnimmt oder sich selbst verabreicht. Der Patient kann insoweit nicht mehr als Werkzeug des Arztes gesehen werden, so dass die Voraussetzungen der mittelbaren Täterschaft dadurch entfallen. Die Situation der selbständigen Einnahme bzw. Verabreichung von Medikamenten durch den aufgeklärten Patienten ist der Konstellation vergleichbar, in der der Patient aufgrund erfolgter Aufklärung seine wirksame Einwilligung in die Medikamentengabe erteilt. Eine Strafbarkeit des Arztes wegen vorsätzlicher Körperverletzung in mittelbarer Täterschaft gem. §§ 223, 25 Abs. 1 2. Alt. StGB liegt demnach nicht vor.

Hat der Arzt den Patienten unzureichend aufgeklärt, so kommt eine Strafbarkeit wegen vorsätzlicher Körperverletzung in mittelbarer Täterschaft gem. §§ 223, 25 Abs. 1 2. Alt. StGB in Betracht. Hierbei bleibt es bei der Wissensüberlegenheit des Arztes, da der Patient die Risiken nicht richtig überschauen kann. Wenn der Arzt dies erkennt und sich damit abfindet, liegen die Voraussetzungen der mittelbaren Täterschaft vor.

e) Palliative Bestrahlung

Die palliative Strahlentherapie wird im Hinblick auf zwei mögliche Zielrichtungen durchgeführt, einerseits zur Stabilisierungs-, andererseits zur Schmerzbehandlung. Die Stabilisierungsbestrahlung soll das Tumorwachstum soweit aufhalten, dass drohende schwere Tumorkomplikationen (z. B. pathologische Frakturen bei Knochenmetastasen) verhindert und Notfallsituationen (z. B. akute Querschnittsymptomatik durch Wirbelsäulenmetastasen) beseitigt werden[273]. Damit werden im Rahmen der palliativen Strahlentherapie vorwiegend durch Tumorwachstum verursachte Schmerzen behandelt sowie der Entstehung von durch Tumorwachstum erwarteter Schmerzen und Komplikationen vorgebeugt[274].

---

[273] Schulz-Ertner in: Reiser/Kuhn/Debus Radiologie S. 99

[274] Debus/Wannenmacher in: Zenz/Jurna Lehrbuch der Schmerztherapie S. 499; Kißler in: Zenz/Donner Schmerz bei Tumorerkrankungen S. 43; Schüle-Hein in: Hankemeier/Schüle-Hein/Krizanits Tumorschmerztherapie S. 158; vgl. Hampel in: Gralow/Husstedt/Bothe/Evers/Hürter/Schilgen Schmerztherapie interdisziplinär S. 389

Heute werden insbesondere zur Behandlung tiefer liegender Tumore meist Linearbeschleuniger eingesetzt, die Photonenstrahlung höherer Energien (ultraharte Röntgen- oder Gammastrahlen[275]) oder auch Elektronenstrahlung verschiedener Energien erzeugen (Hochvolttherapie)[276]. Dadurch kann weitgehend präzise eine bestimmte im Körper liegende Stelle bestrahlt werden, ohne dass umliegendes Gewebe durch eine gestreute Strahlung, die beispielsweise nicht bis zur anvisierten Stelle gelangt oder darüber hinausschießt, allzu sehr in Mitleidenschaft gezogen wird. Je nach Lokalisation und Ausdehnung des Zielvolumens wird eine bestimmte Bestrahlungstechnik durchgeführt, wie z. B. die Mehrfelderbestrahlung, bei der die Strahlung über zwei oder mehr Strahlenfelder mit der Folge der optimalen Schonung des Normalgewebes angewendet wird[277]. Es wird dabei ein Punkt in der Mitte des zu bestrahlenden Gebietes gewählt und dieser von mehreren Seiten bestrahlt. Infolgedessen wird das gesunde Normalgewebe optimal geschont, während die Maximaldosis den gewünschten Wirkungsort erreicht.

Primäre Wirkung ionisierender Strahlen ist die Schädigung der DNA. Die Bestrahlung verursacht eine Beeinträchtigung der DNA-Synthese (Verdoppelung der DNA, dem Träger der Erbinformation, als Vorstufe für die Vermehrung der Zelle), abnorme Zellteilungen und Zelltod, wenn die Zelle versucht, sich zu teilen[278]. Die Bestrahlung nutzt die Fähigkeit aus, dass gesundes Gewebe im Gegensatz zu Tumorgewebe fast alle (das Gewebe nicht abtötenden) Strahlenschäden beseitigen bzw. sie besser reparieren kann[279]. Hierdurch werden Tumorzellen vernichtet, es wird jedoch auch zwangsläufig Normalgewebe angegriffen[280]. Als Nebenwirkungen können beispielsweise Hautrötungen, Übelkeit und Erbrechen auftreten[281]. Das bestrahlte Gewebe, z. B. die Haut, bleibt auch nach

---

[275] Pschyrembel siehe Strahlentherapie

[276] Karger in: Reiser/Kuhn/Debus Radiologie S. 102

[277] BGH MedR 1998, 218ff. (219); Schulz-Ertner in: Reiser/Kuhn/Debus Radiologie S. 111f.

[278] Jung/Wigge Anm. zu BGH MedR 1998, 326ff. (330); Kißler in: Zenz/Donner Schmerz bei Tumorerkrankungen S. 43; Schüle-Hein in: Aulbert/Zech Lehrbuch der Palliativmedizin S. 261; Schüle-Hein in: Hankemeier/Schüle-Hein/Krizanits Tumorschmerztherapie S. 163; Münter in: Reiser/Kuhn/Debus Radiologie S. 28, 31, 40

[279] Münter in: Reiser/Kuhn/Debus Radiologie S. 34, 36 A-2.8, 37; Schüle-Hein in: Aulbert/Zech Lehrbuch der Palliativmedizin S. 261

[280] BGH MedR 1998, 218ff. (219); Kißler in: Zenz/Donner Schmerz bei Tumorerkrankungen S. 43; Tag Körperverletzungstatbestand S. 187

[281] BGH MedR 1998, 218ff. (219) (s. weitere Nebenwirkungen); Kißler in: Zenz/Donner Schmerz bei Tumorerkrankungen S. 47; Münter in: Reiser/Kuhn/Debus Radiologie S. 41, 46 (S. 41ff. s. weitere Nebenwirkungen); Tag Körperverletzungstatbestand S. 188

Abklingen der akuten Nebenwirkungen anfälliger für Verletzungen und heilt schwerer[282].

Im Hinblick auf die durch eine Bestrahlung hervorgerufene Beeinträchtigung des bestrahlten Gewebes sowie andere Nebenwirkungen liegt darin eine gegen die Unversehrtheit des Körpers gerichtete Handlung[283]. Von einer üblen, unangemessenen Behandlung ist daher auszugehen. Da die Bestrahlung auch gesundes Gewebe in Mitleidenschaft zieht, zu abnormen Zellteilungen bis hin zum Zelltod führen kann und eine Vielzahl unterschiedlicher intrazellulärer Erholungsvorgänge zur Reparatur des Gewebes[284] sowie mögliche weitere Nebenwirkungen hervorruft, ist der Eingriff auch erheblich[285]. Damit ist bei der Durchführung einer Strahlenbehandlung der objektive Tatbestand im Sinne einer körperlichen Misshandlung erfüllt. Unabhängig davon wird durch die Strahlenbehandlung ein vom normalen Zustand der im Umfeld des Tumors liegenden gesunden Zellen abweichender Zustand hervorgerufen, der einen Heilungsprozess auslöst, so dass eine Gesundheitsschädigung ebenfalls gegeben ist.

f) Vorsatz bzw. Fahrlässigkeit

Gerade im Bereich des „Arztstrafrechts“ zeigt sich deutlich, wie nahe Vorsatz und bewusste Fahrlässigkeit beieinander liegen[286]. Dabei soll hier bei der Abgrenzung zur bewussten Fahrlässigkeit auf den Theorienstreit nicht näher eingegangen werden. Der Vorsatz zeichnet sich grundsätzlich aus durch ein Wissens- und ein Willenselement[287], welche beide zur hier vorzunehmenden Abgrenzung wichtig sind. Vorsatz in der Form des dolus eventualis (bedingter Vorsatz) ist dann gegeben, wenn der Täter es ernstlich für möglich hält und sich damit abfindet, dass sein Verhalten zur Verwirklichung des gesetzlichen Tatbestandes führt[288]. Nach der Rechtsprechung[289] ist erforderlich, dass der Täter den für möglich

[282] BGH MedR 1998, 218ff. (219); Tag Köperverletzungstatbestand S. 188; vgl. Münter in: Reiser/Kuhn/Debus Radiologie S. 46

[283] BGH MedR 1998, 218ff. (219); so im Ergebnis für Röntgenstrahlen BGH NJW 1972, 335ff. (336)

[284] Münter in: Reiser/Kuhn/Debus Radiologie S. 32; Schüle-Hein in: Aulbert/Zech Lehrbuch der Palliativmedizin S. 261; Schüle-Hein in: Hankemeier/Schüle-Hein/Krizanits Tumorschmerztherapie S. 163

[285] so auch Tag Körperverletzungstatbestand S. 188; vgl. BGH MedR 1998, 218ff. (219)

[286] Tag Körperverletzungstatbestand S. 178

[287] Kühl Strafrecht AT § 5 Rn. 6, 84; Wessels/Beulke Strafrecht AT Rn. 203

[288] Kühl Strafrecht AT § 5 Rn. 85; Wessels/Beulke Strafrecht AT Rn. 214

[289] BGH NStZ 1992, 587f.; BGHSt 36, 1ff. (9)

gehaltenen Erfolg „gebilligt“ oder „billigend in Kauf genommen“ bzw. sich damit abgefunden hat. Die einzelnen Erläuterungen gehen zwar sprachlich auseinander, letztendlich führen sie jedoch in den hier zu behandelnden Fällen zu gleichen Ergebnissen, so dass nicht nach sprachlichen Nuancen differenziert werden soll.

Die wesentliche Unterscheidung zwischen Vorsatz in der Form des dolus eventualis und bewusster Fahrlässigkeit liegt in der Willenskomponente. Nimmt der Handelnde, obwohl er die von dieser Handlung ausgehende Gefahr für den Eintritt des tatbestandsmäßigen Erfolges erkannt und ernst genommen hat, den als möglich erkannten Erfolg billigend in Kauf bzw. findet er sich mit ihm ab, so handelt er mit Eventualvorsatz[290]. Vertraut er aber ernsthaft darauf, dass „alles gut gehen“ und es ihm gelingen werde, den drohenden Erfolgseintritt und die Verwirklichung des gesetzlichen Tatbestandes zu vermeiden, so ist bewusste Fahrlässigkeit gegeben[291].

Übertragen auf den Arzt und sein Handeln weiß der Arzt bei einer Operation oder Injektion, dass er die Unversehrtheit der Haut des Patienten verletzt und findet sich damit ab. Ähnlich ist dies bei der Gabe von schmerzlindernden Medikamenten. Der Arzt kennt die Nebenwirkungen, beispielsweise die bei der Gabe von Opioiden regelmäßig auftretende Verstopfung (Obstipation), und nimmt diese billigend in Kauf, da sein weitergehendes Ziel, die Schmerzlinderung, erreicht werden soll. Damit handelt der Arzt in diesen Fällen mit Vorsatz in der Form des dolus eventualis. Gerade bei der palliativen Schmerzbehandlung einschließlich der palliativen Bestrahlung werden regelmäßig starke bis zum Teil stärkste Schmerzen behandelt. Bei der Gabe von Opioiden als stärkeren Schmerzmitteln nach der 2. oder 3. Stufe des WHO-Stufenplans werden die durch Opioide hervorgerufenen, dem Arzt bekannten Nebenwirkungen, wie die fast immer auftretende Obstipation, von ihm als das kleinere Übel akzeptiert zur Erreichung des weitergehenden Ziels der Schmerzreduktion bzw. weitgehenden Schmerzfreiheit. Selbst wenn die Medikamente keine Nebenwirkungen hervorrufen, kennt der Arzt ihre den menschlichen Organismus in seiner Funktionsfähigkeit beeinträchtigenden Wirkungen, beispielsweise bei schmerzlindernden Medikamenten

---

[290] Cramer/Sternberg-Lieben in: Sch/Sch § 15 Rn. 83; Kühl Strafrecht AT § 5 Rn. 85; Stratenwerth/Kuhlen Strafrecht AT 1 § 8 Rn. 117; Wessels/Beulke Strafrecht AT Rn. 225

[291] Cramer/Sternberg-Lieben in: Sch/Sch § 15 Rn. 83; Kühl Strafrecht AT § 5 Rn. 85; Stratenwerth/Kuhlen Strafrecht AT 1 § 8 Rn. 117; Wessels/Beulke Strafrecht AT Rn. 225

die Hemmung der Schmerzweiterleitung. Ebenso wird vom Arzt bei der palliativen Bestrahlung als unvermeidbar akzeptiert, dass auch gesundes Gewebe von den Strahlen mit erfasst und bei diesem ein Heilungsprozess erforderlich wird. Damit handelt der Arzt auch hier vorsätzlich.

Im Rahmen der Palliativmedizin wird daher regelmäßig bei Kenntnis des Arztes hinsichtlich der Risiken und Nebenwirkungen die Abgrenzung zwischen Vorsatz und grober Fahrlässigkeit zum Vorsatz in der Form des dolus eventualis tendieren. Sofern der Arzt zwar das Risiko kennt, aber ernsthaft darauf vertraut hat, dass es ihm gelingen werde, den drohenden Schaden zu vermeiden und er ansonsten keine Beeinträchtigungen der Unversehrtheit des Patienten billigend in Kauf nimmt, handelt er ohne Vorsatz, sondern bewusst fahrlässig.

4. Rechtfertigende Einwilligung

Nachdem damit feststeht, dass zahlreiche Formen palliativer Behandlung den Tatbestand der Körperverletzung gem. § 223 StGB erfüllen, stellt sich nach der hier vertretenen Rechtfertigungslösung die Frage, ob diese Behandlungsmaßnahmen im Einzelfall gerechtfertigt sind. Dies setzt regelmäßig eine rechtfertigende Einwilligung des Patienten voraus.

Der Grund für das Einwilligungserfordernis liegt darin, dass der Arzt kein eigenes berufsbegründetes Recht zur Heilbehandlung besitzt, sondern erst durch das Heilverlangen des Patienten zur Berufsausübung an diesem legitimiert wird[292]. Nur dadurch wird das verfassungsrechtlich gem. Art. 2 Abs. 1 i. V. m. Art. 1 Abs. 1 GG garantierte Selbstbestimmungsrecht des Patienten[293] gewahrt.

a) Aufklärung

Der Patient kann eine wirksame Einwilligung in eine Behandlung erst geben, wenn er deren Inhalt absehen kann. Voraussetzung dafür ist eine vom Arzt vorzunehmende Aufklärung. Diese Aufklärung, die die Grundlage für eine daraufhin vom Patienten in Ausübung seines Selbstbestimmungsrechts erteilte Einwilligung darstellt, wird teilweise als „Selbstbestimmungsaufklärung"[294] bezeichnet.

---

[292] Eser in: Sch/Sch § 223 Rn. 37; Gallwas NJW 1976, 1134f.

[293] Tag Körperverletzungstatbestand S. 265; vgl. Gallwas NJW 1976, 1134f.; vgl. Schara in: Hankemeier/Schüle-Hein/Krizanits Tumorschmerztherapie S. 32; vgl. Ulsenheimer Arztstrafrecht in der Praxis Rn. 57

[294] Eser in: Sch/Sch § 223 Rn. 40; Hartmann Eigenmächtige und fehlerhafte Heilbehandlung S. 109; Tag Körperverletzungstatbestand S. 265; Ulsenheimer Arztstrafrecht in der Praxis Rn. 61f.

Diese wird abgegrenzt zu der sog. „therapeutischen Aufklärung“[295], bei der es weniger um Gewährleistung des Selbstbestimmungsrechts als vielmehr darum geht, die für den Heilerfolg erforderliche Kooperationsbereitschaft des Patienten zur Erreichung eines therapiegerechten Verhaltens herzustellen oder ihn – im Sinne einer „Sicherungsaufklärung“ – vor Selbstgefährdung zu bewahren.

Die Selbstbestimmungsaufklärung soll die freie und informierte Entscheidung des Patienten über die Einwilligung in eine ärztliche Maßnahme ermöglichen[296] und ihn in die Lage versetzen, das Für und Wider seiner Entscheidung abwägen und ungewollte Eingriffe mit den sich daraus ergebenden Folgen vermeiden zu können[297]. Der Patient hat die für seine Entscheidung bedeutsamen Umstände zu kennen. Als bedeutsame Umstände werden zumindest der angenommene medizinische Befund genannt, die Art des geplanten Eingriffs und seine voraussichtliche gesundheitliche Tragweite sowie – bezogen auf die konkrete Situation dieses Patienten – die mit und die ohne diesen Eingriff zu erwartenden Heilungs- oder Besserungsmöglichkeiten und Besserungsaussichten[298]. Ferner zählen hierzu mögliche andere medizinisch sinnvolle Behandlungsweisen sowie die mit und die ohne diesen Eingriff zu erwartenden oder möglichen, nicht völlig unerheblichen Risiken einer Verschlechterung des Gesundheitszustandes des Patienten. Umfang und Intensität der Aufklärung lassen sich nicht abstrakt festlegen, sondern sind nach der konkreten Sachlage auszurichten[299]. Im Folgenden sollen die allgemeinen Grundsätze der Aufklärung dargestellt werden.

aa) Diagnoseaufklärung

Als grundlegende Voraussetzung für eine wirksame Einwilligung ist die Kenntnis des Patienten über den ärztlichen Befund notwendig. Der Arzt

---

[295] Eser in: Sch/Sch § 223 Rn. 35; Giesen/Kloth Anm. zu BGH JZ 1991, 782ff. (784); Müller NJW 1997, 3049ff. (3051); Tag Körperverletzungstatbestand S. 276; Ulsenheimer Arztstrafrecht in der Praxis Rn. 62; Wussow VersR 2002, 1337ff.

[296] BGH NJW 1987, 2923f.; Giesen/Kloth Anm. zu BGH JZ 1991, 782ff. (784); Hartmann Eigenmächtige und fehlerhafte Heilbehandlung S. 109; Laufs in: Laufs/Uhlenbruck Handbuch des Arztrechts § 63 Rn. 1ff., 11; Roßner Aufklärungspflicht S. 56; vgl. Ulsenheimer Arztstrafrecht in der Praxis Rn. 60

[297] Tag Körperverletzungstatbestand S. 271; vgl. Fischer Anm. zu BGH JR 1981, 499ff. (501)

[298] vgl. BGH JZ 1988, 411ff. (412) m. Anm. Giesen; vgl. BGH NJW 1956, 1106ff. (1107); vgl. Deutsch NJW 1982, 2585ff.; vgl. Ulsenheimer Arztstrafrecht in der Praxis Rn. 60

[299] Bockelmann Strafrecht des Arztes S. 60; Eser in: Sch/Sch § 223 Rn. 40; OLG Oldenburg MDR 1992, 236f.; vgl. BGH NJW 1984, 1807ff. (1808); vgl. BGH NStZ 1996, 34f.

muss den Patienten im Rahmen der Diagnoseaufklärung über die bei ihm festgestellten ärztlichen Befunde bzw., sofern er die Diagnose nicht mit Sicherheit stellen kann, darüber unter Hinweis auf verschiedene Deutungsmöglichkeiten und den Grad der Diagnosewahrscheinlichkeit in Kenntnis setzen[300]. Dadurch soll die Mitteilung der Art seiner Krankheit gegenüber dem Patienten gewährleistet werden. Der Patient selbst soll über seinen Ist-Zustand informiert werden, wobei die Diagnosewahrscheinlichkeit diesem die Fähigkeit zur wirklichen Einschätzung der Situation sicherstellen soll. Einschränkend vertritt Eser[301] die Auffassung, dass eine Diagnoseaufklärung nur dann und insoweit Wirksamkeitsvoraussetzung für die Einwilligung sein könne, wenn die Diagnose für die Abwägung des Für und Wider eines Eingriffes für den Patienten aufgrund ausdrücklicher Nachfrage oder aus sonstigen Umständen erkennbar von entscheidungserheblicher Bedeutung sei. Diese Aussage schränkt er jedoch bei Unsicherheit der Diagnose wiederum ein und hält in diesem Fall eine Aufklärung über sie einschließlich der Unsicherheit für geboten. Diese durch Eser vorgenommene geringfügige Begrenzung der Aufklärungspflicht im Hinblick auf den festgestellten Befund des Arztes wird eher theoretischer Natur sein; denn regelmäßig ist zur Abwägung der Erforderlichkeit eines Eingriffs für den Patienten die vom Arzt getroffene Diagnose wichtig, um dessen Notwendigkeit abschätzen zu können.

In Ausnahmefällen kann von der Mitteilung des Befundes abgesehen werden, wenn die Bekanntgabe eine ernste und nicht behebbare Gesundheitsschädigung hervorrufen würde[302]. Ulsenheimer[303] lässt eine Einschränkung der Aufklärungspflicht über die Diagnose nicht nur bei unbehebbaren gesundheitlichen Dauerschäden, sondern auch bei psychischen Schäden (insbesondere seelischen Zusammenbrüchen) zu. Andere[304] schränken die Aufklärungspflicht bereits ein, wenn beim Patienten eine Aufklärung zu einer ernsten und nicht nur vorübergehenden seelischen Beeinträchtigung oder einer mehr als unerheblichen Gesund-

---

[300] Hartmann Eigenmächtige und fehlerhafte Heilbehandlung S. 111; Tag Körperverletzungstatbestand S. 272; vgl. Hirsch in: LK § 228 Rn. 24; vgl. Ulsenheimer Arztstrafrecht in der Praxis Rn. 63, der die Aufklärungspflicht bei infauster Prognose kritisiert

[301] Eser in: Sch/Sch § 223 Rn. 41; a. A. Ulsenheimer Arztstrafrecht in der Praxis Rn. 63

[302] BGHZ 29, 176ff. (185); Schara in: Hankemeier/Schüle-Hein/Krizanits Tumorschmerztherapie S. 35

[303] Ulsenheimer Arztstrafrecht in der Praxis Rn. 63

[304] Deutsch/Spickhoff Medizinrecht Rn. 249; Eser in: Sch/Sch § 223 Rn. 42; Hirsch in: LK § 228 Rn. 25; vgl. Bockelmann Strafrecht des Arztes S. 62

heitsschädigung führen kann. Da die Diagnoseaufklärung des Patienten grundsätzlich nicht durch die Information seiner nächsten Angehörigen ersetzt werden kann[305], kann diese Problematik über deren mögliche Einschränkung auch nicht durch Information der nächsten Angehörigen umgangen werden.

Eine Einschränkung der Aufklärungspflicht beinhaltet de facto eine Beschränkung des Selbstbestimmungsrechts des Patienten, denn dieser wird nicht umfassend über den Befund und seine gesundheitliche Situation informiert und kann dadurch möglicherweise sein Selbstbestimmungsrecht nicht richtig ausüben. Grundsätzlich ist der Arzt demnach auch bei schwerwiegenden, tödlich verlaufenden Erkrankungen verpflichtet, seinem Patienten die „ganze Wahrheit" über seine unheilbare Krankheit zu offenbaren; dies gilt jedenfalls dann, wenn der Patient seinen Zustand kennen muss, um die Risiken einer vorgeschlagenen Therapie abschätzen zu können, z. B. im Fall der Strahlenbehandlung bei Krebserkrankung[306].

Vor allem in der Palliativmedizin, bei der der Arzt die Diagnose der Unheilbarkeit der Krankheit stellt, löst jedoch beispielsweise die Krebsdiagnose bei den meisten Betroffenen eine schwere Lebenskrise aus[307]. Dies hätte zur Konsequenz, dass der Arzt regelmäßig bei einer unheilbaren Krankheit infolge einer durch diese Kenntniserlangung drohenden ernsten seelischen Beeinträchtigung nicht zur Aufklärung über die Diagnose verpflichtet wäre. Es wird jedoch berichtet, dass Ärzte, die fähig sind, über eine tödliche Krankheit zu sprechen und diese nicht dem Patienten gegenüber verharmlosen, die Erfahrung machen, dass ihre Patienten meistens ebenfalls in der Lage sind, über ihre Krankheit zu reden und mit dem Versuch einer Krankheitsbewältigung zu beginnen[308]. Gerade im Rahmen palliativer Behandlungen wird beschrieben, wie wichtig den Patienten die uneingeschränkte Aufklärung über die Unheilbarkeit der Krankheit und wie wertvoll für sie die bewusst gelebte verbleibende Zeit ist[309]. Auch in den Medien[310] wird berichtet, dass eine Frau sich auf der

---

305 BGH JZ 1989, 901ff. (903) m. Anm. Laufs; Ulsenheimer Arztstrafrecht in der Praxis Rn. 63

306 Ulsenheimer Arztstrafrecht in der Praxis Rn. 63

307 Aulbert in: Aulbert/Zech Lehrbuch der Palliativmedizin S. 737

308 Sellschopp in: Aulbert/Zech Lehrbuch der Palliativmedizin S. 726; vgl. Aulbert in: Aulbert/Zech Lehrbuch der Palliativmedizin S. 736ff.

309 Aulbert in: Aulbert/Zech Lehrbuch der Palliativmedizin S. 736f.; vgl. Aulbert in: Aulbert/Klaschik/Pichlmaier Palliativmedizin/Ganzheitliches Konzept S. 25, 28f.; vgl. Tempel NJW 1980, 609ff. (617), damit der Patient in die Lage versetzt werde, seine letzten Dinge zu ordnen

Palliativstation gut aufgehoben fühlte und erleichtert gewesen sei zu wissen, dass sie nicht mehr angeschwindelt werde. Bei mehreren Studien, ob die Patienten über die Diagnose ihrer Krankheit informiert werden wollen, wurde von der Mehrzahl der Befragten eine dahingehende umfassende Information befürwortet[311].

Damit bei unheilbaren Krankheiten die Diagnoseaufklärung nicht generell entbehrlich wird mit der Folge einer drohenden nicht ausreichenden Beachtung des Selbstbestimmungsrechts des Patienten, müssen für die Annahme einer die Aufklärungspflicht beschränkenden Gefährdung konkrete Anhaltspunkte bestehen, vage oder generelle Vermutungen reichen nicht aus[312]. Ferner muss die vorhergesehene Schädigung dauerhaft und gravierend sein. Die Nachricht von einer unheilbaren Krankheit und dem damit innerhalb kurzer oder längerer Zeit eintretenden Tod wird beim Patienten regelmäßig eine psychisch kritische Situation hervorrufen. Sofern die Aufklärungspflicht bereits bei einer ernsten, nicht nur vorübergehenden seelischen Beeinträchtigung oder nicht lediglich unerheblichen Gesundheitsschädigung eingeschränkt würde, bestünde im Hinblick auf eine Aufklärung über eine unheilbare Krankheit keine dahingehende Verpflichtung mehr. Dies würde dazu führen, dass der Patient über die wichtigste Grundlage für eine angeratene Behandlung, die Krankheitsursache, nicht mehr informiert würde und so die Gefahr bestünde, dass er den Nutzen der Behandlung nicht richtig einschätzen kann. Gerade im Hinblick auf die Einschätzung, ob und wie eine Behandlung durchgeführt werden soll, ist die Kenntnis der Diagnose wichtig. Erst wenn der Patient weiß, um welche Krankheit es sich handelt, kann er deren Folgen richtig beurteilen und eine angeratene Therapie mit deren möglichen Beeinträchtigungen in Relation setzen. So ist für die Annahme einer Einschränkung der Aufklärungspflicht restriktiv eine dauerhafte Gesundheitsschädigung oder dauerhafte, gravierende psychische Beeinträchtigung als erforderlich anzusehen.

bb) Verlaufsaufklärung

Ferner muss der Patient die beabsichtigte Therapie überblicken können. Die Verlaufsaufklärung beinhaltet demnach die Aufklärung des Arztes

---

[310] Mannheimer Morgen vom 24.10.2003

[311] Aulbert in: Aulbert/Zech Lehrbuch der Palliativmedizin S. 736; Roßner Aufklärungspflicht S. 213ff., 216

[312] Eser in: Sch/Sch § 223 Rn. 42; vgl. BGHSt 11, 111ff. (115); vgl. BGHZ 29, 46ff. (55f.)

über Art, Umfang, Durchführung, Schwere und Schmerzhaftigkeit[313]. Sie umfasst ebenfalls die Information des Patienten über die Weiterentwicklung seines Zustandes in unbehandelter Form und die Aussicht, wie sich die gesundheitliche Situation nach erfolgter Behandlung gestalten könnte[314]. Als wesentlicher Teil gehört hierzu ebenso die Unterrichtung über bestehende Alternativen in der Behandlung. Eine solche liegt auch in dem Verzicht auf einen Eingriff, soweit er eine vernünftige Alternative darstellt[315].

cc) Risikoaufklärung

Durch die Risikoaufklärung soll der Patient sowohl über das Fehlschlagen als auch über die Gefahren eines ärztlichen Eingriffs und seine möglichen vorübergehenden oder dauerhaften Nebenfolgen unterrichtet werden, die ein Eingriff, auch wenn er fehlerfrei und lege artis durchgeführt wird, mit sich bringen kann[316]. Diese beinhaltet auch die Aufklärung über selten auftretende Risiken, wenn sie für die Entscheidung eines verständigen Patienten in der betreffenden Situation ernsthaft ins Gewicht fallen, weil sie bei ihrer Verwirklichung die weitere Lebensführung des Patienten schwer belasten[317]. In Fällen mehrerer zur Verfügung stehender Behandlungsmethoden, die sich möglicherweise als unterschiedlich gefährliche Alternativen anbieten, steigen die Anforderungen an den Umfang der nötigen Aufklärung[318]. Der Umfang der Risikoaufklärung bestimmt sich nach der Dringlichkeit des Eingriffs. Je dringender der Eingriff ist, desto geringere Anforderungen bestehen an die Aufklärung[319]. Auf all-

---

[313] Hartmann Eigenmächtige und fehlerhafte Heilbehandlung S. 112; Tag Körperverletzungstatbestand S. 273; Ulsenheimer Arztstrafrecht in der Praxis Rn. 64; vgl. BGH NJW 1984, 1395ff.

[314] Deutsch NJW 1980, 1305ff.; Deutsch NJW 1982, 2585ff.; Deutsch/Spickhoff Medizinrecht Rn. 205; Laufs Arztrecht Rn. 204; Roßner Aufklärungspflicht S. 60; Ulsenheimer Arztstrafrecht in der Praxis Rn. 64; vgl. OLG Köln VersR 1993, 361f. (362), 1234f. m. Anm. Gaisbauer

[315] Laufs in: Laufs/Uhlenbruck Handbuch des Arztrechts § 63 Rn. 20

[316] Deutsch NJW 1980, 1305ff.; Eser in: Sch/Sch § 223 Rn. 41; Hartmann Eigenmächtige und fehlerhafte Heilbehandlung S. 113; Laufs Arztrecht Rn. 187; OLG Stuttgart MedR 1996, 81ff. (82); Ulsenheimer Arztstrafrecht in der Praxis Rn. 65

[317] BGH JZ 1996, 518f. m. Anm. Giesen; BGH NJW 1980, 633ff. (635); BGH NJW 1980, 1905ff. (1907); BGH NJW 1984, 1397ff. (1398) m. zust. Anm. Deutsch; BGH VersR 1993, 228f. (229); Hartmann Eigenmächtige und fehlerhafte Heilbehandlung S. 115; Hirsch in: LK § 228 Rn. 27; Ulsenheimer Arztstrafrecht in der Praxis Rn. 67 mit einzelnen Beispielen; vgl. BGH VersR 1991, 812ff. (813) m. Anm. Schlund

[318] Giesen Anm. zu BGH JZ 1996, 518f. (519)

[319] BGH NJW 1994, 793f.; BGHSt 12, 379ff. (382); Bockelmann Strafrecht des Arztes S. 59; Hirsch in: LK § 228 Rn. 27; Schara in: Hankemeier/Schüle-Hein/Krizanits Tumorschmerztherapie S. 34

gemein bekannte Gefahren, die mit jedem Eingriff verbunden sind, wie z. B. eine Wundinfektion nach einer Operation, braucht nicht gesondert hingewiesen zu werden[320].

dd) Zur Aufklärung Verpflichteter

Regelmäßig obliegt dem Arzt, der die Diagnose gestellt hat und die Therapie durchführen wird, die Pflicht zur Vornahme der Aufklärung[321]. Verweist er jedoch an einen Spezialisten oder überweist er den Patienten in ein Krankenhaus, so erfolgt dies insbesondere deshalb, weil die eigene Kompetenz, die diagnostischen oder therapeutischen Mittel nicht ausreichen. In diesem Fall kann nicht jedem Arzt die umfassende Aufklärungspflicht aufgebürdet werden[322]. Arbeiten mehrere Spezialisten im Rahmen einer Behandlung zusammen, so hat jeder Spezialist die sein Fachgebiet betreffende Aufklärung vorzunehmen.

ee) Umfang der Aufklärung

Die Aufklärung muss nach Ansicht insbesondere der Rechtsprechung das Wesen des Eingriffs „im Großen und Ganzen" umfassen[323]. Diese Umschreibung ist zwar relativ unklar und lässt Raum für eine am Einzelfall orientierte Auslegung des Umfangs der Aufklärungspflicht[324]. Auf weitere differenzierende Auffassungen[325] soll hier aber nicht eingegangen werden, da diese Arbeit die grundsätzlichen Aspekte behandeln will und hierbei eine Entscheidung am jeweiligen Fall erforderlich ist. Der Umfang wird sich jedoch im Rahmen des Gesprächs mit dem Patienten regelmäßig ergeben, je nachdem, auf welche Faktoren der einzelne Patient wert legt. Beispielsweise ist einem Opernsänger, der seine Stimme zur Berufsausübung benötigt, ein eventuell bestehendes Risiko einer solchen

---

[320] BGH NJW 1989, 1533ff. (1534); Hartmann Eigenmächtige und fehlerhafte Heilbehandlung S. 118; Hirsch in: LK § 228 Rn. 27; Hollmann NJW 1973, 1393ff. (1395); Tag Körperverletzungstatbestand S. 274; Ulsenheimer Arztstrafrecht in der Praxis Rn. 68; vgl. BGH NJW 1980, 633ff. (635)

[321] Laufs in: Laufs/Uhlenbruck Handbuch des Arztrechts § 66 Rn.1; Tag Körperverletzungstatbestand S. 335; Ulsenheimer Arztstrafrecht in der Praxis Rn. 104a; vgl. Deutsch/Spickhoff Medizinrecht Rn. 233

[322] Schumann Anm. zu OLG Oldenburg MedR 1995, 500ff. (502); Tag Körperverletzungstatbestand S. 335; vgl. Kern/Laufs Ärztliche Aufklärungspflicht S. 19f.

[323] BGH NJW 1972, 335ff. (336); BGH NJW 1978, 2337ff.; BGH NJW 1984, 1397ff. (1398); BGH NJW 1986, 780f.; BGH NJW 1989, 1533ff. (1533, 1535); Eser in: Sch/Sch § 223 Rn. 41; Hartmann Eigenmächtige und fehlerhafte Heilbehandlung S. 115; OLG Oldenburg MDR 1992, 236f.; Spickhoff NJW 2003, 1701ff. (1707); Tag Körperverletzungstatbestand S. 337; Ulsenheimer Arztstrafrecht in der Praxis Rn. 65, 67

[324] Bockelmann Strafrecht des Arztes S. 60; Eser in: Sch/Sch § 223 Rn. 40

[325] siehe Tag Körperverletzungstatbestand S. 337f.

Beeinträchtigung besonders darzustellen und er ausdrücklich darauf hinzuweisen. Grundsätzlich wird der Arzt seine Aufklärung daran auszurichten haben, dass er die Aspekte anspricht, die für einen durchschnittlichen Patienten im Zusammenhang mit der Behandlung zu einer freien Entscheidungsfindung von Bedeutung sind. Im Ergebnis ist der durchschnittliche Patient gemeint, gleichgültig ob er als normal interessierter und gebildeter [326] oder verständiger[327] Patient bezeichnet wird. Maßgeblich bleibt aber, dass der Patient insgesamt einen zutreffenden Eindruck erhalten muss, welche Diagnose- und Therapiemaßnahmen ihm helfen können und welchen Gefahren er sich dabei aussetzt, so dass er dann nach seinen Maßstäben entscheiden kann[328]. Bei einem dringenden indizierten Eingriff kann die Aufklärung weniger umfassend ausfallen als bei einem aufschiebbaren Eingriff[329].

ff) Zeitpunkt der Aufklärung

Die Aufklärung durch den Arzt muss stets vor dem Eingriff und so rechtzeitig erfolgen, dass der Patient unter Abwägung aller für und gegen die Behandlung sprechenden Umstände in der Lage ist, eine freie und eigenständige Entscheidung für die Behandlung zu treffen[330]. Dabei gibt es keine starren Fristen. Die Rechtzeitigkeit hängt von der jeweiligen Dringlichkeit des Eingriffs ab[331].

gg) Form der Aufklärung

Regelmäßig findet die Information über Diagnose, Verlauf der Therapie und die damit verbundenen Risiken und Chancen in einem Arztgespräch[332] statt. Der Arzt hat darin dem Patienten als Grundlage für dessen eigenverantwortliche Entscheidung seine Beurteilungen in für diesen verständlichen Worten darzulegen. Dabei kann sich der Arzt zusätzlicher Informations- und Aufklärungsblätter bedienen. Diese Informationsblätter

---

[326] Tag Körperverletzungstatbestand S. 339

[327] Bockelmann Strafrecht des Arztes S. 57; Hartmann Eigenmächtige und fehlerhafte Heilbehandlung S. 115

[328] Ulsenheimer Arztstrafrecht in der Praxis Rn. 66

[329] Bütikofer DÄBl. 94 (1997), C1324ff.; Deutsch/Spickhoff Medizinrecht Rn. 214; Tempel NJW 1980, 609ff. (611); Ulsenheimer Arztstrafrecht in der Praxis Rn. 71

[330] BGH NJW 1985, 1399ff. (1400); Ulsenheimer Arztstrafrecht in der Praxis Rn. 117a; vgl. BGH NJW 1987, 2291ff. (2293); vgl. Graf-Baumann in: Gralow/Husstedt/Bothe/Evers/Hürter/Schilgen Schmerztherapie interdisziplinär S. 445

[331] Tempel NJW 1980, 609ff. (615f.); Ulsenheimer Arztstrafrecht in der Praxis Rn. 117

[332] Deutsch/Spickhoff Medizinrecht Rn. 213; Hart in: Heinrichs-FS S. 291ff. (310); Hollmann NJW 1973, 1393ff. (1396); Spickhoff NJW 2005, 1694ff. (1699); Tempel NJW 1980, 609ff. (615)

sind einerseits für den Arzt eine Dokumentation dafür, dass der Patient über die dort enthaltenen Informationen in Kenntnis gesetzt wurde. Andererseits besteht für den Patienten weiterhin die Möglichkeit nachzulesen und die Chancen und Risiken nochmals zu überdenken und gegebenenfalls bereits vergessene Aufklärungspunkte mit in die Entscheidung einzubeziehen. Die Übergabe von Informationsblättern in für den Patienten verständlicher Sprache darf jedoch nicht das mündliche Aufklärungsgespräch ersetzen[333], da die reine Übergabe des Blattes zu einer unzureichenden Aufklärung verleitet. Selbst wenn das Blatt umfassende Informationen enthält, wird dadurch noch nicht auf eventuelle spezifische Aspekte und Fragen des Patienten eingegangen, welche in einem Gespräch geklärt werden können. Die Aufklärung kann auch in Form einer sog. Stufenaufklärung erfolgen, bei der dem Patienten zunächst eine schriftliche Grundinformation in Form eines übersichtlichen und verständlichen Merkblattes über den geplanten Eingriff und die damit erfahrungsgemäß verbundenen Risiken erteilt wird und anschließend ein mündliches Aufklärungsgespräch erfolgt, welches auch auf Fragen des Patienten eingeht[334]. Das mündliche Aufklärungsgespräch bleibt aber weiterhin das entscheidende Aufklärungsmittel, welches durch Formblätter und schriftliche Dokumentation des wesentlichen Inhalts des Gesprächs durch den Arzt[335] ergänzt werden kann.

hh) Folgen für die Aufklärung bei palliativer Behandlung

Vor einer palliativen Behandlung muss der Arzt daher regelmäßig über Diagnose, Indikation, Art und Umfang des Eingriffs sowie über mögliche Folgen aufklären[336]. Der Arzt hat über die Art der Diagnose, d. h. die betreffende Krankheit, zu informieren, soweit nicht die Information über die Wahrheit beim Patienten eine schwerwiegende und nicht behebbare Schädigung hervorrufen würde. Dabei ist grundsätzlich die Unheilbarkeit der Krankheit darzustellen[337]. Diese Aufgabe verlangt von dem Arzt eine gewisse Vorsicht sowie Einfühlungsvermögen, die richtigen Worte zu finden und dem Patienten die Diagnose schonend zu vermitteln.

Ferner hat der Arzt die mögliche palliative Behandlung der Krankheitssymptome mit ihren Risiken, die Weiterentwicklung seines Zustandes in

---

[333] BGH MedR 1996, 81ff. (82); BGH NJW 1985, 1399ff.; Schara in: Hankemeier/Schüle-Hein/Krizanits *Tumorschmerztherapie* S. 36; vgl. BGH NJW 1984, 1397ff. (1398f.) m. Anm. Deutsch

[334] Ulsenheimer Arztstrafrecht in der Praxis Rn. 79, 121

[335] BGH MDR 1985, 923f.; Ulsenheimer Arztstrafrecht in der Praxis Rn. 121

[336] Uhlenbruck in: Söllner/Gitter/Waltermann/Giesen/Ricken Heinze-Gedächtnisschrift S. 949ff. (955)

[337] vgl. Aulbert in: Aulbert/Zech Lehrbuch der Palliativmedizin S. 91, 737

behandelter und unbehandelter Form zu erläutern. Gibt es mehrere palliative Behandlungsmethoden, z. B. eine Palliativoperation oder eine palliative Bestrahlung, so ist gerade die Besprechung und Abwägung der Vor- und Nachteile dieser Therapiemöglichkeiten mit dem Patienten im Hinblick auf deren Zweckmäßigkeit wichtig[338]. Der Patient ist in der Palliativmedizin vor allem über verschiedene Arten der Schmerzbehandlung aufzuklären. Beispiele möglicher Behandlungsarten stellen palliative Operationen, Strahlentherapie oder medikamentöse Schmerztherapie dar[339], wobei die medikamentöse Schmerztherapie durch unterschiedliche Applikationsformen erfolgen kann und die Aufklärung dahingehend ausgerichtet sein muss. Grundsätzlich steht die Wahl der palliativen Behandlungsmethode dem Arzt zu[340]. Der Arzt hat regelmäßig die Erfahrung, welche Behandlungsarten im jeweiligen Fall angezeigt und Erfolg versprechend sind. Ob im Einzelfall die vom Arzt gewählte Methode angewandt oder der palliative Eingriff durchgeführt wird, entscheidet dagegen nicht der Arzt, sondern der Patient nach erfolgter Aufklärung[341]. Der Arzt hat daher über die Vor- und Nachteile der einzelnen möglichen Behandlungen zu informieren und kann darstellen, aus welchen Gründen er eine bestimmte Therapie für vorzugswürdig hält. Ferner ist ein Vergleich des Verlaufs bei Durchführung der Behandlung gegenüber der unbehandelten Entwicklung des Krankheitszustandes und seiner Symptome anzustellen, insbesondere bei wesentlichen, beeinträchtigenden Auswirkungen wie Schmerzen.

Vor allem vor einer medikamentösen Schmerztherapie, bei der die Patienten die Präparate oftmals langfristig einnehmen müssen, bedeutet dies eine Aufklärung über typische besonders gravierende Nebenwirkungen und Komplikationen[342]. Daher ist eine Aufklärung über eine mögliche Atemdepression mit der Folge einer Lebensverkürzung jedenfalls

[338] Aulbert in: Aulbert/Zech Lehrbuch der Palliativmedizin S. 735f.; Graf-Baumann in: Gralow/Husstedt/Bothe/Evers/Hürter/Schilgen Schmerztherapie interdisziplinär S. 445 bzgl. invasiver Methoden und nichtinvasiver Alternativen; Uhlenbruck in: Söllner/Gitter/Waltermann/Giesen/Ricken Heinze-Gedächtnisschrift S. 949ff. (955); vgl. Aulbert/Radbruch/Grond/Zech in: Aulbert/Zech Lehrbuch der Palliativmedizin S. 171

[339] Jonen-Thielemann in: Aulbert/Zech Lehrbuch der Palliativmedizin S. 682

[340] Laufs in: Laufs/Uhlenbruck Handbuch des Arztrechts § 64 Rn. 4; Uhlenbruck in: Söllner/Gitter/Waltermann/Giesen/Ricken Heinze-Gedächtnisschrift S. 949ff. (955)

[341] Uhlenbruck in: Söllner/Gitter/Waltermann/Giesen/Ricken Heinze-Gedächtnisschrift S. 949ff. (955)

[342] Deutsch/Spickhoff Medizinrecht Rn. 208; Graf-Baumann in: Gralow/Husstedt/Bothe/Evers/Hürter/Schilgen Schmerztherapie interdisziplinär S. 445

erforderlich[343]. Die Aufklärung umfasst die Auswirkungen einer Atemdepression sowie deren Wahrscheinlichkeit. Hier hat der Arzt dem Patienten in einfachen Worten für diesen verständlich darzustellen, dass die Gabe von Opioiden eine beruhigende Wirkung hat, d. h. der Körper höhere Werte an Kohlendioxid akzeptiert und dementsprechend der Patient ein geringeres Atembedürfnis aufweist[344]. Eine Atemdepression tritt vor allem bei anfänglicher Dosierung bzw. Dosiserhöhung auf. Hier bietet sich die Erklärung an, dass der Arzt langsam am Schmerz die Dosierung des Opioids titriert, der Schmerz Gegenspieler einer Atemdepression ist und der Patient durch die Angabe seiner Schmerzintensität den Arzt bei der Dosisfindung unterstützen kann. Das Auftreten einer Atemdepression hängt ferner von der Wirkstärke des Opioids und der Art der Anwendung ab. Gerade die Wahrscheinlichkeit des Eintritts einer Nebenwirkung wie der Atemdepression ist im Hinblick auf die Entscheidung für eine bestimmte Therapie maßgeblich, damit der Patient das Risiko gegenüber möglichen Alternativen richtig abwägen kann. Auch insoweit muss eine Aufklärung des Patienten erfolgen. Ferner ist auf die bei der Gabe von Opioiden regelmäßig auftretende Nebenwirkung der Verstopfung (Obstipation) aufmerksam zu machen und die dagegen gleichzeitig bereits vorbeugende Gabe von Abführmitteln (Laxantien) zu erläutern. Die Aufklärung ist dahingehend zu ergänzen, dass sich bei der Opioidtherapie Begleiterscheinungen wie Schläfrigkeit und nachlassende Konzentrationsfähigkeit (Sedierung) einstellen können, die regelmäßig nach einigen Tagen aufhören[345]. Hierbei ist der Hinweis angezeigt, dass der Patient bei anhaltender Dauer dieser Anzeichen den Arzt wiederum aufsuchen sollte. Vergleichbar ist über möglicherweise auftretende Übelkeit[346] sowie selten vorkommende Desorientierung, Verwirrtheit und Halluzinationen[347] aufzuklären, die regelmäßig schnell wieder nachlassen. Der Arzt kann den Patienten informieren, dass es durch die Einnahme von Opioiden nach einem bestimmten Zeitschema unabhängig vom jeweiligen derzeitigen Schmerzzustand zu keiner Suchtentwicklung[348] im Sinne einer psychischen Abhängigkeit kommt, worunter regelmäßig eine Sucht verstanden wird. Die durch längerfristige Einnahme von Opioiden entstehende physische Abhängigkeit kann der Arzt dem Patienten als unproblematisch darstellen, da der palliativ zu betreuende Patient regel-

343 Uhlenbruck in: Söllner/Gitter/Waltermann/Giesen/Ricken Heinze-Gedächtnisschrift S. 949ff. (957)
344 siehe D III 2 f
345 siehe D III 2 d; Klaschik in: Husebø/Klaschik Palliativmedizin S. 194
346 siehe D III 2 b
347 siehe D III 2 c
348 siehe D III 2 e

mäßig Opioide auch weiterhin benötigen wird und eine Dosisreduktion gegebenenfalls ohne Probleme erfolgen kann.

Dem Patienten sollte grundsätzlich ausreichend Zeit gegeben werden, sich für eine palliative Behandlung gerade bei mehreren Möglichkeiten zu entscheiden und seine Entscheidung möglicherweise noch einmal mit seinen Verwandten besprechen zu können[349]. Dies beinhaltet bereits die allgemeine Anforderung an die Rechtzeitigkeit der Aufklärung.

b) Allgemeine Voraussetzungen der Einwilligung

Ferner müssen für eine wirksame Einwilligung die allgemeinen Voraussetzungen der Einwilligung vorliegen. Die Einwilligung muss von dem Patienten bzw. dem ggf. an seiner Stelle Befugten aufgrund seiner inneren Zustimmung vor der Behandlung ausdrücklich oder konkludent erteilt worden sein[350]. Maßgeblich ist dabei, ob der Patient seiner geistigen und sittlichen Einsichtsfähigkeit nach die Bedeutung und Tragweite des Eingriffs und seiner Gestattung zu ermessen und sich nach dieser Entscheidung zu richten fähig ist[351]. Bei einem Willensunfähigen sind nicht ohne weiteres die nächsten Angehörigen die zur Erteilung der Einwilligung Befugten[352], sondern regelmäßig ein gesetzlicher Vertreter, z. B. Eltern, ein Bevollmächtigter bzw. ein für diesen Aufgabenkreis bestellter Betreuer[353].

Die Einwilligung ist frei widerruflich[354]. Ein Widerruf ist jederzeit möglich und auch rechtlich beachtlich, ohne dass es dafür einer besonderen Begründung bedarf[355]. Widerruft der Patient eine vor dem Eingriff gegebene Einwilligung, so darf der geplante Eingriff nicht erfolgen bzw. eine bereits begonnene Behandlung ist bei erfolgtem Widerruf abzubrechen.

---

[349] Uhlenbruck in: Söllner/Gitter/Waltermann/Giesen/Ricken Heinze-Gedächtnisschrift S. 949ff. (957)

[350] Deutsch/Spickhoff Medizinrecht Rn. 236; Eser in: Sch/Sch § 223 Rn. 43; Hirsch in: LK § 228 Rn. 15; Tag Körperverletzungstatbestand S. 304

[351] Baumann/Weber/Mitsch Strafrecht AT § 17 Rn. 103; BGHSt 12, 379ff. (382); Bockelmann Strafrecht des Arztes S. 55; Eser in: Sch/Sch § 223 Rn. 38; Hirsch in: LK § 228 Rn. 16; Ulsenheimer Arztstrafrecht in der Praxis Rn. 108; bei Einwilligungsunfähigkeit siehe E II 6

[352] BGHZ 29, 46ff. (52); Ulsenheimer Arztstrafrecht in der Praxis Rn. 112

[353] Uhlenbruck in: Söllner/Gitter/Waltermann/Giesen/Ricken Heinze-Gedächtnisschrift S. 949ff. (957); Ulsenheimer Arztstrafrecht in der Praxis Rn. 111a, 112; eingehend zur Betreuung vgl. Kantianis Palliativmedizin S. 153ff., 161ff.

[354] Baumann/Weber/Mitsch Strafrecht AT § 17 Rn. 106; Bockelmann Strafrecht des Arztes S. 54; Kühl Strafrecht AT § 9 Rn. 32; Tag Körperverletzungstatbestand S. 305

[355] Baumann/Weber/Mitsch Strafrecht AT § 17 Rn. 106; Wessels/Beulke Strafrecht AT Rn. 378

Die Einwilligung in die ärztliche Behandlung muss der Patient vor der Behandlung[356] erteilt haben. Inhaltlich muss sich die Einwilligung auf die konkrete ärztliche Maßnahme bzw. auf alle Teile eines Behandlungskomplexes beziehen[357]. Vom Umfang her sind alle Eingriffe abgedeckt, in die der Patient aufgrund vorheriger Aufklärung seine Zustimmung erteilt.

Ferner darf die Einwilligung nicht an wesentlichen Willensmängeln (z. B. Irrtümer) leiden oder durch Nötigung erzwungen sein[358]. Liegt einer dieser Faktoren vor, so ist die Einwilligung unwirksam. Bei einer infolge Täuschung erlangten Einwilligung werden differenzierte Auffassungen im Hinblick auf die Wirksamkeit der Einwilligung vertreten[359].

Personell erstreckt sich die Einwilligung grundsätzlich nur auf den Arzt, dem sie erteilt worden ist[360]. Sofern der Patient jedoch nicht aufgrund einer besonderen Treuebeziehung erwarten durfte, von einem bestimmten Arzt behandelt zu werden, wie beispielsweise im Krankenhaus oder in einer Gemeinschaftspraxis, muss der Patient damit rechnen, dass auch ein anderer als der die Untersuchung durchführende Arzt die Behandlung vornimmt[361]. In einem solchen Fall wird der Patient regelmäßig stillschweigend seine Einwilligung allen Ärzten erteilen, die aufgrund interner Arbeitsteilung für die besagte Maßnahme zuständig sind, es sei denn die Einwilligung wird vom Patienten ausdrücklich und erkennbar nur auf die Behandlung durch einen bestimmten Arzt beschränkt[362].

5. Zwischenergebnis

Sofern die o. g. Voraussetzungen einer wirksamen Einwilligung vorliegen, macht sich der Arzt, der mit Einwilligung des Patienten diesem schmerzlindernde Medikamente verabreicht, nicht strafbar. Sein Handeln ist durch Einwilligung gerechtfertigt.

---

[356] Baumann/Weber/Mitsch Strafrecht AT § 17 Rn. 104f.; BGHSt 17, 359f. (360); Hartmann Eigenmächtige und fehlerhafte Heilbehandlung S. 99; Kühl Strafrecht AT § 9 Rn. 32; Schmidhäuser Strafrecht AT 8/145

[357] Hartmann Eigenmächtige und fehlerhafte Heilbehandlung S. 100

[358] Eser in: Sch/Sch § 223 Rn. 39; Hirsch in: LK § 228 Rn. 18; Ulsenheimer Arztstrafrecht in der Praxis Rn. 58; Wessels/Beulke Strafrecht AT Rn. 376; vgl. für Willensmängel BGHSt 16, 309ff. (319)

[359] siehe Hillenkamp 32 Probleme aus dem Strafrecht AT, 7. Problem; siehe Tag Körperverletzungstatbestand S. 366ff.

[360] Bockelmann Strafrecht des Arztes S. 61; Eser in: Sch/Sch § 223 Rn. 44; Hartmann Eigenmächtige und fehlerhafte Heilbehandlung S. 99

[361] Deutsch NJW 1982, 2585ff. (2587); Deutsch/Spickhoff Medizinrecht Rn. 233

[362] Eser in: Sch/Sch § 223 Rn. 44

6. Mutmaßliche Einwilligung

Wenn der Patient keine Einwilligung erteilt hat bzw. erteilen kann, kommt eine Rechtfertigung für die dennoch durchgeführte Behandlung durch den Arzt unter dem Gesichtspunkt des gewohnheitsrechtlich anerkannten Rechtfertigungsgrundes der mutmaßlichen Einwilligung in Betracht.

Die Annahme einer mutmaßlichen Einwilligung ist jedoch an enge Voraussetzungen geknüpft. Dies liegt daran, dass das Selbstbestimmungsrecht des Patienten grundsätzlich durch seine ausdrücklich erklärte Einwilligung gewährleistet wird. Ohne Einwilligung des Patienten soll ein Eingriff in sein Recht auf körperliche Unversehrtheit lediglich in Ausnahmefällen vorgenommen werden dürfen. Eine mutmaßliche Einwilligung wird angenommen, wenn die Handlung im Interesse des Betroffenen vorgenommen wird und dieser vermutlich einwilligen würde, aber nicht rechtzeitig einwilligen kann[363].

a) Einwilligungsunfähigkeit des Patienten

Die mutmaßliche Einwilligung wird dann als Rechtfertigungskriterium herangezogen, wenn der Patient als Befugter aufgrund seines Zustandes nicht mehr in der Lage ist, eine Einwilligung abzugeben. Der Arzt ist jedoch grundsätzlich gehalten, die Einwilligungsfähigkeit des Patienten – sofern möglich – herbeizuführen bzw. die Einwilligung von einem anderen dazu Befugten, z. B. einem für diesen Aufgabenkreis bestellten Betreuer (§§ 1896, 1902 BGB), einzuholen. Bei einem Minderjährigen ist maßgeblich für die Bestimmung der Einwilligungsfähigkeit, ob er nach seiner individuellen geistigen und sittlichen Reife unter Berücksichtigung aller Umstände des konkreten Falles die nötige Urteils- und Einsichtskraft hat, gerade die Bedeutung der in Rede stehenden Behandlungsmaßnahmen und ihrer Gestattung zu erfassen und danach zu handeln[364].

b) Eilbedürftigkeit

Erst wenn dem Arzt dazu aufgrund der Eilbedürftigkeit der Maßnahme nicht mehr die Möglichkeit gegeben ist, die ausdrückliche Einwilligung vom Berechtigten – dem Patienten selbst oder einem für diesen zur Erteilung der Einwilligung Befugten – zu erhalten, ist Raum für die mutmaßliche Einwilligung[365]. Bei nicht einwilligungsfähigen Minderjährigen

---

[363] Lenckner in: Sch/Sch Vorbem §§ 32ff. Rn. 54; OLG Frankfurt MDR 1970, 694f. (695); Ulsenheimer Arztstrafrecht in der Praxis Rn. 234d

[364] Ulsenheimer Arztstrafrecht in der Praxis Rn. 109a

[365] Hartmann Eigenmächtige und fehlerhafte Heilbehandlung S. 166; Ulsenheimer Arztstrafrecht in der Praxis Rn. 234d

ist der zur Einwilligung Befugte der gesetzliche Vertreter (Eltern), bei Erwachsenen ein Bevollmächtigter, den der Patient durch eine sog. Vorsorgevollmacht bestimmen kann, oder ein vom Vormundschaftsgericht bestellter Betreuer[366].

c) Mutmaßlicher Wille des Patienten

Weitere Voraussetzung ist, dass die beabsichtigte Behandlung dem mutmaßlichen Willen des Patienten entspricht; eine an objektiven Kriterien orientierte Güter- und Interessenabwägung ist unerheblich[367]. Dabei sind die individuellen Bedürfnisse, Wünsche und Wertvorstellungen sowie frühere Äußerungen des Patienten maßgeblich[368]. Die Meinung von Angehörigen ist nur als Anhaltspunkt für den Willen des Patienten, nicht dagegen als stellvertretende Meinung zu beachten[369]. Liegen jedoch keine Anhaltspunkte dafür vor, dass der Betroffene anders entscheiden würde, wenn man ihn fragen könnte, darf davon ausgegangen werden, dass der hypothetische Wille mit dem unter den gegebenen Umständen gemeinhin als sachgerecht, normal und vernünftig angesehenen Willen übereinstimmt[370].

d) Palliativmedizin

Auch im Anwendungsbereich der Palliativmedizin wird der Patient regelmäßig von seinem Zustand her einwilligungsfähig sein oder schon von vornherein unter Betreuung stehen, so dass jedenfalls der Betreuer die Einwilligung erteilen kann. Sofern der Patient jedoch nicht einwilligungsfähig und eine Behandlungsmaßnahme dringend geboten ist, sind die Voraussetzungen einer mutmaßlichen Einwilligung zu prüfen.

Eine denkbare Situation von Einwilligungsunfähigkeit besteht, wenn der Patient derart unter Schmerzen leidet, dass er nicht mehr die Bedeutung

---

366 Uhlenbruck in: Söllner/Gitter/Waltermann/Giesen/Ricken Heinze-Gedächtnisschrift S. 949ff. (957); Uhlenbruck NJW 2003, 1710ff. (1711); vgl. Ulsenheimer Arztstrafrecht in der Praxis Rn. 111a, 112

367 BGHSt 35, 246ff. (249f.); Eser in: Sch/Sch § 223 Rn. 38; Hartmann Eigenmächtige und fehlerhafte Heilbehandlung S. 166; Wessels/Beulke Strafrecht AT Rn. 381

368 Ulsenheimer Arztstrafrecht in der Praxis Rn. 234d; Ulsenheimer/Erlinger in: Zenz/Jurna Lehrbuch der Schmerztherapie S. 941; Verrel JR 1999, 5ff. (7); Weißauer/Opderbecke MedR 1995, 456ff.; vgl. BGH NJW 2003, 1588ff. (1591); vgl. Verrel JZ 1996, 224ff. (227)

369 BGH JZ 1989, 901ff. (903) m. Anm. Laufs; Deutsch/Spickhoff Medizinrecht Rn. 200; vgl. Kutzer Der Schmerz 1991, 53ff. (54)

370 BGHSt 35, 246ff. (250); Ulsenheimer/Erlinger in: Zenz/Jurna Lehrbuch der Schmerztherapie S. 941; Weißauer/Opderbecke MedR 1995, 456ff.; Wessels/Beulke Strafrecht AT Rn. 381

seiner Entscheidung überblicken kann und dringend einer schmerzlindernden Behandlung bedarf. In einem solchen Fall wurde von der Rechtsprechung das Vorliegen einer mutmaßlichen Einwilligung angenommen. Danach kann ein Kranker, der so unter Schmerzen steht, dass er völlig auf diese fixiert ist, schwerstens unter diesen leidet und gegenüber Umweltreizen in erheblichem Maße in der Aufnahmefähigkeit eingeschränkt erscheint, nicht mehr wirksam in eine Behandlung einwilligen, da er die an ihn herangetragene Aufklärung infolgedessen nicht mehr zu würdigen vermag[371].

Am Lebensende treten beim Patienten oftmals eine Bewusstseinstrübung oder Desorientiertheit auf[372]. Dies wird teilweise durch in dieser Phase verabreichte Sedativa (beruhigende Medikamente[373]) noch verstärkt[374]. Hier liegt ebenfalls eine Situation vor, in der der Patient einwilligungsunfähig ist. Gerade bei starken Schmerzen und einer möglicherweise erforderlichen Dosiserhöhung der Medikamente ist eine Erhebung der Schmerzintensität durch Selbsteinschätzung des Patienten aufgrund seines Zustandes erschwert bzw. nicht mehr möglich, so dass auf eine Fremdeinschätzung zurückgegriffen werden muss[375]. Beim Patienten mit Bewusstseinstrübung oder Desorientiertheit erfolgt eine Schmerzeinschätzung durch Stimulieren von Schmerzen (z. B. durch Kneifen). Die Reaktion auf Schmerzen zeigt sich in einer dadurch verursachten Erhöhung der Herzfrequenz und des Blutdrucks sowie einer Abwehrbewegung. Grundsätzlich weist ein Patient mit Schmerzen eine erhöhte Herzfrequenz und erhöhten Blutdruck auf, die bei nachlassenden Schmerzen abnehmen. Daran kann sich der Arzt bei der Dosierung der Schmerzmittel orientieren. Eine Anpassung der Therapie erfolgt durch sorgfältige und regelmäßige Überwachung[376]. Wenn der Patient in seinem Bewusstsein getrübt ist, hat eine Dosierung von Opioiden sehr vorsichtig zu erfolgen, da die Wachheit als Indikator für eine angemessene Schmerzlinderung entfällt und die Gefahr der Überdosierung besteht. Dieser

---

[371] Eberbach Anaesthesist (1986) 35, 403ff. (404f.); OLG Frankfurt/M VersR 1984, 289f. (290); Ulsenheimer/Erlinger in: Zenz/Jurna Lehrbuch der Schmerztherapie S. 941

[372] Jonen-Thielemann in: Aulbert/Zech Lehrbuch der Palliativmedizin S. 682; Klaschik/Nauck in: Zenz/Donner Schmerz bei Tumorerkrankungen S. 240; Nauck in: Hankemeier/Schüle-Hein/Krizanits Tumorschmerztherapie S. 375

[373] Pschyrembel siehe Sedativa

[374] Nauck in: Klaschik/Nauck Palliativmedizin heute S. 45f.

[375] Klaschik/Nauck in: Zenz/Donner Schmerz bei Tumorerkrankungen S. 240; Nauck in: Hankemeier/Schüle-Hein/Krizanits Tumorschmerztherapie S. 377

[376] Klaschik/Nauck in: Zenz/Donner Schmerz bei Tumorerkrankungen S. 240; Nauck in: Hankemeier/Schüle-Hein/Krizanits Tumorschmerztherapie S. 377

muss durch ständige Überwachung und langsame Dosiserhöhung vorgebeugt werden. Da der Patient infolge seines Zustandes nicht mehr selbst einwilligungsfähig ist, ist regelmäßig eine Einwilligung von dem an seiner Stelle Befugten[377] einzuholen bzw. eine Betreuung anzuregen[378]. Nur wenn aufgrund von Eilbedürftigkeit eine Entscheidung vom Befugten nicht mehr rechtzeitig eingeholt werden kann, darf auf eine mutmaßliche Einwilligung des Patienten abgestellt werden.

Bei Komapatienten hat die mutmaßliche Einwilligung nur geringe Bedeutung, da der komatöse Patient nicht leidet[379]. Diese Situation lässt noch viele Fragen offen. Beispielsweise ist nicht sicher, ob Komapatienten überhaupt Schmerzen empfinden. Es wird beschrieben, dass Komapatienten auf Schmerzstimulation von außen überhaupt nicht reagieren bzw. nicht mehr signalisieren können, dass sie Schmerzen empfinden. Regelmäßig werden einem Komapatienten dennoch schmerzlindernde Medikamente verabreicht, da Blutdruck und Herzfrequenz auch des komatösen Patienten grundsätzlich einen Indikator für bestehende Schmerzen darstellen und auf solche hindeuten. Weil der Komapatient nach außen hin nicht erkennbar leidet und die Schmerzempfindung nicht gesichert ist, liegt insoweit in der Regel keine eilbedürftige Situation für eine palliative Schmerzbehandlung bei ihm vor, so dass auf eine mutmaßliche Einwilligung nicht zurückgegriffen werden muss.

Wie bereits soeben erwähnt, muss insbesondere zusätzlich zur Einwilligungsunfähigkeit des Patienten die Eilbedürftigkeit der vorzunehmenden Maßnahme durch die fehlende Möglichkeit vorliegen, die Einwilligung durch einen zur Erteilung der Einwilligung für den Patienten Befugten rechtzeitig einzuholen. Bei erheblichen Schmerzen wird regelmäßig Eilbedürftigkeit der vorzunehmenden schmerztherapeutischen Maßnahme anzunehmen sein[380], da eine schmerzlindernde Medikation infolge der starken, der Linderung bedürfenden Schmerzen nicht aufschiebbar sein wird.

Ferner muss die beabsichtigte Behandlung im mutmaßlichen Willen des Patienten stehen. Sofern keine Anhaltspunkte aus früherem Verhalten des Patienten dafür ermittelbar sind, kann davon ausgegangen werden,

---

[377] siehe E II 4 b

[378] Uhlenbruck in: Söllner/Gitter/Waltermann/Giesen/Ricken Heinze-Gedächtnisschrift S. 949ff. (958)

[379] Uhlenbruck in: Söllner/Gitter/Waltermann/Giesen/Ricken Heinze-Gedächtnisschrift S. 949ff. (958)

[380] Ulsenheimer/Erlinger in: Zenz/Jurna Lehrbuch der Schmerztherapie S. 941

dass sein mutmaßlicher Wille im Sinne des Willens eines vernünftigen Patienten grundsätzlich auf den Einsatz aller dem Arzt verfügbarer Mittel zur Schmerzlinderung gerichtet ist[381]. Der Patient möchte normalerweise keine unnötigen Schmerzen erleiden. Schmerzen gehen aus einer Reizweiterleitung hervor, die einen Warnhinweis des Körpers darstellt und die Aufmerksamkeit des Individuums auf die verletzte Stelle lenkt, damit weitere Schädigungen vermieden und schützende Maßnahmen ergriffen werden[382]. Das kleine Kind lernt bei dem Griff auf die heiße Herdplatte und dem daraus resultierenden Schmerz, dass es dieses nicht wieder machen soll. Der (gesunde) Körper eines Menschen warnt durch Schmerz, dass seine Unversehrtheit gefährdet bzw. beeinträchtigt wird. So versucht der Mensch instinktiv, Schmerzen zu vermeiden und schnell zu beenden. Schmerzen sind daher mit einem negativen Wahrnehmungserlebnis belegt. Bei unheilbarer Krankheit, deren Ursache nicht mehr bekämpft werden kann, stehen die stärker werdenden Schmerzen für das Fortschreiten der Krankheit und weisen weiterhin eine negative Komponente auf. Damit ist es auch bei einem unheilbar kranken Patienten sein Ziel, wenn nicht die Substanz der Krankheit bekämpft werden kann, wenigstens die mit den Schmerzen einhergehende negative Empfindung zu vermindern bzw. zu beseitigen. Der regelmäßige Wille eines Patienten geht demnach hin zu einer bestmöglichen Schmerzlinderung.

Die Bestätigung eines normalerweise dahingehenden Willens des Patienten wird auch in verschiedenen Formularen für Patientenverfügungen[383] deutlich. Bei den meisten derartigen Formularen ist der ausdrückliche Wille zu schmerzlindernder Behandlung, selbst wenn diese sich lebensverkürzend auswirkt, formularmäßig vorgesehen. Die Ersteller dieser Formulare gehen damit nach ihren Erfahrungen von einem dementsprechenden Willen der Patienten aus. Wenn bei den meisten Patienten der Wille zur Vornahme schmerzlindernder Maßnahmen selbst unter dem Aspekt möglicher Lebensverkürzung besteht, kann erst recht der Wille eines vernünftigen Patienten zur schmerzlindernden Behandlung angenommen werden, wenn diese ohne mögliche Lebensverkürzung erfolgt.

---

[381] Kutzer Der Schmerz 1991, 53ff. (54); Uhlenbruck Selbstbestimmtes Sterben S. 288f.; Ulsenheimer/Erlinger in: Zenz/Jurna Lehrbuch der Schmerztherapie S. 941

[382] Freye Opioide in der Medizin S. 1

[383] siehe Sammlung unter www.medizinethik.de/verfuegungen.htm; zur Patientenverfügung siehe Kantianis Palliativmedizin S. 135ff.

7. Ergebnis
Im Rahmen palliativer Eingriffe ist in der Regel eine Einwilligung vom Patienten oder von dessen gesetzlichem Vertreter vor der Durchführung der Behandlung einzuholen. Auf die mutmaßliche Einwilligung kann sich der Arzt aber in dringenden Ausnahmefällen stützen.

Die Durchführung palliativer Behandlungsmaßnahmen der Schmerzlinderung ohne Auswirkung auf die Lebensdauer des Patienten, auch als reine Sterbehilfe bezeichnet, ist mit wirksamer Einwilligung des Patienten straflos. Der Arzt ist infolge der Einwilligung gerechtfertigt. Auch nach den anderen Auffassungen, die den ärztlichen Heileingriff bereits aus dem Tatbestand der Körperverletzung herausfallen lassen, wird bereits der Tatbestand, zumindest jedoch ebenfalls die Rechtswidrigkeit verneint.

Bei Vornahme einer schmerzlindernden Behandlung gegen den Willen des Patienten, d. h. ohne dessen wirksame Einwilligung, scheidet eine Rechtfertigung aufgrund fehlender Einwilligung aus. Der Arzt macht sich wegen – regelmäßig vorsätzlicher – Körperverletzung strafbar[384]. Die Gründe, aus denen der Patient sich eine schmerzlindernde Behandlung verbittet, sind für den Arzt unerheblich. Ob der Patient den Tod bei möglichst klarem Bewusstsein erleben und nicht sanft hinüberschlummern möchte, er einfach tapfer sein, mit ihm nahe stehenden Menschen weiterhin kommunizieren oder seine Nachlassangelegenheiten regeln möchte, ob seine Entscheidung theologische oder philosophische Gründe hat, ändert an der Beachtlichkeit der Entscheidung des Patienten nichts[385]. Der Arzt hat, auch wenn er diese Gründe und die daraus resultierende Weigerung des Patienten für unvernünftig hält, den Wunsch des Patienten zu respektieren. Der Arzt hat keine „Vernunfthoheit" über den Patienten[386], d. h. er darf gegen den ausdrücklich oder konkludent erklärten Willen des Patienten keine Behandlung vornehmen; niemand darf sich zum Richter in der Frage aufwerfen, unter welchen Umständen ein anderer vernünftigerweise zu einer Behandlung bereit sein sollte[387]. Erkennt der Arzt aber die Notwendigkeit eines Eingriffs oder eines Mittels oder muss er sie erkennen, gehört es zu seinen Pflichten, den Patienten mit allem Nachdruck und eindringlich hierauf hinzuweisen, um dessen

---

[384] so im Ergebnis Roxin in: Roxin/Schroth Medizinstrafrecht S. 95
[385] Roxin in: Roxin/Schroth Medizinstrafrecht S. 95
[386] Tröndle MDR 1983, 881ff. (884); Ulsenheimer Arztstrafrecht in der Praxis Rn. 57
[387] vgl. BGHSt 11, 111ff. (114); vgl. Ulsenheimer in: Laufs/Uhlenbruck Handbuch des Arztrechts § 139 Rn. 45

Zustimmung zu erlangen[388]. Der frei verantwortlich gebildete Patientenwille ist jedoch für den Arzt verbindlich. Er darf sich nicht darüber hinwegsetzen, auch wenn ihm die möglichen Gründe unvernünftig erscheinen.

---

388 Ulsenheimer Arztstrafrecht in der Praxis Rn. 57

III. Unterlassen der palliativen Behandlung

Sofern der Arzt auf die Durchführung einer palliativen Behandlung verzichtet, hängt die strafrechtliche Beurteilung wiederum mit vom Willen des Patienten ab. Im Rahmen der palliativen Behandlungsmaßnahmen soll zuerst auf unterlassene Maßnahmen zur Schmerzlinderung eingegangen werden. Anschließend wird die strafrechtliche Relevanz untersucht, wenn der Arzt eine psychologische Behandlung unterlässt.

1. Erwünschte unterlassene Schmerzlinderung

Spricht sich der Patient ausdrücklich in Kenntnis aller wesentlichen Umstände wirksam gegen eine schmerzlindernde Behandlung aus oder liegt ein seltener Fall der mutmaßlichen Einwilligung in das Unterlassen der Behandlung, d. h. ein mutmaßliches Behandlungsveto, vor, macht sich der Arzt, der schmerzlindernde Maßnahmen unterlässt, nicht strafbar. Es ist jedenfalls durch die vorliegende wirksame (mutmaßliche) Einwilligung in die Nichtvornahme einer Behandlung ein Rechtfertigungsgrund gegeben. Dabei ist unerheblich, aus welchem Grund die Verweigerung der Schmerzlinderung erfolgt und ob sie aus der Sicht des Arztes möglicherweise unvernünftig ist[389].

2. Unterlassene Schmerzlinderung gegen den Willen des Patienten

Wünscht der Patient eine Schmerzbehandlung und fordert den Arzt auf, dahingehend tätig zu werden, kommt eine Strafbarkeit des Arztes in Betracht, wenn dieser eine schmerzlindernde Behandlung unterlässt.

a) Körperverletzung durch Unterlassen gem. §§ 223, 229, 13 StGB

Wenn der Arzt keine zur Schmerzlinderung des Patienten führenden Behandlungsmaßnahmen in Angriff nimmt, aber die dafür erforderlichen Fähigkeiten und Kenntnisse hat, kann er sich wegen vorsätzlicher oder fahrlässiger Körperverletzung durch Unterlassen gem. §§ 223, 13 StGB bzw. §§ 229, 13 StGB strafbar machen.

aa) Körperliche Misshandlung, Gesundheitsschädigung

Die beiden Tatbestandsmerkmale der körperlichen Misshandlung und Gesundheitsschädigung verhalten sich wie zwei sich überschneidende Kreise zueinander und sind nicht scharf gegeneinander abtrennbar[390]. Infolge dieser Überschneidungen ist eine Abgrenzung im Ergebnis letztlich nicht erforderlich. Eine körperliche Misshandlung oder Gesundheitsschädigung liegt bei der Zufügung von Schmerzen oder sonstigen Qua-

---

389 siehe E II 7

390 Eser in: Sch/Sch § 223 Rn. 2; Lilie in: LK § 223 Rn. 4; Ulsenheimer in: Laufs/Uhlenbruck Handbuch des Arztrechts § 139 Rn. 14

len wie Atemnot, Krämpfen oder Brechreiz vor[391]. Aber nicht nur das Hervorrufen pathologischer Zustände, sondern auch das Unterlassen, solche Zustände abzuwenden, die die Qualität einer körperlichen Misshandlung oder Gesundheitsschädigung aufweisen, kann diese Tatmodalitäten erfüllen. So greift der Körperverletzungstatbestand bei einer Steigerung oder lediglich einem Aufrechterhalten einer bereits vorhandenen Krankheit[392] bzw. erheblicher Schmerzen[393] ein. Das bedeutet, es genügt, wenn die Schmerzen eines Kranken nicht gelindert bzw. beendet werden. Dieser Grundsatz gilt unabhängig davon, ob der Patient heilbar oder todkrank und daher die Wiederherstellung seiner Gesundheit oder die Beseitigung des Grundleidens nicht erreichbar ist[394].

Zudem können ungenügend behandelte Schmerzen sich im Sinne einer Schmerzspirale (circulus vitiosus) zu einem intensiven und quälenden Schmerzerleben verselbständigen und sich destabilisierend auf das psychische Gleichgewicht des Patienten auswirken, wobei dieses sowie insbesondere Angst sich wiederum als schmerzverstärkend erweisen[395]. Dadurch können bestehende Schmerzen infolge unterlassener Schmerzbehandlung nicht nur aufrechterhalten, sondern sogar intensiviert werden.

Damit ist zumindest eine der Tatmodalitäten des Körperverletzungstatbestandes erfüllt, wenn der Arzt durch sein Unterlassen der Schmerzbehandlung beim Patienten vorhandene erhebliche Schmerzen nicht lindert.

bb) Mögliche Schmerzlinderung

Ferner muss eine physisch-reale Möglichkeit zur Vornahme der gebotenen Handlung[396], d. h. die Möglichkeit der Schmerzlinderung, bestehen. Die Möglichkeit muss einerseits objektiv bestehen in der Hinsicht, dass

---

[391] v. Dellingshausen Sterbehilfe S. 22

[392] Eser in: Sch/Sch § 223 Rn. 5

[393] Bade Sterbehilfe S. 101; OLG Düsseldorf NStZ 1989, 269f.; OLG Hamm NJW 1975, 604f.; RGSt 75, 160ff. (165); Uhlenbruck/Ulsenheimer in: Laufs/Uhlenbruck Handbuch des Arztrechts § 134 Rn. 9; Ulsenheimer/Erlinger in: Zenz/Jurna Lehrbuch der Schmerztherapie S. 937

[394] v. Dellingshausen Sterbehilfe S. 22

[395] Aulbert in: Aulbert/Zech Lehrbuch der Palliativmedizin S. 504, 506 Abb. 4-14; Reymann in: Schockenhoff Spezielle Schmerztherapie S. 48, 50 Abb. 4.4; Richter/Aulbert/Hankemeier in: Hankemeier/Schüle-Hein/Krizanits Tumorschmerztherapie S. 21f., 22 Abb. 1

[396] Kühl Strafrecht AT § 18 Rn. 30; Wessels/Beulke Strafrecht AT Rn. 708; vgl. BGH NStZ 1997, 545f. (546)

die Schmerzen überhaupt gelindert werden können. Ferner muss der Arzt individuell zur Schmerzlinderung fähig sein[397]. Ist eine Schmerzlinderung nicht möglich, scheidet eine Strafbarkeit wegen Unterlassens aus.

Regelmäßig kann in den meisten Fällen eine angemessene Linderung der Schmerzen, wenn auch keine Schmerzbefreiung, erreicht werden. So haben Erfahrungen in der Tumorschmerztherapie gezeigt, dass in allen Fällen eine Schmerzreduktion und bei 85-90 % der Patienten sogar weitgehende Schmerzfreiheit erzielt werden kann[398]. Als weitere Daten aus anderen Untersuchungen werden angegeben, dass nach Abschluss einer palliativen Behandlung 73 % der Patienten schmerzfrei und die restlichen 27 % deutlich schmerzreduziert waren[399] bzw. dass sich bei 80-90 % der Patienten eine gute Symptomkontrolle erreichen lässt[400]. Dabei werden die Zahlen von bis zu 90 % der Patienten mit erträglichen Schmerzen teilweise auch als Zahl für eine erreichte Schmerzkontrolle nach dem WHO-Stufenschema[401] bzw. mit oraler Therapie genannt[402]. Diese Erfahrungswerte belegen zwar eine weitgehend mögliche, annehmbare Schmerzreduzierung, weisen aber selbst bei den Spezialisten auf dem Gebiet der Schmerzbehandlung, von denen die Angaben her-

---

397 Kühl Strafrecht AT § 18 Rn. 30

398 Schröder Recht auf menschenwürdiges Sterben S. 203; vgl. Beau in: Zimmermann/Arnau Schmerztherapeutische Versorgung S. 5

399 Klaschik in: Klaschik/Nauck Palliativmedizin heute S. 121

400 Diener/Kindler/Maier in: Diener/Maier Schmerztherapiebuch S. 305 (über 80 %); Enquete-Kommission Ethik und Recht der modernen Medizin Zwischenbericht BT-Drs. 15/5858, 6 (über 90 %); Fresenius/Hatzenbühler/Heck Repetitorium Schmerztherapie S. 105, 108 (über 80 %); Freye Opioide in der Medizin S. 5; Klaschik in: Husebø/Klaschik Palliativmedizin S. 255 (in Finalphase 98 % bzw. 93 %); Maier in: Klaschik/Nauck Palliativmedizin heute S. 3; Nauck in: Klaschik/Nauck Palliativmedizin heute S. 49; Schele/Kloke in: Diener/Maier Schmerztherapiebuch S. 213; Striebel/Toussaint in: Kretz/Schäffer Anästhesie S. 656; Strumpf in: Zenz/Jurna Lehrbuch der Schmerztherapie S. 715; Strumpf/Zenz in: Zenz/Jurna Lehrbuch der Schmerztherapie S. 485 (70-100 %); Willenbrink in: Schockenhoff Spezielle Schmerztherapie S. 533 (80 %); Zenz Taschenbuch Schmerztherapie S. 97; vgl. Klaschik Palliativmedizin Praxis S. 22, 24

401 siehe D II, welches auch die orale Therapie beinhaltet; Fresenius/Hatzenbühler/Heck Repetitorium Schmerztherapie S. 105; Hankemeier/Krizanits in: Hankemeier/Schüle-Hein/Krizanits Tumorschmerztherapie S. 42; vgl. Strumpf/Zenz in: Zenz/Jurna Lehrbuch der Schmerztherapie S. 485

402 Fresenius/Hatzenbühler/Heck Repetitorium Schmerztherapie S. 105, 108 (über 80 %); Hankemeier/Krizanits in: Hankemeier/Schüle-Hein/Krizanits Tumorschmerztherapie S. 42; Klaschik in: Klaschik/Nauck Palliativmedizin heute S. 121; Nauck in: Gralow/Husstedt/Bothe/Evers/Hürter/Schilgen Schmerztherapie interdisziplinär S. 375; Schele/Kloke in: Diener/Maier Schmerztherapiebuch S. 221, 213

rühren, auf eine Zahl von Fällen hin, in denen die Schmerzen nicht bzw. nicht ausreichend gelindert werden können. Im Allgemeinen kann nach diesen Untersuchungen davon ausgegangen werden, dass die Schmerzen bei 80 % bis 90 % der Patienten angemessen gelindert werden können.

Sollte es bei einem Patienten nicht möglich sein, seine Schmerzen zu lindern bzw. weiter auf ein für ihn erträgliches Maß zu reduzieren, scheidet eine Strafbarkeit wegen Körperverletzung durch Unterlassen aus. Es fehlt dann sowohl an der physisch-realen Möglichkeit, die gebotene Handlung vorzunehmen, als auch an der Kausalität des Unterlassens für den Körperverletzungserfolg.

cc) Garantenstellung

Voraussetzung für eine Strafbarkeit des Unterlassens der Schmerzbehandlung durch den Arzt ist weiterhin eine Garantenstellung als Grundlage für eine daraus sich ergebende Garantenpflicht. In Betracht kommt eine Garantenstellung zur Verteidigung von bestimmten Rechtsgütern eines Rechtsgutsinhabers, mithin eine Beschützergarantenstellung des Arztes. Diese setzt voraus, dass zwischen dem Unterlassenden und dem Opfer ein Obhutsverhältnis besteht und das Opfer selbst generell oder partiell unfähig ist, sich vor den ihm drohenden Gefahren zu schützen[403]. Im Folgenden ist näher darauf einzugehen, woraus eine solche Garantenstellung hergeleitet werden kann.

aaa) Hippokratischer Eid

Nach dem Hippokratischen Eid[404] ist der Arzt verpflichtet, zu Nutz und Frommen der Kranken seine Verordnungen zu treffen und sie vor Schaden und willkürlichem Unrecht zu bewahren. Der Hippokratische Eid beinhaltet nur standesethische Pflichten und stellt keine verbindliche Regelung dar. Er trifft lediglich Wertentscheidungen für ein verantwortliches Verhalten im medizinisch-pflegerischen Bereich[405] und hat nicht zum Inhalt, ein allgemeines Obhutsverhältnis zwischen Arzt und Patient zu begründen, nach welchem der Arzt generell verpflichtet ist, Gefahren der Gesundheit eines Menschen abzuhalten. Eine Garantenstellung wird daher durch den Hippokratischen Eid nicht begründet.

---

[403] Rudolphi in: SK-StGB § 13 Rn. 46; vgl. Lackner/Kühl § 13 Rn. 12; vgl. Stree in: Sch/Sch § 13 Rn. 9; vgl. Tröndle/Fischer § 13 Rn. 5 b

[404] vgl. Pschyrembel siehe Hippokratischer Eid; vgl. Wiesing Ethik in der Medizin S. 26f.

[405] Schröder Recht auf menschenwürdiges Sterben S. 139

bbb) (Muster)Berufsordnung für die deutschen Ärztinnen und Ärzte
Die (Muster)Berufsordnung für die deutschen Ärztinnen und Ärzte (MBO-Ä 1997 in der Fassung der Beschlüsse des 100. Deutschen Ärztetages in Eisenach[406] sowie in der Fassung der Beschlüsse des 107. Ärztetages 2004 in Bremen[407]) fordert im Gelöbnis als oberstes Gebot seines Handelns für den Arzt die Erhaltung und Wiederherstellung der Gesundheit seiner Patienten. Zu den Aufgaben des Arztes gehört nach § 1 Abs. 2 MBO-Ä auch die Linderung von Leiden sowie die Beistandsleistung für Sterbende. Darunter fällt die palliative Schmerzlinderung als Linderung der Leiden eines unheilbar Kranken. Die (Muster)Berufsordnung stellt jedoch – wie ihr Name bereits hervorhebt – lediglich ein Muster dar und ist keine verbindliche Regelung, so dass hieraus keine besondere Obhuts- und Fürsorgepflicht eines Arztes für die Gesundheit eines Kranken und damit auch keine Garantenstellung des Arztes hergeleitet werden kann.

ccc) Berufsordnungen der Bundesländer
Die Berufsordnungen der einzelnen Bundesländer regeln jeweils im § 1 Abs. 2 die Pflicht des Arztes, Leiden zu lindern und Sterbenden Beistand zu leisten[408]. Danach besteht eine Verpflichtung jedes Arztes zur Schmerztherapie[409], worunter auch die palliative Schmerzbehandlung als bei der unheilbaren Krankheit ausschließlich noch mögliche Linderung der dadurch auftretenden Leiden zu fassen ist. Die Berufsordnungen der Länder stellen auch rechtlich verbindliche Regelungen dar. Die Heilberufsgesetze der Länder[410] enthalten jeweils eine Ermächtigung zum Erlass von Berufsordnungen zur Regelung ärztlicher Berufspflichten. Zwar könnte man hieraus die Schlussfolgerung ziehen, dass durch die Berufsordnungen der Bundesländer ein Obhutsverhältnis zwischen einem Arzt und einem Patienten begründet wird, wodurch jeder Arzt zur Erfüllung seiner Berufspflicht verpflichtet ist, Gefahren für die Gesundheit des Patienten abzuwenden und Krankheitssymptome zu lindern. Dieser Schluss ist jedoch verfehlt. Denn die Berufsordnungen der Länder[411] gewähren

---

[406] siehe Schröder Recht auf menschenwürdiges Sterben S. 315f.; siehe Wiesing Ethik in der Medizin S. 63ff.
[407] siehe www.bundesaerztekammer.de
[408] bspw. § 1 Abs. 2 Berufsordnung für die Ärzte Bayerns; § 1 Abs. 2 Berufsordnung Baden-Württemberg; § 1 Abs. 2 Berufsordnung für die Ärztinnen und Ärzte in Hessen
[409] Ulsenheimer/Erlinger in: Zenz/Jura Lehrbuch der Schmerztherapie S. 936
[410] bspw. § 22 Heilberufsgesetz Rheinland-Pfalz; Art. 19 Heilberufe-Kammergesetz Bayern; § 30 Heilberufsgesetz Bremen; § 31 Heilberufe-Kammergesetz Baden-Württemberg
[411] bspw. § 7 Abs. 2 S. 2 Berufsordnung Baden-Württemberg; § 7 Abs. 2 S. 2 Berufsordnung für die Ärztinnen und Ärzte in Hessen; § 7 Abs. 2 S. 2 Berufsordnung für

dem Arzt gleichzeitig das Recht, eine Behandlung auch abzulehnen. Dadurch ist die Berufspflicht der Schmerzlinderung nach den Berufsordnungen wieder dahingehend relativiert, dass sie nur besteht, wenn der Arzt nicht von seinem Recht Gebrauch macht, die Behandlung abzulehnen, und er die Behandlung gerade dieses Patienten nicht übernommen hat. Dadurch soll durch die Berufsordnungen der Länder nicht bereits eine derartige Fürsorgepflicht eines Arztes für die Gesundheit eines Kranken mit einer daraus resultierenden generellen Behandlungsverpflichtung jedes Arztes bestehen, sondern dem Arzt steht es noch frei, auch eine Behandlung abzulehnen. Aus den Berufsordnungen der einzelnen Bundesländer kann daher keine Garantenstellung zur Schmerzlinderung hergeleitet werden.

ddd) Grundsätze der Bundesärztekammer zur ärztlichen Sterbebegleitung

Nach den Grundsätzen der Bundesärztekammer zur ärztlichen Sterbebegleitung[412] ist es die Aufgabe des Arztes, Leben zu erhalten, Gesundheit zu schützen und wiederherzustellen sowie Leiden zu lindern und Sterbenden bis zum Tod beizustehen. Danach hat der Arzt unabhängig vom Ziel der medizinischen Behandlung für die Basisbetreuung, worunter auch die Linderung von Schmerzen, Atemnot und Übelkeit verstanden wird, zu sorgen. Die Grundsätze der Bundesärztekammer sehen die Schmerz- und Leidenslinderung des Patienten auch bei unheilbarer Krankheit als Teil des Aufgabengebietes des Arztes an. Diese Grundsätze stellen jedoch keine verbindliche Regelung dar, sondern sind rein berufsständische Stellungnahmen[413]. Die Grundsätze der Bundesärztekammer geben keine konkreten Handlungsanweisungen, sondern stellen lediglich Orientierungshilfen für den Arzt dar[414]. Sie setzen jeweils eine bestehende Behandlung voraus und enthalten auch die Verpflichtung des Arztes, die Ablehnung der Behandlung eines aufgeklärten Patienten zu beachten, selbst wenn sich dieser Wille nicht mit den aus ärztlicher Sicht gebotenen Diagnose- und Therapiemaßnahmen deckt[415]. Insbesondere daraus wird deutlich, dass durch die Grundsätze der Bundesärztekammer zur ärztlichen Sterbebegleitung kein dahingehendes Ob-

---

die nordrheinischen Ärztinnen und Ärzte; § 7 Abs. 2 S. 2 Berufsordnung für die Ärztinnen und Ärzte im Lande Bremen

[412] Bundesärztekammer DÄBl. 101 (2004), C1040f.; frühere: Bundesärztekammer NJW 1998, 3406f.; siehe Uhlenbruck/Ulsenheimer in: Laufs/Uhlenbruck Handbuch des Arztrechts § 132 Rn. 21ff.

[413] vgl. Schreiber in: Deutsch-FS S. 773ff. (774f.)

[414] Beleites DÄBl. 101 (2004), C1039; Schröder Recht auf menschenwürdiges Sterben S. 142

[415] Bundesärztekammer DÄBl. 101 (2004), C1040f. (C1041)

hutsverhältnis zwischen Arzt und Patient begründet werden soll, wonach der Arzt allgemein eine Fürsorgepflicht für die Gesundheit eines Kranken innehat. Sie können demnach nicht zu einer Garantenstellung führen.

eee) Resolution der Deutschen Gesellschaft für Chirurgie

Die Resolution der Deutschen Gesellschaft für Chirurgie zur Behandlung Todkranker und Sterbender[416] sieht als Zweck des ärztlichen Wirkens, menschliches Leben zu erhalten und schließt die Linderung von Leiden mit ein. Ein Anspruch auf eine den menschlichen Grundbedürfnissen des Patienten entsprechende Betreuung und Pflege, wie eine medikamentöse Behandlung von Schmerz, Angst und Unruhe nach seinen Bedürfnissen, werden dem Kranken, dem ansonsten nicht mehr geholfen werden kann, zugesprochen. Auch die Resolution der Deutschen Gesellschaft für Chirurgie ist als Stellungnahme mit berufsständischem Charakter keine gesetzliche Regelung und damit ohne rechtliche Verbindlichkeit. Sie will demnach ebenfalls nur eine Orientierungshilfe für den Arzt geben, aber keine allgemeine Verpflichtung für den Arzt im Sinne einer Obhut für die Leiden der Kranken hervorrufen und dementsprechend keine Garantenstellung des Arztes begründen[417].

fff) Recht auf menschenwürdiges Sterben

Unabhängig davon, ob aus dem Recht auf Leben gem. Art. 2 Abs. 2 S. 1 GG[418] oder aus der Bedeutung von Art. 1 Abs. 1 GG[419] hergeleitet, besteht ein Recht des Einzelnen auf seinen natürlichen Tod und ein menschenwürdiges, möglichst schmerzfreies Sterben[420]. Dieses könnte eine Garantenstellung begründen und dem Arzt eine Handlungspflicht zur Schmerzlinderung, d. h. eine Garantenpflicht, auferlegen.

Die Grundrechte sind jedoch grundsätzlich durch ihre Abwehrfunktion geprägt. Sie zielen primär auf ein Unterlassen des Staates und schützen den Einzelnen als Abwehrrechte gegen den Staat[421]. Zwischen Arzt und Patient als Privatpersonen sind regelmäßig die Privatrechtsnormen maßgeblich. Gleichwohl sind die Grundrechte auch in privatrechtlichen Beziehungen über die Ausstrahlungswirkung, auch mittelbare Drittwir-

---

416 siehe Schröder Recht auf menschenwürdiges Sterben S. 312ff.
417 Schröder Recht auf menschenwürdiges Sterben S. 142
418 Antoine Aktive Sterbehilfe S. 176; Lorenz in: Isensee/Kirchhof Handbuch des Staatsrechts VI § 128 Rn. 66; Wessels/Hettinger Strafrecht BT 1 Rn. 35
419 Dreier in: Dreier GG Art. 1 I Rn. 93; Uhlenbruck ZRP 1986, 209ff. (214)
420 Wessels/Hettinger Strafrecht BT 1 Rn. 35
421 Dreier in: Dreier GG Vorb. Rn. 45; Jarass AöR 120 (1995), 345ff. (347, 354); Jarass in: Jarass/Pieroth GG Vorb. vor Art. 1 Rn. 5; Klein NJW 1989, 1633ff.; v. Münch in: v. Münch/Kunig GG Vorb. Art. 1-19 Rn. 28; Pieroth/Schlink Grundrechte Rn. 58

kung der Grundrechte im Privatrecht genannt, von Bedeutung[422]. Die Grundrechte wirken über die Generalklauseln und auslegungsfähigen Begriffe mittelbar auch im Privatrecht. Die Wirkung der Ausstrahlungsfunktion ähnelt der verfassungskonformen Auslegung[423]. Durch ihre Einwirkung im Rahmen der Generalklauseln und auslegungsbedürftigen Begriffe, die durch ihre Unbestimmtheit gekennzeichnet sind, können die Grundrechte daher nur in besonderen Ausnahmesituationen ihre Wirkung im Privatrecht entfalten.

Bei der Prüfung, ob das Unterlassen der lebensverlängernden Weiterbehandlung von unheilbar Kranken durch den Arzt mit der Folge des Todes des Patienten (passive Sterbehilfe)[424] zulässig ist, wird dieses Recht des Arztes auf Abbruch bzw. Nichtaufnahme einer Behandlung bei unheilbar Kranken aus dem Recht des Menschen auf ein menschenwürdiges Sterben gem. Art. 2 Abs. 2 S. 1 GG bzw. Art. 1 Abs. 1 GG hergeleitet[425]. Hierbei wird eine mittelbare Drittwirkung für ein Unterlassen des Arztes angenommen.

Wenn das Recht des Menschen auf ein menschenwürdiges Sterben auch ein Recht auf Schmerzbehandlung durch den Arzt beinhalten soll, so muss dieses ein Recht auf ein positives Tätigwerden, also auf ein aktives Tun bzw. auf Leistung umfassen. Dieses Recht würde dann aus der Sicht des Arztes eine Pflicht zur Vornahme einer schmerzlindernden Behandlung mit sich bringen. Die mittelbare Drittwirkung von Grundrechten ähnelt jedoch im Rahmen der Generalklauseln der verfassungskonformen Auslegung und bietet weniger Schutz als die klassische Abwehrfunktion der Grundrechte[426]. Das Recht auf Leben verdichtet sich lediglich zum unmittelbaren Leistungsrecht, zur anspruchsbegründenden Norm, wenn die Vorenthaltung lebensnotwendiger Güter zum Tode führen würde, und gewährleistet nur die „nackte" Existenz des Lebens[427]. Das Recht auf Leben und körperliche Unversehrtheit begründet dagegen

---

[422] Jarass in: Jarass/Pieroth GG Vorb. Vor Art. 1 Rn. 58, Art. 1 Rn. 35; v. Münch in: v. Münch/Kunig GG Vorb. Art. 1-19 Rn. 31; Pieroth/Schlink Grundrechte Rn. 181

[423] Jarass in: Jarass/Pieroth GG (6. A.) Vorb. Vor Art. 1 Rn. 15a

[424] Dornberg Sterbehilfe S. 9; Heyers Passive Sterbehilfe S. 23; Laber Schutz des Lebens im Strafrecht S. 212; Rengier Strafrecht BT 2 § 7 Rn. 5ff.; Tröndle/Fischer Vor §§ 211 bis 216 Rn. 19; Wessels/Hettinger Strafrecht BT 1 Rn. 35

[425] vgl. Wessels/Hettinger Strafrecht BT 1 Rn. 35

[426] vgl. BVerfGE 66, 116ff. (135)

[427] Kunig in: v. Münch/Kunig GG Art. 2 Rn. 60; OVG Berlin NVwZ 1987, 440f.; vgl. di Fabio in: Maunz/Dürig/Herzog GG Art. 2 Abs. 2 Rn. 27; vgl. Jarass in: Jarass/Pieroth GG Art. 2 Rn. 69; vgl. Lorenz in: Isensee/Kirchhof Handbuch des Staatsrechts VI § 128 Rn. 52; vgl. Schulze-Fielitz in: Dreier GG Art. 2 II Rn. 58

keinen eigenständigen Anspruch auf eine medizinische Mindestversorgung[428], worunter auch die Schmerzlinderung gefasst werden könnte[429]. Dies zeigt, durch die Gewährleistung ausschließlich der nackten Existenz des Lebens verdeutlicht, dass ein positiver Anspruch sich auf Extremsituationen beschränkt. Ein Anspruch auf Schmerzlinderung würde viel weiter reichen und durch die damit verbundene Handlungsverpflichtung des Arztes diesen zudem in seiner grundsätzlichen Handlungsfreiheit einschränken. Das Recht auf menschenwürdiges Sterben kann demnach zwar einen Anspruch auf Unterlassen der weiteren lebenserhaltenden Behandlung begründen, eine Grundlage für eine positive Handlungsverpflichtung zur Schmerzlinderung lässt sich daraus jedoch nicht herleiten.

Das Recht auf menschenwürdiges Sterben gem. Art 1 Abs. 1 GG bzw. Art. 2 Abs. 2 GG führt daher zu keiner Garantenstellung.

ggg) Übernahme der Behandlung

Die Übernahme der Behandlung und der damit im Zusammenhang zumindest konkludent geschlossene Behandlungsvertrag können eine Garantenstellung des Arztes begründen.

Durch die Fallübernahme erweckt der Arzt bei dem Patienten regelmäßig das Vertrauen, dass er diesem unter Einsatz seiner ärztlichen Kenntnisse und Fähigkeiten beistehen, ihn weiter behandeln und notfalls weitere Hilfsmaßnahmen, zu denen er selbst nicht in der Lage ist, in die Wege leiten werde[430]. Durch die Übernahme der Behandlung gibt der Arzt zu erkennen, dass er nach seinen Kräften sich den Leiden und Beschwerden des Patienten annehmen und notfalls bei Nichtausreichen seiner Fähigkeiten und Kenntnisse zu einem Spezialisten überweisen wird. Der Kranke verlässt sich auf diese Obhut und wird nicht mehr versuchen, anderweitig Hilfe zu suchen[431]. Dieses Vertrauensverhältnis wird auch durch die allgemein gebrauchte Formulierung verdeutlicht, dass sich ein Patient in die Behandlung eines Arztes begibt. Der Arzt übernimmt durch die Behandlungsübernahme eine Schutzfunktion und Verantwortung für den Patienten, wodurch eine Garantenstellung entsteht.

---

[428] di Fabio in: Maunz/Dürig/Herzog GG Art. 2 Abs. 2 Rn. 45; Jarass in: Jarass/Pieroth GG Art. 2 Rn. 69; Kunig in: v. Münch/Kunig GG Art. 2 Rn. 60

[429] vgl. Bundesärztekammer DÄBl. 101 (2004), C1040f.

[430] BGH NJW 1979, 1248ff. (1249); Kreuzer in: Mergen Juristische Problematik in der Medizin S. 222ff.; Ulsenheimer Arztstrafrecht in der Praxis Rn. 34

[431] BGH NJW 1979, 1248ff. (1249); Rudolphi in: SK-StGB § 13 Rn. 58, 60; Ulsenheimer Arztstrafrecht in der Praxis Rn. 34

hhh) Zwischenergebnis

Daher besteht eine Garantenstellung des Arztes durch die Übernahme der Behandlung[432]. Es kommt dafür nicht auf den Abschluss eines wirksamen Vertrages an. Eine Garantenstellung besteht selbst dann, wenn der Behandlungsvertrag aus irgendeinem Grund nichtig wäre, denn maßgeblich für die Begründung einer Garantenstellung ist die faktische Übernahme der betreffenden Schutzpflicht[433]. Das Vertrauensverhältnis wird durch das Verhalten des Arztes begründet und entsteht unabhängig von der eventuellen Unwirksamkeit eines Behandlungsvertrages.

dd) Garantenpflicht

Ferner muss die sich aus der Garantenstellung ergebende Garantenpflicht die palliative Schmerzlinderung umfassen, damit eine dahingehende Verpflichtung des Arztes besteht.

aaa) Palliative Behandlung

Der Umfang der Garantenpflichten richtet sich danach, welche Schutzaufgaben tatsächlich übernommen worden sind[434]. Bei der ärztlichen Behandlung ist maßgeblich, welche Art der Behandlung vereinbart wurde. Der für die Palliativmedizin in Betracht kommende Patient geht in der Regel mit dem Ziel zum Arzt, Heilung oder doch wenigstens die Linderung seiner Schmerzen zu erhalten. Der Arzt stellt nach Abschluss seiner Untersuchungen fest, dass der Patient an einer unheilbaren Krankheit leidet. Er kann diese Krankheit nicht heilen und die Krankheitssymptome nicht durch die Bekämpfung der Krankheit in ihrer Substanz eindämmen und schließlich beseitigen. Der Arzt hat lediglich die Möglichkeit, die Symptome der Krankheit, insbesondere durch sie hervorgerufene Schmerzen, zu bekämpfen und in ihrer Wirkung abzumildern. Die Behandlung der Schmerzen als durch die Krankheit verursachte Symptome kann damit als Minus zur Behandlung und Heilung der Krankheit angesehen werden.

---

[432] BGH LM § 230 StGB Nr. 6; BGH MedR 1998, 26f.; Bockelmann in: Ponsold S. 1f.; v. Dellingshausen Sterbehilfe S. 25; v. Lutterotti Ärztliche Handlungsanleitungen S. 133f.; Tag Körperverletzungstatbestand S. 407f.; unklar bei Schröder Recht auf menschenwürdiges Sterben S. 197f., 200f., ob sich die Pflicht aus Art. 1 Abs. 1 GG herleitet oder aus dem ärztlichen Auftrag, wobei sie diese wohl eher aus Art. 1 Abs. 1 GG herleitet (S. 201) und nicht beachtet, dass die mittelbare Drittwirkung der Grundrechte keine positive Handlungspflicht begründen kann

[433] Bockelmann in: Ponsold S. 2; Bockelmann Strafrecht des Arztes S. 19; v. Dellingshausen Sterbehilfe S. 26; Jescheck/Weigend Strafrecht AT S. 623; Lackner/Kühl § 13 Rn. 9; Tröndle/Fischer § 13 Rn. 7; Ulsenheimer Arztstrafrecht in der Praxis Rn. 34; Wessels/Beulke Strafrecht AT Rn. 720

[434] Rudolphi in: SK-StGB § 13 Rn. 63; Stree in Sch/Sch § 13 Rn. 28a

Auch die Linderung der Krankheitssymptome gehört, wie bereits oben dargelegt[435], zu den Aufgaben des Arztes. Die Behandlungspflicht des Arztes erstreckt sich über die Heilaufgabe hinaus auch auf die (bloße) Schmerzlinderung, wenn Heilung nicht mehr möglich ist[436]. So ist der Arzt auch verpflichtet, die Leiden des Patienten als Minus zur Behandlung mit dem Ziel der Heilung zu lindern, wenn eine heilende Behandlung infolge einer unheilbaren Krankheit nicht mehr möglich ist[437]. Dies wird ferner in den Grundsätzen der Bundesärztekammer zur ärztlichen Sterbebegleitung[438] deutlich, wonach der Arzt ausdrücklich Hilfe in Form von palliativer Betreuung bei Sterbenden zu leisten hat. Unabhängig vom Ziel der medizinischen Behandlung hat der Arzt danach in jedem Fall für eine Basisbetreuung zu sorgen, worunter auch die Linderung von Schmerzen, Atemnot und Übelkeit gefasst wird. Sobald die Heilung der Krankheit ausgeschlossen ist, beschränkt sich die mögliche Behandlung und damit eine Behandlungspflicht auf die Linderung der Symptome. Wenn der Patient in Kenntnis der Unheilbarkeit seiner Krankheit sich dafür entscheidet, dass wenigstens die Schmerzen als deren Symptome behandelt werden sollen, so bleibt die Garantenstellung durch Übernahme der Behandlung bestehen und die Garantenpflicht des Arztes liegt in der Schmerz- bzw. Symptomkontrolle. Dem Arzt obliegt ferner sodann die Aufgabe der Schmerzbekämpfung, wenn sich der Patient nicht dahingehend äußert, dass er bei Unheilbarkeit nicht mehr behandelt werden möchte, und dadurch die Garantenstellung des Arztes mangels fortbestehender Übernahme der Behandlung entfällt.

bbb) Facharztstandard

Wie die palliative Schmerzbehandlung durchzuführen ist, hängt davon ab, welche Maßnahmen zu welchem Zeitpunkt objektiv geboten waren.

Beim Unterlassungsdelikt richtet sich der Umfang der Garantenpflicht nach den für das Begehungsdelikt bestehenden Sorgfaltsanforderungen.

---

[435] siehe E II 1

[436] Andreas ArztRecht 1999, 232ff.; Bade Sterbehilfe S. 101; BGH LM § 230 StGB Nr. 6; Kutzer in: Salger-FS S. 663ff. (667); Kutzer MedR 2001, 77ff. (78); Schlund Med. Welt 1979, 915ff. (917); Schreiber NStZ 1986, 337ff. (339); Tröndle ZStW 99 (1987), 25ff. (28); Uhlenbruck Selbstbestimmtes Sterben S. 286; Uhlenbruck ZRP 1986, 209ff. (216); zur Pflicht zur postoperativen Schmerzbehandlung: Uhlenbruck MedR 1993, 296ff.; Ulsenheimer Anaesthesist (1997 (Suppl 3)) 46, S138ff. (S138, S140)

[437] vgl. v. Lutterotti Ärztliche Handlungsanleitungen S. 133f.

[438] Bundesärztekammer DÄBl. 101 (2004), C1040f.; frühere: Bundesärztekammer NJW 1998, 3406f.; siehe Uhlenbruck/Ulsenheimer in: Laufs/Uhlenbruck Handbuch des Arztrechts § 132 Rn. 21ff.

Der geschuldete Sorgfaltsmaßstab ist durch den Standard geprägt, der in dem jeweiligen Fachgebiet des Arztes vorherrscht, eine Verletzung des fachärztlichen Standards ist gleichbedeutend mit der Nichteinhaltung der erforderlichen Sorgfalt[439]. Beim fahrlässigen Begehungsdelikt sind danach die Sorgfaltsanforderungen für den Arzt maßgeblich. Es wird geprüft, ob er von diesen negativ abweicht und dementsprechend ein Außerachtlassen der im Verkehr erforderlichen Sorgfalt bejaht werden kann. Das Unterlassen zeichnet sich durch die Nichtvornahme einer gebotenen Handlung aus[440]. Welche Art und Qualität die Handlung aufweisen muss, die der Arzt zu leisten verpflichtet ist, hängt dementsprechend davon ab, welche Sorgfaltsanforderungen an sie bestehen. Der fachärztliche Standard als geschuldeter Sorgfaltsmaßstab führt damit zu einer Objektivierung der ärztlichen Leistungspflicht[441]. Art und Umfang dieser Leistungsverpflichtung bestimmen damit den Umfang der Garantenpflicht.

Maßgeblich ist hierbei folglich das Leitbild des besonnenen und gewissenhaften Angehörigen des betreffenden Verkehrskreises[442], wobei konkret auf den Standard eines erfahrenen Facharztes abgestellt wird[443]. Der Begriff des Standards steht für den früher oft verwendeten Begriff des Stands der Wissenschaft, der inhaltlich das zum Behandlungszeitpunkt in der ärztlichen Praxis und Erfahrung bewährte, nach naturwissenschaftlicher Erkenntnis gesicherte, von einem durchschnittlich befähigten Facharzt verlangte Maß an Kenntnis und Können beinhaltet[444]. Dabei hängt der Umfang davon ab, was von dem gewissenhaften und aufmerksamen Arzt aus berufsfachlicher Sicht seines Fachbereichs[445] an Fachkenntnissen erwartet werden kann. Die Einhaltung der berufsspezifischen Sorgfalt, der Facharztqualität, wird in ihrem Umfang nach dem

---

[439] Tomassone/Wöffen StudZR 2005, 61ff. (71)

[440] Eser in: Sch/Sch Vorbem §§ 13 ff. Rn. 139; Jescheck/Weigend Strafrecht AT S. 615f.

[441] Tomassone/Wöffen StudZR 2005, 61ff. (72)

[442] BGH NJW 2000, 2754ff. (2758); Otto Jura-Kartei 1999, StGB § 15/6 zu BayObLG NJW 1998, 3580f.; Schünemann JA 1975, 149ff.

[443] BGH JZ 1987, 877ff. (879) m. zust. Anm. Giesen; BGH NJW 1987, 1479ff. (1480) m. Anm. Deutsch; BGH NJW 1993, 2989ff. (2990); BGH NJW 2000, 2754ff. (2758); BGH VersR 1987, 686ff. (687); OLG Oldenburg MDR 1993, 955f. (956); Ulsenheimer/Erlinger in: Zenz/Jurna Lehrbuch der Schmerztherapie S. 935; Wieden in: Schockenhoff Spezielle Schmerztherapie S. 61

[444] BGH NJW 2000, 2754ff. (2758); Tomassone/Wöffen StudZR 2005, 61ff. (72); Ulsenheimer Arztstrafrecht in der Praxis Rn. 18; Ulsenheimer in: Laufs/Uhlenbruck Handbuch des Arztrechts § 139 Rn. 18; Ulsenheimer/Erlinger in: Zenz/Jurna Lehrbuch der Schmerztherapie S. 935

[445] BGH MedR 1998, 26f.; BGH VersR 1995, 659f. (660)

zum Behandlungszeitpunkt (ex ante) in der ärztlichen Praxis bewährten, nach naturwissenschaftlicher Erkenntnis gesicherten, von einem umsichtigen und erfahrenen Arzt derselben Fachrichtung in gleicher Situation verlangten Maß an Kenntnis und Können bestimmt[446]. Auch ein „Noch-nicht-Facharzt" im formellen Sinn kann sie bei entsprechendem Können und Erfahrungswissen erfüllen. Der jeweilige Arzt muss damit nicht selbst Facharzt und den Facharzttitel zu tragen berechtigt sein. Sofern er Menschen auf einem bestimmten Gebiet behandelt, muss er jedoch den Qualitätsstandard leisten, den der jeweilige Facharzt seines Gebiets zu wahren hat. Das bedeutet, dass der Arzt, der beispielsweise im Rahmen der Allgemeinmedizin tätig wird, den Behandlungsmaßstab eines Facharztes für Allgemeinmedizin erfüllen muss.

Der jeweilige Standard als der zu gewährende Mindestlevel ändert sich mit dem jeweiligen Fortschritt des Fachgebiets, d. h. neue Erkenntnisse und Erfahrungen sowie neue technische Möglichkeiten prägen den Standard und ändern ihn ab. Die ärztlichen Behandlungsmethoden unterliegen daher im Hinblick auf ihre breite Akzeptanz und Anwendung – und damit auch hinsichtlich ihrer medizinisch-rechtlichen Anerkennung als „Standard" – einem ständigen Wandel[447]. Demnach kommt es für die Beurteilung des Standards auf die Sicht ex ante an[448], mithin auf den Zeitpunkt der gebotenen ärztlichen Maßnahme.

Da sich der Stand der Wissenschaft ständig im Wandel befindet und der Arzt den Facharztstandard als derzeit übliche Methoden auf dem Gebiet des jeweiligen Facharztes zu leisten verpflichtet ist, ergibt sich daraus auch die Pflicht zur Fortbildung[449]. Diese Pflicht zur Fortbildung ist ferner in den meisten Heilberufe-Kammergesetzen der Länder[450] festgeschrie-

---

[446] BGH MedR 1998, 26f.; BGH NJW 2000, 2754ff. (2758); Laufs NJW 2000, 1757ff. (1762); Ulsenheimer Arztstrafrecht in der Praxis Rn. 18, 20; Ulsenheimer in: Laufs/Uhlenbruck Handbuch des Arztrechts § 139 Rn. 18; vgl. Jescheck/Weigend Strafrecht AT S. 578f., 582

[447] Ulsenheimer Arztstrafrecht in der Praxis Rn. 19; vgl. Tag Körperverletzungstatbestand S. 185f.

[448] Deutsch/Spickhoff Medizinrecht Rn. 163; Ulsenheimer Arztstrafrecht in der Praxis Rn. 19; vgl. Ulsenheimer in: Laufs/Uhlenbruck Handbuch des Arztrechts § 139 Rn. 18

[449] vgl. Kutzer Der Schmerz 1991, 53ff.; vgl. Ulsenheimer/Erlinger in: Zenz/Jurna Lehrbuch der Schmerztherapie S. 935

[450] § 19 Abs. 2 Nr. 1 Gesetz über die Kammern für Heilberufe Sachsen-Anhalt; § 30 Abs. 1 Heilberufe-Kammergesetz Baden-Württemberg, Art. 18 Abs. 1 Nr. 1 Heilberufe-Kammergesetz Bayern; § 23 Nr. 1 Heilberufsgesetz Hessen; § 21 Nr. 1 Heilberufsgesetz Rheinland-Pfalz

ben. Zudem bestimmt für Vertragsärzte § 95d SGB V die Pflicht zur fachlichen Fortbildung[451].

ccc) Sonderwissen

Hierbei stellt sich die Frage, inwieweit ein überdurchschnittliches Sonderwissen des Arztes einen Einfluss auf den von diesem Arzt zu leistenden Facharztstandard hat. Nach überwiegender Ansicht hat der Arzt, wenn er über Spezialkenntnisse verfügt, die im Zeitpunkt der Tat vorhanden oder zumindest aktualisierbar sein müssen[452], diese einzusetzen[453]. Dabei macht es dieser Auffassung nach keinen Unterschied, ob die besonderen, für die Behandlung des Patienten bedeutsamen Erkenntnisse, über die der Arzt verfügt, aus der konkreten Behandlung gerade dieses Patienten herrühren oder auf abstrakter Kenntniserlangung – etwa durch ärztliche Fortbildung – beruhen[454]. Nach einer anderen Ansicht in der Literatur[455] ist ein überdurchschnittliches Leistungsvermögen strafrechtlich nicht zu berücksichtigen. Dieser Ansicht kann nicht gefolgt werden. Wenn der betreffende Arzt eine größere individuelle Leistungsfähigkeit besitzt, mithin auf ein überdurchschnittliches Sonderwissen zurückgreifen kann, so darf dieses nicht außer Betracht gelassen werden[456], da es um Schutz und Sicherheit des Patienten geht und dort, wo mehr Kompetenz, Umsicht oder apparative bzw. personelle Ausstattung vorhanden ist, dies für den Patienten auch eingesetzt werden muss[457]. Dies bedeutet keine Schlechterstellung des besonders Befähigten, denn der Patient verlässt sich auf das Sonderwissen des Arztes und erwartet, dass der Arzt dieses umsetzt und für ihn tut, was er kann. Deshalb kann rechtlich grundsätzlich davon ausgegangen werden, dass die soziale Verantwortung des Einzelnen an seinem (überdurchschnittlichen) individuellen Leistungszuschnitt zu messen ist[458]. Wenn der Arzt aufgrund

---

[451] vgl. Scholze/Finkeißen MedR 2004, 141ff.

[452] Cramer/Sternberg-Lieben in: Sch/Sch § 15 Rn. 139

[453] Baumann/Weber/Mitsch Strafrecht AT § 22 Rn. 24, 46f.; BGH MedR 1998, 26f.; BGH NJW 1987, 1479f. (1480) m. zust. Anm. Deutsch; Cramer/Sternberg-Lieben in: Sch/Sch § 15 Rn. 139; Hirsch ZStW 94 (1982), 239ff. (274); Jescheck/Weigend Strafrecht AT S. 579; Otto Jura-Kartei 1999, StGB § 15/6 zu BayObLG NJW 1998, 3580f.; Ulsenheimer in: Laufs/Uhlenbruck Handbuch des Arztrechts § 139 Rn. 19

[454] BGH MedR 1998, 26f.; Ulsenheimer Arztstrafrecht in der Praxis Rn. 25a

[455] Henkel in: Mezger-FS S. 249ff. (282ff.); Hirsch ZStW 95 (1983), 643ff. (663); Schroeder in: LK § 16 Rn. 146, 148

[456] BGH NJW 1987, 1479f. (1480) m. zust. Anm. Deutsch; Cramer/Sternberg-Lieben in: Sch/Sch § 15 Rn. 139; Otto Jura-Kartei 1999, StGB § 15/6 zu BayObLG NJW 1998, 3580f.; vgl. Stratenwerth/Kuhlen Strafrecht AT 1 § 15 Rn. 18

[457] Ulsenheimer in: Laufs/Uhlenbruck Handbuch des Arztrechts § 139 Rn. 19

[458] Cramer/Sternberg-Lieben in: Sch/Sch § 15 Rn. 140; Ulsenheimer Arztstrafrecht in der Praxis Rn. 25a

seines Sonderwissens beispielsweise eine andere Behandlungsmethode anwenden kann, die zum gewünschten Erfolg führt, so hat er dieses Sonderwissen zum Wohl des Patienten auch anzuwenden. Der Arzt kann sich nicht darauf berufen, dass ein durchschnittlicher Arzt diese Methode nicht gekannt hätte. Bei Sonderwissen ist der Sorgfaltsmaßstab – und damit der Umfang der Garantenpflicht beim Unterlassungsdelikt – diesbezüglich für diesen Arzt zu erhöhen.

ddd) Sonderkönnen

Des Weiteren ist zu prüfen, wie sich Sonderkönnen des Arztes auf den Sorgfaltsmaßstab des Facharztstandards auswirkt, der beim Unterlassungsdelikt den Umfang der Garantenpflicht bestimmt. Auch hier wird die Auffassung vertreten, dass Sonderkönnen des Betreffenden im Rahmen der Sorgfaltspflicht zu berücksichtigen ist[459]. Nach anderer Ansicht[460] richtet sich der Umfang der Pflichten ausschließlich nach den Durchschnittsanforderungen des jeweiligen Verkehrskreises, überdurchschnittliches Leistungsvermögen bleibt außer Betracht. Im Interesse der Gesundheit und Sicherheit des Patienten sind auch Sonderfähigkeiten des Arztes in dem von ihm zu leistenden Sorgfaltsmaßstab zu berücksichtigen. Der Patient, der einen Spezialisten mit besonderem Leistungsvermögen wählt, vertraut auf dessen Einsatz. So darf sich der besonders befähigte Chirurg nicht auf die Erbringung durchschnittlicher Leistungen beschränken, sondern muss an seinen Fertigkeiten und Techniken gemessen werden[461]. Jedermann hat das zu erbringen, was er zur Vermeidung von Gefahren zu leisten imstande ist. Wenn er größere Sorgfalt als der Durchschnitt aufbringen kann, ist er auch zu größerer Sorgfalt verpflichtet[462]. Daher ist die Garantenpflicht beim Unterlassungsdelikt ebenso bei besonderen Fähigkeiten erhöht, da von einem solchen Arzt eine Verpflichtung zu höherer Leistung verlangt werden kann und auch verlangt wird.

---

[459] Baumann/Weber/Mitsch Strafrecht AT § 22 Rn. 24, 46f.; Cramer/Sternberg-Lieben in: Sch/Sch § 15 Rn. 139; Roxin Strafrecht AT 1 § 24 Rn. 50ff.; Stratenwerth in: Jescheck-FS S. 285ff. (299ff.); Ulsenheimer Arztstrafrecht in der Praxis Rn. 25a; Ulsenheimer in: Laufs/Uhlenbruck Handbuch des Arztrechts § 139 Rn. 19

[460] Henkel in: Mezger-FS S. 249ff. (282ff.); Hirsch ZStW 94 (1982), 239ff. (275); Maurach/Gössel/Zipf Strafrecht AT 2 § 43 Rn. 28, 31f.; Schroeder LK § 16 Rn. 146f.;Triffterer in: Bockelmann-FS S. 201ff. (210)

[461] Cramer/Sternberg-Lieben in: Sch/Sch § 15 Rn. 139; Ulsenheimer in: Laufs/Uhlenbruck Handbuch des Arztrechts § 139 Rn. 19

[462] Cramer/Sternberg-Lieben in: Sch/Sch § 15 Rn. 138

eee) Zurückbleiben hinter dem Standard

Nunmehr stellt sich noch die Frage, ob die umgekehrte Konstellation, wenn der Arzt aus unverschuldeten oder „üblich gewordenen" Gründen hinter dem Mindeststandard zurückbleibt, auch bereits zu einer Veränderung des Sorgfaltsmaßstabes und damit zur Verringerung des Umfangs der Garantenpflicht führt.

Nach einer Ansicht[463] kann ein unterdurchschnittliches Leistungsvermögen, wie beispielsweise eingerissene Ungenauigkeiten oder Nachlässigkeiten des Arztes, auch wenn diese an seinem Krankenhaus üblich sind, den Arzt im Rahmen der Sorgfaltsanforderungen nicht entlasten. Die andere Auffassung[464] hält für die Sorgfaltskriterien ausschließlich die Kenntnisse und Fähigkeiten des Arztes für maßgeblich, so dass auch ein Mangel an Kenntnissen oder Erfahrungen zu berücksichtigen sei. Diese Ansicht ist abzulehnen. Ein geringeres Leistungsvermögen des Arztes als der Facharztstandard kann nicht zu einer niedrigeren Leistungsverpflichtung im Tatbestand führen, denn dann würde dieser Standard bereits abgewandelt und teilweise nicht mehr gewährleistet. Die Verpflichtung zur Leistung des Standards an Kenntnissen, die ein erfahrener Facharzt aufweist, würde damit untergraben. Das unterdurchschnittliche Leistungsvermögen kann damit nicht bei dem Sorgfaltsmaßstab bzw. Umfang der Garantenpflicht, sondern nur bei der individuellen Vorwerfbarkeit im Rahmen der Schuld eine Rolle spielen.

fff) Zwischenergebnis

Der Maßstab für die ärztliche Behandlung und Haftung und damit auch der Umfang der Garantenpflicht ist folglich situationsorientiert, d. h. abhängig von den verfügbaren ärztlichen, pflegerischen, räumlichen, apparativen und sonstigen therapeutischen Mitteln, so dass es zwangsläufig zu Qualitätsunterschieden in der Behandlung von Patienten kommen muss und in Grenzen der zu fordernde medizinische Standard je nach den personellen und sachlichen Möglichkeiten verschieden ist[465]. Der Sorgfaltsmaßstab, so auch der Umfang der Garantenpflicht, ist damit nach unten hin auf den Facharztstandard begrenzt, nach oben jedoch im

---

[463] Baumann/Weber/Mitsch Strafrecht AT § 22 Rn. 48; Cramer/Sternberg-Lieben in: Sch/Sch § 15 Rn. 133, 139f.; Deutsch in: Weißauer-FS S. 12ff. (14ff.); Laufs Arztrecht Rn. 473; Roxin Strafrecht AT 1 § 24 Rn. 50ff.

[464] Stratenwerth/Kuhlen Strafrecht AT 1 § 15 Rn. 18; Triffterer in: Bockelmann-FS S. 201ff. (210), der jedoch bei geringeren Fähigkeiten bereits den (subjektiven) Tatbestand und nicht erst die Schuld entfallen lässt

[465] BGH NJW 1988, 763ff. (764f.); BGH VersR 1994, 480ff. (482); Ulsenheimer Arztstrafrecht in der Praxis Rn. 20b; Ulsenheimer/Erlinger in: Zenz/Jurna Lehrbuch der Schmerztherapie S. 935f.

Hinblick auf höheres individuelles Sonderwissen und Sonderkönnen offen. Sofern ein zwar nicht optimaler, aber doch ausreichender medizinischer Standard erreicht werden kann, richten sich die Sorgfaltspflichten nach den für diesen Patienten in dieser Situation faktisch erreichbaren Gegebenheiten[466]. Beispielsweise kann auf einer Palliativstation ein anderer Behandlungsstandard vorliegen als auf einer anderen Krankenhausstation, wobei auch diese bei Durchführung einer palliativen Behandlung den Stand der Wissenschaft zu wahren hat. Damit ist ein gewisser Grundbestand an fachlicher Kompetenz und Ausrichtung als Standard im Sinne eines untersten Levels als Mindestumfang der Garantenpflicht anzusehen. Sofern eine Behandlung sich über diesem Mindeststandard bewegt, ist der objektive Maßstab des medizinischen Standards gewahrt. Ist eine bessere Ausstattung möglich und machbar, sei es apparativ, sei es personell, so ist dieser höhere Maßstab zu gewährleisten und zu erfüllen. Danach richtet sich folglich der Umfang der Garantenpflicht.

ggg) Therapiefreiheit

Es stellt sich die Frage, ob die Therapiefreiheit Einfluss auf die Behandlungsverpflichtung des Arztes hat und sich eventuell auf Art und Umfang der Garantenpflicht auswirken kann.

Als ärztliche Therapiefreiheit bezeichnet man die Freiheit des einzelnen Arztes, unter medizinischen Gesichtspunkten selbständig und frei von äußeren Weisungen über die im Einzelfall erforderliche Behandlung zu entscheiden und hierbei auch die örtlichen Gegebenheiten, persönlichen Fähigkeiten und Erfahrungen einfließen zu lassen[467]. Sie umfasst die folgenden drei Elemente: Der Arzt trifft die Entscheidung, ob überhaupt eine Behandlung stattfinden soll; er darf dabei nicht zu einer seinem Gewissen widersprechenden Methode oder einer bestimmten Arzneimitteltherapie gezwungen werden; und es liegt stets in seiner Verantwortung, über das ihm geeignet erscheinende diagnostische oder therapeutische Vorgehen zu entscheiden (Methodenwahl)[468]. Diese weitgehende Formulierung lässt die Schlussfolgerung zu, dass der Arzt bei der Behandlung lediglich seinem Gewissen unterworfen ist und die Therapiefreiheit der Behandlungspflicht und damit dem Umfang der Garantenpflicht Grenzen setzen kann. Die Therapiefreiheit beinhaltet jedoch keinen Freibrief für Gewissenlosigkeit, keine schrankenlose Therapiewahl, son-

---

[466] BGH NJW 1994, 1596ff. (1597f.)

[467] Tomassone/Wöffen StudZR 2005, 61ff. (62)

[468] Laufs in: Laufs/Uhlenbruck Handbuch des Arztrechts § 3 Rn. 13; Tomassone/ Wöffen StudZR 2005, 61ff. (62); Ulsenheimer Arztstrafrecht in der Praxis Rn. 19b

dern belässt dem Arzt einen Verantwortungsbereich im Rahmen der Regeln der ärztlichen Kunst[469]. Sie verleiht dem Arzt kein Privileg, sondern stellt ein fremdnütziges Recht dar, welches wie alle Regeln der ärztlichen Tätigkeit letztlich dem selbstbestimmten Wohl des Patienten dient[470]. Der Grundsatz der Therapiefreiheit räumt demnach dem Arzt einen gewissen Freiraum in medizinischen Fragen ein und erlaubt ihm, nach pflichtgemäßem und gewissenhaftem Ermessen im Einzelfall mit seinen Eigenheiten diejenigen medizinischen Maßnahmen zu wählen, die nach seiner Überzeugung unter den gegebenen Umständen den größtmöglichen Nutzen für den aufgeklärt einwilligenden Patienten erwarten lassen[471]. Zur Freiheit der Methodenwahl gehört als unausweichliches Korrelat die Verbindlichkeit der Sorgfaltspflichten, welche die Verfahrensqualität gewährleisten und der ärztlichen Therapiefreiheit Grenzen setzen[472]. Dementsprechend ergeben sich Einschränkungen der Therapiefreiheit. Sofern bei einer Krankheit ein Mittel im Verhältnis zu allen anderen als besonders wirksam anerkannt ist, sind Ärzte und andere Heilbehandler grundsätzlich verpflichtet, dieses anzuwenden, auch wenn sie Anhänger eines anderen Heilverfahrens sind[473]. Dies gilt jedoch nicht stets, sondern der Arzt darf aus sachlichen Gründen das ihm bekannt wirksame Mittel nicht einsetzen, wenn er hiervon erhebliche anderweitige Gefahren für den Kranken befürchtet oder aus anderen wohlerwogenen, d. h. rational auch für einen objektiven Dritten einsehbaren Gründen an diese Wirksamkeit nicht glaubt[474]. Wenn der Arzt eine Außenseitermethode anwenden will, muss er zu einem Vergleich der Therapiemöglichkeiten fähig sein und diesen auch sorgfältig durchführen, insbesondere den Patienten umfassend informieren, und zwar umso mehr, je ungewöhnlicher

---

[469] BGHSt 37, 383ff. (385); Ulsenheimer Arztstrafrecht in der Praxis Rn. 19b; vgl. BGHSt 29, 6ff. (11)

[470] Laufs in: Deutsch-FS S. 625ff. (626); Laufs in: Laufs/Uhlenbruck Handbuch des Arztrechts § 3 Rn. 13; Tomassone/Wöffen StudZR 2005, 61ff. (80)

[471] Laufs in: Deutsch-FS S. 625ff. (626); Laufs in: Laufs/Uhlenbruck Handbuch des Arztrechts § 3 Rn. 13; Laufs NJW 1984, 1383ff. (1385); Ulsenheimer Arztstrafrecht in der Praxis Rn. 19a, 19b

[472] Laufs Arztrecht Rn. 43; Laufs in: Deutsch-FS S. 625ff. (626f.); Laufs in: Laufs/Uhlenbruck Handbuch des Arztrechts § 3 Rn. 16; Siebert Strafrechtliche Grenzen ärztlicher Therapiefreiheit S. 265; Ulsenheimer Arztstrafrecht in der Praxis Rn. 19b; vgl. Jung ZStW 97 (1985), 47ff. (56)

[473] BGH MedR 1992, 214ff. (215); Laufs Arztrecht Rn. 43; Laufs MedR 1986, 163ff. (170); Laufs NJW 1984, 1383ff. (1384); RGSt 64, 262ff. (268); Ulsenheimer Arztstrafrecht in der Praxis Rn. 19c

[474] BGH LM § 230 StGB Nr. 6; BGH NJW 1987, 2927f.; Bockelmann Strafrecht des Arztes S. 87f.; Laufs in: Laufs/Uhlenbruck Handbuch des Arztrechts § 3 Rn. 16; Ulsenheimer Arztstrafrecht in der Praxis Rn. 19c

oder neuartiger die angewandte Methode ist[475]. Wenn der Arzt jedoch erkennt oder bei pflichtgemäßer Aufmerksamkeit aufgrund bestehender Symptome erkennen muss, dass seine Heilmethode bzw. seine Fähigkeiten und Kenntnisse in einem bestimmten Fall nicht ausreichen, muss er, wenn für die Behandlung noch ein anderes, weit verbreitetes und erprobtes Verfahren in Frage kommt, entweder dieses anwenden, seine Behandlung aufgeben oder zumindest einen Facharzt hinzuziehen[476]. Therapiefreiheit besteht nur hinsichtlich grundsätzlich gleich wirksamer Methoden, bei denen insgesamt von einem ähnlichen Risikoniveau auszugehen ist, wobei das Eingehen eines höheren Risikos durch sachliche Gründe wie besondere Sachzwänge des Falles oder ernsthafte Kritik angesagt sein kann[477].

Demnach gewährt die Therapiefreiheit dem Arzt einen gewissen Handlungsspielraum im Hinblick auf die Wahl der Methode. Die Wahlmöglichkeit bezieht sich jedoch grundsätzlich nur auf vergleichbar wirksame Methoden. Beispielsweise kann der Arzt bei der Durchführung einer palliativen, medikamentösen Schmerztherapie zwischen mehreren vergleichbar wirksamen Opioiden entscheiden. Der Arzt hat im hier behandelten Fall zwar die Kenntnisse und Fähigkeiten zur Durchführung einer palliativen Schmerztherapie, er wählt aber nicht zwischen zwei vergleichbar wirksamen Methoden, sondern nimmt überhaupt keine dahingehende Behandlung vor. Insoweit betrifft diese Konstellation das unter die Therapiefreiheit fallende Element der Entscheidung über das „Ob“ der Behandlung. Wenn der Arzt die Behandlung übernommen und infolge dessen eine Garantenstellung innehat, hat er seine Entscheidung über das „Ob“ der Behandlung aber bereits getroffen. Er ist nunmehr verpflichtet, die erforderliche palliative Behandlung vorzunehmen. Der Arzt kann sich ferner nicht unter dem Aspekt der Therapiefreiheit darauf berufen, dass er die Art der Therapie frei wähle, eine palliative Behandlung generell ablehne und dementsprechend bei einer hier vorliegenden unheilbaren Krankheit keine Therapie durchführe. Selbst wenn man diese Entscheidung unter die Therapiewahl fassen würde, ist dies insoweit mit einer Außenseitertherapie vergleichbar, da der Arzt die Unwirksamkeit der Linderung der Schmerzen durch die unterlassene Schmerzbehandlung

---

[475] Jung ZStW 97 (1985), 47ff. (54, 57); Laufs Arztrecht Rn. 485, 489; Schmid NJW 1986, 2339ff. (2340f.); Siebert MedR 1983, 216ff. (219); Siebert Strafrechtliche Grenzen ärztlicher Therapiefreiheit S. 119ff., 267, 271

[476] BGH LM § 230 StGB Nr. 6; Laufs Arztrecht Rn. 486; Ulsenheimer Arztstrafrecht in der Praxis Rn. 19c; vgl. Eser ZStW 97 (1985), 1ff. (13)

[477] Laufs in: Laufs/Uhlenbruck Handbuch des Arztrechts § 3 Rn.16; Ulsenheimer Arztstrafrecht in der Praxis Rn. 19d; vgl. BGH NJW 1987, 2927f.; vgl. Laufs Arztrecht Rn. 484f.

erkennen kann und dementsprechend das erprobte Verfahren anwenden muss. Die palliative Schmerztherapie ist, wie das weit verbreitet angewendete WHO-Stufenschema[478] zeigt, eine anerkannte Methode, die der Arzt regelmäßig verpflichtet ist durchzuführen, auch wenn er Anhänger einer anderen Therapieart sein sollte. Der Arzt bleibt daher zur palliativen Schmerztherapie verpflichtet.

hhh) Ergebnis

Der Arzt hat demnach infolge der Übernahme der Behandlung eine Garantenstellung und dadurch die Garantenpflicht zur Durchführung der palliativen Schmerztherapie im Rahmen des Facharztstandards. Seine Therapiefreiheit führt nicht zu einer anderen Beurteilung.

ee) Fahrlässigkeit

Wenn der zur palliativen Schmerztherapie fähige Arzt darauf vertraut, dass die Schmerzen oder sonstigen Qualen trotz seines Untätigbleibens auf andere Weise gelindert werden, ist in der Regel eine Sorgfaltspflichtverletzung gegeben, da er, wie bereits soeben[479] ausgeführt, eine entsprechende Behandlungsverpflichtung hat und auch regelmäßig vorhersehbar und erkennbar sein wird, dass die Schmerzen oder sonstigen Leiden ohne eine durchgeführte Behandlung nicht gelindert werden können. Hat das pflichtwidrige Unterlassen der Schmerz- bzw. Leidenslinderung durch den Arzt ferner dazu geführt, dass die Schmerzen und Leiden in unverminderter Höhe geblieben sind, steht die Ursächlichkeit des sorgfaltspflichtwidrigen Verhaltens für den Körperverletzungserfolg fest.

ff) Vorsatz

Wenn der Arzt ernsthaft damit rechnet und sich damit abfindet, dass der Patient ohne sein Eingreifen weiterhin Schmerzen und sonstige Qualen erleidet und diese sich möglicherweise sogar durch eine Schmerzspirale (circulus vitiosus)[480] noch weiter verstärken, hat er im Hinblick auf das Unterlassen der ihm möglichen Behandlung und der dadurch eintretenden Körperverletzung zumindest Vorsatz in der Form des dolus eventualis.

---

[478] siehe D I; Beau in: Zimmermann/Arnau Schmerztherapeutische Versorgung S. 7; Maier in: Klaschik/Nauck Palliativmedizin heute S. 2f.; Nauck in: Gralow/Husstedt/Bothe/Evers/Hürter/Schilgen Schmerztherapie interdisziplinär S. 375

[479] siehe E III 2 a dd

[480] siehe E III 2 a aa

gg) Rechtfertigung

Die unterlassene Symptombehandlung ist im hier untersuchten Fall nicht durch eine Einwilligung des Patienten gerechtfertigt. Das Unterlassen des Arztes ist gerade das gegensätzliche Verhalten zum Willen des Patienten. Dieser wünscht nämlich eine Durchführung der Behandlung und ein dahingehendes aktives Tun, so dass gerade entgegengesetzt eine Einwilligung in die Vornahme einer schmerz- und leidenslindernden Behandlung vorliegt und nicht in deren Unterlassen.

Sofern der Patient bei schwersten Schmerzzuständen nicht mehr selbst einwilligungsfähig ist, ist grundsätzlich die Einwilligung in die Nichtbehandlung von einem anderen dazu Befugten, beispielsweise einem Betreuer, einzuholen. Ein Rückgriff auf die mutmaßliche Einwilligung ist, wie bereits oben[481] dargelegt, lediglich in dringenden Gefahrensituationen möglich, in denen die ausdrückliche Einwilligung vom hierzu Berechtigten aus zeitlichen Gründen nicht mehr eingeholt werden kann. Bei Eilbedürftigkeit ist der mutmaßliche Wille des Patienten zu ermitteln. Sofern kein positiver mutmaßlicher Wille des Patienten aus früheren Verhaltensweisen ermittelbar ist, kann davon ausgegangen werden, dass der mutmaßliche Wille eines Patienten grundsätzlich auf den Einsatz aller dem Arzt verfügbarer Mittel zur Schmerzlinderung gerichtet ist[482].

Daraus folgt, dass regelmäßig keine mutmaßliche Einwilligung in die Unterlassung der Schmerzbehandlung angenommen werden kann, wenn nicht andere Anhaltspunkte aus vorherigem Verhalten des Patienten vorliegen, die für einen Willen zur Unterlassung der Schmerzbehandlung sprechen.

hh) Ergebnis

Wenn der Arzt entgegen dem ausdrücklichen Wunsch des Patienten nach schmerzlindernder Behandlung derartige palliative Maßnahmen trotz entsprechender Befähigung und Kenntnisse unterlässt, macht er sich durch das Aufrechterhalten der Schmerzen wegen vorsätzlicher bzw. fahrlässiger Körperverletzung durch Unterlassen gem. §§ 223, 13 StGB bzw. §§ 229, 13 StGB strafbar.

b) Fahrlässige Körperverletzung gem. § 229 StGB

Sofern der Arzt mangels entsprechender Kenntnisse oder Fähigkeiten nicht zu der gebotenen palliativen Schmerzbehandlung fähig ist und trotz Übernahme der Behandlung keine Schmerzbehandlung durchführt, kann

---

[481] siehe E II 6

[482] siehe Ausführungen unter E II 6 d; Uhlenbruck Selbstbestimmtes Sterben S. 288f.

er sich wegen fahrlässiger Körperverletzung gem. § 229 StGB strafbar machen.

aa) Facharztstandard

Der Arzt handelt fahrlässig im Sinne des Strafrechts, wenn er die im Verkehr erforderliche Sorgfalt verletzt hat, zu der er nach den Umständen und nach seinen persönlichen Verhältnissen verpflichtet und imstande ist, und dadurch den schädlichen Erfolg verursacht, ohne dies vorauszusehen (unbewusste Fahrlässigkeit) bzw. im Vertrauen darauf, dass es schon gut gehen werde (bewusste Fahrlässigkeit)[483]. Maßgeblich ist hierfür, wie bereits oben[484] festgestellt, der Facharztstandard[485], was von einem umsichtigen und erfahrenen Arzt derselben Fachrichtung in gleicher Situation an Wissen und Können erwartet werden kann.

bb) Palliative Schmerzbehandlung

Die Kriterien der Facharztqualität sind nun auf die palliative Schmerzbehandlung zu übertragen und zu prüfen, ob ein Arzt auf dem Fachgebiet der Allgemeinmedizin eine derartige Behandlung zu leisten verpflichtet ist.

Wenn ein auf dem Gebiet der Allgemeinmedizin tätiger Arzt die Behandlung des Patienten übernommen hat, so ist er – unabhängig von einem etwaigen Titel als Facharzt für Allgemeinmedizin – zur Durchführung einer Behandlung mit diesem Standard verpflichtet. Daher ist zu untersuchen, ob die palliative Schmerzbehandlung unter den Behandlungsstandard eines Facharztes für Allgemeinmedizin fällt. Nach den Weiterbildungsordnungen der einzelnen Bundesländer[486] umfasst die Weiterbildung zum Facharzt für Allgemeinmedizin u. a. die Behandlung und ärztliche Betreuung chronisch kranker, multimorbider und sterbender Patienten. Ferner beinhaltet sie die Pharmakologie der im Gebiet gebräuchlichen Arzneimittel einschließlich der Dauertherapie chronisch Kranker sowie die Schmerzbehandlung akuter und chronischer Schmerzen, die keinen eigenständigen Krankheitswert haben. Für Schmerzen mit eigen-

---

[483] Ulsenheimer in: Laufs/Uhlenbruck Handbuch des Arztrechts § 139 Rn. 18

[484] siehe E III 2 a dd bbb

[485] BGH MedR 1998, 26f.; BGH NJW 2000, 2754ff. (2758); Laufs NJW 2000, 1757ff. (1762); Ulsenheimer Arztstrafrecht in der Praxis Rn. 18, 20; Ulsenheimer in: Laufs/ Uhlenbruck Handbuch des Arztrechts § 139 Rn. 18

[486] siehe bspw. jeweils unter Abschnitt I 1. Allgemeinmedizin der Weiterbildungsordnung der Landesärztekammer Baden-Württemberg, Weiterbildungsordnung der Landesärztekammer Brandenburg, Weiterbildungsordnung für die Ärztinnen und Ärzte des Saarlandes, Weiterbildungsordnung für die Ärztinnen und Ärzte in Rheinland-Pfalz

ständigem Krankheitswert besteht die Zusatzweiterbildungsmöglichkeit im Rahmen der speziellen Schmerztherapie[487].

Die aktuelle (Muster)Weiterbildungsordnung der Bundesärztekammer aus dem Jahr 2004 sieht für den Facharzt für Innere Medizin und Allgemeinmedizin als Behandlungsgebiet unter anderem die Betreuung palliativmedizinisch zu versorgender Patienten vor. Sofern in einzelnen Bundesländern[488] bereits neue Weiterbildungsordnungen beschlossen wurden, haben diese den Passus mit gleichem Wortlaut übernommen.

Selbst bei den derzeit noch geltenden, nicht an die (Muster)Weiterbildungsordnung von 2004 angepassten Weiterbildungsordnungen einzelner Bundesländer ist in der Behandlung und Betreuung chronisch Kranker und der Pflicht zur Schmerzbehandlung akuter und chronischer Schmerzen die palliative Schmerzbehandlung enthalten, da danach auch die Grundsätze der Schmerzbehandlung zum Aufgabenbereich des Facharztes für Allgemeinmedizin gehören. Die palliative Schmerzbehandlung hat die medikamentöse Schmerztherapie nach dem WHO-Stufenschema zur Grundlage, welches sich in der Medizin seit den Empfehlungen der WHO im Jahre 1994 etabliert hat[489]. Diese grundsätzliche Behandlung fällt unter die Schmerzbehandlung akuter und chronischer Schmerzen. Sie beinhaltet regelmäßig eine medikamentöse orale Schmerztherapie zur Behandlung der durch die Krankheit verursachten Schmerzen[490], also auch die Schmerzen, die zumeist vorwiegend z. B. von Tumoren und deren Wachstum hervorgerufen werden[491]. Im Grundsatz sind auch chronische Schmerzen durch die jeweilige Erkrankung verursacht. Erst bei ungenügend behandelten Schmerzen können diese die ganze Aufmerksamkeit in Anspruch nehmen und damit einen eigenständigen Krankheitswert erhalten, indem eine Schmerzspirale (circulus

---

487 siehe Weiterbildungsordnungen der einzelnen Bundesländer unter dem Abschnitt Zusatzweiterbildung

488 siehe neue Weiterbildungsordnung der Ärztinnen und Ärzte in Rheinland-Pfalz, Weiterbildungsordnung für die Ärzte Bayerns

489 Klaschik in: Husebø/Klaschik Palliativmedizin S. 173ff.; Maier in: Klaschik/Nauck Palliativmedizin heute S. 2f.

490 vgl. Dertwinkel in: Zenz/Donner Schmerz bei Tumorerkrankungen S. 66; vgl. Nauck in: Gralow/Husstedt/ Bothe/Evers/Hürter/Schilgen Schmerztherapie interdisziplinär S. 375ff.

491 siehe oben D I; Fresenius/Hatzenbühler/Heck Repetitorium Schmerztherapie S. 106; Grond in: Zenz/Donner Schmerz bei Tumorerkrankungen S. 3; Schele/Kloke in: Diener/Maier Schmerztherapiebuch S. 209

vitiosus)[492] mit der Folge der Schmerzverstärkung in Gang gesetzt wird[493].

So ist die ausdrückliche Aufnahme in die neue (Muster)Weiterbildungsordnung und die neuen Weiterbildungsordnungen einiger Bundesländer lediglich eine redaktionelle, klarstellende Änderung. Faktisch war diese Behandlung bereits vorher im Aufgabengebiet des Arztes für Allgemeinmedizin enthalten. Dafür spricht ferner, dass eine spezielle Schmerztherapie nur für einen begrenzten Zeitraum bestimmt ist, die weitere Behandlung dagegen im Wege der hausärztlichen Betreuung erfolgen soll[494]. Selbst wenn einmal ein Patient in einer Schmerzambulanz behandelt wird, dient diese Behandlung daher lediglich der speziellen schmerztherapeutischen Einstellung des Patienten, die weitere schmerztherapeutische Versorgung obliegt dem Hausarzt, mithin dem Arzt für Allgemeinmedizin. Daraus folgt ebenfalls, dass zu seiner Aufgabe die palliative Schmerzbehandlung gehört.

Daher besteht für den Arzt, der im Rahmen der Allgemeinmedizin behandelt und tätig wird, nach dem Facharztstandard die Pflicht zur palliativen Schmerztherapie und zum Erwerb dahingehender Kenntnisse. Unterlässt der Arzt diese Behandlung oder erwirbt er die nötigen Kenntnisse nicht, liegt ein objektiver Sorgfaltspflichtsverstoß vor, da der Arzt trotz Übernahme der Behandlung nicht die Qualität der Behandlung mit Facharztstandard erfüllt.

cc) Individuelle Vorwerfbarkeit

Fraglich ist, worin das vorwerfbare Verhalten des Arztes zu sehen ist. Dies könnte einerseits auf der Nichtvornahme der Schmerzbehandlung kombiniert mit einer Verpflichtung beruhen, sich diese Kenntnisse angeeignet zu haben. Andererseits könnte sich der Vorwurf daraus ergeben, dass der Arzt die Behandlung übernimmt, obwohl er sich diese Kenntnisse durch entsprechende Fortbildung pflichtwidrig nicht angeeignet bzw. nicht an einen Facharzt mit diesen Kenntnissen trotz Verpflichtung zur Überweisung verwiesen hat. Je nach Betrachtung würde an ein Tun, die Übernahme der Behandlung, oder ein Unterlassen, die unterlassene Behandlung bzw. Fortbildung, angeknüpft werden.

Die Zurechnung eines objektiv sorgfaltspflichtwidrigen Verhaltens zur strafrechtlichen Schuld setzt voraus, dass der Arzt subjektiv, nach seinen

---

[492] siehe oben E III 2 a aa
[493] Beau in: Zimmermann/Arnau Schmerztherapeutische Versorgung S. 17
[494] Strumpf/Schwarz/Zenz in: Zenz/Jurna Lehrbuch der Schmerztherapie S. 916

individuellen Kenntnissen und persönlichen Fähigkeiten imstande war, die von ihm verlangte Sorgfalt zu erkennen und aufzubringen[495]. Sofern der Arzt die notwendigen Kenntnisse nicht aufweisen kann, kann ihm dies demnach subjektiv im Rahmen der Schuld nicht vorgeworfen werden. Hat der Arzt nicht das zur Durchführung einer palliativen Schmerzbehandlung erforderliche Wissen, kann ihm die Nichteinhaltung der erforderlichen Sorgfalt in Form einer angemessenen palliativen Schmerztherapie nicht im Rahmen der Schuld angelastet werden. Ebenso verhält es sich bei fehlenden Fähigkeiten des Arztes zur palliativen Schmerzbehandlung. Denn von ihm kann strafrechtlich nicht die Vornahme einer Behandlung gefordert werden, die er nicht zu leisten fähig ist. Der Fahrlässigkeitsschuldvorwurf beinhaltet die Feststellung, dass der Betreffende nach seinen persönlichen Fähigkeiten und dem Maß seines individuellen Könnens imstande war, die objektive Sorgfaltspflicht zu erkennen und die sich daraus ergebenden Sorgfaltsanforderungen zu erfüllen[496]. Kann der Arzt die vorzunehmende Schmerzbehandlung aufgrund mangelnder diesbezüglicher Kenntnisse oder Fähigkeiten nicht durchführen, so liegt kein individuelles Verschulden und somit keine Strafbarkeit des Arztes wegen Nichtvornahme der schmerzlindernden Behandlung vor.

Daran ändert sich auch dann nichts, wenn der Arzt sich schuldhaft das Wissen und Können zur palliativen Schmerztherapie nicht durch dementsprechende Fortbildung angeeignet hat. Dies kann allein nicht zu einem Schuldvorwurf mit der Folge einer Strafbarkeit wegen fahrlässiger Körperverletzung durch Unterlassen gem. §§ 229, 13 StGB führen.

dd) Übernahmeverschulden

Die Verneinung der Strafbarkeit des Arztes wegen fehlender Kenntnisse über die Schmerztherapie lässt jedoch nicht bereits den Umkehrschluss der Straflosigkeit des Arztes zu, der eine schmerzlindernde palliative Behandlung des Patienten nicht durchführt. Wie bereits soeben erörtert, kann dem Arzt hier zwar nicht der Vorwurf der fehlenden Kenntnisse bzw. Fähigkeiten gemacht werden. Es bleibt aber der Vorwurf der Übernahme der Behandlung[497]. Erforderlich für die Gleichsetzung von Tun und Unterlassen ist eine Garantenstellung, die eine Garantenpflicht beinhaltet, die den tatbestandlichen Erfolg der Körperverletzung gerade verhindern soll. Eine Garantenstellung des Arztes ergibt sich erst durch die Übernahme der Behandlung. Maßgeblicher Anknüpfungspunkt für

---

[495] Ulsenheimer Arztstrafrecht in der Praxis Rn. 21
[496] Ulsenheimer Arztstrafrecht in der Praxis Rn. 21; Wessels/Beulke Strafrecht AT Rn. 692
[497] so auch Siebert Strafrechtliche Grenzen ärztlicher Therapiefreiheit S. 125

die individuelle Vorwerfbarkeit kann daher nur sein, dass der Arzt die Behandlung übernommen hat, obwohl er mangels derartiger Kenntnisse und Fähigkeiten aufgrund unterlassener Fortbildung dazu nicht in der Lage ist. Strafrechtlich handelt es sich hierbei um kein Unterlassungsdelikt, sondern um ein Begehungsdelikt, da an die Übernahme der Behandlung trotz fehlender Fähigkeit hierzu und nicht an die unterlassene Überweisung zu einem Spezialisten angeknüpft wird. Es ist damit auf das aktive Tun der Übernahme der Behandlung als Schwerpunkt der Vorwerfbarkeit[498] abzustellen. Den Schwerpunkt stellt die Übernahme der Behandlung dar, da der Arzt dadurch die Verpflichtung gegenüber dem Patienten erhält, diesen nach dem üblichen Standard eines Facharztes zu versorgen und die Krankheit bzw. ihre Symptome zu bekämpfen, und seine dahingehende Verpflichtung nicht erfüllt bzw. nicht erfüllen kann.

Das subjektive Verschulden des Arztes liegt somit in der freiwilligen Übernahme der Behandlung, obwohl er mangels eigener persönlicher Fähigkeiten oder Sachkunde dieser nicht gewachsen ist[499]. Voraussetzung für den Schuldvorwurf ist, dass der Arzt seinen Mangel an Kenntnissen und Fertigkeiten kennt oder erkennen kann, wobei das Verschulden sowohl in der Übernahme als auch in der Fortführung einer die Fähigkeit des Handelnden übersteigenden Tätigkeit begründet sein kann[500]. Jeder, an den die Frage einer Übernahme der ärztlichen Behandlung gestellt wird, ist zur Prüfung verpflichtet, ob seine Fähigkeiten und Kenntnisse gerade im gegebenen Fall genügen[501]. Hierbei ist nun auch die Pflicht des Arztes zur Fortbildung von Bedeutung[502]. Er ist verpflichtet, sich in dem Umfang fortzubilden, wie es zur Erhaltung und Entwicklung der zu seiner Berufsausübung erforderlichen Fachkenntnisse notwendig ist[503]. Denn nur bei ausreichenden Kenntnissen und Fähigkeiten darf er die Behandlung übernehmen. Dies hat zur Folge, dass der Arzt,

---

[498] BGH NStZ 1999, 607f.; BGHSt 6, 46ff. (59); OLG Düsseldorf MedR 1984, 28f. (29)

[499] Cramer/Sternberg-Lieben in: Sch/Sch § 15 Rn. 136; Deutsch/Spickhoff Medizinrecht Rn. 160; Ulsenheimer Arztstrafrecht in der Praxis Rn. 22; Ulsenheimer in: Laufs/Uhlenbruck Handbuch des Arztrechts § 139 Rn. 20

[500] BGHSt 43, 306ff. (311); Ulsenheimer Arztstrafrecht in der Praxis Rn. 22

[501] RGSt 67, 12ff. (23)

[502] siehe E III 2 a dd bbb

[503] BGHSt 43, 306ff. (311); siehe die meisten Heilberufsgesetze der einzelnen Bundesländer; § 4 Abs. 1 Berufsordnung für die Ärzte Bayerns; § 4 Abs. 1 Berufsordnung Baden-Württemberg; § 4 Abs. 1 Berufsordnung für die Ärztinnen und Ärzte in Hessen; § 4 Abs. 1 (Muster)Berufsordnung für die deutschen Ärztinnen und Ärzte; vgl. RGSt 67, 12ff. (23)

der erkennbar selbst nicht über die nötigen persönlichen und fachlichen Fähigkeiten verfügt, die Behandlung nicht übernehmen darf. Hat er diese bereits übernommen, muss er sich sachkundiger Hilfe vergewissern[504]. Er muss also beispielsweise die Überweisung des Patienten zu einem kundigeren Kollegen, einem Facharzt oder gar Spezialisten bzw. in ein apparativ oder personell besser ausgestattetes Krankenhaus veranlassen oder einen Konsiliarius hinzuziehen, um die optimale Versorgung des Patienten zu gewährleisten[505].

ee) Fazit

Der Arzt, der in einem bestimmten Fachbereich tätig ist, muss den Standard eines erfahrenen Facharztes aufweisen und danach behandeln. Es besteht für den Arzt die Verpflichtung, sich regelmäßig fortzubilden, damit seine Kenntnisse dem jeweiligen Stand der Wissenschaft entsprechen.

Die palliative Schmerzbehandlung gehört regelmäßig zu den Pflichten eines Facharztes für Innere Medizin und Allgemeinmedizin, da die Schmerzen regelmäßig keine eigenständige Krankheit darstellen. Damit hat jeder Arzt, der auf dem Gebiet der Allgemeinmedizin tätig wird, eine schmerzlindernde palliative Behandlung durchzuführen. Sollten seine Behandlungsfähigkeiten nicht ausreichen, muss er sich diese durch Fortbildung aneignen. Anderenfalls ist er zur Überweisung an einen Spezialisten oder ein Krankenhaus mit weitergehender personeller oder sachlicher Ausstattung verpflichtet. Wenn er die Behandlung trotz fehlender Kenntnisse oder Fähigkeiten übernimmt und eine nach dem Facharztstandard mögliche, palliative Schmerzlinderung unterlässt, macht er sich wegen fahrlässiger Körperverletzung gem. § 229 StGB strafbar.

c) Unterlassene Hilfeleistung gem. § 323c StGB

Beim Unterlassen der Schmerzlinderung durch den Arzt kommt ferner eine Strafbarkeit wegen unterlassener Hilfeleistung gem. § 323c StGB in Betracht.

aa) Unglücksfall

Die Schmerzen des Patienten müssen dafür als Unglücksfall im Sinne des § 323c StGB zu qualifizieren sein. Ein Unglücksfall ist ein plötzlich eintretendes Ereignis, das erhebliche Gefahren für Menschen und Sa-

---

[504] BGHSt 10, 134f. (135)

[505] Laufs MedR 1986, 163ff. (170) ; vgl. Kutzer Der Schmerz 1991, 53ff.; vgl. Ulsenheimer/Erlinger in: Zenz/Jurna Lehrbuch der Schmerztherapie S. 935

chen hervorruft oder hervorzurufen droht[506]. Das setzt nicht notwendig ein äußeres Ereignis voraus, das von außen her auf das verletzte Gut eingewirkt hat, vielmehr kann auch die Fortentwicklung einer Krankheit zu einem Unglücksfall werden[507]. Bei einer Krankheit, sogar einer schweren, kann jedoch nicht ohne weiteres von einem Unglücksfall ausgegangen werden[508]. Selbst ernste Erkrankungen, die unmittelbar Gefahr für Leib oder Leben bedeuten und im Übrigen oft auch für den Sachkundigen nur aufgrund mehr oder weniger umfangreicher Feststellungen und Beobachtungen aller Art diagnostizierbar sind, treten nicht stets plötzlich auf[509]. Das Merkmal der Plötzlichkeit ist jedoch weit auszulegen. Hieran werden keine hohen Anforderungen gestellt[510]. Bei einer Krankheit wird ein Unglücksfall angenommen, wenn sie sich akut verschlimmert oder eine überraschende Wendung zum Besorgniserregenden nimmt[511]. So werden sich steigernde und nahezu unerträglich gewordene Schmerzen als akute Verschlechterung des Gesundheitszustandes gewertet[512].

Nach anderer Auffassung[513] ist angesichts der gleichen Not des Erkrankten die ärztliche Hilfspflicht nicht davon abhängig zu machen, dass im Ablauf einer an sich schon sehr schweren, lebensgefährlichen Erkrankung ein plötzliches Ereignis eintritt, das die Hilflosigkeit des Erkrankten besonders deutlich macht. Vielmehr bedeute die Krankheit immer schon dann einen „Unglücksfall", wenn eine gegenwärtige Gefahr für Leib oder Leben bestehe, die ein sofortiges Eingreifen zur Schadensabwehr erfor-

---

[506] BGHSt 6, 147ff. (152); Cramer/Sternberg-Lieben in: Sch/Sch § 323c Rn. 5; Lackner/Kühl § 323c Rn. 2; OLG Hamm NJW 1975, 604f. (605); Tröndle/Fischer § 323c Rn. 2a; Ulsenheimer in: Laufs/Uhlenbruck Handbuch des Arztrechts § 141 Rn. 15

[507] Geilen Jura 1983, 78ff. (89); RGSt 75, 68ff. (70f.); RGSt 75, 160ff. (162); Ulsenheimer Arztstrafrecht in der Praxis Rn. 253

[508] Bockelmann in: Ponsold S. 3; Lackner/Kühl § 323c Rn. 2; OLG Hamm NJW 1975, 604f. (605); Spendel in: LK § 323c Rn. 47; Ulsenheimer Arztstrafrecht in der Praxis Rn. 253; Ulsenheimer in: Laufs/Uhlenbruck Handbuch des Arztrechts § 141 Rn. 16

[509] RGSt 75, 68ff. (71f.); Ulsenheimer Arztstrafrecht in der Praxis Rn. 253

[510] BGHSt 6, 147ff. (152); Cramer/Sternberg-Lieben in: Sch/Sch § 323c Rn. 6; v. Dellingshausen Sterbehilfe S. 28

[511] BGH NJW 1983, 350f. (351); BGH NStZ 1985, 409f.; BGH StV 1987, 21f. m. Anm. Frellesen; OLG Düsseldorf NJW 1995, 799; Spendel in: LK § 323c Rn. 47; Ulsenheimer Arztstrafrecht in der Praxis Rn. 253; vgl. OLG Karlsruhe JR 1980, 295ff. (296) m. Anm. Bruns

[512] Conradi Sterbehilfe S. 52; Cramer/Sternberg-Lieben in: Sch/Sch § 323c Rn. 6; OLG Hamm NJW 1975, 604f. (605); OLG Köln Strafverteidiger Forum 1997, 54ff. (55); Ulsenheimer in: Laufs/Uhlenbruck Handbuch des Arztrechts § 141 Rn. 17

[513] Geilen Jura 1983, 78ff. (90); Kreuzer Ärztliche Hilfeleistungspflicht S. 43, 45f.; Ulsenheimer in: Laufs/Uhlenbruck Handbuch des Arztrechts § 141 Rn. 20

dere. Diese Auffassung ist abzulehnen. Vom Sprachgebrauch her wird mit einem Unglücksfall ein Ereignis verbunden, das auf einmal, mithin plötzlich, eintritt. Auch wenn diese Abgrenzung möglicherweise nicht wünschenswert ist, so ist sie doch als die vom Wortlaut ausgehende Auslegung erforderlich.

Für die Annahme eines Unglücksfalls muss die Krankheit sich daher akut verschlimmern bzw. im Kontext der Palliativmedizin ist eine erhebliche Verstärkung der Symptome der unheilbaren Krankheit wie ein akuter Anstieg der Schmerzen erforderlich. Maßgeblich für die Beurteilung eines Unglücksfalls ist nach der Rechtsprechung eine objektivierte Sicht ex ante[514].

bb) „Bei" einem Unglücksfall

„Bei" einem Unglücksfall ist wie „anlässlich von Unglücksfällen" zu deuten, setzt aber eine räumliche und zeitliche Beziehung des Hilfspflichtigen zu dem betreffenden Geschehen dahingehend voraus, dass der Hilfspflichtige den Hilfsbedürftigen zumutbar erreichen können muss[515].

Eine andere Ansicht[516] fordert eine räumlich-nachbarliche Beziehung zwischen dem zur Hilfe Verpflichteten und dem Betroffenen. Diese Auffassung widerspricht jedoch dem Strafgrund und Schutzzweck des § 323c StGB, in akuten Notfällen zur Schadensabwehr die gebotene mitmenschliche Solidarität zu wahren[517], und engt den Täterkreis zu sehr und ohne besonderen gesetzlichen Anhaltspunkt ein[518]. Diese Auffassung wird dem Schutzzweck der Norm nicht gerecht[519].

---

514 BGHSt 14, 213ff. (216); BGHSt 32, 367ff. (381); vgl. Tröndle/Fischer § 323c Rn. 5; differenzierend Cramer/Sternberg-Lieben in: Sch/Sch § 323c Rn. 2, für die das Gefahrenurteil tragenden tatsächlichen Umstände sei die Sicht ex post, für die prognostischen Umstände wie die Notwendigkeit ärztlicher Hilfe die ex-ante-Sicht eines objektiven Beobachters maßgeblich; dagegen Küper Strafrecht BT S. 289 Betrachtung ex post; so auch Seelmann JuS 1995, 281ff. (284)

515 vgl. Cramer/Sternberg-Lieben § 323c Rn. 5, 25; vgl. Maurach/Schroeder/Maiwald Strafrecht BT 2 § 55 Rn. 18; vgl. Ulsenheimer Arztstrafrecht in der Praxis Rn. 254f.; vgl. Ulsenheimer in: Laufs/Uhlenbruck Handbuch des Arztrechts § 141 Rn. 21, 29

516 Bockelmann in: Ponsold S. 3; Bockelmann Strafrecht des Arztes S. 21; Welzel NJW 1953, 327ff. (328); Welzel Strafrecht S. 472

517 Wessels/Hettinger Strafrecht BT 1 Rn. 1042; a. A. Cramer/Sternberg-Lieben in: Sch/Sch § 323c Rn. 1, der den Gedanken der Schadensabwehr zum Schutz der Individualrechtsgüter der in Not Geratenen für durch § 323 c StGB geschützt hält

518 Cramer/Sternberg-Lieben in: Sch/Sch § 323c Rn. 25; Ulsenheimer in: Laufs/Uhlenbruck Handbuch des Arztrechts § 141 Rn. 22

519 Geilen Jura 1983, 138ff.; Lackner/Kühl § 323c Rn. 4

Dies hat zur Folge, dass auch bei einem Arzt in beliebiger Entfernung zum Unfallort, wie einem auswärtigen Konsiliararzt, der im Rahmen der Telemedizin durch die Technik zur Einbringung seines Erfahrungswissens zugeschaltet werden kann, das Merkmal „bei" einem Unglücksfall erfüllt sein kann[520]. Eine Einschränkung der Hilfspflicht kann durch die Zumutbarkeit bzw. Erforderlichkeit erfolgen.

cc) Erforderlichkeit der Hilfeleistung

Bei dem Kriterium der Erforderlichkeit der zu leistenden Hilfe ist die Sicht ex ante maßgeblich, d. h. ob der Arzt nach dem vorausschauenden Urteil eines objektiven Beobachters im Zeitpunkt der möglichen Hilfeleistung eine Chance hatte, drohenden Schaden abzuwenden[521].

aaa) Hilfeleistungspflicht

Der Umstand, dass der Tod infolge einer unheilbaren Krankheit letztlich nicht abgewendet werden kann, schließt die Erforderlichkeit einer Hilfe nicht notwendig aus[522]. Nicht gefordert ist, dass die Abwendung aller drohenden Schäden möglich ist. Erforderlich ist daher auch die Hilfe, um erhebliche Schmerzen abzuwenden oder um den Todeseintritt in erheblicher Weise hinauszuschieben[523]. Es reicht aus, wenn die Gefahr weiterer Schäden besteht, die durch die Linderung von Schmerzen oder erheblichen Qualen bekämpft werden kann. Bei einer unheilbaren Krankheit beschränkt sich die Hilfeleistung allein auf die Linderung von Schmerzen oder Qualen[524].

---

[520] Ulsenheimer Arztstrafrecht in der Praxis Rn. 254a; Ulsenheimer in: Laufs/Uhlenbruck Handbuch des Arztrechts § 141 Rn. 23a

[521] Cramer/Sternberg-Lieben in: Sch/Sch § 323c Rn. 2; Lackner/Kühl § 323c Rn. 5; Maurach/Schroeder/Maiwald Strafrecht BT 2 § 55 Rn. 19; OLG Karlsruhe NJW 1979, 2360f.; Schröder Anm. zu BGH JR 1958, 184ff. (186); Seelmann JuS 1995, 281ff. (285); a. A. Frellesen Anm. zu BGH StV 1987, 21f. (22); a. A. Ulsenheimer Anm. zu BGH StV 1986, 201 (203)

[522] BGH JR 1956, 347f. (348) m. zust. Anm. Maurach; BGH NStZ 1985 409f. (410); BGH StV 1986, 201 m. Anm. Ulsenheimer; BGH StV 1987, 21f. (22) m. Anm. Frellesen; BGHSt 32, 367ff. (381); Schröder Anm. zu BGH JR 1958, 184ff. (186); vgl. BGH NStZ 1985, 119ff. (122)

[523] BGHSt 14, 213ff. (216); Conradi Sterbehilfe S. 53f.; Cramer/Sternberg-Lieben § 323c Rn. 14; v. Dellingshausen Sterbehilfe S. 29; Maurach/Schroeder/Maiwald Strafrecht BT 2 § 55 Rn. 19; Rudolphi in: SK-StGB § 323c Rn. 15

[524] OLG Köln Strafverteidiger Forum 1997, 54ff. (55); Ulsenheimer Arztstrafrecht in der Praxis Rn. 256; vgl. BGHSt 14, 213ff. (216f.)

Dagegen wird von einer anderen Auffassung[525] vertreten, dass bei Nichtabwendbarkeit des Todes eine Hilfeleistungspflicht für den Sterbenden generell zu verneinen sei, da es lediglich noch um die Gewährung von wirklichem oder vermeintlichem seelischem Beistand oder Annehmlichkeiten gehe, die aber mit der Wahrnehmung realer Rettungschancen, die im Rahmen des § 323c StGB allein von Relevanz sein könnten, nichts mehr zu tun hätten.

Diese Ansicht greift zu kurz. Gerade die Palliativmedizin beschäftigt sich mit der Linderung der Symptome und Leiden bei unheilbaren Krankheiten. Hierbei geht es nicht lediglich um die Gewährung von seelischem Beistand oder Annehmlichkeiten, sondern um die Linderung der Begleiterscheinungen der Krankheit, wie die Linderung zum Teil erheblicher Schmerzen. Bis letztendlich der Tod eintritt, können sich die Schmerzen des Patienten im Einzelfall zum Teil stark steigern[526]. Eine Studie belegt, dass bei 35 % der Patienten in der Finalphase eine Dosissteigerung der Medikamente aufgrund zunehmender Schmerzen erforderlich war, bei 48 % blieb die Dosierung der schmerzlindernden Medikamente gleich, 91 % benötigten in der Finalphase eine schmerzlindernde Medikation[527]. Des Weiteren ist die Sterbephase ein schwer abgrenzbarer Zeitraum, den der Arzt nur schwer bestimmen, dessen zeitliche Bestimmung lediglich ungenau erfolgen, und der sich letztlich im Gegensatz zur ursprünglichen Prognose als erheblich länger oder kürzer erweisen kann[528]. Im Hinblick auf das fehlende klare Abgrenzungskriterium ist diese Meinung mithin als zu unbestimmt abzulehnen[529].

bbb) Ausmaß

Ferner ist das Ausmaß der Hilfeleistung zu bestimmen. Die Erforderlichkeit der Hilfe bezieht sich nicht nur auf deren „Ob", sondern auch auf deren Ausmaß[530]. Dabei genügt der Arzt seiner Pflicht zur Hilfeleistung nicht dadurch, dass er irgendetwas zum Zwecke der Rettung unter-

---

[525] Kreuzer in: Mergen Juristische Problematik in der Medizin S. 243; Kreuzer NJW 1967, 278ff. (279)

[526] Conradi Sterbehilfe S. 53; Klaschik in: Diener/Maier Schmerztherapiebuch S. 277; vgl. Hankemeier/Krizanits in: Hankemeier/Schüle-Hein/Krizanits Tumorschmerztherapie S. 41f.; vgl. Nauck in: Hankemeier/Schüle-Hein/Krizanits Tumorschmerztherapie S. 372, 375; vgl. Strumpf in: Zenz/Jurna Lehrbuch der Schmerztherapie S. 716, 724

[527] Nauck in: Klaschik/Nauck Palliativmedizin heute S. 46f.; vgl. Enquete-Kommission Ethik und Recht der modernen Medizin Zwischenbericht BT-Drs. 15/5858, 23

[528] Jonen-Thielemann in: Aulbert/Zech Lehrbuch der Palliativmedizin S. 679; Nauck in: Hankemeier/Schüle-Hein/Krizanits Tumorschmerztherapie S. 375f.

[529] Conradi Sterbehilfe S. 53

[530] Cramer/Sternberg-Lieben in: Sch/Sch § 323c Rn. 17

nimmt, er muss vielmehr die ihm zumutbare bestmögliche Hilfe leisten[531]. Mithin begrenzt das Kriterium der Zumutbarkeit Art und Umfang der Hilfspflicht. Eine objektive Gesamtabwägung aller konkreten Umstände ist vorzunehmen. Hierzu gehören die betroffenen Rechtsgüter des Verunglückten (Erkrankten), der Grad der Gefährdung des Patienten, die Schwere seiner Verletzung oder Erkrankung, die Wahrscheinlichkeit des Eintritts einer Verschlechterung des Gesundheitszustandes oder weiterer Schäden, die Größe der Rettungschancen, das physische Können, die seelische Konstitution, die Lebenserfahrung und fachlichen Fähigkeiten des zur Hilfe gerufenen Arztes, die ihm zur Verfügung stehenden Hilfsmittel, eigene oder fremde schutzwürdige Interessen, die räumliche Entfernung vom Unfallort u. a.[532] Niemand ist über die Grenzen seines Leistungsvermögens hinaus zur Hilfeleistung verpflichtet[533].

Die Vornahme einer Schmerzbehandlung fällt in das Aufgabengebiet eines Facharztes für Innere und Allgemeinmedizin[534]. Von einem Facharzt auf dem Gebiet der Allgemeinmedizin kann daher regelmäßig von Kenntnissen in der schmerztherapeutischen Behandlung ausgegangen werden. Auch ein Arzt, der in diesem Bereich tätig, jedoch noch nicht Facharzt für Allgemeinmedizin ist, hat den Facharztstandard zu erbringen und wird infolgedessen grundsätzlich zur Vornahme einer Schmerzbehandlung fähig sein. Die Schmerzbehandlung gehört zu den gewöhnlichen Mitteln und Aufgaben eines Arztes[535]. Der oftmals als Hausarzt bezeichnete Allgemeinmediziner wird zumindest die Grundlagen der Schmerztherapie im Allgemeinen kennen.

Sollte die eigene Kenntnis bzw. Möglichkeit zur Hilfeleistung fehlen, so besteht die Verpflichtung, an fachkundige Hilfe zu verweisen, bspw. an ein Krankenhaus[536]. Für Ärzte ergibt sich aus § 323c StGB keine erweiterte Hilfspflicht, wobei allerdings ihre erhöhte Leistungsfähigkeit das

---

[531] BGH MDR/H 1993, 721f. (722); BGHSt 21, 50ff. (54); Cramer/Sternberg-Lieben in: Sch/Sch § 323c Rn. 17; Ulsenheimer Arztstrafrecht in der Praxis Rn. 257

[532] Ulsenheimer Arztstrafrecht in der Praxis Rn. 262; Ulsenheimer in: Laufs/Uhlenbruck Handbuch des Arztrechts § 141 Rn. 41; vgl. BGHSt 2, 296ff. (299); vgl. Cramer/Sternberg-Lieben in: Sch/Sch § 323c Rn. 20

[533] Bruns Anm. zu OLG Karlsruhe JR 1980, 295ff. (299); Ulsenheimer in: Laufs/Uhlenbruck Handbuch des Arztrechts § 141 Rn. 27; Wessels/Hettinger Strafrecht BT 1 Rn. 1045

[534] siehe E III 2 b bb

[535] Weißauer/Opderbecke MedR 1995, 456ff. (461)

[536] vgl. BGH NStZ 1985, 409f.; vgl. OLG Karlsruhe JR 1980, 295ff. (296) m. Anm. Bruns

Ausmaß der ihnen möglichen Hilfeleistung bestimmt[537]. Die Verpflichtung zur Verweisung an fachkundige Hilfe besteht durch das Fachwissen des Arztes im Hinblick auf das Sonderwissen eines Spezialisten bzw. fachkundiger Hilfe.

Der Arzt ist damit regelmäßig verpflichtet, die erforderliche Schmerzlinderung beim Patienten herbeizuführen, da diese eine zumutbare Hilfeleistung darstellt. Sofern er zur Schmerztherapie nicht fähig ist, kann eine Verweisung an eine fachkundige Hilfe die Art der Hilfspflicht nach § 323c StGB darstellen, wenn der Arzt über das Sonderwissen verfügt, wo fachkundige Hilfe am besten geleistet werden kann. So muss beispielsweise der Augenarzt oder Facharzt eines anderen Gebietes selbst keine Schmerztherapie anwenden, sofern er diese Kenntnisse nicht hat. Insofern ist der Arzt aber regelmäßig verpflichtet, den Hilfsbedürftigen aufgrund seines Grundwissens als Arzt dorthin zu verweisen, wo ihm fachkundige Hilfe zur Verfügung steht.

dd) Vorsatz

Der Arzt muss die Hilfeleistung vorsätzlich unterlassen haben, wobei bedingter Vorsatz ausreicht. Er muss dazu Kenntnis haben vom Vorliegen des Unglücksfalls, also der die Gefahrenprognose begründenden Umstände, nicht notwendig der medizinischen Details; ferner hat er die tatsächlichen Voraussetzungen der Hilfeleistungspflicht zu kennen, insbesondere die Umstände, die die Erforderlichkeit der Hilfeleistung sowie die Zumutbarkeit begründen[538]. Schließlich muss er zumindest in Kauf nehmen, dass dem Patienten in einer konkreten Gefahrensituation die notwendige Hilfe durch sein Untätigbleiben verweigert wird.

ee) Ergebnis

Aufgrund des im hier untersuchten Fall bestehenden Willens des Patienten zur Schmerztherapie fehlt es jedenfalls an einer Einwilligung des Patienten in das Unterlassen der schmerzlindernden Behandlung, so dass eine Rechtfertigung des Arztes ausscheidet. Sofern sämtliche Voraussetzungen des § 323c StGB gegeben sind, liegt eine Strafbarkeit des Arztes wegen unterlassener Hilfeleistung gem. § 323c StGB vor, wenn dieser die schmerzlindernde Behandlung nicht vornimmt.

---

[537] Cramer/Sternberg-Lieben in: Sch/Sch § 323c Rn. 25a; Lackner/Kühl § 323c Rn. 6; Ulsenheimer in: Laufs/Uhlenbruck Handbuch des Arztrechts § 141 Rn. 7; vgl. BGH NStZ 1985, 409f.; vgl. BGHSt 2, 296ff. (298)

[538] Cramer/Sternberg-Lieben in: Sch/Sch § 323c Rn. 28; Ulsenheimer Arztstrafrecht in der Praxis Rn. 267; Ulsenheimer in: Laufs/Uhlenbruck Handbuch des Arztrechts § 141 Rn. 11, 53

d) Totschlag/fahrlässige Tötung durch Unterlassen gem. §§ 212, 222, 13 StGB

Wenn sich das Unterlassen der schmerzlindernden Behandlung lebensverkürzend auswirkt, kommt eine Strafbarkeit wegen Totschlags bzw. fahrlässiger Tötung in Betracht.

Aus der juristischen Literatur ist nicht ersichtlich, ob dieses Problem lediglich ein theoretisches ist oder bereits in der Praxis nachgewiesene Fälle der Lebensverkürzung infolge unterlassener Schmerzlinderung existieren. Das Problem wird zwar erörtert und eine mögliche Strafbarkeit bejaht, jedoch erfolgt kein Hinweis auf einen existierenden Fall[539].

Stellamor[540] stellt aus medizinischer Sicht jedoch die Behauptung auf, dass Schmerzen inhuman seien und rascher zum Tod führen. Diese These wird von Staats[541] bestätigt. Danach können ungelinderte Schmerzen zu einer Verstärkung der Krankheit führen, diese wiederum zu einer Verstärkung der Schmerzen, wobei beide – Verstärkung von Krankheit und Schmerzen – eine negative Auswirkung auf die Überlebenschance haben können. Dies erinnert an die Schmerzspirale (circulus vitiosus), in der sich Schmerz, Angst, Hoffnungslosigkeit, psychovegetative Erregung sowie andererseits Schmerz, Verzweiflung, Rückzug, Depression und Erschöpfung gegenseitig verstärken können[542]. Angst spielt danach eine schmerzverstärkende Rolle[543]. Staats geht einen Schritt weiter und legt dar, dass Herzschmerzen, durch AIDS verursachte Schmerzen, Schmerzen bei Sichelzellenanämie und Krebsschmerzen eine positive Beziehung zur Sterblichkeit aufweisen[544]. In Studien mit Krebspatienten wurden Faktoren herausgefunden, die Auswirkungen auf das Überleben hatten. So wirken sich vier Faktoren – Gewichtsverlust, Schmerz, Tumorgröße und Zelltyp – jeweils unabhängig voneinander auf

---

[539] Eser in: Sch/Sch Vorbem §§ 211ff. Rn. 23; Kutzer in: Salger-FS S. 663ff. (669); Langer in: Kruse/Wagner S. 136f.; Uhlenbruck/Ulsenheimer in: Laufs/Uhlenbruck Handbuch des Arztrechts § 134 Rn. 9; vgl. BGH LM § 230 StGB Nr. 6

[540] Stellamor in: Stellamor/Steiner Handbuch des österreichischen Arztrechts Band II S. 68

[541] Staats in: Payne/Patt/Hill Assessment and Treatment of Cancer Pain S. 145

[542] Aulbert in: Aulbert/Zech Lehrbuch der Palliativmedizin S. 506 Abb. 4-14; Reymann in: Schockenhoff Spezielle Schmerztherapie S. 50 Abb. 4.4; Richter/Aulbert/Hankemeier in: Hankemeier/Schüle-Hein/Krizanits Tumorschmerztherapie S. 22 Abb. 1

[543] Aulbert in: Aulbert/Zech Lehrbuch der Palliativmedizin S. 506; Richter/Aulbert/Hankemeier in: Hankemeier/Schüle-Hein/Krizanits Tumorschmerztherapie S. 20, 23; vgl. Willenbrink in: Schockenhoff Spezielle Schmerztherapie S. 531

[544] Staats in: Payne/Patt/Hill Assessment and Treatment of Cancer Pain S. 146ff.

das Überleben aus[545]. Dabei hat sich herausgestellt, dass die unterschiedliche Überlebenszeit zwischen Patienten mit und ohne Schmerzen höchst bemerkenswert war[546]. Es wird daraus der Schluss gezogen, dass auch Schmerz eigenständig in Beziehung zu einer kürzeren Überlebensdauer steht[547].

In einer Doppelblindstudie mit Placebo wurde Bauchspeicheldrüsenkrebspatienten teilweise Salzlösung und teilweise Alkohol gespritzt[548]. Die Patienten füllten jeden zweiten Monat einen Fragebogen mit Angaben zu der Stärke ihrer Schmerzen nach der visuellen Analogskala aus. Daraus ergab sich, dass bei Patienten, die Alkohol erhielten, ein Ansteigen der Überlebensrate und der Stimmung zu verzeichnen war, auch bei Patienten mit Schmerzen. Die Ursache liegt darin, dass in der Bauchspeicheldrüse eine größere Zahl Nervenzellen liegt, die durch die Gabe von Alkohol wie bei einer Nervenblockade regelrecht stillgelegt bzw. abgetötet wurden. Dieses Ergebnis lässt auf die Möglichkeit schließen, dass durch verbesserte Schmerzlinderung (Analgesie) die Überlebensdauer von Patienten mit Bauchspeicheldrüsenkrebs verlängert werden kann[549]. Aus dieser sowie anderen Studien, die eine Verbindung zwischen erhöhten Schmerzen und erhöhter Sterblichkeit bei vielen Krankheiten herausgefunden haben, wird die Schlussfolgerung gezogen, dass unkontrollierte Schmerzen eine frühere Sterblichkeit hervorrufen können[550].

Die Möglichkeit der Lebensverkürzung infolge unterlassener schmerzlindernder Behandlung stellt daher nicht lediglich ein rein theoretisches Problem dar. Es wird in der Praxis schwierig nachzuweisen sein, dass die Lebensverkürzung infolge der fehlenden Schmerzlinderung eingetreten ist. Eine Reihe von Faktoren beeinflusst, wie auch Staats ausgeführt hat, den Ablauf des Sterbensvorgangs bei unheilbar Kranken. Es ist zumindest derzeit schwer möglich, einen Faktor als isolierte Ursache für den Tod eines unheilbar Kranken oder auch nur im konkreten Fall als

---

[545] Clee/Hockings/Johnston Br. J. Dis. Chest (1984) 78, 225ff.; Staats in: Payne/Patt/Hill Assessment and Treatment of Cancer Pain S. 151
[546] Kalser/Barkin/MacIntyre Cancer 1985, 397ff. (399ff.); Staats in: Payne/Patt/Hill Assessment and Treatment of Cancer Pain S. 151
[547] Kalser/Barkin/MacIntyre Cancer 1985, 397ff. (399ff.); Staats in: Payne/Patt/Hill Assessment and Treatment of Cancer Pain S. 151
[548] Staats in: Payne/Patt/Hill Assessment and Treatment of Cancer Pain S. 152
[549] Staats in: Payne/Patt/Hill Assessment and Treatment of Cancer Pain S. 152; vgl. Langer in: Kruse/Wagner S. 137, nach dem eine mit der Schmerzbefreiung verbundene Verbesserung der psychischen Situation lebensverlängernd wirkt
[550] Staats in: Payne/Patt/Hill Assessment and Treatment of Cancer Pain S. 154

mitursächlich für den Tod herauszufiltern. Rein statistische Wahrscheinlichkeiten genügen für den Nachweis der Kausalität im konkreten Fall nicht.

Sofern die Kausalität der unterlassenen Schmerzlinderung für den früheren Tod des Patienten feststehen sollte, ist weiterhin erforderlich, dass die Möglichkeit einer Schmerzlinderung sowie eine Garantenstellung des Arztes infolge Übernahme der Behandlung gegeben sind. Je nachdem, ob Vorsatz oder Fahrlässigkeit vorliegt, macht sich der Arzt mangels rechtfertigender Einwilligung wegen Totschlags oder fahrlässiger Tötung durch Unterlassen gem. §§ 212, 13 StGB bzw. §§ 222, 13 StGB strafbar.

3. Erwünschte unterlassene psychotherapeutische Behandlung

Neben der praktisch sicher bedeutendsten Frage der strafrechtlichen Behandlung unterlassener Schmerzbekämpfung besteht auch die Möglichkeit, dass sich der Zustand des Patienten durch das Unterlassen psychotherapeutischer Unterstützung verschlechtert. Ob auch insoweit eine Strafbarkeit in Betracht kommt, soll – wie schon angedeutet – im Folgenden einer selbständigen Betrachtung unterzogen werden.

Wenn der Patient keine psychotherapeutische Behandlung wünscht, sondern beispielsweise seine durch die Diagnose der unheilbaren Krankheit hervorgerufene Depression selbständig bewältigen möchte, macht sich der Arzt, der die psychotherapeutische Betreuung unterlässt, nicht strafbar. Jedenfalls ist das Unterlassen infolge der vorliegenden Einwilligung[551] des Patienten gerechtfertigt.

4. Unerwünschte unterlassene psychotherapeutische Behandlung

Beim Unterlassen einer angezeigten psychotherapeutischen Behandlung, ohne dass der Patient in das Unterlassen eingewilligt hat, kommt eine Strafbarkeit des Arztes wegen vorsätzlicher bzw. fahrlässiger Körperverletzung durch Unterlassen gem. §§ 223, 229, 13 StGB und – sofern das Unterlassen ausnahmsweise zu einer Lebensverkürzung geführt hat – wegen fahrlässiger Tötung durch Unterlassen gem. §§ 222, 13 StGB in Betracht.

a) Körperverletzung durch Unterlassen gem. §§ 223, 229, 13 StGB

Zunächst soll erörtert werden, ob sich der Arzt bei einer ohne den Willen des Patienten nicht durchgeführten psychotherapeutischen Betreuung

---

[551] siehe zur Aufklärung und Einwilligung bei psychotherapeutischer Behandlung: Gründel NJW 2002, 2987ff.

wegen fahrlässiger oder vorsätzlicher Körperverletzung durch Unterlassen gem. §§ 223, 229, 13 StGB strafbar macht.

aa) Psychische Auswirkungen

Als Ursache für den Bedarf einer psychotherapeutischen Behandlung kommen durch die unheilbare Krankheit ausgelöste Angst und Depression in Betracht. Im Rahmen der Palliativmedizin entstehen Angst und Depressivität in erster Linie als Reaktion auf die lebensbedrohliche Erkrankung und die damit verbundene emotionelle Auseinandersetzung mit dem eigenen Lebensende[552]. Mit dem Auftreten dieser Symptome ist vor allem im Zeitpunkt der erstmaligen Konfrontation mit der Erkrankung und später im fortgeschrittenen, leidensreichen Stadium der Erkrankung zu rechnen. Verlust der Körperintegrität, Funktionseinbußen und Schmerzen beeinträchtigen das Körperbild und Wohlbefinden, oftmals aber nicht erst dann, wenn sie wirklich eintreten, sondern bereits dann, wenn sie befürchtet werden müssen[553]. Die Konfrontation mit der unheilbaren Krankheit und dem Tod droht das Selbstgefühl des Patienten zu erschüttern, stimuliert weitergehende Ängste und wird damit häufig zu einer traumatischen Belastung mit panikartigen Angstzuständen[554]. Bei ca. 20 bis 35 % aller chronisch Kranken kann davon ausgegangen werden, dass sie zu irgendeinem Zeitpunkt ihrer Erkrankung an einer depressiven Störung leiden[555]. Die Beurteilung einer Depression ist bei einem Patienten im fortgeschrittenen Stadium einer körperlichen Erkrankung insofern erschwert, als die bei körperlich Gesunden typischen Symptome einer Depression wie u. a. Antriebsarmut, Müdigkeit, Schlafstörungen oder Appetitlosigkeit auch Symptome der körperlichen Grundkrankheit sein können[556]. Daher ist für die Beurteilung, ob eine Depression vorliegt, stärker auf die mentalen Symptome wie depressive Stimmung, Schuldgefühle, Gefühl der Hoffnungslosigkeit oder Wertlosigkeit abzustellen[557]. Teilweise kann auch die laufende Medikation zumindest eine Teilursache

---

[552] Vogel in: Aulbert/Zech Lehrbuch der Palliativmedizin S. 674; vgl. Kaiser/Weigang-Köhler/Gallmeier in: Aulbert/Zech Lehrbuch der Palliativmedizin S. 350; vgl. Keller in: Aulbert/Zech Lehrbuch der Palliativmedizin S. 766 bzgl. Depression; vgl. Ratsak in: Aulbert/Zech Lehrbuch der Palliativmedizin S. 750 bzgl. Angst

[553] Köhle in: Aulbert/Zech Lehrbuch der Palliativmedizin S. 841

[554] Köhle in: Aulbert/Zech Lehrbuch der Palliativmedizin S. 841; Ratsak in: Aulbert/Zech Lehrbuch der Palliativmedizin S. 753

[555] Keller in: Aulbert/Zech Lehrbuch der Palliativmedizin S. 770

[556] Keller in: Aulbert/Zech Lehrbuch der Palliativmedizin S. 768; Ratsak in: Aulbert/Zech Lehrbuch der Palliativmedizin S. 756; Vogel in: Aulbert/Zech Lehrbuch der Palliativmedizin S. 674

[557] Keller in: Aulbert/Zech Lehrbuch der Palliativmedizin S. 768; Vogel in: Aulbert/Zech Lehrbuch der Palliativmedizin S. 674

für diese Symptomatik darstellen, die durch eine Vielzahl von Medikamenten, beispielsweise von Zytostatika, als Nebenwirkung auftreten kann[558]. Diese Ursache sollte überprüft werden, bevor eine psychotherapeutische Behandlung möglicherweise in Verbindung mit einer medikamentösen Therapie mit Antidepressiva begonnen wird. Psychotherapeutische Maßnahmen zielen auf die Wiederherstellung eines stabilen Selbstzustandes, Hilfestellung bei der Krankheitsverarbeitung sowie auf die Vermittlung zu den Angehörigen[559].

bb) Körperliche Misshandlung, Gesundheitsschädigung

Wenn der Arzt eine psychotherapeutische Behandlung unterlässt und dadurch bei dem Patienten beispielsweise Depression oder Angst verstärkt werden, kann eine körperliche Misshandlung vorliegen.

Die Verstärkung der Depression oder Angst muss danach eine üble, unangemessene Behandlung darstellen, die das körperliche Wohlbefinden oder die körperliche Unversehrtheit nicht nur unerheblich beeinträchtigt[560]. Da Depression und Angst Einwirkungen auf das psychische Wohlbefinden hervorrufen, kann es an einer Beeinträchtigung des körperlichen Wohlbefindens bereits fehlen. Der Körperlichkeitsbezug erfordert jedoch nicht unbedingt eine körperliche Einwirkung, entscheidend ist vielmehr eine solche Auswirkung, die den Körper im weitesten Sinne in einen pathologischen, somatisch objektivierbaren Zustand versetzt[561]. Indikatoren für eine körperliche Auswirkung sind die sinnliche Eindrücke vermittelnden Empfindungsnerven sowie das Zentralnervensystem, dessen Reizung sich nach außen hin manifestieren muss[562]. Die Depression oder Angst müssen sich damit in körperlichen Symptomen äußern, beispielsweise durch von Angst ausgelöstem Zittern, Schwitzen, beschleunigtem Herzschlag[563] bzw. durch von einer massiven depressiven Verstimmung ausgelösten Schlaf- und Konzentrationsstörungen[564]. Mögli-

---

[558] Keller in: Aulbert/Zech Lehrbuch der Palliativmedizin S. 771; Vogel in: Aulbert/Zech Lehrbuch der Palliativmedizin S. 674

[559] dazu eingehend Köhle in: Aulbert/Zech Lehrbuch der Palliativmedizin S. 841ff.; siehe auch Keller in: Aulbert/Zech Lehrbuch der Palliativmedizin S. 774f.

[560] siehe E II 2 a; Eser in: Sch/Sch § 223 Rn. 3; Lilie in: LK § 223 Rn. 6; Tag Körperverletzungstatbestand S. 170

[561] Eser in: Sch/Sch § 223 Rn. 4; Gössel/Dölling Strafrecht BT 1 § 12 Rn. 7; Horn/Wolters in: SK-StGB § 223 Rn. 9; Lilie in: LK § 223 Rn. 8; vgl. BGH NStZ-RR 2000, 106

[562] Wolfslast Psychotherapie S. 5

[563] Ratsak in: Aulbert/Zech Lehrbuch der Palliativmedizin S. 757; Wolfslast Psychotherapie S. 6

[564] BGH NJW 1983, 462f.; BGH NStZ 2000, 24f. (25)

cherweise kann die bestehende Angst vor weiteren unerträglichen Schmerzen und Depression sich derart im Sinne eines circulus vitiosus[565] verselbständigen und sich weiter schmerzverstärkend auswirken[566]. Sofern Angst oder Depression zu körperlichen Wirkungen führen bzw. bestehende Schmerzen noch weiter derart erhöhen, dass sich eine Schmerzspirale entwickelt, und diese nicht durch eine psychotherapeutische Behandlung gelindert werden, ist eine durch das Unterlassen kausale Beeinträchtigung der körperlichen Unversehrtheit gegeben. Das Verhalten des Arztes stellt eine üble, unangemessene Behandlung dar, welche in einem den körperbezogenen Interessen des Patienten zuwiderlaufenden Unterlassen zu sehen ist[567], da dem Patienten regelmäßig an einer Behandlung zur Bekämpfung der negativ empfundenen Angstzustände, Depression sowie der darauf beruhenden körperlichen Symptome gelegen ist. Die körperlichen Auswirkungen müssen darüber hinaus auch nicht nur unerheblich sein. Die Erheblichkeit kann sich sowohl aus der Stärke als auch aus der Dauer der körperlichen Beeinträchtigungen ergeben, was im Einzelfall zu prüfen ist[568]. Bei sich durch Angst und Depression im Wege der Schmerzspirale immer weiter verstärkenden Schmerzen ist die Erheblichkeit ohne weiteres bereits aufgrund der Dauer der Schmerzen gegeben. Durch Angst ausgelöstes Schwitzen, Zittern oder beschleunigter Herzschlag stellt für sich genommen eine geringfügige Beeinträchtigung dar, die zum Überschreiten der Erheblichkeitsgrenze einer gewissen Dauer bedarf. Wenn diese Angstattacken über mehrere Stunden oder Tage hinweg immer wieder auftreten, ist eine Erheblichkeit aber jedenfalls anzunehmen. Sofern diese Merkmale erfüllt sind, ist eine körperliche Misshandlung gegeben.

Ferner kann zusätzlich auch eine Gesundheitsschädigung verwirklicht sein. Bei rein psychischen Wirkungen, die nicht als körperliche Misshandlung anzusehen sind, wie beispielsweise einer Depression ohne körperliche Auswirkungen, kommt nur eine Gesundheitsschädigung in Betracht.

---

565 siehe E III 2 a aa; Aulbert in: Aulbert/Zech Lehrbuch der Palliativmedizin S. 504, 506 Abb. 4-14; Reymann in: Schockenhoff Spezielle Schmerztherapie S. 48, 50 Abb. 4.4; Richter/Aulbert/Hankemeier in: Hankemeier/Schüle-Hein/Krizanits Tumorschmerztherapie S. 21f., 22 Abb. 1

566 vgl. Jage Medikamente gegen Krebsschmerzen S. 207; vgl. Willweber-Strumpf in: Zenz/Donner Schmerz bei Tumorerkrankungen S. 115

567 vgl. Tag Körperverletzungstatbestand S. 175ff.,182

568 Eser in: Sch/Sch § 223 Rn. 4a; Gössel/Dölling Strafrecht BT 1 § 12 Rn. 18

Hierfür ist zu klären, ob für das Vorliegen einer Gesundheitsschädigung als Hervorrufen oder Steigern eines krankhaften Zustandes[569] psychische Folgen ausreichen oder wie bei der körperlichen Misshandlung zusätzlich physische Wirkungen auftreten müssen.

Nach einer Ansicht[570] reicht eine Störung des seelischen Befindens nur aus, wenn sie einen pathologischen, somatisch objektivierbaren Zustand, vor allem auch nervlicher Art, hervorruft.

Nach anderer Auffassung[571] reicht die Erregung oder Steigerung einer psychischen pathologischen Störung zur Annahme einer Gesundheitsschädigung aus. Dabei wird auf das Fehlen des körperlichen Bezugs im Wortlaut der Gesundheitsschädigung hingewiesen.

Zur weiteren Klärung, ob auch rein seelische Beeinträchtigungen unter die Gesundheitsschädigung zu fassen sind, ist eine Auslegung des Begriffs der Gesundheit erforderlich. Gesundheit im weitesten Sinne bedeutet Defektfreiheit, Freiheit der menschlichen Existenz von pathologischen Störungen oder somatischen Beeinträchtigungen[572]. Wenn dieser umfassende Gesundheitsbegriff auch für das Schutzobjekt der §§ 223ff. StGB maßgeblich sein würde, bestünden Abgrenzungsschwierigkeiten zwischen Körperverletzung und Beleidigung bzw. Nötigung[573]. Der Gesetzgeber hat zwar bei dem Begriff der körperlichen Misshandlung ausdrücklich den körperlichen Bezug aufgenommen und dies bei der Gesundheitsschädigung nicht ausdrücklich getan. Dies rechtfertigt jedoch keine andere Beurteilung, da beide Begriffe Tatbestandsmerkmale der Körperverletzung sind und dieser körperliche Bezug insoweit wieder hergestellt ist. Ferner kann aus dem rein seelische Misshandlungen einschließenden Tatbestandsmerkmal des Quälens in § 225 StGB nicht ohne weiteres auf eine Einbeziehung seelischer Beeinträchtigungen in den Tatbestand der Körperverletzung gem. § 223 StGB geschlossen werden. Hier ist ein Sonderfall des spezifischen Abhängigkeitsverhältnisses von Schutzbefohlenen geregelt, deren hauptsächliche Begehungsform in ei-

569 siehe E II 2 a; Eser in: Sch/Sch § 223 Rn. 5; Lilie in: LK § 223 Rn. 12

570 BGH NJW 1996, 1068f. (1069) m. Bespr. Schmidt JuS 1996, 654; BGH NJW 2003, 150ff. (153); BGH NStZ 1997, 123f.; Gössel/Dölling Strafrecht BT 1 § 12 Rn. 23; Horn/Wolters in: SK-StGB § 223 Rn. 23; Lilie in: LK § 223 Rn. 15; Wessels/Hettinger Strafrecht BT 1 Rn. 258; vgl. Stree in: Sch/Sch § 225 Rn. 12, 16; vgl. Tag Körperverletzungstatbestand S. 92

571 Eser in: Sch/Sch § 223 Rn. 6; Welzel Strafrecht S. 288, der als Beispiel für rein seelische Krankheiten Depressionszustände nennt; Wolfslast Psychotherapie S. 19ff.

572 Gössel/Dölling Strafrecht BT 1 § 11 Rn. 2

573 Gössel/Dölling Strafrecht BT 1 § 11 Rn. 3

ner Körperverletzung besteht, woraus sich die Einordnung bei den Körperverletzungsdelikten ergibt[574]. Die historische Auslegung spricht darüber hinaus für einen historisch geprägten, körperbezogenen Gesundheitsbegriff der §§ 223, 229 StGB[575].

Daher ist auch bei der Gesundheitsschädigung eine seelische Beeinträchtigung nicht ausreichend, sondern zusätzlich erforderlich, dass sich diese in einem krankhaften objektiven Zustand niedergeschlagen hat. Wenn Angst oder Depression keine körperlichen oder auch darauf zurückzuführenden vegetativen Symptome wie Schlafstörungen oder Gewichtsverlust aufweisen, liegt demnach keine Gesundheitsschädigung vor.

cc) Möglichkeit der psychotherapeutischen Behandlung/Kausalität

Regelmäßig ist davon auszugehen, dass Angst oder Depression durch die psychotherapeutische Behandlung, gegebenenfalls in Verbindung mit der Gabe von Medikamenten, überwunden oder zumindest gelindert werden können. Sollte dies ausnahmsweise nicht möglich sein, scheidet eine Strafbarkeit bereits mangels Behandlungsmöglichkeit aus.

Wenn das Unterlassen der psychotherapeutischen Behandlung zu körperlichen Symptomen geführt bzw. diese verstärkt oder aufrechterhalten hat und diese bei Durchführung der Therapie beseitigt worden wären, ist die Kausalität des Unterlassens für den Körperverletzungserfolg gegeben.

dd) Garantenstellung

Die Garantenstellung des Arztes liegt in der Übernahme der Behandlung[576]. Dadurch entsteht bei dem Patienten regelmäßig das Vertrauen, dass der Arzt ihm unter Einsatz seiner ärztlichen Kenntnisse und Fähigkeiten beistehen, ihn weiter behandeln und notfalls weitere Hilfsmaßnahmen, zu denen er selbst nicht in der Lage ist, in die Wege leiten werde[577]. Es besteht daher ein derartiges Obhutsverhältnis zwischen Arzt und Patient, wonach der Arzt die Aufgabe übernimmt, Gefahren für die Gesundheit des Patienten nach Kräften entgegenzuwirken.

---

[574] Lilie in: LK Vor § 223 Rn. 2; dagegen Wolfslast Psychotherapie S. 16ff.

[575] Tag Körperverletzungstatbestand S. 92; vgl. Gössel/Dölling Strafrecht BT 1 § 11 Rn. 3

[576] siehe E III 2 a cc ggg/hhh

[577] BGH NJW 1979, 1248ff. (1249); Kreuzer in: Mergen Juristische Problematik in der Medizin S. 222ff.; Ulsenheimer Arztstrafrecht in der Praxis Rn. 34

ee) Garantenpflicht

Der Umfang der Garantenpflichten richtet sich danach, welche Schutzaufgaben tatsächlich übernommen worden sind[578]. Wenn der Patient sich ausdrücklich dahingehend äußert, dass er eine psychotherapeutische Behandlung wünscht und der Arzt sich damit einverstanden erklärt, ist diese Behandlung unzweifelhaft vom Umfang der Behandlungsverpflichtung umfasst. Erklärt der Patient nicht ausdrücklich den Wunsch auch nach psychotherapeutischer Behandlung, sondern möchte er beispielsweise seine Symptome wie Schlafstörungen behandelt haben, erwünscht er sich regelmäßig auch eine derartige Behandlung. Die Erfahrung von Klinikern und Ergebnisse von Bedarfs- bzw. Inanspruchnahmestudien sprechen dafür, dass der Bedarf nach psychotherapeutischer Behandlung groß ist und eine Forderung nach einer derartigen Mitversorgung unheilbar Kranker und Sterbender besteht[579]. So wurden bei einer Studie mit 217 Krebspatienten innerhalb eines Jahres, von denen knapp die Hälfte in diesem Jahr bereits verstarb, insgesamt 6765 psychotherapeutische Gespräche geführt[580]. Dabei wurde festgestellt, dass Inhalt und Dauer der Gespräche deutlich im Zusammenhang mit Krankheitsbedrohung und ungünstiger Prognose zusammenhingen und in jedem sechsten Gespräch die Auseinandersetzung mit der Todesbedrohung thematisiert wurde.

Wenn zum Aufgabengebiet des Arztes die psychotherapeutische Behandlung gehört, ist er daher, sofern nichts anderes zwischen Arzt und Patient vereinbart ist, auch zur Durchführung der psychotherapeutischen Behandlung verpflichtet. Insoweit ist das Tätigkeitsgebiet des Arztes zu betrachten. Fraglich ist, ob die Psychotherapie – neben dem ohne Frage hierfür zuständigen Facharzt für Psychiatrie und Psychotherapie – zum Aufgabengebiet eines Facharztes für Innere und Allgemeinmedizin gehört. Seine Tätigkeit umfasst nach den neuen Weiterbildungsordnungen der Länder[581] u. a. die Gesundheitsförderung und hausärztliche Betreuung unter Berücksichtigung der somatischen, psychischen und sozialen Wechselwirkungen. Die Integration medizinischer, psychischer und sozialer Belange im Krankheitsfall wird zum Weiterbildungsinhalt bestimmt. Der Facharzt für Innere und Allgemeinmedizin muss danach u. a. Kennt-

---

[578] Rudolphi in: SK-StGB § 13 Rn. 63; Stree in Sch/Sch § 13 Rn. 28a

[579] Köhle in: Aulbert/Zech Lehrbuch der Palliativmedizin S. 837f.; vgl. Vogel in: Aulbert/Zech Lehrbuch der Palliativmedizin S. 672

[580] Köhle in: Aulbert/Zech Lehrbuch der Palliativmedizin S. 838

[581] siehe beispielsweise Weiterbildungsordnung der Landesärztekammer Brandenburg Abschnitt B Nr. 12; Weiterbildungsordnung für die Ärzte Bayerns Abschnitt B Nr. 10; Weiterbildungsordnung für die Ärztinnen und Ärzte in Rheinland-Pfalz Abschnitt B Nr. 12

nisse, Erfahrungen und Fertigkeiten in der Betreuung palliativmedizinisch zu versorgender Patienten erworben haben, worin nach der Definition der Palliativmedizin[582] die Behandlung von psychischen Problemen enthalten ist. Darüber hinaus wird in den Weiterbildungsordnungen der Erwerb von Kenntnissen, Erfahrungen und Fertigkeiten in psychogenen Symptomen, somatischen Reaktionen und psychosozialen Zusammenhängen einschließlich der Krisenintervention gefordert. Dies spiegelt sich auch in dem Weiterbildungsinhalt wider. Danach sind 80 Stunden Kurs-Weiterbildung in Psychosomatischer Grundversorgung[583] vorgeschrieben und teilweise[584] ist ausdrücklich vorgesehen, dass ein Teil der erforderlichen stationären internistischen Patientenversorgung in den Gebieten der Neurologie, Psychiatrie und Psychotherapie oder Psychosomatischen Medizin und Psychotherapie absolviert werden kann. Sofern der Arzt Facharzt für Innere und Allgemeinmedizin oder auf diesem Gebiet tätig ist und aufgrund dessen den Facharztstandard gewährleisten muss, gehören daher zumindest Grundkenntnisse und -fähigkeiten in psychotherapeutischer Behandlung mit zu seinem Aufgabengebiet. Es ist demnach bei einem auf dem Gebiet der Allgemeinmedizin tätigen Arzt grundsätzlich von der Fähigkeit zur psychologischen Behandlung auszugehen. Die Garantenpflicht des auf dem Gebiet der Allgemeinmedizin tätigen Arztes umfasst damit auch die Grundlagen psychotherapeutischer Betreuung des Patienten.

ff) Fahrlässigkeit bzw. Vorsatz

Regelmäßig wird für den Arzt voraussehbar und erkennbar sein, dass die körperlichen Symptome des Patienten ohne eine Behandlung nicht gelindert werden und eine psychotherapeutische Behandlung erforderlich ist. Vertraut der Arzt dennoch darauf, liegt eine Sorgfaltspflichtverletzung vor, da er, wie soeben[585] erörtert, zu einer derartigen Therapie grundsätzlich verpflichtet ist. Sofern der Arzt die Aufrechterhaltung oder Verstärkung der Symptome sogar billigend in Kauf nimmt, hat er Vorsatz in der Form des dolus eventualis.

---

[582] siehe B

[583] siehe beispielsweise Weiterbildungsordnung der Landesärztekammer Brandenburg Abschnitt B Nr. 12; Weiterbildungsordnung für die Ärzte Bayerns Abschnitt B Nr. 10; Weiterbildungsordnung für die Ärztinnen und Ärzte in Rheinland-Pfalz Abschnitt B Nr. 12

[584] siehe Weiterbildungsordnung für die Ärzte Bayerns Abschnitt B Nr. 10.1; vgl. Weiterbildungsordnung der Ärztekammer Niedersachsen IV. Abschnitt Nr. 1

[585] siehe E III 4 a ee

gg) Rechtswidrigkeit
Eine Rechtfertigung des Arztes durch Einwilligung des Patienten in die Nichtbehandlung scheidet aus, da dieser in der hier angenommenen Fallkonstellation gerade eine psychotherapeutische Behandlung wünscht.

hh) Individuelle Vorwerfbarkeit/Übernahmeverschulden
Sofern der Arzt nicht zu einer psychotherapeutischen Behandlung fähig sein sollte, kann ihm die Nichtdurchführung im Rahmen der Schuld nicht vorgeworfen werden. Ihm wird jedoch der Vorwurf der Übernahme der Behandlung trotz fehlender Kenntnisse bzw. Fähigkeiten gemacht[586], so dass der sich durch die Übernahme wegen regelmäßig fahrlässiger Körperverletzung gem. § 229 StGB strafbar macht.

ii) Ergebnis
Wenn die psychischen Belastungen wie Angstzustände oder Depressionen sich in körperlichen Symptomen niedergeschlagen haben, macht sich der die psychotherapeutische Behandlung unterlassende Arzt bei bestehender Garantenstellung regelmäßig wegen fahrlässiger Körperverletzung durch Unterlassen gem. §§ 229, 13 StGB, bei fehlenden Grundkenntnissen oder -fähigkeiten zur Psychotherapie durch die Übernahme der Behandlung wegen fahrlässiger Körperverletzung gem. § 229 StGB strafbar.

b) Totschlag/fahrlässige Tötung durch Unterlassen gem. §§ 212, 222, 13 StGB
Wenn die unterlassene psychotherapeutische Behandlung von Angst und Depression durch den Arzt das Leben des Patienten verkürzt, kommt eine Strafbarkeit des Arztes wegen Totschlags bzw. fahrlässiger Tötung durch Unterlassen gem. §§ 212, 222, 13 StGB in Betracht.

Voraussetzung dafür ist, dass das Unterlassen der psychotherapeutischen Behandlung lebensverkürzend wirkt. Eine Studie mit an unheilbarem Brustkrebs erkrankten Frauen hat ergeben, dass Psychotherapie deren Leben um durchschnittlich 1 ½ Jahre verlängert hat[587]. Die Patientinnen wurden in der Gruppentherapie zur Diskussion ermutigt, wie sie die Krankheit akzeptieren und mit ihr leben können; ihnen wurde dabei zu keiner Zeit vermittelt, dass sie durch die Psychotherapie Einfluss auf

---

586 siehe E III 2 b dd
587 Barinaga Science 1989, 448f.; Spiegel/Bloom/Kraemer/Gottheil The Lancet 1989, 888ff. (890)

den Verlauf ihrer Krankheit nehmen könnten[588]. Die Patientinnen erhielten daneben die übliche, jeweils angezeigte medikamentöse bzw. chirurgische Behandlung, Chemotherapie oder Bestrahlung. Das Ergebnis zeigte, dass die Patientinnen, die eine psychotherapeutische Behandlung erhielten, weniger Angst, Furcht und Depressionen aufwiesen und ihre Angst mit Selbsthypnose zu lindern lernten[589]. Die Validität dieser Studie wird allerdings vielfach angezweifelt[590]. Eine weitere Studie, die diese Ergebnisse belegen sollte, hat ein längeres Überleben bei den psychotherapeutisch behandelten Patientinnen nicht bestätigt[591].

Demnach ist eher davon auszugehen, dass eine unterlassene Psychotherapie sich nicht lebensverkürzend auswirkt. Sollte dies sich dennoch in einem bestimmten Fall bestätigen, kommt eine fahrlässige Tötung in Betracht.

---

[588] Spiegel/Bloom/Kraemer/Gottheil The Lancet 1989, 888ff. (889)
[589] Barinaga Science 1989, 448f.
[590] Kaiser/Weigang-Köhler/Gallmeier in: Aulbert/Zech Lehrbuch der Palliativmedizin S. 349
[591] Goodwin/Leszcz/Ennis/Koopmans/Vincent/Guther/Drysdale/Hundleby/Chochinov/Navarro/Speca/Hunter N Engl J Med, Vol. 345, No. 24 (2001), 1719ff. (1719, 1723)

IV. Unzureichende Schmerzbehandlung

Sofern der Arzt zwar eine Schmerzbehandlung durchführt, diese jedoch die Schmerzen nur unzureichend lindert, obwohl eine bessere Linderung möglich wäre, kann er sich durch das partielle Aufrechterhalten der Schmerzen wegen vorsätzlicher oder fahrlässiger Körperverletzung gem. §§ 223, 229 StGB strafbar gemacht haben. Entsprechendes gilt für eine unzureichende psychotherapeutische Behandlung von beispielsweise Angst und Depression, sofern diese körperliche Auswirkungen[592] hervorrufen.

1. Abgrenzung Tun/Unterlassen

Das Tatbestandsmerkmal der Gesundheitsschädigung bzw. körperlichen Misshandlung greift ein, wenn anhaltende, d. h. drohende weitere Schmerzen nicht verhindert werden[593]. Der Vorwurf liegt in der nicht ausreichenden Schmerzlinderung. Fraglich ist, ob dies als Tun oder Unterlassen im Rechtssinne zu qualifizieren ist. Zur Abgrenzung zwischen Tun und Unterlassen gibt es zwei Auffassungen.

Roxin[594] vertritt den Standpunkt, dass ein Fall unter einem Begehungsdelikt (= aktives Tun) zu erörtern sei, wenn ein aktiver Energieeinsatz für den Erfolg kausal ist oder doch nach dem Vorsatz des Täters werden soll. Bei der unzureichenden Schmerzmittelgabe ist die Gabe der nicht ausreichenden Medikation gerade nicht kausal für die Aufrechterhaltung der Schmerzen. Denn wenn man diese Handlung wegdenken würde, läge der Körperverletzungserfolg, das Aufrechterhalten von Schmerzen, erst recht und in weit stärkerem Maß vor. Demnach ist hier durch die fehlende weitere Gabe von Schmerzmitteln bzw. die nicht erfolgte höhere Dosierung ein Unterlassen gegeben. So sieht Roxin[595] in der unterlassenen wie auch der nur unzureichend gewährten Schmerzlinderung eine mögliche Körperverletzung durch Unterlassen.

Für die Abgrenzung von Tun und Unterlassen ist nach der Rechtsprechung[596] der Schwerpunkt der Vorwerfbarkeit maßgeblich. Einerseits kann die Vorwerfbarkeit in der Handlung liegen, wenn die Vornahme der Handlung nicht die richtige war, mithin die Schmerzen durch eine andere

---

[592] siehe E III 4 a bb

[593] BGH LM § 230 StGB Nr. 6; OLG Hamm NJW 1975, 604f. (605); Lilie in: LK § 223 Rn. 17; RGSt 75, 160ff. (165)

[594] Roxin Strafrecht AT 2 § 31 Rn. 78

[595] Roxin in: Roxin/Schroth Medizinstrafrecht S. 93

[596] BGH NStZ 1999, 607f.; BGHSt 6, 46ff. (59); OLG Düsseldorf MedR 1984, 28f. (29)

Maßnahme hätten gelindert werden müssen. Andererseits wird dem Arzt diese auf Schmerzlinderung gerichtete Handlung nicht vorgeworfen. Grund des Vorwurfs ist vielmehr, dass er nichts Weiteres unternommen hat, um die Schmerzlinderung bestmöglich durchzuführen. Er hat es damit unterlassen, weitere schmerzlindernde Maßnahmen zu ergreifen. Wenn man die Schmerzbehandlung nach dem WHO-Stufenschema[597] durchführt, muss – gerade beim Einsatz von Opioiden zur Linderung erheblicher Schmerzen – eine langsame Dosissteigerung im Hinblick auf die bereits erreichte Schmerzlinderung, eine Titration am Schmerz, erfolgen[598]. Dies ist unter dem Aspekt einer möglicherweise eintretenden Atemdepression bei erfolgter Überdosierung[599] bedeutsam. Der Arzt hat damit unterlassen, noch weiter langsam die Dosierung des Schmerzmittels bis hin zu einer angemessenen Schmerzlinderung zu erhöhen. Der Schwerpunkt der Vorwerfbarkeit bezieht sich daher auf das Unterlassen der weiteren Maßnahmen zur ausreichenden Schmerzlinderung durch den Arzt.

Da hier beide Ansichten zur Abgrenzung zwischen Tun und Unterlassen zu demselben Ergebnis kommen[600], kann in diesem Kontext offen bleiben, welcher Auffassung der Vorzug zu geben ist.

2. Gesundheitsschädigung

Dabei ist jedoch zu beachten, dass eine Gesundheitsschädigung erst bei einer erheblichen Beeinträchtigung vorliegt[601]. Das Unterlassen muss zur Aufrechterhaltung erheblicher Schmerzen[602] geführt haben. Das bedeutet hier im Umkehrschluss, dass der Arzt die Linderung weiterer erheblicher Schmerzen unterlassen haben muss. Hat der Arzt die Schmerzen bis auf einen unerheblichen Rest bzw. so weit gelindert, dass lediglich eine unerhebliche weitere Schmerzlinderung möglich ist, so fehlt es bereits an dem Tatbestandsmerkmal der Gesundheitsschädigung. Die Beurteilung, wann es sich um erhebliche Schmerzen handelt, kann nicht abstrakt vorgenommen werden, da schon die Beurteilung von Schmerzen überhaupt jeweils vom individuellen Empfinden des Patienten abhängt, somit einen subjektiven Einschlag aufweist[603] und selbst unter

---

[597] siehe D II
[598] siehe D III 3
[599] siehe D III 2 f
[600] a. A. ohne Begründung Kutzer ZRP 1993, 404ff. (405)
[601] Lilie in: LK § 223 Rn. 16; vgl. Horn/Wolters in: SK-StGB § 223 Rn. 20
[602] Horn/Wolters in: SK-StGB § 223 Rn. 19
[603] vgl. D I; Eberbach Anaesthesist (1986) 35, 403ff. (405); Hankemeier/Krizanits/Schüle-Hein in: Hankemeier/Schüle-Hein/Krizanits Tumorschmerztherapie S. 4; Kränzle in: Hankemeier/Schüle-Hein/Krizanits Tumorschmerztherapie S. 272; Rich-

Zuhilfenahme der bei Medizinern verwendeten Schmerzskalen schwer zu bewerten ist.

3. Möglichkeit der Handlung/Kausalität

Ferner muss der Arzt die gebotene Handlung unterlassen haben. Die Schmerzlinderung als gebotene Handlung muss bei dem Patienten überhaupt möglich sein. Liegt diese Voraussetzung nicht vor, so scheidet eine Strafbarkeit wegen Körperverletzung durch Unterlassen bereits deshalb aus. Die nicht ausreichende Schmerzbehandlung muss für die nicht gelinderten Schmerzen ursächlich sein, d. h. eine weitere Therapie hätte zu einer Linderung der Schmerzen führen müssen.

4. Garantenstellung/Garantenpflicht

Die darüber hinaus erforderliche Garantenstellung des Arztes besteht infolge der bereits erfolgten Übernahme der Behandlung[604], da der Arzt schon eine schmerzlindernde Behandlung durchgeführt hat. Die Garantenpflicht umfasst die angemessene Schmerzbehandlung. Der Umfang der Garantenpflicht wird durch den Sorgfaltsmaßstab bestimmt, der sich nach dem Facharztstandard richtet. Maßstab hierbei ist ein besonnener und gewissenhafter Mensch in der konkreten Lage und sozialen Rolle des Handelnden[605]. Wie aus Äußerungen von Ärzten zu entnehmen ist und sich auch mittelbar aus der Literatur[606] ergibt, besteht ein praktisches Problem zu erkennen, wann der Schmerz optimal ausreichend gelindert ist und ab welcher Dosierung eine weitere Schmerzlinderung faktisch nicht mehr bzw. nur unter Inkaufnahme wesentlicher Nebenwirkungen erzielt werden kann. Durch die Titration am Schmerz, d. h. eine langsame Dosiserhöhung nach dem WHO-Stufenschema[607], die sich an der jeweiligen Schmerzäußerung des Patienten orientiert, muss der Arzt möglichst eine ideale Schmerzlinderung austesten. Wenn der Arzt bei der Gabe von Opioiden eine zu hohe Dosierung wählt, besteht die Gefahr einer Atemdepression infolge Überdosierung[608]. Dadurch wird regelmäßig eine Differenz zwischen der bestmöglichen und der durch den

---

ter/Aulbert/Hankemeier in: Hankemeier/Schüle-Hein/Krizanits Tumorschmerztherapie S. 20; Uhlenbruck MedR 1993, 296ff. (297)

604 siehe E III 2 a cc ggg; BGH LM § 230 StGB Nr. 6; Stree in: Sch/Sch § 13 Rn. 28a

605 Wessels/Beulke Strafrecht AT Rn. 667a, 669

606 vgl. Diener/Kindler/Maier in: Diener/Maier Schmerztherapiebuch S. 285f.; vgl. Freye Opioide in der Medizin S. 124; vgl. Grond/Zech in: Aulbert/Zech Lehrbuch der Palliativmedizin S. 453

607 siehe D III 3

608 Dertwinkel in: Zenz/Donner Schmerz bei Tumorerkrankungen S. 73; Gustorff in: Schockenhoff Spezielle Schmerztherapie S. 106; Jage Medikamente gegen Krebsschmerzen S. 42, 196

Arzt im konkreten Fall erzielten Schmerzlinderung entstehen. Der Arzt muss demnach nicht die optimale, sondern die durch einen besonnenen und gewissenhaften Arzt einer Fachrichtung erzielbare Schmerzlinderung leisten. Wenn die Differenz der erzielten zu der optimalen Schmerzlinderung derart gering ist, dass ein besonnener und gewissenhafter Arzt in seiner Lage keine bessere Schmerzreduktion erreichen könnte, besteht keine Garantenpflicht zur weitergehenden Schmerzlinderung. Eine Strafbarkeit des Arztes scheidet somit aus. Wird die Differenz größer mit der Folge, dass ein umsichtiger Arzt eine bessere Schmerzlinderung in der konkreten Situation erzielen könnte und von einem besonnenen und gewissenhaften Arzt in seiner Lage eine bessere Schmerzlinderung als Sorgfaltsanforderung erwartet werden kann, liegt eine Garantenpflicht zur weiteren schmerzlindernden Behandlung vor. Eventuell bestehendes Sonderkönnen und Sonderwissen des betreffenden Arztes erhöhen den Umfang der Garantenpflicht[609] und sind hier zu berücksichtigen.

5. Fahrlässigkeit

In der Regel wird der Arzt die weitere Schmerzlinderung fahrlässig unterlassen haben. Eine Verletzung der objektiven Sorgfaltspflicht liegt vor, wenn der Erfolg objektiv voraussehbar war und der Täter in dieser Hinsicht die im Verkehr erforderliche Sorgfalt außer Acht gelassen hat[610]. Der Arzt testet den Umfang der Schmerzlinderung durch Titration am Schmerz aus. Ein umsichtiger und besonnener Arzt hätte eine bessere Schmerzlinderung vorgenommen, so dass der betreffende Arzt sorgfaltspflichtwidrig und damit fahrlässig gehandelt hat.

6. Vorsatz

Wenn der Arzt bewusst keine ausreichende Schmerzlinderung vornimmt, obwohl er dies erkennt und die weiteren Schmerzen in Kauf nimmt, besteht unzweifelhaft Vorsatz zum Unterlassen der ausreichenden Schmerzlinderung des Patienten. Dieser gebildete Fall wird in der Praxis jedoch selten vorkommen. Regelmäßig wird der Arzt nicht in dem Bewusstsein, eigentlich eine bessere Schmerzlinderung erreichen zu können, den Patienten infolge einer niedrigeren Dosierung mehr Schmerzen als nötig erdulden lassen. Bei den meisten Patienten ist eine ausreichende Schmerzlinderung möglich, ohne dass die Gefahr des Eintritts nicht mehr vertretbarer Nebenwirkungen vorliegt. Dies ergibt sich aus den vielfältigen Stellungnahmen[611], die eine Atemdepression regelmäßig

---

[609] siehe E III 2 a dd ccc/ddd

[610] Wessels/Beulke Strafrecht AT Rn. 667

[611] Dertwinkel in: Zenz/Donner Schmerz bei Tumorerkrankungen S. 73; Freye Opioide in der Medizin S. 131; Gustorff in: Schockenhoff Spezielle Schmerztherapie S.

als seltenes Risiko darstellen. Wenn ein Patient auf ein bestimmtes Opioid in angemessener Dosis nicht ansprechen sollte und nicht zu tolerierende Nebenwirkungen wie eine Atemdepression drohen, so dass von einer verminderten Opioidsensibilität auszugehen ist, muss auf ein anderes Opioid gewechselt bzw. eine andere Verabreichungsweise gewählt werden[612]. Auch in einem solchen Fall sind diese anderen Möglichkeiten der palliativen Schmerztherapie auszuschöpfen, so dass der Arzt hier nicht von der Verpflichtung zur angemessenen Schmerztherapie befreit ist. Ob sich der Umfang dieser Verpflichtung möglicherweise ändert, wenn der Arzt eine höhere Schmerzmitteldosierung nicht ohne das Nebenwirkungsrisiko der Lebensverkürzung vornehmen kann, wird nachfolgend[613] im Rahmen der indirekten Sterbehilfe erörtert.

7. Individuelle Vorwerfbarkeit/Übernahmeverschulden

Sofern die Fähigkeiten oder Kenntnisse des Arztes zu einer angemessenen, weitergehenden Schmerztherapie nicht ausreichen, kann ihm dies nicht im Rahmen der Schuld vorgeworfen werden. Insoweit kommt wiederum eine Strafbarkeit des Arztes infolge Übernahmeverschuldens wie bei einer vollkommen unterlassenen Schmerzbehandlung in Betracht[614]. Dieses liegt in der Übernahme, bzw. hier in der Fortführung einer Behandlung, zu der der Arzt keine ausreichenden Kenntnisse bzw. Fähigkeiten hat[615]. Diesbezüglich ist er verpflichtet, sich die Kenntnisse anzueignen, einen Spezialisten hinzuzuziehen oder an einen solchen zu überweisen.

8. Ergebnis

Wenn die Qualität der schmerzlindernden Behandlung durch den Arzt hinter dem Facharztstandard zurückbleibt, ist regelmäßig eine Strafbarkeit des Arztes wegen fahrlässiger Körperverletzung durch Unterlassen gem. §§ 229, 13 StGB gegeben, bei nicht ausreichenden Kenntnissen

---

106; Henze in: Klöss Anästhesie S. 491; Jage Medikamente gegen Krebsschmerzen S. 196; Jage/Jurna in: Zenz/Jurna Lehrbuch der Schmerztherapie S. 270; Klaschik in: Husebø/Klaschik Palliativmedizin S. 192/215; Klaschik Schmerztherapie mit oralem Morphin und Hydromorphon bei Tumorpatienten S. 9; Sorge in: Zenz/Jurna Lehrbuch der Schmerztherapie S. 467

[612] Maier in: Klaschik/Nauck Palliativmedizin heute S. 10f., 12; Striebel/Toussaint in: Kretz/Schäffer Anästhesie S. 658; Willenbrink in: Schockenhoff Spezielle Schmerztherapie S. 539; Willenbrink Schmerzbehandlung bei Tumorpatienten S. 62; vgl. Hankemeier/Krizanits in: Hankemeier/Schüle-Hein/Krizanits Tumorschmerztherapie S. 43f.

[613] siehe E V 4 e

[614] siehe E III 2 b

[615] vgl. BGHSt 43, 306ff. (311); vgl. Ulsenheimer Arztstrafrecht in der Praxis Rn. 22

bzw. Fähigkeiten des Arztes infolge Übernahmeverschuldens wegen fahrlässiger Körperverletzung gem. § 229 StGB.

V. Aktive indirekte Sterbehilfe

Während in den zuvor erörterten Konstellationen die Schmerzlinderung ohne lebensverkürzende Nebenwirkung sowie die nicht bzw. nicht ausreichend durchgeführte Schmerzlinderung behandelt wurden, soll nunmehr abschließend die Schmerzlinderung mit dem Risiko der Lebensverkürzung erörtert werden. Bevor in die nähere Darstellung der Problematik eingetreten werden wird, soll vorab eine begriffliche Klarstellung erfolgen.

1. Abgrenzung zu anderen Formen der Sterbehilfe

Zuerst sollen die einzelnen Formen der Sterbehilfe gegeneinander abgegrenzt werden.

a) Reine Sterbehilfe

Klarstellend sei hier nochmals der Vollständigkeit halber die sog. reine Sterbehilfe, die Verabreichung schmerzlindernder Medikamente ohne Einfluss auf die Lebensdauer des Patienten, erwähnt, die bereits oben[616] dargestellt wurde.

b) Aktive direkte Sterbehilfe

Von (aktiver) direkter Sterbehilfe[617] wird ausgegangen, wenn die Tötung des Patienten zielgerichtet durchgeführt wird, um das Leben und damit die Schmerzen bzw. Krankheit zu beenden. Diese zielgerichtete Tötung erfolgt auf der subjektiven Ebene mit Absicht (dolus directus 1. Grades). Die aktive direkte Sterbehilfe ist nach deutschem Recht – im Gegensatz zu beispielsweise den Niederlanden – strafbar[618]. Durch das generelle Tötungsverbot der §§ 211ff. StGB ist jedem, mithin auch dem Arzt, jede aktive Handlung, die darauf abzielt, den Todeseintritt zu beschleunigen, also eine Lebensverkürzung bezweckt, durch diese Strafdrohungen untersagt[619]. Die Gründe für das im Ausgangspunkt strikte Verbot aktiver direkter Sterbehilfe sind folgende: Eine Lockerung des Tötungsverbots würde zu einer Relativierung des auch unheilbar Kranken oder Todgeweihten zugute kommenden, gem. Art. 2 Abs. 2 S. 1 GG garantierten, Lebensschutzes führen, die Achtung vor dem Leben untergraben und reinen Nützlichkeitserwägungen Raum geben; ferner vermag eine solche Einschränkung des Tötungsverbots den Gefahren des Missbrauchs nicht

---

[616] siehe E I 1, II

[617] Uhlenbruck/Ulsenheimer in: Laufs/Uhlenbruck Handbuch des Arztrechts § 132 Rn. 4; vgl. Knopp MedR 2003, 379ff.

[618] Deutsch/Spickhoff Medizinrecht Rn. 499; Ulsenheimer Arztstrafrecht in der Praxis Rn. 275

[619] Seibert Indirekte Sterbehilfe S. 12; Wessels/Hettinger Strafrecht BT 1 Rn. 28

zu begegnen und würde das Vertrauensverhältnis zwischen Patient und Ärzteschaft erschüttern[620]. Die Gegenposition, die die Tötung eines schwer und unheilbar leidenden Menschen als bei objektiv vernünftigem Verlangen sogar infolge Reduktion des Tatbestandes des § 216 StGB als tatbestandslos[621] oder als übergesetzlichen entschuldigenden Notstand[622] ansehen bzw. diese rechtfertigen[623] will, wenn der Leidende die Tötungshandlung aufgrund freier und reiflicher Überlegung ausdrücklich wünscht, oder wenn er zu einer solchen Willensäußerung zwar nicht mehr imstande ist, diese aber wünschen würde, ist nicht gesetzeskonform und aus den soeben genannten Gründen abzulehnen[624].

Straflos bleibt der Beitrag des Arztes zur Sterbehilfe, wenn dieser lediglich eine Beihilfe zum frei verantworteten Suizid darstellt[625]. Eine solche Beihilfehandlung liegt vor, wenn der Arzt einem zur Selbsttötung entschlossenen schwerstleidenden Erkrankten auf dessen Verlangen ein Tötungsmittel zur Verfügung stellt, das der Erkrankte selbst einnimmt. Hierbei kommen allerdings ggf. Verstöße gegen das BtMG in Betracht[626].

c) Passive Sterbehilfe

Ferner soll kurz eine Abgrenzung zur passiven Sterbehilfe erfolgen. Unter passiver Sterbehilfe versteht man den Verzicht auf lebensverlängernde Maßnahmen bei sterbenden oder irreversibel bewusstlosen Patienten[627]. Dies betrifft die Fälle, in denen der Arzt entweder von vornherein keine Hilfsmaßnahmen ergreift, weil er erkannt hat, dass der unheilbar Kranke nicht mehr gerettet werden kann, oder in denen er weitere Bemühungen zur Rettung eines unheilbar Kranken nach Erkennen ihrer Aussichtslosigkeit aufgibt und dem natürlichen Prozess des Sterbens seinen Lauf lässt, indem er davon absieht, Leben und Todeskampf des Patienten durch Stimulation und den Einsatz aller verfügbaren Apparatu-

---

[620] Deutsch/Spickhoff Medizinrecht Rn. 499; Eibach Sterbehilfe – Tötung aus Mitleid S. 254f.; Wessels/Hettinger Strafrecht BT 1 Rn. 28; vgl. Hirsch in: Lackner-FS S. 597ff. (614); vgl. Rabbata DÄBl. 101 (2004), C1109

[621] Jakobs Tötung auf Verlangen S. 31

[622] Hirsch in: Lackner-FS S. 597ff. (615); vgl. Tröndle ZStW 99 (1987), 25ff. (42)

[623] Hoerster Sterbehilfe S. 169; vgl. Witteck KritV 2003, 163ff. (185ff.)

[624] Ulsenheimer Arztstrafrecht in der Praxis Rn. 275

[625] Deutsch/Spickhoff Medizinrecht Rn. 500; Hirsch in: Lackner-FS S. 597ff. (607); Seibert Indirekte Sterbehilfe S. 13; Ulsenheimer Arztstrafrecht in der Praxis Rn. 276, 278

[626] BGH JZ 2002, 150ff. (151f.) m. Anm. Sternberg-Lieben; Deutsch/Spickhoff Medizinrecht Rn. 500

[627] Ulsenheimer Arztstrafrecht in der Praxis Rn. 287

ren um jeden Preis zu verlängern[628]. Die Straflosigkeit der passiven Sterbehilfe wird angenommen, wenn der Abbruch von zwecklos gewordenen Behandlungsmaßnahmen sich lediglich als Unterlassen weiterer Rettungsbemühungen darstellt, das auf dem (mutmaßlichen) Willen des Sterbenden beruht[629]. Die Grundlage dafür liegt in dem vom Arzt zu respektierenden Selbstbestimmungsrecht des Patienten, der es ablehnt, einen lebensrettenden Eingriff zu dulden[630].

d) Aktive indirekte Sterbehilfe

Bei der (aktiven) indirekten Sterbehilfe wird die Begriffsbestimmung nicht einheitlich gewählt. Manche[631] fassen darunter die Fälle, in denen bei einem todkranken Menschen schmerzlindernde Maßnahmen vorgenommen werden, obwohl sie den Tod beschleunigen können, und sich der Arzt mit dieser erkannten Möglichkeit abfindet. Andere[632] sehen als indirekte Sterbehilfe an, wenn der Arzt eine schmerzlindernde Maßnahme bei einem unheilbar Kranken durchführt und die Lebensverkürzung als deren mögliche oder sogar unvermeidliche Folge in Kauf nimmt.

Im Rahmen einer auf die Symptomkontrolle ausgerichteten palliativen Behandlung kann eine unter die aktive indirekte Sterbehilfe im Sinne beider Definitionen zu fassende Schmerzbehandlung vorkommen. Hier behandelt der Arzt gerade unheilbar Kranke, insbesondere auch deren oftmals sehr starke Schmerzen, bisweilen mit dem Risiko einer lebensverkürzenden Wirkung. Die Opioidtherapie ist diesbezüglich mit dem Nebenwirkungsrisiko der Atemdepression behaftet.

Zwischen beiden Begriffsbestimmungen besteht im subjektiven Bereich teilweise Übereinstimmung, während bei der letztgenannten Definitionsbestimmung die unvermeidliche Lebensverkürzung noch mit erfasst wird. Durch die Formulierung der möglichen oder sogar unvermeidlichen Nebenfolge der Lebensverkürzung wird in der zweiten Definition als weitere

---

[628] Wessels/Hettinger Strafrecht BT 1 Rn. 35; vgl. Ulsenheimer in: Laufs/Uhlenbruck Handbuch des Arztrechts § 149 Rn. 9

[629] Eser in: Sch/Sch Vorbem §§ 211ff. Rn. 28; Wessels/Hettinger Strafrecht BT 1 Rn. 37

[630] Ulsenheimer Arztstrafrecht in der Praxis Rn. 288; Ulsenheimer in: Laufs/Uhlenbruck Handbuch des Arztrechts § 149 Rn. 12

[631] BGH JR 1998, 159f. (169) m. Anm. Dölling; Krey Strafrecht BT 1 Rn. 12; Roxin in: Roxin/Schroth Medizinstrafrecht S. 96; Ulsenheimer/Erlinger in: Zenz/Jurna Lehrbuch der Schmerztherapie S. 938

[632] Laber Schutz des Lebens im Strafrecht S. 199; Seibert Indirekte Sterbehilfe S. 2; Tröndle/Fischer Vor §§ 211 bis 216 Rn. 18; Ulsenheimer Arztstrafrecht in der Praxis Rn. 286; vgl. Bade Sterbehilfe S. 102

Konstellation zusätzlich die sicher eintretende Lebensverkürzung aufgenommen. Hierbei kann es sich um eine andere Deutung der nicht ganz eindeutigen Erläuterung der indirekten Sterbehilfe durch den BGH[633] handeln, nach der eine ärztlich gebotene schmerzlindernde Medikation bei einem sterbenden Patienten angewendet wird, die „als unbeabsichtigte, aber unvermeidbare Nebenfolge den Todeseintritt beschleunigen kann". Die Wortwahl einer unvermeidbaren anstelle einer „möglicherweise unvermeidbaren" Nebenfolge spricht eher für die Einbeziehung des sicheren Wissens über die Lebensverkürzung in Form des dolus directus 2. Grades, während das Wort „kann" wiederum nur die bloße Möglichkeit der Lebensverkürzung im Sinne der Vorsatzform des dolus eventualis andeutet. Wenn der Arzt eine unvermeidlich lebensverkürzende Medikation vornimmt und dies auch erkennt, hat er damit bereits sicheres Wissen im Hinblick auf die Auswirkung der Lebensverkürzung, so dass Vorsatz nicht mehr lediglich in der Form des dolus eventualis, sondern des direkten Vorsatzes (dolus directus 2. Grades) vorliegt. In einem späteren Urteil[634] erörtert der BGH jedoch weiter, dass eine Rechtfertigung nach § 34 StGB in Betracht komme, soweit eine „bedingt vorsätzliche Verursachung" eines früheren Todes durch eine solche Medikation herbeigeführt wurde. Dadurch kann von einer Begrenzung der zulässigen indirekten Sterbehilfe durch den BGH auf die bedingt vorsätzliche Beschleunigung des Todes in der Form des dolus eventualis ausgegangen werden. Die gewählte Formulierung der „unvermeidbaren" Nebenfolge ist somit eher in dem Sinne zu sehen, dass der Arzt das Risiko der Nebenwirkung nicht durch eine andere Art der Schmerzlinderung umgehen kann, die Lebensverkürzung aber nicht sicher eintreten muss, was durch die Formulierung „den Todeseintritt beschleunigen kann" deutlich wird.

Im Folgenden soll zuerst auf die übereinstimmend nach beiden Ansichten unter die indirekte Sterbehilfe fallende Konstellation eingegangen werden, dass der Arzt eine möglicherweise lebensverkürzende, schmerzlindernde Medikation vornimmt und die potentielle Lebensverkürzung dabei in Kauf nimmt. Anschließend wird der Fall der unvermeidlichen Lebensverkürzung näher ausgeführt. Dabei wird erörtert, ob auch er unter die indirekte Sterbehilfe zu fassen und ihr dementsprechend gleichzustellen ist.

---

[633] BGH JR 1998, 159f. (160) m. Anm. Dölling = BGH NStZ 1997, 182ff. (184) = BGHSt 42, 301ff. (305); BGH JZ 2002, 150ff. (152) m. Anm. Sternberg-Lieben = BGH NJW 2001, 1802ff. (1803) = BGHSt 46, 279ff. (284f.)

[634] BGH JZ 2002, 150ff. (152) m. Anm. Sternberg-Lieben = BGHSt 46, 279ff. (285)

2. Lebensverkürzende Wirkung

Kurz soll an dieser Stelle nochmals auf die lebensverkürzende Wirkung schmerzlindernder Medikamente[635] eingegangen werden. Opioide, vorzugsweise Morphin, werden als schmerzlindernde Medikamente häufig zur Bekämpfung von bei unheilbar Kranken oftmals auftretenden starken Schmerzen verabreicht[636]. Opioide wirken beruhigend, vermindern infolge dessen den Atemantrieb bei erhöhten CO_2-Werten[637]. Der Patient verspürt ein vermindertes bis hin zu keinem ausreichenden Bedürfnis zu atmen und atmet dementsprechend weniger. Dies kann je nach Stärke der Unterdrückung des Atemimpulses bis zur Einstellung spontaner Atmung führen[638], so dass der Patient regelrecht erstickt, ohne sich dessen bewusst zu werden. Vorwiegend bei der anfänglichen Dosierungseinstellung der Opioide zur optimalen Schmerzlinderung sowie bei der Erhöhung ihrer Dosis zur Abhilfe von stärkeren Schmerzen besteht durch das Austesten der optimalen Dosierung gegen die bestehenden Schmerzen die Gefahr der Überdosierung und dementsprechend der möglicherweise auftretenden Nebenwirkung der Atemdepression[639]. Eine Atemdepression kann auch dann auftreten, wenn die Schmerzen durch eine anderweitige schmerztherapeutische Maßnahme wie z. B. eine Bestrahlung bereits gelindert wurden, die Dosierung der schmerzlindernden Medikamente dabei auf das geringere Schmerzmaß aber nicht angepasst wurde, so dass demzufolge eine Überdosierung vorliegt[640].

Die Gefahr des Hervorrufens einer Atemdepression ist jedoch im Allgemeinen als gering einzustufen. Dies ist u. a. bedingt durch den Stand der heutigen Schmerztherapie[641]. Die Kenntnisse in der Schmerztherapie sind weit entwickelt, und es gibt inzwischen Schmerzkliniken und Schmerzzentren, die sich auf die Behandlung schwerer Schmerzzustände spezialisiert haben[642]. Die Wirkungsweise von Opioiden samt ihrer

---

[635] siehe auch unter D III 2 f; v. Lutterotti in: Eser Suizid und Euthanasie S. 293

[636] Jonen-Tielemann in: Aulbert/Zech Lehrbuch der Palliativmedizin S. 682; Klaschik Medikamentöse Schmerztherapie bei Tumorpatienten S. 16; Klaschik Palliativmedizin Praxis S. 21f.; Sandgathe in: Klaschik/Nauck Palliativmedizin heute S. 17, 19

[637] Grond/Zech in: Aulbert/Zech Lehrbuch der Palliativmedizin S. 452; Jonen-Tielemann in: Aulbert/Zech Lehrbuch der Palliativmedizin S. 682; vgl. Beck/Hanekop in: Aulbert/Zech Lehrbuch der Palliativmedizin S. 480; vgl. Conradi Sterbehilfe S. 443; vgl. Freye Opioide in der Medizin S. 62ff.

[638] vgl. Freye Opioide in der Medizin S. 62

[639] siehe D III 3; vgl. Reymann in: Schockenhoff Spezielle Schmerztherapie S. 54; vgl. Wieden in: Schockenhoff Spezielle Schmerztherapie S. 627

[640] siehe D III 3

[641] Roxin in: Roxin/Schroth Medizinstrafrecht S. 99; vgl. Eser in: Sch/Sch Vorbem §§ 211ff. Rn. 26

[642] v. Lutterotti Menschenwürdiges Sterben S. 124

Nebenwirkungen wie der Atemdepression ist bekannt, so dass der Arzt voraussehen kann, wann diese Gefahr droht. Insoweit kann der Arzt bereits vorbeugende Maßnahmen ergreifen wie langsam steigende Dosierung und regelmäßige Überwachung. Die schwerwiegende Folge der Lebensverkürzung kann durch Überwachung und gegebenenfalls Antagonisierung in der Regel verhindert werden[643]. Zudem wird dem Arzt die Aufgabe der Schmerztherapie mit Opioiden durch eine individuelle Toleranzentwicklung des Patienten erleichtert. Der Patient gewöhnt sich an hohe Dosierungen von Opioiden mit der Folge, dass das Risiko einer Atemdepression sinkt bzw. sogar entfällt, wobei jeder Patient unterschiedlich hohe Dosierungen verträgt. Es wird berichtet, dass teilweise Patienten sehr hohe Dosierungen von Opioiden tolerieren und es keine feste Grenze gebe, bei der eine Konzentration auf jeden Fall tödlich wirke[644].

Klarstellend sei hier noch erwähnt, dass vom infolge einer Atemdepression eingetretenen Tod eines Menschen mit der heute herrschenden Meinung dann ausgegangen wird, wenn der sog. Hirntod eingetreten ist, d. h. mit dem irreversiblen und totalen Funktionsausfall des Gehirns[645] als dem Sitz dessen, was das Personsein des Menschen und sein Lebenszentrum ausmacht. Wenn vom Tod eines Menschen gesprochen wird, ist der Eintritt des Hirntodes gemeint.

3. Straftatbestände

Vor einem genaueren Eingehen auf die vertretenen Ansichten zur indirekten Sterbehilfe soll dargestellt werden, welche Straftatbestände hierbei für eine strafrechtliche Überprüfung in Betracht kommen. Bei der indirekten Sterbehilfe geht es um die Schmerzmittelgabe mit lebensverkürzender Nebenwirkung, so dass durch die frühere Herbeiführung des Todes im Vergleich zum auf natürliche Weise eintretenden Tod der Anwendungsbereich der Tötungsdelikte nach §§ 211ff. StGB grundsätzlich eröffnet ist. Die Tötungsdelikte gem. §§ 211ff. StGB schützen jedes geborene, menschliche Leben. Der strafrechtliche Lebensschutz kommt auch einem unheilbar Kranken oder Todgeweihten zugute[646]. Daher ist auch die Verkürzung eines todgeweihten Lebens als ein Töten im Sinne der

---

643 siehe D III 2 f, 3

644 Schöch NStZ 1997, 409ff. (410f.)

645 Eser in: Sch/Sch Vorbem §§ 211ff. Rn. 19; Lackner/Kühl Vor § 211 Rn. 4; Rengier Strafrecht BT 2 § 3 Rn. 7

646 Wessels/Hettinger Strafrecht BT 1 Rn. 28; vgl. BGHSt 7, 287ff. (288); vgl. Ingelfinger Grundlagen und Grenzbereiche des Tötungsverbots S. 94f., 216

§§ 211ff. StGB anzusehen[647]. Eine schon kurzzeitige Lebensverkürzung begründet die Anwendbarkeit der Tötungsdelikte[648], eine bloße Beschleunigung des Todeseintritts reicht aus[649].

a) Zwingende verfassungsrechtliche Vorgaben

Die grundsätzliche strafrechtliche Überprüfung hängt davon ab, inwieweit das höherrangige Recht bereits eine bestimmte zwingende Vorgabe enthält. Sofern die Verfassung die Vornahme der indirekten Sterbehilfe ausdrücklich zulassen oder verbieten würde, wäre die strafrechtliche Beurteilung der Sterbehilfe an die Vorgaben im Grundgesetz als nachrangiges Recht gebunden.

Art. 2 Abs. 2 GG gewährt ein Recht auf Leben und körperliche Unversehrtheit. Das Grundrecht auf Leben schützt den einzelnen grundsätzlich vor der Vernichtung seiner physischen Existenz durch das Handeln des Staates, entzieht menschliches Leben der Verfügbarkeit und ist Ausdruck eines ethischen Minimalkonsenses[650]. Bereits ein Anspruch auf Leistung in der Form einer Schmerzbehandlung kann daraus nicht folgen[651], so dass ein weitergehender Anspruch auf eine solche mit möglicher Lebensverkürzung, mithin indirekte Sterbehilfe, erst recht nicht daraus hergeleitet werden kann. Hufen[652] dagegen sieht aus dem Zusammenhang von Lebensschutz, körperlicher Unversehrtheit, Selbstbestimmung und Menschenwürde den einwilligungsfähigen Patienten als grundsätzlich berechtigt an, über Art und Schwerpunkte des Lebens- und Gesundheitsschutzes zu verfügen. Er zieht daraus den Schluss, dass der Patient den reinen Lebensschutz zugunsten des gleichfalls in Art. 2 Abs. 2 GG als Ausdruck körperlicher Unversehrtheit geschützten Rechts auf Leidensfreiheit zurückstellen und folglich eine entsprechende Behandlung durch den Arzt bis hin zur indirekten Sterbehilfe verlangen könne.

Diese Auffassung geht jedoch zu weit. Konkrete Vorgaben zur Beurteilung der indirekten Sterbehilfe werden durch das Grundgesetz nicht getroffen. Das Recht auf Leben gewährt lediglich das Existenzminimum

---

[647] vgl. Wessels/Hettinger Strafrecht BT 1 Rn. 28

[648] BGH NStZ 1981, 218 m. Anm. Wolfslast; BGH NStZ 1985, 26f.; Seibert Indirekte Sterbehilfe S. 43

[649] BGH NStZ 1981, 218 m. Anm. Wolfslast; Seibert Indirekte Sterbehilfe S. 43; Tröndle/Fischer § 212 Rn. 3

[650] Schulze-Fielitz in: Dreier GG Art. 2 II Rn. 11; Steiner Schutz des Lebens durch das GG S. 11

[651] siehe E III 2 a cc fff

[652] Hufen NJW 2001, 849ff. (852)

und keinen eigenständigen Anspruch auf eine medizinische Mindestversorgung[653]. Ferner besteht gem. Art. 2 Abs. 2 S. 3 GG ein Gesetzesvorbehalt, wonach in das Grundrecht auf Leben durch ein Gesetz eingegriffen werden kann. Auch Hufen[654] gesteht zu, dass aus Art. 2 Abs. 2 GG kein absolutes Verbot der Sterbehilfe im Falle eines nicht (mehr) einwilligungsfähigen Patienten abzuleiten sei. Im Umkehrschluss dazu kann auch keine zwingende, verbindliche Regelung der Zulässigkeit der indirekten Sterbehilfe durch Art. 2 Abs. 2 GG getroffen worden sein.

Weiterhin ist nach Auffassung von Frisch[655] die aktive indirekte Sterbehilfe durch den unantastbaren, in der Menschenwürde wurzelnden Kernbereich des Selbstbestimmungsrechts geschützt. Zu diesem Kernbereich des Selbstbestimmungsrechts soll gehören, darüber zu entscheiden, ob man ein schmerzerfülltes längeres oder ein relativ schmerzfreies kürzeres Leben führen will. Teilweise[656] wird vertreten, dass die Gabe riskanter Medikamente zur Schmerzlinderung durch die Menschenwürde gem. Art. 1 Abs. 1 GG geschützt sei.

Diese Auffassungen behaupten das Bestehen dieses Rechts ohne weitere Begründung. Teilweise[657] wird diese Behauptung bereits gleich wieder dadurch relativiert, dass schwere Leiden nicht per se die Würde des Menschen tangieren sollen, sondern diese sich gerade im Ertragen dieser Leiden offenbaren könne. Genau mit dieser soeben dargestellten Argumentation des Selbstbestimmungsrechts bzw. der Menschenwürde könnte man ebenfalls für die Zulässigkeit der direkten aktiven Sterbehilfe als gezielter Lebensverkürzung zur Beendigung des Leidens und einem menschenwürdigen Sterben argumentieren. Angesichts des möglicherweise fließenden Übergangs zwischen direkter und indirekter Sterbehilfe würde es zudem merkwürdig erscheinen, wenn die indirekte Sterbehilfe im Hinblick auf Art. 1 Abs. 1 GG sogar für zwingend zulässig erachtet, während die Zulässigkeit direkter Sterbehilfe wiederum häufig als Verstoß gegen die Menschenwürde[658] gewertet wird. Das gebotene restriktive Verständnis des Menschenwürdesatzes führt folglich dazu, dass die

---

[653] Jarass in: Jarass/Pieroth GG Art. 2 Rn. 69; offen gelassen VGH B-W MedR 1986, 346ff. (347)
[654] Hufen NJW 2001, 849ff. (852)
[655] Frisch in: Leipold Selbstbestimmung S. 108
[656] Hufen NJW 2001, 849ff. (851); v. Dellingshausen Sterbehilfe S. 224
[657] v. Dellingshausen Sterbehilfe S. 224
[658] Häberle in: Isensee/Kirchhof Handbuch des Staatsrechts I § 20 Rn. 97; Kunig in: v. Münch/Kunig GG Art. 1 Rn. 36; Nipperdey in: Neumann/Nipperdey/Scheuner Grundrechte Bd. 2 S. 29; Starck in: v. Mangoldt/Klein/Starck GG Art. 1 Rn. 84; Wilms/Jäger ZRP 1988, 41ff. (43f.)

indirekte Sterbehilfe nicht von Art. 1 Abs. 1 GG geschützt wird[659]. Ferner gibt die Patientenautonomie keinen Anspruch auf eine bestimmte Behandlung, sondern stellt ein Abwehr- bzw. Verhinderungsrecht dar[660]. Der 63. Deutsche Juristentag hat ebenfalls bestätigt, dass die Anerkennung der Selbstbestimmung keinen Anspruch am Ende des Lebens auf direkte, auf Tötung zielende Eingriffe zur Lebensbeendigung begründen könne[661]. Hierbei handelt es sich letztendlich nicht mehr um Selbstbestimmung, sondern um Fremdbestimmung, da diese die Selbstbestimmung ersetzt[662]. Bei der indirekten Sterbehilfe geht es zwar primär um die Schmerzlinderung, jedoch greift auch hier ein Dritter aktiv in die Dauer eines fremden Lebens ein. Bei der Sterbehilfe ist nicht mehr die Selbstbestimmung als Handlungsfreiheit maßgeblich, sondern als Rechtfertigungsprinzip, als rechtfertigende Kraft des Willens[663]. Der Arzt darf nichts, was der Patient nicht haben will, er darf aber keinesfalls alles, was der Patient haben will[664]. Der Patient kann durch seine Einwilligung bzw. durch deren Verweigerung ärztliche Eingriffe verhindern, diese jedoch nicht prinzipiell durch seine Einwilligung rechtfertigen. Eine durch die Menschenwürde bzw. das Selbstbestimmungsrecht gem. (Art. 2 Abs. 1 GG i. V. m.) Art. 1 Abs. 1 GG zwingend vorgeschriebene Zulässigkeit oder Unzulässigkeit der indirekten Sterbehilfe ist dementsprechend dem Grundgesetz nicht zu entnehmen.

Das Grundgesetz macht demnach keine verbindlichen Vorgaben für den Gesetzgeber im Hinblick auf die Zulässigkeit oder Unzulässigkeit der indirekten Sterbehilfe[665]. Diese kann damit an Strafrechtsnormen gemessen werden.

b) Zwingende Vorgaben der EMRK

Eine verbindliche Vorgabe der Auslegung der Strafrechtsnormen im Sinne einer durch die EMRK vorgegebenen Zulässigkeit der indirekten Sterbehilfe ist ebenfalls nicht geboten. Der Europäische Gerichtshof für Menschenrechte (EGMR) hat im Fall Pretty gegen Großbritannien durch

---

659 Seibert Indirekte Sterbehilfe S. 82; vgl. Steffen NJW 1996, 1581, der die Berufung auf Menschenwürde und Lebensschutz als diskussionserstickende Killervokabeln bezeichnet

660 Eser in: Sch/Sch Vorbem §§ 211ff. Rn. 25; Verrel JZ 1996, 224ff. (226); vgl. BGH NJW 2003, 1588ff. (1592); vgl. LG Karlsruhe NJW 1992, 756

661 Beschlüsse des 63. Dt. Juristentages 2000, abgedruckt in: ArztR 2001, 124ff.

662 Engisch in: Eser Suizid und Euthanasie S. 320; Eser in: Eser Suizid und Euthanasie S. 400

663 Roellecke in: Eser Suizid und Euthanasie S. 342

664 Bade Sterbehilfe S. 117; Engisch in: Eser Suizid und Euthanasie S. 319

665 dazu eingehend Seibert Indirekte Sterbehilfe S. 65ff., 71

Urteil vom 29.04.2002[666] eine Verpflichtung Großbritanniens aus Art. 2, 3, 8, 9, 14 EMRK verneint, ein Recht auf direkte Sterbehilfe zu gewähren[667].

Die Beschwerdeführerin Diane Pretty litt an einer unheilbaren Nervenkrankheit, die zu einer fortschreitenden Muskelschwäche und einem quälenden Ende führt. Sie war aufgrund ihrer Krankheit vom Hals ab gelähmt und selbst nicht mehr in der Lage, ohne fremde Hilfe Suizid zu begehen. In Großbritannien steht die Beihilfe zum Suizid unter Strafe, wobei ein Strafverfahren nur mit Zustimmung des Generalstaatsanwalts (Director of Public Prosecutions) möglich ist. Frau Pretty wollte erreichen, dass von dem Generalstaatsanwalt die Straffreiheit ihres Mannes zugesichert würde, wenn dieser ihrem Leben ein Ende bereite und dadurch „Beihilfe zur Selbsttötung" leiste. Gegen die erteilte Ablehnung und die folgende Zurückweisung ihres Antrags auf gerichtliche Überprüfung legte Frau Pretty Beschwerde bei dem Europäischen Gerichtshof für Menschenrechte (EGMR) ein.

Der EGMR stellt keine Verletzung der genannten Artikel der EMRK fest. Er führt u. a. aus, dass Art. 2 EMRK ein Recht auf Leben schütze und auch eine Pflicht des Staates zum Schutz des Lebens begründe. Daraus könne nicht negativ ein Recht zum Sterben durch einen Dritten oder mit Unterstützung einer Behörde abgeleitet werden[668]. Zwar könne ein Verstoß gegen Art. 8 § 1 EMRK nicht ausgeschlossen werden, da das Recht auf Achtung seines Privatlebens auch das Recht beinhalte, dass die gewählte Art und Weise, seine letzten Augenblicke zu leben, respektiert werde[669]. Der Eingriff durch das Gesetz, welches die Beihilfe zur Selbsttötung mit Strafdrohung untersagt, sei aber in diesem Fall gerechtfertigt, da er in einer demokratischen Gesellschaft zum Schutz der Rechte anderer notwendig sei[670].

c) Mögliche Strafrechtsnormen

Da es keinen gesonderten Straftatbestand der Sterbehilfe gibt bzw. die Sterbehilfe und damit auch die indirekte Sterbehilfe nicht gesondert strafrechtlich geregelt sind, muss auf die bestehenden allgemeinen Straf-

[666] EGMR NJW 2002, 2851ff.; Originalfassung siehe www.crimskp.echr.coe.int/tkp-197/portal.asp?sessionId=2239583&skin=hudoc-en&action=request; vgl. Heymann JuS 2002, 957f.
[667] vgl. Kutzer ZRP 2003, 209ff. (212)
[668] EGMR Urteil vom 29.04.2002 Abs. 39f
[669] EGMR Urteil vom 29.04.2002 Abs. 64ff.
[670] EGMR Urteil vom 29.04.2002 Abs. 70ff.

rechtsnormen der Tötungsdelikte gem. §§ 211ff. StGB zurückgegriffen werden[671]. Eine im Alternativentwurf eines Gesetzes über Sterbehilfe vorgeschlagene Regelung bezüglich leidensmindernder Maßnahmen (§ 214 a) wurde nicht übernommen. Danach sollte derjenige, der als Arzt oder mit ärztlicher Ermächtigung bei einem tödlich Kranken mit dessen ausdrücklichem oder mutmaßlichem Einverständnis Maßnahmen zur Linderung schwerer, anders nicht zu behebender Leidenszustände trifft, nicht rechtswidrig handeln, auch wenn dadurch als nicht vermeidbare Nebenwirkung der Eintritt des Todes beschleunigt würde[672].

Hierbei ist zuerst Totschlag gem. § 212 StGB als möglicherweise verwirklichter Straftatbestand in Betracht zu ziehen. Mordmerkmale gem. § 211 StGB werden regelmäßig nicht vorliegen, da der Arzt normalerweise die Medikamentengabe mit der Intention der Verringerung der Leiden und Qualen des Patienten vornimmt, und die Gefahr des möglicherweise eintretenden Todes nur als ungewollte, unvermeidbare Nebenwirkung in Kauf nimmt, so dass § 211 StGB dementsprechend ausscheidet. Die von Seibert[673] geprüften und im Ergebnis richtigerweise verneinten Mordmerkmale der Heimtücke bzw. niedrigen Beweggründe sind daher eher fern liegend.

Bei einer ausdrücklichen Aufforderung zur Schmerzmittelgabe durch den Patienten besteht die Möglichkeit der Verwirklichung der Privilegierung des § 216 StGB. Aus der Existenz des § 216 StGB wird deutlich, dass das Rechtsgut Leben aus dem Verfügungsbereich des einzelnen herausfällt, so dass allein die Einwilligung in eine Fremdtötung nicht zum Ausschluss der Strafbarkeit führen kann. Das ausdrückliche und ernsthafte Verlangen zur Tötung wirkt sich lediglich strafmildernd gegenüber § 212 StGB aus, nicht strafausschließend[674].

Die bei § 212 StGB, nicht aber bei § 216 StGB, möglicherweise eingreifende Strafzumessungsregel des § 213 StGB[675] kommt bei der indirekten Sterbehilfe im Rahmen der 2. Alternative eines sonstigen minder schweren Falles in Betracht. Die Voraussetzung der 1. Alternative, dass der Täter sich ohne eigene Schuld durch eine ihm oder einem Angehörigen

---

671 vgl. Uhlenbruck/Ulsenheimer in: Laufs/Uhlenbruck Handbuch des Arztrechts § 132 Rn. 7

672 abgedruckt bei Baumann u. a. AE-Sterbehilfe S. 11; Schöch ZRP 1986, 236ff. (238)

673 Seibert Indirekte Sterbehilfe S. 44f.

674 Rengier Strafrecht BT 2 § 6 Rn. 1

675 BGHSt 27, 298ff. (299); Eser in: Sch/Sch § 213 Rn. 2f.; Jähnke in: LK § 213 Rn. 2; Neumann in: NK § 213 Rn. 3; Tröndle/Fischer § 213 Rn. 1

zugefügte Misshandlung oder schwere Beleidigung vom getöteten Menschen zum Zorn gereizt und hierdurch zu der Tat – hier die schmerzlindernde Medikation mit lebensverkürzender Nebenwirkung – hat hinreißen lassen, ist nicht sehr wahrscheinlich. Ein sonstiger minder schwerer Fall im Sinne des § 213 2. Alt. StGB wird angenommen, wenn aufgrund einer Gesamtbetrachtung aller Umstände, die für die Wertung von Tat und Täter bedeutsam sein können, wobei alle wesentlichen entlastenden und belastenden Faktoren gegeneinander abzuwägen sind, sich die Tat in einem solchen Grad vom „Normalfall" einer vorsätzlichen Tötung abhebt, dass die Anwendung des Strafrahmens des § 212 Abs. 1 StGB unangemessen wäre[676]. Unter § 213 2. Alt. StGB werden regelmäßig auch Tötungen aus Mitleid gefasst[677]. In einem Fall[678], in dem aus den Umständen und der damit zusammenhängenden verminderten Schuldfähigkeit § 213 2. Alt. StGB angenommen wurde, wollte eine Mutter ihrem geliebten Sohn ein als unerträglich und unausweichlich empfundenes Schicksal ersparen. Die indirekte Sterbehilfe ist bei Gesamtbetrachtung aller Umstände, dem unerträglichen Leiden des Patienten, dem lediglich durch eine schmerzlindernde Medikation mit möglicherweise lebensverkürzender Nebenwirkung begegnet werden kann und der daraus hervorgehenden Konfliktsituation des Arztes, entweder die Leiden mit dieser möglichen Nebenfolge zu lindern oder den Patienten weiteren Qualen auszusetzen, kein Normalfall einer vorsätzlichen Tötung. Der Arzt handelt mit dem Ziel, die Schmerzen des Patienten zu lindern, so dass diese Fallkonstellation derjenigen des Mitleids vergleichbar und regelmäßig als sonstiger minder schwerer Fall gem. § 213 2. Alt. StGB anzusehen ist[679].

4. Tod als mögliche Folge der Schmerztherapie

Nunmehr soll die schmerzlindernde Behandlung des Patienten durch den Arzt, die möglicherweise lebensverkürzend wirkt und deren potentielle Nebenwirkung auch vom Arzt erkannt und in Kauf genommen wurde, unter strafrechtlichen Aspekten betrachtet werden. Voraussetzung für eine Strafbarkeit ist, dass sich die mögliche Nebenwirkung realisiert hat und der Tod infolge der Schmerzbehandlung früher eingetreten ist. Unter der möglichen Lebensverkürzung werden alle Fälle erörtert, die im begrifflichen Sinne eine lediglich mögliche bis hin zu einer sehr wahr-

---

676 BGH NStZ 1983, 365f. (366); BGH NStZ 1984, 507; BGH NStZ 1984, 118; Eser in: Sch/Sch § 213 Rn. 13; Gössel/Dölling Strafrecht BT 1 § 3 Rn. 40; Jähnke in: LK § 213 Rn. 13; Neumann in: LK § 213 Rn. 20; Tröndle/Fischer § 213 Rn. 15

677 Arzt ZStW 83 (1971), 1ff. (27f.); BGHSt 27, 298ff.; Jähnke in: LK § 213 Rn. 13; Neumann in: LK § 213 Rn. 21

678 BGHSt 27, 298ff. (299)

679 vgl. Seibert Indirekte Sterbehilfe S. 44

scheinlichen Lebensverkürzung umfassen, bei denen die Nebenfolge jedoch nicht mit Sicherheit eintritt. Sofern zwischen einzelnen Wahrscheinlichkeitsgraden unterschieden wird, wird darauf im Rahmen der Darstellung eingegangen werden.

Unerheblich ist dabei für die Beurteilung, ob diese im Rahmen des Totschlags gem. § 212 StGB oder der Tötung auf Verlangen gem. § 216 StGB erfolgt, da bei letzterer lediglich zusätzlich das ernsthafte Verlangen des Patienten zur Schmerzlinderung vorliegen muss.

Nahezu einhellig wird vertreten, dass die indirekte Sterbehilfe im Ergebnis nicht nach § 212 StGB bzw. § 216 StGB strafbar ist, sondern eine Strafbarkeit des Arztes bei indirekter Sterbehilfe ausscheidet[680]. Nur vereinzelt wird eine Strafbarkeit des Arztes unter Hinweis auf den lückenlosen Lebensschutz angenommen[681]. Im Gegensatz dazu sind die Lösungen, wie das Ergebnis der Straflosigkeit erreicht wird, überaus unterschiedlich. Darauf wird im Folgenden näher eingegangen.

a) Tatbestandsmäßigkeit

Bereits auf der Tatbestandsebene der Tötungsdelikte wird nach einigen Ansichten der Ausschluss der Strafbarkeit bei indirekter Sterbehilfe begründet.

aa) Tötungshandlung/Kausalität

Binding[682] sieht in der indirekten Sterbehilfe eine reine Heilhandlung, keine Tötungshandlung im Rechtssinne, sondern nur eine Abwandlung der schon unwiderruflich gesetzten Todesursache, deren Vernichtung nicht mehr gelingen könne. Das schmerzstillende Mittel belasse die bereits wirkende Todesursache der Krankheit in ihrer Wirkung, lediglich die Verdrängung der schmerzhaften, vielleicht auch noch länger andauernden, in der Krankheit wurzelnden Todesursache durch eine schmerzlosere andere sei von Bedeutung[683]. Der Zeitunterschied zwischen dem infolge der Krankheit vorauszusehenden und dem durch das untergeschobene Mittel verursachten Tod sei unbeachtlich; von einer spürbaren

---

680 BGH JZ 2002, 150ff. (151f.) m. Anm. Sternberg-Lieben; Schöch NStZ 1997, 409ff.; vgl. Eser JZ 1986, 786ff. (793f.); vgl. Schmitt MDR 1986, 617ff. (620)

681 siehe unten E V 4 d; Gössel BT 1 § 2 Rn. 33; Kohlhaas NJW 1973, 548ff. (550); Leisner in: Leisner/Goerlich Recht auf Leben S. 40

682 Binding in: Binding/Hoche Freigabe der Vernichtung lebensunwerten Lebens S. 18

683 Binding in: Binding/Hoche Freigabe der Vernichtung lebensunwerten Lebens S. 17

Verringerung der Lebenszeit des Verstorbenen könne allenfalls ein beschränkter Pedant sprechen.

Heinitz[684] vertritt in Anlehnung an Binding den Standpunkt, die Ersetzung einer schmerzvollen und vielleicht noch länger andauernden, krankheitsbedingten Todesursache durch eine schmerzlose andere sei keine Tötung.

Diesen Auffassungen ist entgegenzuhalten, dass die Gabe der Schmerzmittel als Handlung des Arztes gerade die Ursache für den früheren Tod setzt. Sie ist „conditio sine qua non" für den eingetretenen Tod. So genannte Reserveursachen, wie der durch die unheilbare Krankheit des Patienten bereits früher oder später bevorstehende Tod, dürfen nicht hinzugedacht werden, da der tatsächliche Geschehensverlauf seine Wirkung nicht dadurch einbüßt, dass andere Ursachen hätten an seine Stelle treten können, aber nicht getreten sind[685]. Wenn man diese Auffassungen konsequent weiterdenken würde, müsste auch die direkte aktive Sterbehilfe bei unheilbar kranken und kurz vor dem Tod stehenden Patienten mit der Begründung befürwortet werden, dass die Todesursache bereits gesetzt sei und die zeitlich früher herbeigeführte gezielte Tötung keine Ersetzung dieser bereits durch die Krankheit feststehenden Todesursache durch eine anderweitige Todesursache darstelle bzw. die Lebensverkürzung schlicht irrelevant sei. Das würde jedoch dazu führen, dass der Lebensschutz des einzelnen bei einer unheilbaren Krankheit kurz vor seinem Tod – wobei fraglich sein kann, wie lange die Zeitspanne bei bestehender unheilbarer Krankheit nach vorn ausgedehnt werden kann – nicht mehr gewährleistet und das Tötungsverbot aufgehoben ist. Diese Begründung verleitet dazu, ergebnisorientiert intuitive Entscheidungen vorzunehmen[686] und ist daher als zu unbestimmt abzulehnen.

bb) Fehlende Feststellbarkeit der Kausalität

Teilweise[687] wird die Feststellbarkeit der Kausalität nach dem Grundsatz „in dubio pro reo" verneint, da sich nachträglich nicht mehr mit völliger Gewissheit ausschließen lasse, dass der Tod auch ohne die fragliche Maßnahme zu dem gleichen Zeitpunkt eingetreten wäre. Die in der Praxis möglicherweise problematische Feststellbarkeit der Kausalität der

[684] Heinitz in: Kress/Heinitz S. 17

[685] Wessels/Beulke Strafrecht AT Rn. 161; vgl. Helgerth JR 1976, 45ff.

[686] Beckert Strafrechtliche Probleme um Suizidbeteiligung und Sterbehilfe S. 315; vgl. Chatzikostas Disponibilität des Rechtsguts Leben S. 74

[687] Simson NJW 1964, 1153ff. (1157)

Schmerzbehandlung für einen früheren Todeseintritt zeigt sich in den möglichen unterschiedlichen Auswirkungen von Schmerzen und unbehandelten Schmerzen. Gerade bei unbehandelten Schmerzen kann sich eine Schmerzspirale (circulus vitiosus)[688] entwickeln, in der Schmerz, Angst, Hoffnungslosigkeit, psychovegetative Erregung sowie andererseits Schmerz, Verzweiflung, Rückzug, Depression und Erschöpfung – also eine Vielzahl von Faktoren – sich gegenseitig weiter verstärken. Unbehandelte Schmerzen können nach Staats[689] auch eigenständig zu einem früheren Tod führen. Umgekehrt kann durch schmerzlindernde Behandlung gerade eine körperliche und seelische Stress-Situation behoben und das Leben im Allgemeinen eher verlängert als verkürzt werden[690].

Auch wenn die Kausalität im jeweiligen Einzelfall schwierig festzustellen sein kann[691], ist eine solche Feststellung doch nicht grundsätzlich ausgeschlossen. Die wiedergegebene Ansicht bietet deshalb keine umfassende Lösung der indirekten Sterbehilfe. Sie beinhaltet keine Begründung, wie die indirekte Sterbehilfe bei festgestellter Lebensverkürzung durch die schmerzlindernde Behandlung beurteilt werden soll. Durch den Verweis auf praktische Beweisschwierigkeiten wird einer rechtlichen Argumentation ausgewichen, die eine solche nicht ersetzen kann.

cc) Berücksichtigung hypothetischer Erfolgsursachen
Kaufmann[692] vertritt in Anlehnung an von Engisch[693] allgemein zur Kausalität angedachten Überlegungen die Ansicht, hypothetische Erfolgsursachen seien bei bereits anderweitig zu erwartendem Erfolgseintritt zu berücksichtigen. Danach fehle es am Erfolgsunwert der Tat und somit an einem Teil des Unrechtstatbestandes, wenn die einen strafrechtlichen Erfolg verursachende Handlung des Täters ein Tatobjekt treffe, bei dem zu diesem Zeitpunkt eine zu dem gleichen Erfolg führende Entwicklung bereits in einem solchen Ausmaß angelegt sei, dass der baldige Er-

---

[688] vgl. E III 2 a aa; E III 2 d
[689] siehe E III 2 d; Staats in: Payne/Patt/Hill Assessment and Treatment of Cancer Pain S. 146ff.
[690] v. Lutterotti in: Eser Suizid und Euthanasie S. 294; v. Lutterotti in: Knupp/Stille Sterben und Tod in der Medizin S. 91; v. Lutterotti Menschenwürdiges Sterben S. 121; Möllering Schutz des Lebens S. 11f.
[691] Schöch NStZ 1997, 409ff. (410)
[692] Kaufmann in: Eberhard Schmidt-FS S. 200ff. (229ff.)
[693] Engisch Kausalität S. 18 Fn. 1, der die Frage aufwirft, ob nicht vielleicht de lege ferenda darin ein Schuldmilderungsgrund gefunden werden sollte, dass wahrscheinlich das gleiche oder ein im wesentlichen gleiches Unheil auch ohne das verbrecherische Verhalten des Täters eingetreten wäre

folgseintritt auch ohne das rechtswidrige Täterverhalten zu erwarten wäre. Der Aktunwert der Tat bleibe zwar noch bestehen. Dies führe bei Fahrlässigkeitsdelikten jedoch zur Straflosigkeit; denn der Aktunwert der Tat allein reiche bei Fahrlässigkeitsdelikten nicht zur Begründung der Strafbarkeit aus, sondern eine derartige Tat gleiche strukturell dem Versuch, der bei fahrlässigem Handeln bekanntlich straffrei sei[694]. Konsequenterweise soll bei Vorsatztaten dementsprechend eine fakultative Strafmilderung wie beim Versuch angewendet werden, deren Maß sich an dem Aktunwert der Handlung zu orientieren habe. Kaufmann erörtert dies zwar nicht ausdrücklich für die indirekte Sterbehilfe. Da er aber aufgrund dieser Argumentation auch bei der direkten Sterbehilfe, der „eigentlichen Euthanasie", wegen der Hinfälligkeit des Lebens des Patienten wiederum den Erfolgsunwert verneint[695], muss die Argumentation erst recht bei der indirekten Sterbehilfe als vergleichbarer Situation des ohnehin bevorstehenden Todes infolge unheilbarer Krankheit gelten.

Dieser Auffassung kann aus mehreren Gründen nicht gefolgt werden. Es fehlt an einer Begründung, aus welchem Grund der Erfolgsunwert der Handlung verneint wird, wenn doch der Handlungsunwert und auch die Kausalität der Handlung für den gerade hierdurch eingetretenen Erfolg bejaht werden. Ferner wird durch diese Ansicht das Rechtsgut Leben bei unheilbarer Krankheit nicht mehr geschützt. Durch die unheilbare Krankheit ist nach dieser Ansicht eine derartige Entwicklung eingetreten, die ohne weiteres Zutun bereits zum Eintritt des Todes als Erfolg führen wird. Unabhängig davon, dass unklar bleibt, ab welchem Zeitpunkt und Ausmaß bei einer unheilbaren Krankheit der Lebensschutz entfallen soll, ist der Entzug des Lebensschutzes – die direkte Sterbehilfe wird ja ausdrücklich von Kaufmann mit umfasst – nicht hinzunehmen. Das Rechtsgut Leben stellt einen Höchstwert in der grundgesetzlichen Ordnung dar[696], dessen Schutz bis zum Tod unabhängig von Krankheit oder Todesnähe bestehen bleibt[697]. Zudem ist ein Hinzudenken von Reserveursachen, die anstelle der wegzudenkenden Handlung wirksam geworden wären, im Strafrecht unzulässig, da ein tatsächlicher Geschehensablauf seine Wirkung nicht dadurch einbüßt, dass ein anderer an seine Stelle hätte treten können, aber letztendlich doch nicht getreten ist[698].

---

694 Kaufmann in: Eberhard Schmidt-FS S. 200ff. (230)

695 Kaufmann in: Eberhard Schmidt-FS S. 200ff. (231)

696 Schultze-Fielitz in: Dreier GG Art. 2 II Rn. 11; Steiner Schutz des Lebens durch das GG S. 13

697 BGHSt 7, 287ff. (288); Knopp MedR 2003, 379ff. (385); Leisner in: Leisner/Goerlich Recht auf Leben S. 29; Starck in: v. Mangoldt/Klein/Starck GG Art. 1 Rn. 84; Wessels/Hettinger Strafrecht BT 1 Rn. 28

698 BGHSt 2, 20ff. (24); BGHSt 13, 13ff. (14f.); Wessels/Beulke Strafrecht AT Rn. 161

dd) Sozialer Gesamtsinn

Wessels[699] hält die Behandlung eines unheilbar Kranken oder Sterbenden zur Linderung von Schmerzen und zur Vermeidung unnötiger Todesqualen unter Inkaufnahme lebensverkürzender Nebenwirkungen ihrem sozialen Gesamtsinn nach für etwas ganz anderes als eine Tötungshandlung i. S. d. § 212 StGB. Eine reine Betrachtung der Kausalität des Handelns für die Lebensverkürzung greife zu kurz und übersehe dabei, dass es für die rechtliche Würdigung im Straftatbestandsbereich entscheidend auf den sozialen Sinn- und Bedeutungsgehalt des Geschehens in seinem Gesamtzusammenhang ankomme. Hier richte die Handlung sich nicht gegen das Leben, sondern bilde die einzige und letzte Möglichkeit, mit deren Hilfe der Arzt dem ohnehin verlöschenden Leben noch dienen und es für den leidenden Patienten erträglich gestalten könne. Grundlage dieser Auffassung ist die von Wessels vertretene soziale Handlungslehre, wonach eine Handlung im Sinne des Strafrechts das vom menschlichen Willen beherrschte oder beherrschbare Verhalten nur darstellt, wenn es auch sozialerheblich ist[700].

Gerade gegen dieses Kriterium der Sozialerheblichkeit kann berechtigte Kritik geübt werden. Hierbei ist zweifelhaft, inwieweit die Sozialrelevanz hinreichende Abgrenzungskriterien zwischen Handlung und Nichthandlung bieten kann[701]. Denn in der Regel ist fast alles sozialerheblich, insbesondere fast jedes menschliche Verhalten[702]. Nach Wessels/Beulke[703] ist jedes Verhalten sozialerheblich, das die Beziehungen des Einzelmenschen zu seiner Umwelt berührt und nach seinen erstrebten oder unerwünschten Folgen im sozialen Bereich Gegenstand einer wertbezogenen Beurteilung sein kann. Schon diese Definition ist derart allgemein gefasst, dass sie wertenden Aspekten freien Raum lässt. Aber auch unter Zugrundelegung dieser Definition wird nicht begründet, warum das hier erörterte Verhalten des Arztes gerade sozial unerheblich sein und bereits aus dem Tatbestand der Tötungsdelikte herausfallen soll[704]. Gewiss ist die vorliegende Fallkonstellation nicht mit herkömmlichen Tötungshandlungen zu vergleichen. Eine ebenfalls untypische Situation liegt jedoch bei der direkten aktiven Sterbehilfe vor, wenn ein an einer

---

[699] Wessels Strafrecht BT 1 (21. A. 1997) Rn. 26; bis zur 23. Auflage vertritt auch Wessels/Hettinger (vgl. Wessels/Hettinger Strafrecht BT 1 (23. A.) Rn. 31f.) diese Auffassung, seit der 24. Auflage verweist Wessels/Hettinger lediglich auf Wessels (21. A.), ohne sich dieser Meinung anzuschließen (Rn. 32)

[700] Wessels/Beulke Strafrecht AT Rn. 93

[701] v. Dellingshausen Sterbehilfe S. 120; Seibert Indirekte Sterbehilfe S. 94

[702] vgl. Puppe in: NK Vor § 13 Rn. 64

[703] Wessels/Beulke Strafrecht AT Rn. 93

[704] vgl. Merkel JZ 1996, 1145ff. (1149)

unheilbaren Krankheit leidender Patient den Arzt zur gezielten Tötung auffordert und dieser der Bitte nachkommt bzw. der Arzt möglicherweise aus Mitleid den Patienten ohne dessen Bitte mit dem Ziel der Beendigung seiner Leiden eine Überdosis an Schmerzmitteln verabreicht. Mit dem Argument der Sozialrelevanz könnte auch diese Schmerzmedikation aus dem Tatbestand der Tötungsdelikte herausgenommen werden, was nicht gewollt ist. Die Änderung der Vorsatzform wirkt sich danach auch auf die soziale Relevanz aus. Der Tatbestand der Tötungsdelikte verbietet jedoch jegliche Herbeiführung des Todes, ohne dass bestimmte subjektiv fundierte Tötungshandlungen davon ausgenommen wären[705]. Wertende Aspekte sind daher besser im Rahmen der Rechtfertigung, beispielsweise bei Notwehr oder Notstand, zu verorten. Denn letztlich unterscheidet sich jedes gerechtfertigte Verhalten, wie eine Tötung in Notwehr, nach seinem sozialen Gesamtsinn von der klassischen Tötungshandlung, auf die die §§ 211ff. StGB gemünzt sind[706]. Damit kann nicht nachvollziehbar begründet werden, warum bei der indirekten Sterbehilfe nach dem sozialen Gesamtsinn bereits keine Tötungshandlung vorliegen soll.

ee) Schutzbereich

Blei[707] und Helgerth[708] argumentieren, dass es dem Sinn der §§ 211ff. StGB entspreche, selbst eine geringfügige Verkürzung erlöschenden Lebens durch schmerzlindernde Mittel noch zu erfassen, wenn sie als solche gewollt, Ziel des Handelns – mithin direkte Sterbehilfe – gewesen sei; dagegen scheide diejenige Kausalität aus, die als ungewollte (und i. d. R. völlig unbeweisbare) Folge solcher Hilfsmaßnahmen eingetreten oder vom Handelnden als mögliche Auswirkung seines Tuns für möglich gehalten worden sei. Ebenso wie es nicht geboten sei, qualvoll erlöschendes Leben unter allen Umständen künstlich noch um Minuten oder Stunden zu verlängern, so sei es auch nach dem Sinn der Tötungsdelikte nicht verboten, Todesqualen mit kunstgerechten Mitteln auch auf die Gefahr einer geringfügigen Lebensverkürzung hin zu lindern[709].

Auch Krey[710] argumentiert dahingehend, dass das Verhalten eines Arztes, der die qualvollen Schmerzen eines Sterbenden lindert und dabei als Nebenfolge eine lebensverkürzende Wirkung in Kauf nimmt, nicht

705 Otto Jura 1999, 434ff. (440)
706 v. Dellingshausen Sterbehilfe S. 121f.
707 Blei Strafrecht II S. 17
708 Helgerth JR 1976, 45ff.
709 Blei Strafrecht II S. 17
710 Krey Strafrecht BT 1 Rn. 14

vom Schutzbereich der §§ 211ff. StGB erfasst werde. Es würde nicht dem Sinn und Zweck dieser Normen entsprechen, den Arzt zu zwingen, jede Schmerzlinderung beim Sterbenden zu unterlassen, soweit diese mit dem Risiko einer lebensverkürzenden Nebenwirkung verbunden sei.

Hirsch[711] und Jähnke[712] begründen ebenfalls die Zulässigkeit indirekter Sterbehilfe mit dem Umfang des Schutzbereichs des Tötungsverbots. Nach Hirsch richten sich die Normen des Strafrechts, die die Tötung verbieten, nach ihrem Schutzbereich nicht gegen eine ungewollte, aber unvermeidbare Lebensverkürzung, die der Arzt als Folge einer medizinisch indizierten Schmerztherapie im Endstadium einer zum Tode führenden Krankheit in Kauf nehme. Jähnkes Argumentation geht dabei jedoch in eine andere Richtung. Er zieht eine Verbindung zwischen den beruflichen Pflichten als Arzt und den strafrechtlichen Pflichten. Die Handlungspflichten des Arztes seien, da dieser im Bereich von Krankheit und Tod tätig sei, strafrechtsempfindlich und müssten mit den strafrechtlichen Pflichten übereinstimmen. Die Behandlungspflicht sei korrespondierendes Gegenstück zum Tötungsverbot. Wo der Arzt seine Behandlungspflicht nicht verletze, handele er auch dem Tötungsverbot nicht zuwider. Daraus zieht er die Schlussfolgerung, dass die Befolgung des ärztlichen Auftrages, wenn und soweit Schmerzlinderung bei einem schwer leidenden Patienten angezeigt ist, daher nicht zugleich den Tatbestand des Totschlags erfüllen könne.

Auch Ingelfinger[713] argumentiert dahingehend, dass der durch die indirekte Sterbehilfe hervorgerufene Erfolg nicht in den Schutzbereich der Tötungsdelikte fallen könne. Er nimmt dabei eine Inhaltsbestimmung des Rechtsguts Leben vor, die sich nach der subjektiven Leidensfähigkeit des betroffenen Menschen richtet. Danach liegt eine verbindliche Inhaltsbestimmung des Lebens vor, wenn der Patient schwerste Qualen ohne Schmerzlinderung (mutmaßlich) erdulden wolle, mit der Folge, dass eine gegen den (mutmaßlichen) Willen des Patienten vorgenommene lebensverkürzende Schmerzbehandlung das Rechtsgut Leben verletze und als Tötungsdelikt zu bestrafen sei[714]. Es sei aber ebenso eine verbindliche Inhaltsbestimmung des Lebens mit der Folge der Herausnahme der Handlung aus dem Schutzbereich der Tötungsdelikte darin zu sehen, dass Schmerzmittel in einer unter Umständen lebensverkürzenden Dosierung mit dem Ziel verabreicht würden, nach dem

---

[711] Hirsch ZRP 1986, 239ff. (240)
[712] Jähnke in: LK Vor § 211 Rn. 16
[713] Ingelfinger Grundlagen und Grenzbereiche des Tötungsverbots S. 273
[714] Ingelfinger Grundlagen und Grenzbereiche des Tötungsverbots S. 273

subjektiven (mutmaßlichen) Empfinden des Patienten ein noch erträgliches Durchleben des letzten Lebensabschnittes zu ermöglichen[715].

Die Herausnahme der indirekten Sterbehilfe aus dem Schutzbereich der Tötungsdelikte mit der Folge der Verneinung der Tatbestandsmäßigkeit kann letztendlich ebenso wenig überzeugen wie die Argumentation mit der Sozialrelevanz. Der Schutzzweck einer Norm ist ein zu vages Kriterium zur Begründung der Straflosigkeit von Tötungen. Insbesondere bestehen für eine Straflosigkeit der indirekten Sterbehilfe unter dem Gesichtspunkt des Tatbestandes keine Anhaltspunkte, da § 216 StGB die – häufig aufgrund von schmerzhaften Leiden – erbetene Tötung zunächst einmal ohne Ausnahme unter Strafe stellt[716]. Menschliches Leben ist ohne Rücksicht auf die Lebenserwartung in allen seinen Phasen durch die strafrechtlichen Tötungstatbestände geschützt und die Verkürzung des Lebens eines Todkranken vor dem natürlichen Ende ist grundsätzlich als Tötungsdelikt zu sehen[717]. Wenn die indirekte Sterbehilfe nicht vom Schutzbereich der Tötungsdelikte erfasst sein soll, so ist letztendlich der umfassende Schutz des Lebens des unheilbar Kranken in Frage gestellt[718]. Ferner kann die unterschiedliche Bewertung der direkten und indirekten Sterbehilfe als einmal dem Schutzbereich der Tötungsdelikte unterfallende und einmal nicht unterfallende Handlung nicht begründet werden. Denn es kann sich hierbei in beiden Fällen um dieselbe Handlung des Arztes, die Gabe schmerzlindernder Medikamente, handeln, nur die Intention – einmal gezielte Tötung, einmal Schmerzlinderung unter Inkaufnahme der möglichen Lebensverkürzung – ist unterschiedlich[719]. Der Tatbestand beschreibt jedoch in typisierender Form das generell verbotene Verhalten, so dass aus diesem nur solche Verhaltensweisen ausgeklammert werden sollten, die bei typisierend-generalisierender Betrachtungsweise von vornherein nicht unter den Tatbestandstypus fallen, ohne dass es einer diffizilen Abwägung verschiedener Gesichtspunkte bedarf[720]. Eine Tötungshandlung liegt jedoch grundsätzlich in einer vorsätzlich oder fahrlässig verursachten Lebensverkürzung, die Medikamentengabe zur Schmerzlinderung ist davon nicht generell ausgenommen und soll dies auch im Hinblick auf die direkte Sterbehilfe nicht sein.

---

[715] Ingelfinger Grundlagen und Grenzbereiche des Tötungsverbots S. 273f.
[716] Roxin in: Roxin/Schroth Medizinstrafrecht S. 97
[717] Dölling MedR 1987, 6ff.(7); Eser in: Sch/Sch Vorbem §§ 211ff. Rn. 14
[718] Conradi Sterbehilfe S. 448; Seibert Indirekte Sterbehilfe S. 101; vgl. Merkel JZ 1996, 1145ff. (1149)
[719] vgl. Verrel MedR 1997, 248ff. (249)
[720] Dölling MedR 1987, 6ff. (7)

In dieser Hinsicht ist die Argumentation von Ingelfinger zwar ein bemerkenswerter Ansatzpunkt, die indirekte Sterbehilfe bei (mutmaßlicher) Einwilligung infolge der Inhaltsbestimmung des Rechtsguts Leben aus dem Schutzbereich der Tötungsdelikte herauszunehmen. Die Einführung einer vom Willen des einzelnen Patienten abhängigen Inhaltsbestimmung des Rechtsguts Leben kann aber nicht darüber hinwegsehen lassen, dass es sich bei der indirekten Sterbehilfe mit lebensverkürzender Nebenwirkung um eine Beeinträchtigung des – wenn auch mit weniger Schmerzen behafteten – Rechtsguts Lebens handelt. Mit dieser Auffassung könnte man argumentieren, dass die vom Patienten gewünschte Leidensbeendigung durch Hervorrufen seines Todes, die direkte aktive Sterbehilfe, ebenso eine Inhaltsbestimmung des Lebens darstelle und damit aus dem Schutzbereich der Tötungsdelikte herausfalle. Dass der einzelne jedoch keine beliebige Dispositionsbefugnis über sein Leben hat und eine Inhaltsbestimmung nicht letztendlich vom Willen des einzelnen abhängig sein kann, macht die Strafbarkeit der Tötung auf Verlangen gem. § 216 StGB deutlich.

Diesem Widerspruch sieht sich auch Jähnke mit seiner Argumentation der Verbindung von Berufspflichten und strafrechtlichen Pflichten ausgesetzt. Eine Tötungshandlung besteht unabhängig von eventuellen Berufspflichten in einer Handlung mit der Wirkung der Lebensverkürzung, eine Einschränkung für die Wahrnehmung ärztlicher Pflichten besteht nicht. Dass seine Argumentation nicht ganz schlüssig und am gewünschten Ergebnis orientiert ist, erkennt man an der ärztlichen Berufspflicht generell zur Heilbehandlung. Wenn der Patient beispielsweise eine Spritze benötigt, um von einer Krankheit geheilt zu werden, so müsste auch diese Spritze im Rahmen der ärztlichen Berufspflicht von vornherein nicht strafrechtlich relevant und als Körperverletzung nicht strafbar sein, unabhängig davon, ob der Arzt einen Behandlungsfehler mit möglicherweise schwerwiegenden Folgen für den Patienten begeht.

ff) Sozialadäquanz

Des Weiteren wird die indirekte Sterbehilfe von Herzberg[721] unter dem Gesichtspunkt der Sozialadäquanz für straflos gehalten. Die Schmerzbekämpfung durch den Arzt, der zur Erreichung dieses Ziels gezwungen sei, schwerste Mittel einzusetzen, und die Lebensverkürzung als wahrscheinliche oder gar zwangsläufige Nebenfolge vor Augen habe, sei selbst bei Eintritt der Lebensverkürzung ein sozialadäquates Verhalten und kein „Töten“ im Sinne der §§ 212, 216 StGB. Herzberg geht dabei sogar so weit, dass auch für den die Lebensverkürzung erkennenden

[721] Herzberg NJW 1996, 3043ff. (3048)

oder gar als wünschenswerte Nebenfolge seiner Schmerzbekämpfung beabsichtigenden Täter die Herbeiführung der Erfolgsgefahr ein sozialadäquates Verhalten darstellen könne[722].

Hier wird deutlich, wie fließend der Übergang von der indirekten zur direkten Sterbehilfe ist. Die letztere Konstellation, in der der Arzt die Lebensverkürzung sogar als Nebenfolge beabsichtigt, ist bereits die direkte Sterbehilfe, da der Arzt die Lebensverkürzung des Patienten in der Vorsatzform der Absicht zielgerichtet (zumindest auch) erreichen will. Konsequenterweise müsste diese Handlung ebenfalls sozialadäquat und damit straflos sein, was nicht gewollt sein kann. Gerade bei zielgerichteter Lebensverkürzung und damit zielgerichteter Tötung kann jedoch keine sozialadäquate Handlung der Schmerzlinderung mehr angenommen werden. Bei dem teilweise fließenden Übergang zwischen indirekter und direkter Sterbehilfe durch Veränderungen im Vorsatzbereich kann zudem durch die von Herzberg vertretene Ansicht nicht erklärt werden, warum die eine Handlung sozialadäquat sein soll, die andere nicht. Dieser Auffassung ist daher ebenfalls nicht zu folgen.

gg) Unverbotenes/Erlaubtes Risiko

Möllering[723] und v. Dellingshausen[724] verneinen die Tatbestandsmäßigkeit[725] der indirekten Sterbehilfe infolge unverbotenen Risikos. Die Anwendung eines schmerzstillenden Medikaments sei nach der Denkfigur des unverbotenen Risikos rechtmäßig bei Einwilligung des Patienten und dessen Indikation, d. h. wenn bei sorgfältiger ex-ante-Betrachtung die zu erwartende positive Wirkung das Risiko überwiege[726]. Dabei seien als Wertungsfaktoren im Einzelfall die Todesnähe des Patienten, das Risiko der Lebensverkürzung und der Grad des körperlichen Leidens zu berücksichtigen[727]. Als Grundlage sieht v. Dellingshausen den für Fahrlässigkeitsdelikte bestehenden Sorgfaltsmaßstab, bei dessen Einhaltung ein pflichtwidriges Verhalten ausgeschlossen ist, und hält diesen auch auf die Vorsatztat für anwendbar[728]. Zwar sei das Einverstandensein des Verletzten weder geeignet, dessen vorsätzliche Tötung zu rechtfertigen,

---

[722] Herzberg NJW 1996, 3043ff. (3049)
[723] Möllering Schutz des Lebens S. 15ff.
[724] v. Dellingshausen Sterbehilfe S. 141ff.
[725] Teilweise wird als Folge des erlaubten/unverbotenen Risikos erst die Rechtswidrigkeit verneint; diese Auffassung wird im Rahmen der Rechtswidrigkeit erörtert; siehe E V 4 b gg
[726] v. Dellingshausen Sterbehilfe S. 158f., 164; Möllering Schutz des Lebens S. 16/33
[727] Möllering Schutz des Lebens S. 16, 33; weitergehend v. Dellingshausen Sterbehilfe S. 158f.
[728] v. Dellingshausen Sterbehilfe S. 174ff., 184

noch generell die Sorgfaltspflichten auszuschalten, die zum Schutz seines Lebens bestehen, durch die Einwilligung in bestimmte gefährliche Situationen könne jedoch eine Inhaltsänderung der Sorgfaltspflichten eintreten[729]. Wenn die Lebensverkürzung bei Durchführung der schmerzlindernden Behandlung wahrscheinlich oder sogar sicher eintreten werde, ist nach dieser Ansicht die Rechtmäßigkeit des Handelns durch den Arzt aus dem Gesichtspunkt des rechtfertigenden Notstands[730] begründet.

v. Dellingshausen ist in ihrem selbst aufgegriffenen Kritikpunkt zuzustimmen, dass es im Rahmen der mit einem Lebensverkürzungsrisiko verbundenen Schmerzlinderung keine exakt festzulegenden Grenzen des unverbotenen Risikos mit festen Größen gibt und die Grenzen in hohem Maße durch Schätzungen und Wertungen bestimmt werden. Solche Schätzungen und Wertungen sind jedoch dem Tatbestand, der ein Töten im Sinne eines für die Lebensverkürzung kausalen Handelns erfasst, fremd[731]. Die Übertragung der für Fahrlässigkeitsdelikte relevanten Sorgfaltsanforderung auf die Vorsatztat lässt keinen Raum für eine Unterscheidung zwischen den einzelnen Vorsatzarten. So könnte konsequenterweise auch die auf Leidenserleichterung mittels Lebensverkürzung des Patienten gerichtete Absicht (dolus directus 1. Grades) die Beurteilung der sorgfaltsgemäßen Handlung der Schmerzlinderung nicht in eine sorgfaltswidrige Handlung verwandeln[732]. Dies würde eine Vereinheitlichung der direkten und indirekten Sterbehilfe bedeuten. Zudem kann nach diesem Lösungsansatz die mögliche Straflosigkeit der indirekten Sterbehilfe nicht einheitlich für alle Fälle begründet werden. Bei höherer Wahrscheinlichkeit oder gar Gewissheit der Lebensverkürzung wird von der hier vertretenen Auffassung zur Begründung der Straflosigkeit auf die Rechtfertigung zurückgegriffen. Ferner fehlen genaue Abgrenzungskriterien, bis zu welcher Wahrscheinlichkeit der Lebensverkürzung eine Schmerzlinderung noch als unverbotenes Risiko anzusehen ist und ab wann auf die Ebene der Rechtfertigung abgestellt werden muss. Die Vertreter dieser Ansicht zeigen nicht auf, aus welchem Grund die indirekte Sterbehilfe nicht einheitlich auf der Rechtfertigungsebene begründet werden kann. Aufgrund der vielen Ungenauigkeiten und Unstimmigkeiten ist diese Auffassung damit abzulehnen.

---

729 v. Dellingshausen Sterbehilfe S. 141f.; Möllering Schutz des Lebens S. 16
730 v. Dellingshausen Sterbehilfe S. 185ff., 236; Möllering Schutz des Lebens S. 33
731 vgl. Dölling MedR 1987, 6ff. (7)
732 Seibert Indirekte Sterbehilfe S. 109

hh) Heilmaßnahme

Engisch[733] verneint die Tatbestandsmäßigkeit der indirekten Sterbehilfe, da diese ein ärztlicher Heileingriff sei. Nach dieser Ansicht ist eine indizierte und lege artis durchgeführte Heilbehandlung keine Körperinteressenverletzung und fällt auch nicht unter den Tatbestand der Körperverletzung sowie auch nicht unter den Tatbestand der Tötung[734]. Dabei fasst Engisch unter den Begriff der Heilbehandlung die Schmerzlinderung auch mit lebensverkürzendem Risiko, da wegen des positiven Zweckes die mit jeder Heilbehandlung und speziell der Schmerzstillung verbundenen Risiken und Gefahren auch in Kauf genommen werden dürften[735]. Zur sicheren Ausschaltung unerträglicher Schmerzen dürfe daher die gewöhnlich nicht sehr große Gefahr einer Lebensbedrohung in Kauf genommen werden, und zwar um so eher, je näher das Ende gerückt sei und je größer die Qualen seien. Der Arzt hat danach lediglich der konkreten Interessenlage entsprechend zu handeln und abzuwägen zwischen der Wahrscheinlichkeit einer Lebensverkürzung, der Stärke der Schmerzen und der Nähe zum Tod. Bei ausreichender Berücksichtigung dieser Faktoren sowie der medizinisch indizierten und lege artis durchgeführten Schmerzlinderung falle selbst die Schmerzlinderung noch unter den Begriff der Heilbehandlung, die zu einer „zufälligen" Todesverursachung führe. Erheblich sei nur, dass der Arzt lege artis gehandelt habe. Auf den Willen des Patienten sowie das Erkennen der Möglichkeit der Lebensverkürzung durch den Arzt komme es nicht an.

Engisch nimmt, ähnlich wie bei der Rechtsfigur des unverbotenen Risikos, im Rahmen einer ex-ante-Betrachtung zur Begründung der Indikation des ärztlichen Eingriffs eine Abwägung zwischen Risiko und angestrebtem positivem Zweck vor[736]. Die bereits dargelegte Kritik, dass solche Wertungen auf der Rechtfertigungsebene zu erfolgen haben, ist damit auch dieser Auffassung entgegenzusetzen. Engisch greift selbst diese Problematik durch seine Äußerung auf, dass der Leitgedanke des überwiegenden Interesses, mithin die Interessenabwägung, in unseren Notstandsvorschriften gem. §§ 34f. StGB enthalten sei[737]. Zudem kann bereits der Herausnahme der Heilbehandlung aus dem Tatbestand der

---

[733] Engisch Euthanasie S. 5f.; Engisch ZStW 58 (1939), 1ff. (5ff.); vgl. auch E II 2 b aa; unklar Engisch in: Bockelmann-FS S. 519ff. (532ff.), der die indirekte Sterbehilfe allgemein in den Bereich des straflosen erlaubten Risikos einordnen will, ohne Hinweis auf den Ausschluss der Tatbestandsmäßigkeit oder Rechtswidrigkeit, und danach zusätzlich unkommentiert die Auffassung Bockelmanns darstellt

[734] Engisch Euthanasie S. 6; Engisch ZStW 58 (1939), 1ff. (9)

[735] Engisch Euthanasie S. 5f.

[736] vgl. Seibert Indirekte Sterbehilfe S. 112

[737] Engisch in: Bockelmann-FS S. 519ff. (533f.); vgl. Engisch Euthanasie S. 6

Körperverletzungsdelikte nicht gefolgt werden[738], so dass die Heilbehandlung, die sich lebensverkürzend auswirkt, erst recht nicht per se aus dem Tatbestand der Tötungsdelikte herausfallen kann. Problematisch ist dabei vor allem, dass der Wille des Patienten unbeachtlich ist. Das Ergebnis, dass der Arzt, der dem Patienten entgegen dessen Willen schmerzstillende Medikamente mit der Wirkung der Lebensverkürzung verabreicht und sich dennoch auf die Kunstgerechtheit seines Heileingriffs berufen kann, allenfalls wegen eines Freiheitsdelikts, nicht aber wegen eines Tötungsdelikts belangt werden könnte, ist nicht nachvollziehbar[739]. Dieser Auffassung ist daher nicht zu folgen.

ii) Restriktion des § 216 StGB auf Tatbestandsebene

Ferner vertritt Jakobs[740] die Auffassung, bei indirekter Sterbehilfe sei eine Restriktion des Tatbestandes der Tötung auf Verlangen bei objektiv vernünftigem Verlangen des Patienten vorzunehmen. Sein Ansatz bezieht sich zwar vorwiegend auf die aktive direkte Sterbehilfe, er überträgt diesen jedoch – im Gegensatz zur Darstellung bei Seibert[741], der lediglich die Schlussfolgerung zieht, dass dies erst recht für die indirekte Sterbehilfe gelten müsse – auch auf die indirekte Sterbehilfe[742].

Ausgehend von der Straflosigkeit der Selbsttötung sowie der Beteiligung hieran sieht Jakobs das Verlangen des Lebensmüden, der möglicherweise zur Selbsttötung nicht (mehr) in der Lage sei, lediglich als eine Art der arbeitsteiligen Organisation der eigenen (arbeitsteiligen) Tötung durch den Lebensmüden an. Der einzige Unterschied zwischen der Selbsttötung und der Tötung auf Verlangen sei demnach derjenige zwischen eigenhändiger und arbeitsteiliger Zweckverfolgung[743]. Eine Unterscheidung zwischen eigenhändiger und arbeitsteiliger Zweckverfolgung werde bei sonstigen höchstpersönlichen Rechtsgütern außerhalb der Tötung nicht für wesentlich gehalten, wenn nur feststehe, dass der Verlangende durch die Arbeitsteilung die Verfolgung seiner eigenen Zwecke organisiere. Bei einem als objektiv vernünftig zu qualifizierenden Sterbewunsch solle der Tatbestand des als abstraktes Gefährdungsdelikt angesehenen § 216 StGB nicht erfüllt sein, da dieser in einem solchen Fall entsprechend reduziert werden müsse. Jakobs überträgt dies auch auf die indirekte Sterbehilfe, so dass ebenso bei objektiv vernünftigem

---

738 siehe E II 2 d
739 v. Dellingshausen Sterbehilfe S. 134; Möllering Schutz des Lebens S. 14f.
740 Jakobs Tötung auf Verlangen S. 14ff.
741 Seibert Indirekte Sterbehilfe S. 120
742 Jakobs Tötung auf Verlangen S. 32
743 Jakobs Tötung auf Verlangen S. 16

Verlangen des Patienten nach indirekter Sterbehilfe eine Restriktion des Tatbestandes des § 216 StGB zu erfolgen habe[744].

Gegen die Argumentation ist einzuwenden, dass durch die Existenz des § 216 StGB die klare Trennung durch den Gesetzgeber erfolgt ist, wonach die Selbsttötung straffrei, die Fremdtötung auf Verlangen des Lebensmüden jedoch durch § 216 StGB mit Strafe bedroht ist. Gerade der begriffliche Unterschied zwischen Fremdtötung und (Beihilfe zur) Selbsttötung zeigt die Unterschiedlichkeit der Tatbeiträge in ihrer Wertigkeit und der Beherrschung des Geschehens. Die differenzierende, qualitativ unterschiedliche Sichtweise dürfte auch der Betrachtung durch Außenstehende entsprechen, und nicht wie bei Jakobs unter Ausblendung des unterschiedlichen Tatbeitrags auf das Tatergebnis und die Perspektive des Lebensmüden reduziert sein[745]. Es besteht gerade ein Unterschied in der Qualität des Tatbeitrags, wenn jemand eine nur untergeordnete Hilfstätigkeit leistet und der Lebensmüde die Herrschaft über seinen Tod behält gegenüber der Situation, in welcher der wesentliche Tatbeitrag von einem anderen erbracht und letztendlich zweifelhaft wird, ob dem Lebensmüden noch die Entscheidungsfähigkeit über sein Ableben bis zum Ende bleibt. Die Argumentation zur Gleichsetzung des Suizids mit dem arbeitsteiligen Zusammenwirken bezieht sich auf die direkte Sterbehilfe und passt nicht für die indirekte Sterbehilfe, da bei dieser eine Lebensverkürzung gerade nicht Ziel der Schmerzlinderung ist. Ferner bietet dieser Lösungsweg lediglich eine Möglichkeit der Straflosigkeit des Arztes bezüglich § 216 StGB bei ernsthaftem Verlangen des Patienten und bietet keine Lösung für eine mögliche Strafbarkeit gem. § 212 StGB bei fehlendem ernsthaftem Verlangen. Der Unterschied zwischen der Straflosigkeit nach § 216 StGB bei ernsthaftem, objektiv vernünftigem Verlangen des Patienten nach indirekter Sterbehilfe und Strafbarkeit gem. § 212 StGB bei lediglich vorliegender Einwilligung in diese Schmerzbehandlung bzw. einem nicht unter § 216 StGB fallenden Verlangen lässt sich nicht nachvollziehbar begründen.

jj) Verfassungsrechtlich bedingte Reduktion des § 216 StGB

Frisch[746] vertritt den Standpunkt, dass zum uneinschränkbaren, weil in der Menschenwürde wurzelnden, Kernbereich des Selbstbestimmungsrechts gehöre, darüber zu entscheiden, ob man ein schmerzerfülltes längeres oder ein relativ schmerzfreies kürzeres Leben führen will. Daher sei die indirekte Sterbehilfe durch den unantastbaren Kernbereich der

[744] Jakobs Tötung auf Verlangen S. 32
[745] Chong Sterbehilfe und Strafrecht S. 117
[746] Frisch in: Leipold Selbstbestimmung S. 108

Menschenwürde geschützt und § 216 StGB nach der Verfassung einschränkend auszulegen. Nach Neumann[747] kommt generell für die Fälle der Sterbehilfe, in denen die staatliche Strafdrohung die Realisierung des Rechts auf ein menschenwürdiges Sterben verhindern würde, eine verfassungsrechtlich bedingte Restriktion des Tatbestandes der Tötung auf Verlangen in Betracht.

Beide beziehen die verfassungsrechtliche Reduktion lediglich auf den Tatbestand des § 216 StGB und schließen den Tatbestand des § 212 StGB nicht mit ein. Bei Fehlen eines ernsthaften und ausdrücklichen Verlangens im Sinne des § 216 StGB kommt jedoch auch eine mögliche Strafbarkeit wegen Totschlags gem. § 212 StGB in Betracht, so dass diese Lösung schon aus diesem Grund keine vollständige Regelung der indirekten Sterbehilfe bieten kann. Konsequenterweise müsste dann auch eine verfassungsrechtliche Reduktion des § 212 StGB erfolgen, denn nur auf diese Weise könnte das verfassungsrechtliche Gebot ausreichend gewährleistet werden. Die zwingende Zulassung der indirekten Sterbehilfe lässt sich jedoch aus der Verfassung, wie bereits oben[748] dargelegt wurde, gerade nicht herleiten. Selbst unter der Prämisse, dass die indirekte Sterbehilfe verfassungsrechtlich verbindlich als zulässig festgestellt ist, ergibt sich daraus keine zwingende verfassungskonforme Reduktion des Tatbestandes des § 216 StGB. Auch Frisch[749] sieht die Möglichkeit des Erreichens der Straflosigkeit nicht nur über eine Reduktion des Tatbestandes, sondern auch – für die direkte aktive Sterbehilfe – über § 34 StGB. Wertungen und eventuelle verfassungsrechtliche Vorgaben sind im Hinblick auf die allgemeine Fassung des Tatbestandes besser auf der Ebene der Rechtswidrigkeit zu verorten[750]. Die verfassungsrechtliche Reduktion auf der Ebene des Tatbestandes ist dementsprechend abzulehnen.

kk) Vorsatz

Nach Auffassung von Bockelmann[751] handelt der Arzt, der bei einem unheilbar Kranken schmerzstillende Mittel mit der Gefahr des vorzeitigen Todeseintritts verabreicht, nicht mit Tötungsvorsatz im Rechtssinne. Wo noch Rettung möglich sei, dürfe der Arzt das Leben des Patienten nicht aufs Spiel setzen, nur um ihm Leid zu ersparen. Wenn jedoch keine Ret-

---

[747] Neumann in: Prittwitz/Manoledakis Strafrecht und Menschenwürde S. 58
[748] siehe E V 3 a
[749] Frisch in: Leipold Selbstbestimmung S. 111
[750] Seibert Indirekte Sterbehilfe S. 124
[751] Bockelmann in: Ponsold S. 8, 37f.; Bockelmann Strafrecht des Arztes S. 25, 69f.; vgl. Engisch in: Bockelmann-FS S. 519ff. (532f.)

tung mehr möglich, Leidminderung aber dringend geboten sei, sei dies anders und in von Bockelmann vertretener Weise für den Arzt zu lösen. Er verweist dabei auf die Fälle einer Operation, in der ein lebensgefährlicher Eingriff die einzige Möglichkeit der Lebensrettung biete. Da jeder ärztliche Eingriff mit der Möglichkeit des Fehlschlags verbunden sei, könne die bloße Möglichkeitsvorstellung des Arztes, dass bei Handlungen dieser Art ein bestimmter Erfolg eintreten könne, mithin der Risikovorsatz, noch nicht mit dem Verletzungsvorsatz gleichgesetzt werden.

Bockelmann kann nicht gefolgt werden. Die Argumentation der Unterschiedlichkeit von Risikovorsatz und Verletzungsvorsatz ist am gewünschten Ergebnis orientiert. Denn unter diesem Aspekt könnte jede beliebige vorsätzliche Tötung in der Form des dolus eventualis, wenn der Täter einen Menschen beispielsweise mit einem harten Gegenstand auf den Kopf und zu Boden schlägt und das Risiko der tödlichen Verletzung dabei erkennt und in Kauf nimmt, ebenfalls durch Bejahung lediglich des Risikovorsatzes zur Straflosigkeit führen. Selbst wenn sich der Arzt aber nach dieser Ansicht auf das Fehlen seines Vorsatzes berufen könnte, so bliebe eine mögliche Strafbarkeit wegen fahrlässiger Tötung bei objektiver Vorhersehbarkeit der eingetretenen Lebensverkürzung offen[752]. Zudem ist die indirekte Sterbehilfe nicht mit einer Risikooperation vergleichbar. Bei einer solchen besteht eine, wenn auch manchmal geringe, Wahrscheinlichkeit der Wiederherstellung der Gesundheit und damit Verlängerung des Lebens des Patienten. Dagegen beinhaltet die indirekte Sterbehilfe in der hier behandelten Konstellation die Schmerzlinderung bei unheilbar Kranken ohne jegliche Aussicht auf Heilung in Anbetracht des unvermeidbaren Todes mit der möglichen Folge der Beschleunigung des Todeseintritts, um dem Patienten seine noch verbleibende Zeit erträglicher zu gestalten.

Die Argumentation von Schmitt[753], dass in der Praxis dem Arzt, der zur Überwindung der unerträglichen Schmerzen täglich höhere Dosen eines Analgetikums spritze und häufig selbst nicht wisse, wann er die kritische Grenze überschreite, selbst bei Kenntnis des Überschreitens dieser kritischen Grenze im Prozess ein Tötungsvorsatz niemals nachgewiesen werden könne, ist aus den soeben genannten Gründen abzulehnen. Auch die Nichterweislichkeit des Vorsatzes führt nicht zwingend zur fast sicheren Straflosigkeit, sondern lässt eine mögliche Beurteilung als fahrlässige Tötung offen.

---

[752] Conradi Sterbehilfe S. 452; Dölling MedR 1987, 6ff. (7); Seibert Indirekte Sterbehilfe S. 125

[753] Schmitt JZ 1979, 462ff. (465)

II) Fazit

Die einzelnen Ansichten, die die Tatbestandslosigkeit der indirekten Sterbehilfe begründen, überzeugen nicht. Vielfach erscheinen die Begründungen an dem gewünschten Ergebnis orientiert. Mit derselben Argumentation könnte häufig auch die Herausnahme der direkten aktiven Sterbehilfe befürwortet werden. Oftmals werden Wertungen auf der Tatbestandsebene einbezogen, die erst im Rahmen der Rechtswidrigkeit zu verorten sind. Auf diesem Hintergrund geht es im Folgenden um Auffassungen, die eine Rechtfertigung des indirekte Sterbehilfe leistenden Arztes annehmen.

b) Rechtswidrigkeit

Auf der Ebene der Rechtswidrigkeit wird nach zahlreichen Ansichten eine Straflosigkeit der indirekten Sterbehilfe begründet.

aa) Einwilligung

Verrel[754] hält eine tatsächliche oder mutmaßliche Einwilligung zur Rechtfertigung der indirekten Sterbehilfe für ausreichend. Er argumentiert dahingehend, dass sich das Selbstbestimmungsrecht des Patienten gegenüber dem strafrechtlichen Lebensschutz durchsetze. § 216 StGB stehe dem nicht entgegen, da der Wunsch zur Schmerzlinderung mit möglicher Lebensverkürzung zumeist klar von der gezielten Tötung auf Verlangen im Hinblick auf die Höhe der Dosierung der Medikamente abgrenzbar sei. Erstere komme nahe an die zweifellos nicht unter § 216 StGB fallende Situation heran, dass sich ein lebensbedrohlich erkrankter Patient für einen allein noch Rettung ermöglichenden Eingriff entscheide, der jedoch eine so hohe Letalitätsrate aufweise, dass der Tod des Patienten wahrscheinlicher als das Gelingen der Operation sei[755].

Gegen diese Auffassung ist einzuwenden, dass eine Einwilligung des Patienten in die schmerzlindernden Maßnahmen mit möglicher Lebensverkürzung für eine Rechtfertigung des Arztes allein nicht ausreicht, da § 216 StGB sogar die Tötung auf Verlangen unter Strafe stellt und das Rechtsgut Leben der Verfügung des Rechtsgutsträgers entzogen ist[756]. Eine Begründung, warum gerade die indirekte Sterbehilfe nicht unter den Anwendungsbereich des § 216 StGB fallen soll, nennt Verrel nicht. Der Vergleich mit der lebensrettenden, riskanten Operation reicht hier nicht aus, da diese – wie Verrel selbst einsieht – nur eine ähnliche Situation

[754] Verrel JZ 1996, 224ff. (226f.)

[755] Verrel JZ 1996, 224ff. (227)

[756] Eser in: Sch/Sch Vorbem. §§ 211 Rn. 25; Laber Schutz des Lebens im Strafrecht S. 206; v. Lutterotti in: Knupp/Stille Sterben und Tod in der Medizin S. 92

beschreibt. Der Unterschied liegt jedoch, wie bereits oben[757] dargelegt, darin, dass bei der indirekten Sterbehilfe eine nicht abwendbare unheilbare Krankheit feststeht, während durch die Operation das Rechtsgut Leben infolge Gesundung gerettet werden kann. Zudem ist eine Unterscheidung zwischen direkter und indirekter Sterbehilfe nicht einfach anhand der Dosierung möglich, da die jeweilige Dosierung vom Einzelfall abhängt und individuell unterschiedlich sein kann. Dies erkennt an anderer Stelle auch Verrel[758], bezieht das jedoch in seine hier[759] vertretene rechtliche Würdigung der indirekten Sterbehilfe nicht mit ein. Ferner ist seine Argumentation auch aus einem anderen Grund nicht ganz nachvollziehbar. Einerseits lehnt er eine Rechtfertigung wegen Notstands gem. § 34 StGB ab, da der Vorzug des Interesses an Schmerzfreiheit als Rechtsgut des körperlichen Wohls zu einer Relativierung des höchsten Rechtsguts Leben führen würde[760]. Andererseits lässt er jedoch allein die tatsächliche oder mutmaßliche Einwilligung des Patienten zur Rechtfertigung der ärztlichen Schmerzlinderung ausreichen. Dabei übersieht er, dass die Berücksichtigung des Patientenwillens nur als ein Aspekt in die Abwägung miteinbezogen werden kann. Dieser Auffassung ist daher nicht zu folgen.

bb) Geschäftsführung ohne Auftrag

v. Hippel[761] sieht die indirekte Sterbehilfe als im Wege der Geschäftsführung ohne Auftrag für gerechtfertigt an. Er erkennt die Geschäftsführung ohne Auftrag generell als Rechtfertigungsgrund an. Der Arzt, der Sterbehilfe leiste, um dem Patienten einen schweren Todeskampf zu ersparen, sei demnach gerechtfertigt, selbst wenn die Sterbehilfe ohne Einwilligung, aber im Interesse des Patienten und seinem mutmaßlichen Willen entsprechend vorgenommen werde. Die mutmaßliche Einwilligung stelle keine – rechtlich unerhebliche – Einwilligung in den Tod dar, sondern in dessen Erleichterung.

Diese Auffassung basiert letztlich auf der Überlegung, dass eigentlich die mutmaßliche Einwilligung Grund der Rechtfertigung des Arztes ist, da diese als Grundlage für die Rechtmäßigkeit der Geschäftsführung ohne Auftrag angesehen wird. Dies widerspricht jedoch einerseits der Subsidiarität der mutmaßlichen gegenüber einer tatsächlich einholbaren Einwilligung und andererseits der Existenz des § 216 StGB, wonach die Tö-

---

[757] siehe E V 4 a kk
[758] Verrel MedR 1997, 248ff. (249)
[759] Verrel JZ 1996, 224ff. (226f.)
[760] Verrel JZ 1996, 224ff. (226)
[761] v. Hippel Deutsches Strafrecht S. 249 Fn. 7, 259

tung eines anderen sogar bei ausdrücklichem und ernsthaftem Verlangen des Lebensmüden strafbar ist und nicht durch bestehende Einwilligung gerechtfertigt[762] sein kann. Zwar besteht nach den Grundsätzen der Geschäftsführung ohne Auftrag in bestimmten Fällen die Möglichkeit, die fehlende Einwilligung in die Behandlung zu ersetzen, aber die Folgen dieser Behandlung werden dadurch nicht rechtmäßig, weil dies nicht einmal die Einwilligung selbst bewirken kann[763].

cc) Wahrung berechtigter Interessen nach der Kulturanschauung

Mayer[764] vertritt den Standpunkt, dass die Verabreichung den Tod beschleunigender Mittel zur Verkürzung von Todesqualen nach der Kulturanschauung eine einwandfreie Wahrung berechtigter Interessen darstelle. § 216 StGB könne nicht entnommen werden, dass die Tötung auf Verlangen in jedem Fall rechtswidrig sei. Nach dem Gesetz sei lediglich das Verlangen allein als Rechtfertigungsgrund nicht ausreichend, die Tötung auf Verlangen müsse danach aber nicht unter allen Umständen unrechtmäßig sein. Es gebe keine Anhaltspunkte dafür, dass unsere Kultur die Verabreichung eines todbringenden Mittels durch den Arzt bei einem hoffnungslos Leidenden, um dessen Qualen zu verkürzen, verbiete; in der Rechtsordnung gebe es keine Vorschrift, die dem entgegenstehe.

Im Hinblick auf die Rechtmäßigkeit der Sterbehilfe bestehen jedoch keine anerkannten Kulturnormen[765]. Gerade im Hinblick auf die immer stärker multikulturell geprägte Gesellschaft kann eine einheitlich anerkannte Kulturanschauung schwer erreicht werden und ist schon allein deshalb problematisch. Zudem kann unter die Begründung von Mayer, dass die Kultur dem Arzt die Verabreichung eines todbringenden Mittels erlaube, auch die direkte Sterbehilfe fallen, die konsequenterweise damit auch zulässig sein müsste. Dies zeigt bereits die Ungenauigkeit und Unfassbarkeit des Kriteriums der Kulturanschauung, das einer Bewertung im Einzelfall Tür und Tor öffnet. Die Ansicht ist folglich abzulehnen.

dd) Grundsätze der Menschlichkeit

Aus allgemeinen Grundsätzen der Menschlichkeit kann eine Rechtfertigung der indirekten Sterbehilfe nicht erfolgen. Denn hieraus könnte bei einer Verletzung dieser Grundsätze nur ein Rechtfertigungsgrund hergeleitet werden, wenn diese Grundsätze die indirekte Sterbehilfe nicht nur zulassen, sondern fordern würden, und von einer zwingenden Forderung

---

[762] siehe E V 4 b aa

[763] Bade Sterbehilfe S. 108; Seibert Indirekte Sterbehilfe S. 127f.

[764] Mayer Strafrecht S. 290

[765] Chong Sterbehilfe und Strafrecht S. 112; Seibert Indirekte Sterbehilfe S. 128

nach indirekter Sterbehilfe kann im Hinblick auf das in erster Linie durch die Gebote der Menschlichkeit angesprochene Recht auf Leben nicht ausgegangen werden[766]. Diese Auffassung ist zudem aus denselben Gründen wie die soeben[767] dargestellte abzulehnen. Sie ist zu ungenau und bietet einer ergebnisorientierten Argumentation freien Raum.

ee) Gewohnheitsrecht

Nach Köhler[768] ist die Euthanasie als Gewohnheitsrecht in engen Grenzen erlaubt. Nach ihm ist eine durch Schmerzmittel bedingte Lebensverkürzung von ein bis zwei Stunden unbedeutend und unter der Voraussetzung erlaubt, dass das Leben für den Sterbenden während dieser Zeitspanne objektiv von keinerlei Interesse mehr ist und der Sterbende ein solches auch nicht subjektiv zu erkennen gebe. Wie bereits oben[769] festgestellt wurde, bestehen bezüglich der Rechtmäßigkeit der indirekten Sterbehilfe keine anerkannten Kulturnormen. Es gibt ebenfalls keine entsprechende ständige Rechtsprechung, so dass insoweit gerade kein Gewohnheitsrecht vorliegt. Gegen diese Ansicht spricht ferner, dass die Finalphase als letzte Lebensphase von 48 bis 72 Stunden vor dem Tod selbst für erfahrene Ärzte schwierig zu erkennen und vorauszusehen ist[770] und dementsprechend nicht von einem Gewohnheitsrecht begründenden üblichen Vorgehen ein bis zwei Stunden vor dem Tod eines Patienten ausgegangen werden kann. Zudem erfasst diese Ansicht nur diesen geringen Zeitraum und löst nicht die möglichen Fälle der indirekten Sterbehilfe, bei denen hohe Dosierungen an Schmerzmitteln vor dem nahen Tod erforderlich werden. Der Ansicht ist daher nicht zu folgen.

ff) Rechtfertigende Pflichtenkollision

Der Arzt steht in der bei der indirekten Sterbehilfe gegebenen Situation vor einem Konflikt. Einerseits besteht für ihn, wie bereits oben[771] dargestellt wurde, die ärztliche Verpflichtung zur Schmerzlinderung auch bei unheilbarer Krankheit, die ab Übernahme der Behandlung feststeht. Andererseits hat der Arzt selbstverständlich das Leben des Patienten zu schützen und dieses gefährdende Handlungen grundsätzlich zu unterlassen. So liegt eine Kollision zwischen dem Rechtsgut des körperlichen Wohlbefindens und dem Rechtsgut Leben vor, das durch die möglicher-

---

[766] vgl. dazu Trockel NJW 1975, 1440ff. (1444f.)
[767] siehe E V 4 b cc
[768] Köhler Deutsches Strafrecht AT S. 400f.
[769] siehe E V 4 b cc
[770] Nauck in: Hankemeier/Schüle-Hein/Krizanits Tumorschmerztherapie S. 373, 375
[771] siehe E II 1

weise lebensverkürzende Schmerzlinderung zumindest in hohem Maß gefährdet, wenn nicht sogar verletzt wird[772].

Ausgehend von dieser Überlegung wird von manchen[773] daraus der Schluss gezogen, dass das Handeln des Arztes bei Vornahme der Schmerzlinderung in der Form der indirekten Sterbehilfe wegen rechtfertigender Pflichtenkollision gerechtfertigt sein müsse. Rechtswidrigkeit liege dann nicht vor, wenn jemand von mehreren Pflichten, die Entgegengesetztes von ihm forderten, diejenige Pflicht erfülle, die die vorrangige sei, und dabei die nachrangige verletze[774]. Die indirekte Sterbehilfe sei damit zulässig, wenn die Pflicht zur Leidenserleichterung – am Ausmaß des Leidens gemessen – derart in den Vordergrund trete, dass die Pflicht zur Lebenserhaltung – an Dauer und Qualität der noch verbleibenden Lebensspanne gemessen – dahinter zurücktreten müsse. Dem Schmerzlinderungsgebot solle dann Vorrang eingeräumt werden, wenn der Sterbende derart von Schmerzen gequält werde, dass diese alle übrigen Lebensäußerungen überdecken würden[775].

Die rechtfertigende Pflichtenkollision ist dadurch gekennzeichnet, dass zwei Handlungspflichten vorliegen, wobei die eine nur auf Kosten der anderen erfüllt werden kann und notwendigerweise die andere verletzt werden muss[776]. Hier kollidieren jedoch nicht zwei Handlungspflichten, sondern eine Handlungs- und eine Unterlassungspflicht. Der Arzt hat einerseits die Verpflichtung zur Schmerzlinderung als Handlung, andererseits die Pflicht, die Schmerzlinderung und damit möglicherweise Tötung zu unterlassen, um dem Tötungsverbot gerecht zu werden. Das aber ist nicht die Situation der Pflichtenkollision, sondern die des Notstands.

---

[772] Conradi Sterbehilfe S. 453; v. Dellingshausen Sterbehilfe S. 187f.; vgl. v. Lutterotti in: Knupp/Stille Sterben und Tod in der Medizin S. 92

[773] Leonardy DRiZ 1986, 281ff. (287); Leonardy in: Jung/Meiser/Müller Arztrecht S. 22; Strub/Wolf in: Kaufmann/Merkel/Papageorgiou/Schroth/Voß Moderne Medizin und Strafrecht S. 153; Wimmer FamRZ 1975, 438ff.; vgl. Detering JuS 1983, 418ff. (418 Fn. 10), die die Kollision zwischen Lebenserhaltungsinteresse und Schmerzlinderungsinteresse jedoch als entschuldigende Pflichtenkollision darstellt

[774] Leonardy DRiZ 1986, 281ff. (287)

[775] Strub/Wolf in: Kaufmann/Merkel/Papageorgiou/Schroth/Voß Moderne Medizin und Strafrecht S. 154

[776] Kühl Strafrecht AT § 18 Rn. 134f.; Roxin Strafrecht AT 1 § 16 Rn. 103; Wessels/Beulke Strafrecht AT Rn. 735

gg) Unverbotenes/Erlaubtes Risiko

Eine weitere Ansicht[777] sieht die schmerzlindernde Behandlung des Arztes mit der möglichen Folge der Lebensverkürzung als gerechtfertigt infolge erlaubten Risikos an. Sie ist mit der Meinung vergleichbar, die die indirekte Sterbehilfe wegen unverbotenen Risikos für nicht tatbestandsmäßig[778] hält, verortet dieses Problem aber bei der Rechtswidrigkeit im Gegensatz zum Tatbestand, so dass sie hier gesondert aufgeführt wird. Die Begriffsverwendung ist auch hier nicht einheitlich, teils wird vom unverbotenen[779], teils vom erlaubten[780] Risiko gesprochen.

Bei der indirekten Sterbehilfe handelt es sich nach dieser Auffassung um eine Extremsituation, in der der Grundsatz der externen Unverfügbarkeit menschlichen Lebens einem anderen überragenden Interesse zu opfern sei[781]. Bei einem unheilbar Kranken, der unter schwersten Qualen seinem Tod entgegensehe, sei sowohl das körperliche Wohlbefinden als auch das Leben in seiner konkreten Form betroffen und das eine könne nicht mehr getrennt vom anderen betrachtet werden, da das Leben endgültig von den Leiden beherrscht und überlagert sei[782]. Das Prinzip des unverbotenen/erlaubten Risikos komme dann zum Tragen, wenn der Arzt unter Anwendung der in der konkreten Extremsituation erforderlichen Sorgfalt dem Schmerzlinderungsinteresse seines Patienten unter Abwägung des Risikos der Lebensverkürzung, des Grades des Leidens sowie der Todesnähe des Patienten nachkommen wolle und dieser das mit der Behandlung verbundene Risiko seines vorzeitigen Todes unter verständiger Würdigung seiner ausweglosen Lage in Kauf nehme bzw. bei Entscheidungsunfähigkeit mutmaßlich in Kauf nehmen würde[783].

Nach Laber[784] ist die schmerzlindernde Behandlung, bei der der Arzt von der größten Wahrscheinlichkeit bzw. Sicherheit der Nebenfolge der Le-

---

[777] Bade Sterbehilfe S. 110 für den Fall möglicher Lebensverkürzung, bei großer Wahrscheinlichkeit soll rechtfertigender Notstand unter Berücksichtigung von Einwilligungselementen vorliegen; Baumgarten The Right to Die? S. 275; Chong Sterbehilfe und Strafrecht S. 96; Eser in: Auer/Menzel/Eser Heilauftrag und Sterbehilfe S. 89; Eser in: Sch/Sch Vorbem §§ 211ff. Rn. 26; Laber Schutz des Lebens im Strafrecht S. 205, 209; vgl. Maurach/Schroeder/Maiwald Strafrecht BT 1 § 1 Rn. 33

[778] siehe E V 4 a gg

[779] Bade Sterbehilfe S. 110; Laber Schutz des Lebens im Strafrecht S. 205

[780] Eser in: Auer/Menzel/Eser Heilauftrag und Sterbehilfe S. 89; Eser in: Sch/Sch Vorbem §§ 211ff. Rn. 26

[781] Laber Schutz des Lebens im Strafrecht S. 205

[782] Laber Schutz des Lebens im Strafrecht S. 206

[783] Bade Sterbehilfe S. 110; Eser in: Auer/Menzel/Eser Heilauftrag und Sterbehilfe S. 89; Laber Schutz des Lebens im Strafrecht S. 208

[784] Laber Schutz des Lebens im Strafrecht S. 211

bensverkürzung weiß, der direkten Sterbehilfe vergleichbar mit der Folge, dass die indirekte Sterbehilfe nur insoweit zulässig sein könne, als sie das Leben des Patienten nicht mit Sicherheit verkürze. Eser[785] hält, soweit sich das Risiko der Lebensverkürzung fast zur Gewissheit verdichtet, allenfalls eine Rechtfertigung nach den Grundsätzen des rechtfertigenden Notstands gem. § 34 StGB für möglich. Bade[786] nimmt eine Rechtfertigung des Arztes gem. § 34 StGB bei großer Wahrscheinlichkeit oder Sicherheit der Lebensverkürzung an.

Problematisch an der Lösung unter dem Gesichtspunkt des erlaubten bzw. unverbotenen Risikos mit der Folge der Rechtfertigung des Arztes ist wie auch bei der Lösung auf Tatbestandsebene, dass der Gesichtspunkt nicht alle Fälle der indirekten Sterbehilfe erfasst. Bei höherer Wahrscheinlichkeit – wobei unklar bleibt und von jedem Vertreter anders abgegrenzt wird, ab welcher Höhe die Abgrenzung erfolgen soll – wird auf den rechtfertigenden Notstand zurückgegriffen. Daher bleibt insoweit die Frage offen, aus welchem Grund ein nicht im Gesetz verankerter Rechtfertigungsgrund als Mittel gewählt wird, der nicht einmal die gesamte Problematik der indirekten Sterbehilfe lösen können soll. Teilweise[787] wird auch vertreten, dass das erlaubte Risiko keinen eigenständigen Rechtfertigungsgrund darstelle, sondern dass es sich nur um eine Bezeichnung für Fälle handele, in denen die Rechtsordnung die Vornahme von Handlungen trotz ihrer Gefährlichkeit für Rechtsgüter gestatte, ohne dass mit der Bezeichnung des erlaubten Risikos schon etwas über den materiellen Grund ausgesagt sei, aus dem das Recht die riskante Handlung zulasse. Die Abwägung zwischen dem Interesse an Schmerzlinderung gegenüber der Lebenserhaltungspflicht wird zwar richtigerweise auf der Ebene der Rechtswidrigkeit erörtert, die Ansicht bietet jedoch keine ausreichende Begründung, wieso diese Abwägung unter einem gesonderten Rechtfertigungsgrund des erlaubten bzw. unverbotenen Risikos erfolgen muss und nicht auch im Rahmen des gesetzlich verankerten, gerade die Interessenabwägung voraussetzenden Notstands gem. § 34 StGB vorgenommen werden kann. Daher kann offen bleiben, ob das erlaubte bzw. unverbotene Risiko einen eigenständigen Rechtfertigungsgrund darstellt oder unter einem gesetzlich geregelten Rechtfertigungsgrund zu verorten ist. Die Lösung der indirekten Sterbehilfe über das erlaubte bzw. unverbotene Risiko ist jedenfalls abzulehnen.

[785] Eser in: Auer/Menzel/Eser Heilauftrag und Sterbehilfe S. 90
[786] Bade Sterbehilfe S. 111ff., 115
[787] Dölling MedR 1987, 6ff. (7); Maiwald in: Jescheck-FS S. 405ff. (420, 424f.)

hh) Notstand gem. § 34 StGB

Eine weitere Ansicht[788] hält die schmerzlindernde Behandlung durch den Arzt mit der möglichen Lebensverkürzung wegen Notstands gem. § 34 StGB für gerechtfertigt. Eine Notstandslage sei gegeben. Auch sei im Rahmen der Abwägung der betroffenen Rechtsgüter der Befreiung von Angst und sonst unerträglichen Schmerzen der Vorrang vor der Erhaltung eines erlöschenden Lebens um eine kurze Frist zu geben[789]. Schreiber[790] begrenzt eine derartige Abwägung allerdings lediglich auf die Phase des Sterbens.

aaa) Allgemeine Überlegungen zum rechtfertigenden Notstand

Bei der indirekten Sterbehilfe kann das Rechtsgut des körperlichen Wohlbefindens durch die schmerzlindernde Behandlung nur noch dadurch gewahrt werden, dass zugleich das Rechtsgut Leben durch die mögliche lebensverkürzende Nebenwirkung gefährdet oder verletzt wird. Es kollidiert die Handlungspflicht zur Schmerzlinderung mit der Pflicht zum Unterlassen des Eingriffs in das Rechtsgut Leben[791]. Bei der Kollision einer Handlungs- mit einer Unterlassungsverpflichtung ist der Anwendungsbereich des Notstands gem. § 34 StGB grundsätzlich eröffnet[792]. Danach ist die Verletzung eines Handlungsverbots nur dann rechtmäßig, wenn die Handlung zum Schutz eines Rechtsguts erforderlich ist und dieses Schutzinteresse das hinter dem Verbot stehende Interesse wesentlich überwiegt[793]. Hierbei ist für die Anwendbarkeit des § 34 StGB unschädlich, dass es sich um kollidierende Rechtsgüter derselben Person handelt[794], da es Fallkonstellationen gibt – wie beispielsweise der sichere Tod eines Kindes in den Flammen gegenüber möglichen Verletzungen durch den Wurf des Kindes aus dem Fenster in die Arme eines Retters – in denen höherwertige Interessen desselben Rechtsgutsträgers auf Kosten eines weniger wertvollen Gutes zu retten bzw. unter-

---

[788] BGHSt 42, 301ff. (305); Hirsch in: Lackner-FS S. 597ff. (609); Hirsch in: LK § 34 Rn. 75; Kühl Strafrecht AT § 8 Rn. 163f.; Otto Grundkurs Strafrecht BT § 6 Rn. 42; Pelzl KJ 1994, 179ff. (189f.); Rengier Strafrecht BT 2 § 7 Rn. 4; Schreiber NStZ 1986, 337ff. (341); Wolfslast in: Aulbert/Klaschik/Pichlmaier Palliativmedizin/Alternative Sterbehilfe S. 43; vgl. Hirsch in: Welzel-FS S. 775ff. (795)

[789] Schreiber NStZ 1986, 337ff. (341)

[790] Schreiber NStZ 1986, 337ff. (341)

[791] siehe E V 4 b ff

[792] Küper JuS 1971, 474ff. (476); Wessels/Beulke Strafrecht AT Rn. 735; vgl. Kühl Strafrecht AT § 18 Rn. 134 Fn. 284a

[793] Conradi Sterbehilfe S. 453; vgl. Köhler Strafrecht AT S. 288f.; vgl. Wessels/Beulke Strafrecht AT Rn. 308, 310

[794] Ebert JuS 1976, 319ff. (321); Engisch in: Bockelmann-FS S. 519ff. (534); Kühl Strafrecht AT § 8 Rn. 34; Lenckner/Perron in: Sch/Sch § 34 Rn. 8a; Wessels/Beulke Strafrecht AT Rn. 322

schiedliche Risiken für ein bedrohtes Rechtsgut gegeneinander abzuwägen sind. Eine Notstandslage ist somit gegeben.

bbb) Interessenabwägung

Erforderlich ist eine umfassende Interessenabwägung[795]. Die Abwägung erfolgt, wie bereits erwähnt, zwischen dem Rechtsgut Leben und der körperlichen Unversehrtheit. Festzuhalten ist bereits jetzt, dass das Rechtsgut Leben aufgrund seiner Stellung als Höchstwert in unserer Rechtsordnung[796] das generell höherrangige Rechtsgut gegenüber der körperlichen Unversehrtheit ist[797].

(α) Rechtsgut Leben

Die Abwägung kann jedoch nur stattfinden, wenn man das Rechtsgut Leben von den abzuwägenden Rechtsgütern nicht von vornherein ausschließt. Dies ist infolge der grundgesetzlich garantierten Achtung des Lebensschutzes problematisch. Deshalb wird teilweise der Schutz des Lebens als einer Ausnahme nicht zugänglich angesehen. Jede Abkürzung des Todeskampfes durch den Arzt wird für nicht rechtens gehalten, der Arzt werde sonst zum Herrn über Leben und Tod[798]. Argumentiert wird, dass ein Dammbruch nicht zugelassen werden könne, da sonst der Ruf nach einer „Mörderklinik" aufkommen könne[799].

Die Grundlage für den Grundsatz des absoluten Lebensschutzes liegt in Art. 2 Abs. 2 GG, wonach jeder das Recht auf Leben und körperliche Unversehrtheit hat. Daraus folgt im Strafrecht der Grundsatz des absoluten Lebensschutzes. Das bedeutet, dass das Leben des Menschen absoluten Schutz ohne Rücksicht auf die Lebensfähigkeit, Lebenserwartung oder das Lebensinteresse des einzelnen, auf das Alter des Rechtsgutsträgers und seinen Gesundheitszustand genießt und es kein „lebensunwertes Leben" gibt[800]. Der Begriff des absoluten Lebensschutzes erweckt den Anschein, dass in unserer Rechtsordnung jegliche Tötung fremden Lebens verboten sei. Doch schon der Eingriffsvorbehalt in Art. 2 Abs. 2 S. 3 GG zeigt, dass es einen absoluten Lebensschutz nicht gibt.

---

[795] Conradi Sterbehilfe S. 455; Tröndle/Fischer § 34 Rn. 8f.; Wessels/Beulke Strafrecht AT Rn. 311

[796] Schultze-Fielitz in: Dreier GG Art. 2 II Rn. 11; Steiner Schutz des Lebens durch das GG S. 13

[797] Conradi Sterbehilfe S. 455; Seibert Indirekte Sterbehilfe S. 136

[798] Kohlhaas NJW 1973, 548ff. (550); Leisner in: Leisner/Goerlich Recht auf Leben S. 40

[799] Kohlhaas NJW 1973, 548ff. (550)

[800] Eser in: Sch/Sch Vorbem §§ 211ff. Rn. 14, 24; Maurach/Schroeder/Maiwald Strafrecht BT 1 § 1 Rn. 5; Wessels/Hettinger Strafrecht BT 1 Rn. 2

So kann im Strafrecht beispielsweise die Tötung eines Menschen – nach herrschender Meinung sogar zur Verteidigung von Sachwerten[801] – im Rahmen der Notwehr gem. § 32 StGB gerechtfertigt sein. Ebenso kann die Tötung fremden Lebens gem. § 35 StGB entschuldigt sein, wenn sie zur Rettung des eigenen Lebens unvermeidbar war[802], so z. B. wenn ein Schiffbrüchiger einen anderen von einer rettenden Planke stößt, die nur einen trägt. Hieran kann man erkennen, dass der absolute Lebensschutz nicht im wahrsten Sinne des Wortes absolut und in jeder Situation mit der Folge strafrechtlicher Ahndung eines Verstoßes gelten muss, sondern in gewissen Ausnahmesituationen einer Abwägung zugänglich ist. Diese Abwägung erfolgt auf der Rechtfertigungs- oder Schuldebene, der Tatbestand des Tötungsdelikts ist jeweils erfüllt.

Im Rahmen des Notstands ist eine Tötungshandlung wegen der herausragenden Bedeutung des Rechtsguts Leben zwar grundsätzlich nicht gerechtfertigt[803]. In einigen Situationen wird teilweise dieser Grundsatz aber durchbrochen und sogar die Tötung eines Menschen in Extremfällen als möglicherweise einer Rechtfertigung zugänglich angesehen. Entscheidend soll bei der Interessenabwägung im Rahmen des Notstands nicht sein, ob das durch die Tat geschützte Rechtsgut seinem absoluten Rang nach höherwertig, sondern ob es in der konkreten Lebenssituation schutzwürdiger ist[804]. Beispielsweise soll eine Risikooperation zur Rettung des Lebens des Patienten selbst bei deren tödlichem Misslingen gem. § 34 StGB gerechtfertigt sein[805]. Ferner wird die Tötung eines Kindes während der Geburt bei bestehender Lebensgefahr oder drohender schwerer Gesundheitsschädigung der Mutter (Perforation) als durch § 34 StGB gerechtfertigt angesehen[806]. Hieran kann man erkennen, dass in Ausnahmefällen auch § 34 StGB zur Rechtfertigung von Tötungshandlungen herangezogen wird. § 34 StGB verbietet seinem Wortlaut nach auch nicht ausdrücklich einen Eingriff in das Rechtsgut Leben.

---

[801] BGH StV 1982, 219f. (220); Kühl Strafrecht AT § 7 Rn. 4; Perron in: Sch/Sch § 32 Rn. 34; Spendel in: LK § 32 Rn. 229; Wessels/Beulke Strafrecht AT Rn. 340

[802] Roxin Strafrecht AT 1 § 22 Rn. 54; Wessels/Beulke Strafrecht AT Rn. 439; vgl. Stratenwerth/Kuhlen Strafrecht AT 1 § 10 Rn. 106, 98f.

[803] Lenckner/Perron in: Sch/Sch § 34 Rn. 23; Seibert Indirekte Sterbehilfe S. 138; vgl. Wessels/Beulke Strafrecht AT Rn. 316

[804] Pelzl KJ 1994, 179ff. (190)

[805] Hirsch in: LK § 34 Rn. 59, 61; Lenckner/Perron in: Sch/Sch § 34 Rn. 8a

[806] v. Dellingshausen Sterbehilfe S. 198; Jescheck/Weigend Strafrecht AT S. 365; Hirsch in: LK § 34 Rn. 74; Kühl Strafrecht AT § 8 Rn. 139; Lackner/Kühl § 34 Rn. 9; dagegen übergesetzlicher Entschuldigungsgrund: Rudolphi in: SK-StGB vor § 218 Rn. 15

Daher ist festzuhalten, dass das Rechtsgut Leben einer Einbeziehung in die Interessenabwägung nicht entgegensteht. Im Rahmen dieser Abwägung kann den Bedenken im Hinblick auf einen möglichen „Dammbruch" bzw. einen Arzt als Herrn über Leben und Tod dahingehend Rechnung getragen werden, dass dem Leben als Höchstwert ein entsprechendes Gewicht beigemessen wird und nur in extremen Ausnahmesituationen ein Überwiegen anderer Interessen angenommen werden kann. Zudem ist bei der indirekten Sterbehilfe zu beachten, dass hier nicht das Leben eines anderen in die Abwägung der Interessen einbezogen und nicht in fremde Interessen oder gar ein fremdes Leben eingegriffen werden soll, sondern dass es sich um einen Interessenkonflikt eines Rechtsgutsträgers handelt.

(β) Abwägung

Nunmehr ist eine Interessenabwägung konkret für die Situation der indirekten Sterbehilfe vorzunehmen. Im Rahmen der Interessenabwägung sind das Interesse an der Schmerzlinderung und das Interesse an der Unantastbarkeit menschlichen Lebens gegeneinander abzuwägen. Hierbei stellt sich die Frage, ob bei der indirekten Sterbehilfe das Rechtsgut des körperlichen Wohlbefindens des Patienten ausnahmsweise das grundsätzlich höher zu gewichtende Rechtsgut Leben wesentlich überwiegt.

Dem Lebensschutz ist im Hinblick auf die Gefahr eines möglichen Dammbruchs mit der Folge der zunehmenden Herrschaft des Arztes über Leben und Tod ein überaus großes Gewicht beizumessen. Denn es ist denkbar, dass der Arzt, der anfangs die Dosierungen der Schmerzmittel zur Titration am Schmerz jeweils vorsichtig langsam erhöht, mit der Zeit – möglicherweise auch unbewusst – die Dosiserhöhungen großzügiger bemisst, bis letztendlich die Schwelle überschritten ist, bei der die Dosierung unmittelbar zum Tod des Patienten führt. Denkt man diesen Ansatz weiter, so kann es vorkommen, dass der Arzt durch das großzügigere Bemessen der schmerzlindernden Medikamente auch einen Patienten der Gefahr einer Lebensverkürzung aussetzt, dessen Schmerzen bei einer bewussten Titration am Schmerz ohne ein relevantes derartiges Risiko adäquat hätten gelindert werden können. Dies verdeutlicht, wie fließend der Übergang zwischen indirekter und direkter Sterbehilfe sein kann, wobei lediglich auf subjektiver Ebene zwischen nur in Kauf genommener und gezielter Lebensverkürzung unterschieden wird. Als Anhaltspunkt im Rahmen dieser Abgrenzung kann die Höhe der Dosierung dienen, wobei die benötigte Stärke an Schmerzmitteln wiederum jeweils vom einzelnen Patienten abhängig ist und dementsprechend nur ein Indiz für das Ziel der Schmerzlinderung bzw. Beendigung des Lebens bieten kann[807]. Aus dieser Problematik könnte man die Schlussfolgerung ziehen, dass die indirekte der direkten Sterbehilfe gleichgesetzt werden müsse, um die Wertstellung des Rechtsguts Leben zu gewährleisten.

Diese Beurteilung greift jedoch zu kurz. Der Patient leidet an schwersten und als unerträglich empfundenen Schmerzen. Bei Gleichbehandlung der direkten und indirekten Sterbehilfe müsste der Arzt danach seine Hilfe in Form einer schmerzlindernden Behandlung spätestens dann versagen, wenn durch die Dosierung der Medikamente das Risiko einer Lebensverkürzung auftreten würde, um sich nicht strafrechtlichen Folgen auszusetzen. Durch das Wissen des Patienten, dass der Arzt spätestens in dieser Situation seine Hilfe verweigern müsste, würde das bestehende Vertrauensverhältnis zwischen Arzt und Patient entscheidend gestört. Der Patient würde nicht mehr mit dem beruhigenden Gefühl der Sicherheit der Leidenserleichterung zum Arzt gehen. Die Angst des Patienten vor unerträglichen Schmerzen und einem qualvollen Todeskampf kann der Ausgangspunkt für eine möglicherweise auftretende Schmerzspirale mit der Folge weiterer Schmerzen[808] sein, die ebenfalls zu einer Lebensverkürzung führen können[809]. Umgekehrt kann durch schmerzlindernde Behandlung auch gerade eine körperliche und seelische Stress-Situation behoben und das Leben dadurch eher verlängert als verkürzt werden[810].

Der Verweis auf das Erdulden der Schmerzen ohne deren Linderungsmöglichkeit bei angenommener Unzulässigkeit indirekter Sterbehilfe kann unter dem Aspekt der Würde des Menschen problematisch sein. Als unerträglich empfundene Schmerzen bestimmen das Leben des Patienten nicht selten derart, dass dieses von dem Leiden völlig überlagert ist und nicht mehr unabhängig davon betrachtet werden kann. Schwerste Schmerzzustände ohne Aussicht auf Linderung können den Kranken unfähig machen, sein Leiden anzunehmen, ihn sozusagen zum bloßen Objekt erniedrigen und dadurch seine Persönlichkeit zerstören und ihn in

---

[807] vgl. Verrel MedR 1997, 248ff. (249)

[808] siehe E III 2 a aa; Aulbert in: Aulbert/Zech Lehrbuch der Palliativmedizin S. 504, 506 Abb. 4-14; vgl. Uhlenbruck ZRP 1986, 209ff. (216)

[809] siehe E III 2 d; Kalser/Barkin/MacIntyre Cancer 1985, 397ff. (399ff.); Staats in: Payne/Patt/Hill Assessment and Treatment of Cancer Pain S. 151

[810] siehe E V 4 a bb; v. Lutterotti in: Eser Suizid und Euthanasie S. 294; v. Lutterotti in: Knupp/Stille Sterben und Tod in der Medizin S. 91; Möllering Schutz des Lebens S. 11f.

seiner Würde verletzen[811]. Das Gefühl des Ausgeliefertseins und der Hilflosigkeit gegenüber den als unerträglich empfundenen Schmerzen führt bei vielen Patienten zum Wunsch nach Suizid bzw. (direkter) Sterbehilfe[812]. Dadurch würde nur die Diskussion um die Zulässigkeit der direkten Sterbehilfe weiteren Zündstoff erhalten, was zu einer entscheidend weitergehenden Gefährdung des Lebensschutzes führen würde.

Die Abwägung muss daher in der Weise erfolgen, dass das Interesse an der Linderung der Schmerzen ausreichend gewichtet wird, so dass der Arzt berechtigt ist, unerträgliche Schmerzen selbst dann zu lindern, wenn dies nur unter Inkaufnahme einer möglichen Lebensverkürzung erfolgen kann. Andererseits darf die indirekte Sterbehilfe lediglich Ausnahmefälle erfassen, so dass die Unantastbarkeit menschlichen Lebens gewahrt bleibt.

Daher liegt eine Einbeziehung der Stärke der Schmerzen, des voraussichtlichen Grads der Schmerzlinderung, des Krankheitsverlaufs, der geschätzten Lebenserwartung des Patienten und der Gefahr sowie Erheblichkeit der Todesbeschleunigung mit jeweiliger Gewichtung im Rahmen der Abwägung nahe[813]. Eine Abwägung im Einzelfall ist danach erforderlich zwischen den bestehenden Schmerzen sowie dem Umfang der Schmerzlinderung einerseits und der Spanne der Lebensverkürzung sowie dem Risiko des Eintritts dieser Folge andererseits.

Dies setzt voraus, dass die indirekte Sterbehilfe nur auf die letzte Lebensphase von unheilbar Kranken zu beschränken ist, bei denen kein anderes Mittel zur Linderung der Schmerzen ohne diese Nebenwirkung zur Verfügung steht. Als letzte Lebensphase ist dabei nicht lediglich die Sterbephase anzusehen, da Patienten häufig über längere Zeit an stärksten Schmerzen leiden, ohne dass der Tod schon unmittelbar bevorsteht[814]. So hängt das Ausmaß der Schmerzen bei Tumorpatienten insbesondere von der Art und Lage des Tumors sowie etwaiger Me-

---

[811] Conradi Sterbehilfe S. 457; Kutzer NStZ 1994, 110ff. (115); vgl. Uhlenbruck ZRP 1986, 209ff. (214, 216f.)

[812] vgl. Husebø in: Husebø/Klaschik Palliativmedizin S.97; vgl. Uhlenbruck ZRP 1986, 209ff. (217)

[813] siehe Dölling MedR 1987, 6ff. (7); Möllering Schutz des Lebens S. 31; Seibert Indirekte Sterbehilfe S. 156

[814] Conradi Sterbehilfe S. 458; v. Dellingshausen Sterbehilfe S. 229; Simson in: Schwinge-FS S. 89ff. (108); Sorge in: Aulbert/Zech Lehrbuch der Palliativmedizin S. 431; dagegen Kutzer ZRP 2003, 209ff. (212), der eine lebensverkürzende Behandlung nur nach Einsetzen des Sterbeprozesses befürwortet; ebenso Schreiber NStZ 1986, 337ff. (341), der die Abwägung auch auf die Phase des Sterbens begrenzt

tastasierung ab und kann durchaus bereits im Frühstadium und weiteren Verlauf der Krebserkrankung zu starken bis sehr starken Schmerzen führen, die mit einer deutlichen Beeinträchtigung des täglichen Lebens einhergehen[815]. Beim Einsatz von Opioiden kommt zwar die Nebenwirkung einer Atemdepression in Betracht. In frühen Stadien der Erkrankung wird jedoch diese Nebenwirkung bei angemessener Schmerztherapie im Rahmen des Facharztstandards regelmäßig vermeidbar sein. Bei unheilbaren Krebserkrankungen wird darauf verwiesen, dass teilweise unzumutbare Schmerzen auch Wochen oder Monate vor dem Tod zu einem Zeitpunkt auftreten, in dem der Patient noch nicht im Sterben liegt[816]. Im Alternativ-Entwurf Sterbehilfe[817] wurde die Zulässigkeit leidensmindernder Maßnahmen in § 214a ausdrücklich auf tödlich Kranke bezogen und mit der Erforderlichkeit starker Schmerzmittel auch teilweise bereits Monate vor dem Tod begründet. Eine tödliche Krankheit wurde danach angenommen, wenn ärztliches Handeln in deren tödlichen Verlauf nicht mehr entscheidend eingreifen kann. Der BGH hat in einem späteren Urteil[818] die indirekte Sterbehilfe ebenso bei tödlich Kranken für zulässig angesehen und gegenüber dem früheren Urteil[819], in welchem diese auf sterbende Patienten durch eine derartige Formulierung begrenzt war, erweitert.

Um der Bedeutung des Rechtsguts Leben gerecht zu werden, wird teilweise[820] erörtert, dass die Spanne der möglichen Lebensverkürzung in vertretbarem Verhältnis zum verbleibenden Lebensrest stehen müsse. So sehr eine genaue Bezifferung hier wünschenswert wäre, kann kein bestimmter Zeitpunkt festgesetzt werden, ab welchem eine Schmerzlinderung mit lebensverkürzendem Risiko generell nicht für zulässig gehalten wird. Wie oben dargestellt, können bei Krebspatienten bereits Monate vor dem Tod extreme Schmerzen auftreten[821]. Selbst diese Formulierung mit dem Zeitaspekt von Monaten ist – genau genommen – unbestimmt, da sie keine Eingrenzung vornimmt, wie viele Monate vor dem Tod derartige Schmerzen eintreten können. Diese Ungenauigkeit resultiert daraus, dass jede Erkrankung individuell verläuft und bei jedem Pa-

---

[815] Sorge in: Aulbert/Zech Lehrbuch der Palliativmedizin S. 431

[816] Baumann u. a. AE-Sterbehilfe S. 23 (Begründung Ziff. 4); Roxin in: Roxin/Schroth Medizinstrafrecht S. 98

[817] Baumann u. a. AE-Sterbehilfe S. 22f.

[818] BGH JZ 2002, 150ff. (152) m. Anm. Sternberg-Lieben = BGH NJW 2001, 1802ff. (1803) = BGHSt 46, 279ff. (285)

[819] BGHSt 42, 301ff. (305)

[820] Conradi Sterbehilfe S. 459; v. Dellingshausen Sterbehilfe S. 230

[821] Baumann u. a. AE-Sterbehilfe S. 23 (Begründung Ziff. 4); Roxin in: Roxin/Schroth Medizinstrafrecht S. 98

tienten unterschiedliche Schmerzen hervorruft. Als weiterer Aspekt kommt hinzu, dass der Todeszeitpunkt eines Patienten aufgrund dessen ebenfalls nicht genau bestimmt werden kann. Die Einschätzungen von Lebenserwartungen durch Mediziner stellen lediglich vage Schätzungen anhand von Indizien dar, die mit der Realität bei dem einzelnen Patienten auch stark divergieren können[822]. Aus diesen Gründen kann anhand der Kriterien der Spanne möglicher Lebensverkürzung und des verbleibenden Lebensrestes infolge der fehlenden Möglichkeit zu verlässlichen Angaben bei diesen Kriterien kein fester Zeitpunkt bestimmt werden, ab welchem eine Vertretbarkeit für eine Lebensverkürzung vorliegt bzw. ausscheidet.

Zu beachten ist für eine Beurteilung der Vertretbarkeit vielmehr, dass die Verletzung des Rechtsguts Leben nicht mit Sicherheit eintritt, sondern die Lebensverkürzung nur eine mögliche Nebenfolge der Schmerzlinderung darstellt. Dies spiegelt sich auch in der Intention des Arztes wider. Die Grundlage für die schmerzlindernde Behandlung liegt in der Erleichterung der Leiden des Patienten, die die Lebensverkürzung als unvermeidbare, aber lediglich mögliche und nicht sichere Nebenfolge mit sich bringt und vom Arzt nur als unabwendbar in Kauf genommen wird. Je geringer die Wahrscheinlichkeit ist, dass die Notstandshandlung tatsächlich zu einer Verletzung führt, desto eher kann diese hingenommen werden[823]. Im Hinblick auf das bloße Risiko der Todesbeschleunigung ist dementsprechend das Interesse an der Wahrung des Lebensschutzes in geringerem Maß tangiert als bei mit Sicherheit eintretender Lebensverkürzung. In der juristischen Literatur wird, wie bereits aus der Darstellung der einzelnen Auffassungen deutlich wurde, sowohl die Möglichkeit einer Lebensverkürzung, die hohe Wahrscheinlichkeit als auch die sichere Lebensverkürzung als unvermeidbare Folge im Rahmen der schmerzlindernden Behandlung erörtert. Andererseits wird auf das geringe Risiko des Eintritts einer Lebensverkürzung, und damit auch die geringe praktische Relevanz der indirekten Sterbehilfe, verwiesen[824]. Durch den derzeitigen Kenntnisstand der Schmerztherapie sind die für das Auftreten einer Atemdepression kritischen Maßnahmen der anfänglichen bzw. höheren Dosierung sowie der Schmerzausschaltung durch eine andere Maßnahme[825] bekannt. Der Arzt kann dieser Gefahr durch langsame

---

[822] siehe Kantianis Palliativmedizin S. 108

[823] Lenckner/Perron in: Sch/Sch § 34 Rn. 27; Seibert Indirekte Sterbehilfe S. 161; Tröndle/Fischer § 34 Rn. 11

[824] vgl. Eser in: Sch/Sch Vorbem §§ 211ff. Rn. 26; vgl. v. Lutterotti Menschenwürdiges Sterben S. 124; vgl. Roxin in: Roxin/Schroth Medizinstrafrecht S. 99

[825] siehe D III 2 f, 3

Titration am Schmerz[826], d. h. langsame Dosiserhöhung, bzw. bei anderweitiger Schmerzausschaltung niedrigerer Dosierung, begegnen. Hinzu kommt, dass bei Patienten mit starken Schmerzen, die bereits mit Opioiden behandelt wurden, eine Gewöhnung an bestimmte Konzentrationen eintritt[827], so dass sodann bei weiterhin gleicher Dosierung und gleich bleibendem Schmerzniveau keine Atemdepression mehr zu befürchten ist. Bestehende Schmerzen sind ferner der Gegenspieler einer Atemdepression[828], so dass bei einer Dosisänderung regelmäßig eine Atemdepression verhindert wird, solange die Schmerzen anhalten. Aus der Zusammenschau dieser Gegebenheiten wird deutlich, dass das Risiko des Hervorrufens einer Atemdepression bei angemessener Schmerztherapie unter Einhaltung des Facharztstandards in der Regel gering sein wird.

Da die Gefahr der Todesbeschleunigung durch Hervorrufen einer Atemdepression, wie soeben dargelegt, regelmäßig als niedrig einzustufen und eine genaue Bestimmung des noch verbleibenden Lebensrestes zumindest derzeit nicht möglich ist, lässt sich die Abwägung auf die zentralen Punkte konzentrieren. Auf der einen Seite ist die Gefahr für eine Beeinträchtigung des Rechtsguts Leben aufgrund der geringen Wahrscheinlichkeit des Eintritts der Lebensverkürzung infolge dessen als niedrig einzuschätzen, so dass dieses nur in geringem Maß betroffen ist.

Auf der anderen Seite ist das Interesse des Patienten, der an schwersten, unerträglichen Schmerzen leidet, die sein Leben dauerhaft derart bestimmen und sozusagen regelrecht überlagern, an der Wiederherstellung seiner körperlichen Unversehrtheit zu bewerten. Je stärker die Schmerzzustände des Patienten sind, desto eher kann grundsätzlich eine Lebensverkürzung auch im Hinblick auf die Zeitspanne, um die das Leben verkürzt wird, akzeptiert werden. Da der Patient von seinen Schmerzen gepeinigt wird und sein Leben in dieser Situation nicht mehr unabhängig von diesen Qualen gesehen werden kann, besteht für ihn ein großes Interesse, während der letzten, ihm noch verbleibenden Zeit seines Lebens durch schmerzlindernde Medikamente die Möglichkeit eines erträglichen, nicht durch überaus starke Schmerzen geprägten Lebens zu eröffnen. In Bezug auf die regelmäßig geringe Wahrscheinlich-

---

[826] siehe D III 3
[827] siehe D III 2 f
[828] siehe D III 2 f; Freye Opioide in der Medizin S. 131; Gustorff in: Schockenhoff Spezielle Schmerztherapie S. 87; Hankemeier/Krizanits in: Hankemeier/Schüle-Hein/Krizanits Tumorschmerztherapie S. 49; Jage Medikamente gegen Krebsschmerzen S. 116, 142, 198; Jage/Jurna in: Zenz/Jurna Lehrbuch der Schmerztherapie S. 270

keit des Eintritts der Lebensverkürzung und die daher nicht so hohe Beeinträchtigung des Rechtsguts Leben gegenüber den starken Schmerzen überwiegt demnach in dieser Konstellation das Interesse an körperlicher Unversehrtheit durch die Linderung von Schmerzen das Interesse an der Aufrechterhaltung des Lebens.

Bei dieser besonderen Situation der Kollision mehrerer Rechtsgüter desselben Rechtsgutsträgers hängt das Wertverhältnis im Rahmen der Abwägung erst recht nicht vom abstrakten Wertverhältnis der einzelnen Rechtsgüter, sondern von den subjektiven Einschätzungen und Interessen des Rechtsgutsträgers ab. Bereits aus den bisherigen Erörterungen geht hervor, dass die Beurteilung und Bewertung der Stärke der Schmerzen und die damit einhergehende Beeinträchtigung des Rechtsguts des körperlichen Wohlbefindens nicht ohne die subjektive Einschätzung des Patienten als Rechtsgutsträger erfolgen kann. So wird der Patient regelmäßig die Schmerzmittelgabe wünschen bzw. zur Schmerzlinderung durch den Arzt auffordern, selbst wenn dadurch die Lebensverkürzung als Nebenwirkung der Schmerzmittel eintreten sollte. Denn wenn der Patient die Schmerzen lieber erdulden möchte, so ist das Interesse an der Schmerzlinderung im Gegensatz zum Interesse an der Lebenserhaltung ganz anders zu gewichten als im soeben genannten Fall. Im Rahmen der Abwägung zwischen dem körperlichen Wohlbefinden und dem Rechtsgut Leben in der individuellen Situation des Rechtsgutsträgers muss für eine Rechtfertigung der indirekten Sterbehilfe wegen Notstands gem. § 34 StGB das erstere das letztere wesentlich überwiegen. Wie das soeben dargestellte Beispiel zeigt, hängt im Hinblick auf die hier vorliegende Kollision mehrerer Rechtsgüter desselben Rechtsgutsträgers die Bewertung maßgeblich von der Haltung des Patienten ab. Wenn dieser die Schmerzen lieber – aus welchem Grund auch immer – erdulden möchte, so kann ein wesentliches Überwiegen des Interesses an der bestmöglichen Wahrung des körperlichen Wohlbefindens gegenüber dem höchsten Gut der Rechtsordnung, dem Leben, nicht angenommen werden. Dies zeigt, dass eine Gewichtung der kollidierenden Interessen in der hier vorliegenden Konstellation mit dem Ergebnis, dass eines das andere wesentlich überwiegt, nicht ohne die Betrachtung des Willens und der Einschätzung durch den Patienten als Rechtsgutsträger erfolgen kann.

(γ) Einbeziehung der Einwilligung

Beachtet man, dass bereits bei der Schmerzlinderung ohne möglicherweise auftretende Lebensverkürzung eine Einwilligung des Patienten erforderlich ist[829], so muss dies erst recht auch für die möglicherweise lebensverkürzende Schmerzlinderung gelten. Dies macht deutlich, dass es hier für die Abwägung ganz entscheidend auf die jeweiligen Interessen des seine Situation überschauenden Patienten ankommt. Daher ist bei der Abwägung ein zu berücksichtigender Faktor die Bedeutung für den Betroffenen, die nach objektivem Maßstab, jedoch unter Berücksichtigung der höchst individuellen Gegebenheiten zu beurteilen ist[830]. Der subjektive Wille wird sozusagen zur Richtschnur bei der objektiven Abwägung[831].

Infolge dessen sind solche Fälle aufgrund der Maßgeblichkeit des individuellen Willens regelmäßig nach den Grundsätzen der Einwilligung bzw. mutmaßlichen Einwilligung zu behandeln[832]. Über das Rechtsgut Leben kann der betroffene Rechtsgutsträger jedoch nicht verfügen, wie aus der Strafdrohung des § 216 StGB deutlich wird. Hintergrund dessen ist die Tabuisierung bzw. prinzipielle Unantastbarkeit fremden Lebens, die auf dem Interesse des Staates an der wirkungsvollen Sicherung des Lebens der Mitmenschen beruht[833]. Daher ist das Rechtsgut Leben zwar als Individualrechtsgut[834] eines jeden einzelnen anzusehen, welches jedoch nicht beliebig disponibel ist, so dass die Einwilligung in seine eigene Tötung durch einen Dritten infolge der Strafdrohung des § 216 StGB nicht allein für eine Rechtfertigung ausreicht. Hier ist der Weg für die Anwendbarkeit des Notstandes gem. § 34 StGB eröffnet[835].

Wie soeben gezeigt wurde, ist und bleibt der Notstand der richtige Ort für die Prüfung der widerstreitenden Interessen eines Rechtsgutsträgers im Rahmen einer umfassenden Interessenabwägung, bei der das Rechtsgut Leben in die Abwägung einbezogen wird. Bei dieser Abwägung kommt es maßgeblich auf die spezielle subjektive Gewichtung der Interessen durch den Patienten in seiner konkreten Situation an, so dass mit

---

829 siehe E II 2 d, 5

830 Lenckner/Perron in: Sch/Sch § 34 Rn. 23; Roxin Strafrecht AT 1 § 16 Rn. 62

831 Seibert Indirekte Sterbehilfe S. 140

832 Lenckner/Perron in: Sch/Sch § 34 Rn. 8a; Roxin Strafrecht AT 1 § 16 Rn. 87

833 Bade Sterbehilfe S. 113f.; Engisch in: Hellmuth Mayer-FS S. 399ff. (415); Hirsch in: Lackner-FS S. 597ff. (612); Hirsch in: Welzel-FS S. 775ff. (779); Otto DJT-Gutachten S. D54

834 dazu eingehend Seibert Indirekte Sterbehilfe S. 143ff ; siehe auch Kühl Strafrecht AT § 9 Rn. 28; Lackner/Kühl Vor § 32 Rn. 14; Otto DJT-Gutachten S. D53; vgl. Köhler Strafrecht AT S. 255.

835 Lenckner/Perron in: Sch/Sch § 34 Rn. 8a; Roxin Strafrecht AT 1 § 16 Rn. 88

einer weiter differenzierenden Auffassung[836] eine Rechtfertigung des die schmerzlindernde Behandlung vornehmenden Arztes im Rahmen des Notstands nur unter Einbeziehung von Elementen der Einwilligung als ein abwägungsrelevantes Interesse im Rahmen der Interessenabwägung möglich ist.

Daraus ergibt sich eine Abwägung zwischen einem Leben, das von als unerträglich empfundenen Schmerzen beherrscht ist, gegenüber einem möglicherweise um eine gewisse Dauer verringerten Leben mit annehmbaren bzw. sogar ohne nennenswerte Schmerzen. Auch hier wird wieder deutlich, dass die Abwägung nicht ohne den Willen bzw. – ganz allgemein gefasst – subjektive Elemente des Betroffenen erfolgen kann, da schon allein die Schmerzempfindung stark von einer subjektiven Einschätzung des einzelnen abhängt[837]. Für die Gewichtung der kollidierenden Rechtsgüter im Rahmen der Abwägung ist deren Gewichtung durch den Betroffenen – insbesondere da es sich um eine Kollision der Interessen eines Rechtsgutsträgers handelt – als maßgeblich anzusehen. Erst die Einwilligung bzw. mutmaßliche Einwilligung des Patienten in die Schmerzlinderung in Kenntnis aller Umstände kann bei der Abwägung den entscheidenden Ausschlag dahingehend bewirken, dass dem Interesse an der körperlichen Unversehrtheit des einzelnen gegenüber dem Interesse am Schutz des Lebens ein wesentliches Überwiegen jenes Rechtsguts beigemessen werden kann. Denn sofern der Patient sich ge-

---

[836] Beckert Strafrechtliche Probleme um Suizidbeteiligung und Sterbehilfe S. 326; BGH JZ 2002, 150ff. (152) m. Anm. Sternberg-Lieben = BGHSt 46, 279ff. (285); Conradi Sterbehilfe S. 454, 461, der die Einwilligung des Patienten von vornherein als Voraussetzung für eine Rechtfertigung ansieht; Dölling MedR 1987, 6ff. (7); Hanack in: Hiersche Euthanasie S. 132, 134f.; Kantianis Palliativmedizin S. 198ff.; Kutzer NStZ 1994, 110ff. (115); v. Lutterotti Ärztliche Handlungsanleitungen S. 153ff. auch bei sicherer Lebensverkürzung; v. Lutterotti in: Knupp/Stille Sterben und Tod in der Medizin S. 91f. auch bei sicherer Lebensverkürzung; Merkel in: Hegselmann/Merkel Zur Debatte über Euthanasie S. 97, der bei (bekundetem) Interesse des Patienten an seiner Leidensbeendigung eine Rechtfertigung sowohl bei „direkten" als auch „indirekten" Absichten (bzgl. der Lebensbeendigung durch den Arzt) annimmt; Neumann in: NK Vor § 211 Rn. 99; Schneider in: MüKo Vor §§ 211ff. Rn. 103; Otto DJT-Gutachten S. D56ff.; Schöch NStZ 1997, 409ff. (410); Seibert Indirekte Sterbehilfe S. 156, 163; siehe auch v. Dellingshausen Sterbehilfe S. 231, 234, 236 und Möllering Schutz des Lebens S. 33 bei wahrscheinlicher oder sicherer Lebensverkürzung; Eser in: Auer/Menzel/Eser Heilauftrag und Sterbehilfe S. 90, sofern sich das Risiko der Lebensverkürzung fast zur Gewissheit verdichtet

[837] vgl. D I; Hankemeier/Krizanits/Schüle-Hein in: Hankemeier/Schüle-Hein/Krizanits Tumorschmerztherapie S. 4; Kränzle in: Hankemeier/Schüle-Hein/Krizanits Tumorschmerztherapie S. 272; Richter/Aulbert/Hankemeier in: Hankemeier/Schüle-Hein/Krizanits Tumorschmerztherapie S. 20; vgl. Czerner Euthanasie-Tabu S. 37

äußert hat, die Erduldung seiner Schmerzen im Hinblick auf ein ohne Schmerzmittel möglicherweise bestehendes längeres Leben zu bevorzugen, kann von einem wesentlichen Überwiegen des Interesses an der Schmerzlinderung nicht gesprochen werden. Durch das Einbeziehen von Elementen der Einwilligung als ausschlaggebendes Gewicht für das wesentliche Überwiegen des Interesses an der körperlichen Unversehrtheit wird einerseits gewährleistet, dass der Wille des Patienten als Ausfluss seines Rechts auf freie Selbstbestimmung im Rahmen der abwägungsrelevanten Interessen berücksichtigt wird. Andererseits ist für das Vorliegen einer wirksamen Einwilligung die Kenntnis der tatsächlichen Umstände erforderlich, so dass auch die Wahrung des wirklichen Willens des Patienten in Kenntnis seiner Situation gegeben ist. Zwar ist der Einwilligung an sich die rechtfertigende Wirkung versagt[838]. Dies steht einer Berücksichtigung als ein relevantes Interesse bei der Abwägung jedoch nicht entgegen, da die Einwilligung hier nur eine von vielen möglichen Positionen darstellt.

Das hinter dem Tötungsverbot stehende Interesse des Staates an der Achtung fremden Lebens als solchem[839] gebietet hier auch keine anderweitige Abwägungsentscheidung. Denn der Schutz des Lebens des Patienten wird durch diese Abwägung nicht aufgehoben. Der Betroffene bleibt weiterhin gegen ungewollte Angriffe Dritter geschützt und das Rechtsgut Leben einer Abwägung gegenüber anderem, fremdem Leben entzogen[840]. Der Arzt, der seinem Patienten ein Mittel verabreicht, um dessen unerträgliche Leiden zu lindern und dabei eine Vorverlagerung des Todeszeitpunktes als Nebeneffekt in Kauf nimmt, missachtet nicht das Leben des unheilbar Kranken[841]. Hier wird unter Beachtung des Willens des Patienten in einer Ausnahmesituation eine Abwägung zur Ermöglichung einer Spanne erträglichen Lebens getroffen und nicht der Weg für eine allgemeine Relativierung des Rechtsguts Leben eröffnet, die zwischen lebenswert und nicht lebenswert unterscheidet[842].

---

[838] siehe E V 4 b aa; Eser in: Sch/Sch Vorbem. §§ 211 Rn. 25; Laber Schutz des Lebens im Strafrecht S. 206; v. Lutterotti in: Knupp/Stille Sterben und Tod in der Medizin S. 92; Ulsenheimer in: Laufs/Uhlenbruck Handbuch des Arztrechts § 149 Rn. 7

[839] v. Lutterotti in: Knupp/Stille Sterben und Tod in der Medizin S. 92; Otto DJT-Gutachten S. D54; Seibert Indirekte Sterbehilfe S. 152f.; vgl. Hirsch in: Lackner-FS S. 597ff. (612)

[840] Seibert Indirekte Sterbehilfe S. 159f.

[841] v. Lutterotti in: Knupp/Stille Sterben und Tod in der Medizin S. 92

[842] v. Dellingshausen Sterbehilfe S. 225, Seibert Indirekte Sterbehilfe S. 160; vgl. Conradi Sterbehilfe S. 459f.

Für eine Rechtfertigung gem. § 34 StGB ist somit ein Abwägungsergebnis im Sinne eines wesentlichen Überwiegens des Interesses an gelinderten stärksten Schmerzen gegenüber dem Risiko der Lebensverkürzung erforderlich. Die (mutmaßliche) Einwilligung des Patienten als Rechtsgutsträger gibt dabei letztlich den Ausschlag zu einem wesentlichen Überwiegen im Sinne des § 34 StGB.

Das Risiko des Hervorrufens einer Atemdepression ist infolge des derzeitigen Stands der Schmerztherapie, der Kenntnis der Wirkungen und Nebenwirkungen sowie der kritischen Situationen, in welchen die Gefahr der Nebenfolge besteht, gering. Demgegenüber bestehen unerträgliche Schmerzen, die der Patient gelindert haben möchte, und in Kenntnis seiner Situation die Einwilligung zur Schmerzbehandlung gibt. Insoweit wird regelmäßig ein wesentliches Überwiegen des Interesses an körperlichem Wohlbefinden anzunehmen sein mit der Folge, dass der indirekte Sterbehilfe vornehmende Arzt gerechtfertigt ist.

ii) Zwischenergebnis

Unter den soeben genannten Voraussetzungen ist bei (mutmaßlicher) Einwilligung des Patienten ein wesentliches Überwiegen des Interesses an der durch die Schmerzlinderung wiederhergestellten körperlichen Unversehrtheit anzunehmen, so dass die indirekte Sterbehilfe bei Vorliegen der Einwilligung durch Notstand gem. § 34 StGB gerechtfertigt ist[843]. Der rechtfertigende Notstand gem. § 34 StGB bietet durch die Vorgabe einer umfassenden Interessenabwägung eine gesetzlich vorgesehene, passende Lösung für die indirekte Sterbehilfe, ohne dass es einer Zuhilfenahme sonstiger Rechtsfiguren bzw. spezieller Begründungen und Abwägungen im Rahmen von Tatbestandsmerkmalen bedarf. Diese Lösung ist im Übrigen auch für den Arzt vertretbar, da das Unrechtsurteil erst durch die Bejahung der Rechtswidrigkeit seines Handelns gefällt wird, und die Vornahme indirekter Sterbehilfe unter den oben genannten Voraussetzungen rechtmäßig ist.

c) Entschuldigung bzw. entschuldigende Pflichtenkollision

Vereinzelt werden Auffassungen vertreten, die den Ausschluss der Strafbarkeit der indirekten Sterbehilfe auf der Ebene der Schuld befür-

---

[843] Conradi Sterbehilfe S. 461; Dölling MedR 1987, 6ff. (7); Seibert Indirekte Sterbehilfe S. 163f.; so im Ergebnis: Bade Sterbehilfe S. 114f. bei mit großer Wahrscheinlichkeit eintretender Lebensverkürzung; Beckert Strafrechtliche Probleme um Suizidbeteiligung und Sterbehilfe S. 326; BGHSt 42, 301ff. (305); Dölling Anm. zu BGH JR 1998, 159f. (161); Hanack in: Hiersche Euthanasie S. 132

worten. So soll nach Laufs[844] das Handeln des Arztes entschuldigt sein. Schwalm[845] vertritt den Standpunkt, dass dem Arzt, der im Konflikt zwischen seiner Pflicht zur Krankheitslinderung und der (höheren) Pflicht zur Respektierung des Tötungsverbots letzteres verletzt, indem er nach seinem Gewissen den Patienten zur Linderung seiner Schmerzen behandelt, höchstens der übergesetzliche strafbefreiende Entschuldigungsgrund der Pflichtenkollision in Anlehnung an § 35 StGB zugebilligt werden könne.

Diesen Auffassungen kann nicht gefolgt werden. Zwar wird im Ergebnis ebenfalls die Strafbarkeit des Arztes verneint. Der Arzt vollzieht jedoch nach diesen Ansichten bei Durchführung der schmerzlindernden Behandlung ein verbotenes Tun durch die Bejahung der Rechtswidrigkeit. Er wäre demnach bei vorgenommener Schmerzlinderung dem Vorwurf des Rechtsbruchs ausgesetzt. Diesbezüglich stellt sich die (unbeantwortete) Frage, warum ein allgemein für erlaubt gehaltenes und medizinisch gebotenes, weit verbreitetes Verhalten der Rechtsordnung zuwider laufen und nur als Entschuldigung im Sinne eines Sonderfalls Berücksichtigung finden soll[846]. Zudem könnte, wenn man dies weiterdenkt, ein Dritter aufgrund der Rechtswidrigkeit des Handelns – vorbehaltlich der mangels Gebotenheit unzulässigen, gegen den ausdrücklichen Willen des Patienten aufgedrängten[847] – Nothilfe „zugunsten" des leidenden Patienten gegen den behandelnden Arzt üben[848], was bei einem Interesse des Patienten an der Schmerzlinderung zu einem widersprüchlichen, den Willen des Patienten nicht immer ausreichend beachtenden Ergebnis führen würde. Die indirekte Sterbehilfe ist daher richtigerweise auf der Ebene der Rechtswidrigkeit zu verorten.

d) Strafbarkeit

Teilweise[849] wird die indirekte Sterbehilfe für unzulässig und strafbar gehalten. Gössel[850] argumentiert mit dem konsequenten und lückenlosen Schutz des Lebens, die regelmäßig achtenswerten Motive des Erbarmens mit menschlichem Leiden könnten nur über die Strafzumessung berücksichtigt und in Extremfällen könne nach § 153a StPO oder § 153

[844] Laufs Arztrecht Rn. 302
[845] Schwalm BayÄBl. 1975, 565ff. (566)
[846] Antoine Aktive Sterbehilfe S. 54; Pelzl KJ 1994, 179ff. (189)
[847] Tröndle/Fischer § 32 Rn. 7
[848] Ingelfinger Grundlagen und Grenzbereiche des Tötungsverbots S. 261; Merkel Früheuthanasie S. 216f.
[849] Gössel BT 1 § 2 Rn. 33; Kohlhaas NJW 1973, 548ff. (550); Leisner in: Leisner/Goerlich Recht auf Leben S. 40
[850] Gössel BT 1 § 2 Rn. 33

StPO verfahren werden. Gössel[851] versteht jedoch unter indirekter Sterbehilfe, dass Medikamente mit unvermeidlich lebensverkürzender Nebenwirkung verabreicht werden, auch wenn diese Nebenwirkung nicht beabsichtigt werde. Durch die Verwendung der Formulierung der unvermeidlich lebensverkürzenden Nebenwirkung behandelt er lediglich die Konstellation, in der die Lebensverkürzung mit Sicherheit eintritt, die im Anschluss geprüft werden soll, nicht jedoch die hier geprüfte, lediglich möglicherweise eintretende lebensverkürzende Nebenwirkung. Gössel versucht die von ihm bejahte Strafbarkeit des Arztes nach materiellem Recht in Ausnahmefällen zu umgehen, indem er eine Bestrafung aufgrund der achtenswerten Motive auf prozessualem Weg wegen geringer Schuld – bei einem Tötungsdelikt – in Ausnahmefällen ablehnt und eine Einstellung befürwortet. Die Möglichkeit der Einstellung gem. §§ 153, 153a StPO ist jedoch nur bei Vergehen eröffnet. Eine Einstellung nach §§ 153, 153a StPO könnte dementsprechend nur bei Tötung auf Verlangen als Vergehen gem. §§ 216, 12 Abs. 1, 2 StGB erfolgen, bietet jedoch bei Totschlag als Verbrechen gem. §§ 212, 12 Abs. 1 StGB keine Lösung. Zwar wird in der von Gössel geschilderten Konstellation regelmäßig eine Tötung auf Verlangen gem. § 216 StGB vorliegen, bei der die Möglichkeit der Einstellung gem. §§ 153, 153a StPO gegeben ist. Für den Arzt ist aber das Risiko der Abhängigkeit von einer Einstellung unzumutbar, da ein strafbares Verhalten von dem Arzt nicht verlangt und eine Einstellung beim Wiederholungsfall kaum mehr begründet werden kann.

Die Gefahr eines befürchteten Dammbruchs bzw. einer „Mörderklinik“ sowie des Arztes als Herrn über Leben und Tod, die von dieser Ansicht[852] als Argumente für die Strafbarkeit der indirekten Sterbehilfe angeführt werden, besteht unter Beachtung der oben dargestellten Voraussetzungen bei einer möglichen Lebensverkürzung nicht. Der Schutz des Lebens bleibt bei der indirekten Sterbehilfe gewahrt[853].

e) Unterlassene bzw. unzureichende indirekte Sterbehilfe

Wenn die Vornahme indirekter Sterbehilfe durch den Arzt gem. § 34 StGB gerechtfertigt ist, stellt sich die Frage, ob der Arzt hierzu verpflichtet ist und ob sich der Arzt gegebenenfalls wegen Körperverletzung durch Unterlassen gem. §§ 223, 229, 13 StGB strafbar macht, wenn er die indirekte Sterbehilfe nicht durchführt.

---

851 Gössel BT 1 § 2 Rn. 30

852 Kohlhaas NJW 1973, 548ff. (550); Leisner in: Leisner/Goerlich Recht auf Leben S. 40

853 siehe E V 4 b hh bbb, ii

Der Arzt erkennt, dass bei fortgesetzter Schmerztherapie das mögliche Risiko einer lebensverkürzenden Nebenwirkung besteht und führt die Behandlung daraufhin nicht fort. Das Aufrechterhalten von Schmerzen stellt eine Gesundheitsschädigung als Körperverletzungserfolg dar[854], wobei die unterlassene Weiterführung der Behandlung für die Aufrechterhaltung der Schmerzen aufgrund der in der Regel möglichen weitergehenden Schmerzlinderung kausal ist. Der Arzt hat ferner infolge Übernahme der palliativen Behandlung eine Garantenstellung[855].

Nunmehr stellt sich die Frage des Umfangs der Garantenpflicht, ob eine Verpflichtung des Arztes zur Schmerzlinderung selbst dann besteht, wenn diese das Risiko der Lebensverkürzung beinhaltet. Im Rahmen allgemeiner Ausführungen wird vertreten, dass der Täter, wenn sein Tun nach § 34 StGB gerechtfertigt ist, nicht nur handeln darf, sondern in der Regel – vorbehaltlich etwaiger Zumutbarkeitserwägungen – handeln muss[856]. Hiervon ausgehend wird der Arzt auch zur Vornahme der indirekten Sterbehilfe für verpflichtet gehalten[857], wobei nach teilweise vertretener Ansicht dieser Grundsatz Zumutbarkeitserwägungen unterliegen soll[858]. Auf die hier zu untersuchende Fallkonstellation übertragen wird von der einschränkenden Auffassung die Zumutbarkeit der Durchführung der schmerzlindernden Behandlung mit der möglicherweise lebensverkürzenden Nebenwirkung für den Arzt verneint, wenn er sie mit seinen eigenen Anschauungen und seinem Gewissen[859] bzw. seinen ethischen Grundsätzen[860] nicht vereinbaren kann. Teilweise[861] wird der Arzt, der sich auf Unzumutbarkeit infolge Unvereinbarkeit der indirekten Sterbehilfe mit seinem Gewissen beruft, in einem solchen Fall als zur Delegation an einen anderen Arzt verpflichtet angesehen.

Die Ansicht[862], nach der der Arzt sich nicht auf Unzumutbarkeit der möglichen Schmerztherapie berufen könne, wenn das Interesse des Patien-

---

[854] siehe E III 2 a aa

[855] siehe E III 2 a cc ggg/hhh

[856] Lenckner/Perron in: Sch/Sch § 34 Rn. 4; vgl. Bockelmann Strafrecht des Arztes S. 26 für den rechtmäßigen Schwangerschaftsabbruch

[857] v. Dellingshausen Sterbehilfe S. 233; Seibert Indirekte Sterbehilfe S. 171; so im Ergebnis auch Conradi Sterbehilfe S. 463f.; Kautzky in: Eser Suizid und Euthanasie S. 287; vgl. Neumann in: NK Vor § 211 Rn. 96

[858] v. Dellingshausen Sterbehilfe S. 233; Frisch in: Leipold Selbstbestimmung S. 110 Fn. 38; Seibert Indirekte Sterbehilfe S. 171

[859] v. Dellingshausen Sterbehilfe S. 233; Seibert Indirekte Sterbehilfe S. 171

[860] Frisch in: Leipold Selbstbestimmung S. 110 Fn. 38

[861] Baumann u. a. AE-Sterbehilfe S. 24; Seibert Indirekte Sterbehilfe S. 171

[862] Conradi Sterbehilfe S. 463f.

ten an der Linderung seiner Leiden derart in den Vordergrund trete, dass sich jede Untätigkeit für den Patienten als unzumutbar und inhuman darstellen würde, ist abzulehnen. Die Schmerzlinderung und palliative Behandlung, worunter allgemein die Linderung der Symptome wie u. a. Schmerzen fällt, ist zwar Teil der Aufgabe des Arztes. Dies ändert sich auch dann nicht, wenn die Schmerzlinderung aufgrund der Stärke des Leidens als unvermeidbare Nebenwirkung möglicherweise den Todeseintritt beschleunigt[863]. Die palliative Behandlung beinhaltet gerade die bestmögliche Symptomkontrolle einschließlich einer Schmerztherapie bei unheilbar Kranken bis zu deren Tod. Die Linderung von Schmerzen gehört zur Basisbetreuung des Patienten, die gewährleistet werden muss, wie in den Grundsätzen der Bundesärztekammer zur ärztlichen Sterbebegleitung[864] deutlich wird. Die Grundsätze der Bundesärztekammer weisen ebenfalls auf die ärztliche Pflicht hin, die Leiden des Patienten zu lindern, die derart im Vordergrund stehen können, dass eine möglicherweise dadurch bedingte unvermeidbare Lebensverkürzung hingenommen werden darf. Die Wahrscheinlichkeit des Eintritts einer Atemdepression ist auch bei einer Schmerzbehandlung, wie bereits oben[865] erörtert, nach dem derzeitigen Standard der Schmerztherapie als gering einzustufen. Daher ist der Arzt grundsätzlich verpflichtet, die Schmerzlinderung auch in der Form der indirekten Sterbehilfe vorzunehmen. Der Arzt darf aber nicht zu einer Handlung verpflichtet werden, die er nicht mit seinem Gewissen vereinbaren kann. Die wichtige Bedeutung der Gewissensfreiheit wird in Art. 4 GG deutlich. Der Unzumutbarkeit der Situation des Patienten durch weiterhin ungelinderte Leiden, wenn der Arzt sich auf Unzumutbarkeit der Durchführung der indirekten Sterbehilfe beruft, kann durch dessen Verpflichtung zur Delegation an einen anderen Arzt begegnet werden, so dass eine angemessene Schmerzbehandlung des Patienten gesichert wird. Insoweit hat die Unzumutbarkeit zur Vornahme der schmerzlindernden Therapie mit möglicher lebensverkürzender Nebenwirkung Auswirkungen auf den Umfang der Garantenpflicht des Arztes. Denn die Zumutbarkeit des Handelns begrenzt die Pflicht,

---

[863] vgl. Beschluss der strafrechtlichen Abteilung des 56. Dt. Juristentages I 3. in: Ständige Deputation des Deutschen Juristentages 56. Dt. Juristentag Bd. II S. M191, wonach die indirekte Sterbehilfe geboten und deren Verweigerung als Körperverletzung durch Unterlassen oder unterlassene Hilfeleistung strafbar sein kann, angenommen mit 43 Ja-Stimmen, 29 Nein-Stimmen und 12 Enthaltungen; vgl. Giesen JZ 1990, 929ff. (935f.)

[864] Bundesärztekammer DÄBl. 101 (2004), C1040f.

[865] siehe E V 4 b hh bbb β

zum Schutz gefährdeter Rechtsgüter tätig zu werden; unzumutbares Handeln ist demnach nicht geboten[866].

Zusammengefasst besteht daher für den Arzt grundsätzlich die Pflicht zur Vornahme der indirekten Sterbehilfe, bei Unzumutbarkeit infolge Unvereinbarkeit mit seinem Gewissen die Verpflichtung zur Delegation an einen anderen Arzt.

Ulsenheimer[867] stellt im Rahmen allgemeiner Erwägungen einen weiteren Aspekt einer möglichen Unzumutbarkeit einer Verpflichtung eines Garanten zu einer Erfolg versprechenden, gerechtfertigten Tätigkeit dar. Bei Unsicherheit und Ungewissheit des Normbefehls für den Adressaten bestehe in Zweifelsfällen über die Rechtmäßigkeit einer Handlung keine Handlungsverpflichtung, da die Rechtsordnung weder die Vornahme einer eindeutig noch einer nur möglicherweise rechtswidrigen Handlung gebieten dürfe[868]. Demgegenüber sei in den Fällen, in denen die Rechtmäßigkeit evident sei, der Garant auch zu ihrer Ausführung verpflichtet. Übertragen auf die indirekte Sterbehilfe ist der Arzt danach in Situationen, die infolge eines eindeutigen Überwiegens des Interesses an körperlichem Wohlbefinden zu einer Rechtfertigung gem. § 34 StGB führen, verpflichtet, indirekte Sterbehilfe vorzunehmen. Sofern eine Rechtfertigung gem. § 34 StGB nicht eindeutig vorherzusehen ist, entfällt eine dahingehende Pflicht zur Schmerzlinderung, der Arzt ist lediglich zur indirekten Sterbehilfe berechtigt. Da die indirekte Sterbehilfe aufgrund ihrer geringen Wahrscheinlichkeit der Verwirklichung des Lebensverkürzungsrisikos bei Einwilligung des Patienten gem. § 34 StGB durch die Interessenabwägung regelmäßig gerechtfertigt sein wird, liegt danach eine evidente Rechtmäßigkeit und damit eine Verpflichtung des Arztes zur indirekten Sterbehilfe vor.

Ob das Unterlassen des Arztes fahrlässig oder vorsätzlich erfolgte, hängt von den allgemeinen Voraussetzungen ab. Insoweit wird auf die obigen[869] Ausführungen verwiesen. Eine Rechtfertigung des Unterlassens des Arztes durch Einwilligung des Patienten scheidet aus, da Voraussetzung einer Rechtfertigung der indirekten Sterbehilfe gem. § 34 StGB eine Einwilligung des Patienten gerade in die Durchführung der Schmerzbehandlung beinhaltet, so dass dieser die indirekte Sterbehilfe befürwor-

[866] Stree in: Sch/Sch Vorbem §§ 13ff. Rn. 155 m. w. N. zu dem Streit, ob die Unzumutbarkeit sich tatbestandsausschließend, rechtfertigend oder entschuldigend wirkt
[867] Ulsenheimer JuS 1972, 252ff. (255f.)
[868] Ulsenheimer JuS 1972, 252ff. (256)
[869] siehe E III 2 a ee, ff, b

tet. Der die weitere Schmerztherapie unterlassende Arzt macht sich demnach wegen fahrlässiger Körperverletzung durch Unterlassen gem. §§ 229, 13 StGB strafbar.

f) Ergebnis

Die Vornahme der Schmerzlinderung mit möglicherweise lebensverkürzender Wirkung ist bei Vorliegen einer wirksamen Einwilligung des Patienten in diese Behandlung in Kenntnis seiner Situation gem. § 34 StGB gerechtfertigt, da das Risiko des Eintritts einer Atemdepression regelmäßig gering ist.

Sofern der Patient nicht mehr einwilligungsfähig und ein gesetzlicher Vertreter bzw. Betreuer nicht erreichbar ist, ist auf die Grundsätze der mutmaßlichen Einwilligung abzustellen. Eine solche Situation wird eher die Ausnahme bei plötzlich und unerwartet auftretenden extremen Schmerzen sein, da bei dem Regelfall der indirekten Sterbehilfe eine vorhergehende Dauermedikation über längere Zeit bei palliativer Betreuung erfolgt, die ausreichend Zeit lässt, einen gesetzlichen Vertreter bzw. Betreuer über die anstehende Entscheidung zu informieren. Der mutmaßliche Wille des Patienten ist zu erforschen anhand möglicher früherer Äußerungen sowie seiner Gesten, mit denen er die Befreiung von seinen unerträglichen Schmerzen erbitten kann[870]. Regelmäßig wird bei einem schwerste Schmerzen erleidenden Patienten von einem Willen zur Schmerzbehandlung selbst bei möglicher Lebensverkürzung auszugehen sein[871], wenn der einwilligungsunfähige Patient nach außen hin zu erkennen gibt, dass er die Schmerzen als unerträglich empfindet. Ansonsten besteht auch keine Veranlassung für den Arzt, eine Schmerztherapie mit dem bei indirekter Sterbehilfe bestehenden Risiko der Lebensverkürzung durchzuführen, wenn augenscheinlich eine geringere Dosierung der Schmerzmittel ohne relevante Gefahr des Eintritts dieser Nebenfolge ausreicht[872].

Wenn eine Pflicht des Arztes zur Schmerzlinderung als Teil seiner ärztlichen Aufgabe auch bei Gefahr einer möglichen Lebensverkürzung besteht und nicht infolge Unvereinbarkeit mit seinem Gewissen durch Unzumutbarkeit entfällt, kommt bei unterbliebener oder unzulänglicher Schmerzbekämpfung durch das Aufrechterhalten von Schmerzen eine

---

[870] vgl. Conradi Sterbehilfe S. 469f.
[871] Arzt JR 1986, 309ff. (310)
[872] vgl. Conradi Sterbehilfe S. 470

Strafbarkeit regelmäßig wegen fahrlässiger Körperverletzung durch Unterlassen gem. §§ 229, 13 StGB in Betracht[873].

5. Tod als unmittelbare und sichere Folge der Schmerztherapie
Nun bleibt zu untersuchen, wie der Fall zu behandeln ist, wenn der Arzt schmerzlindernde Medikamente verabreicht, diese jedoch die sichere Nebenwirkung der Lebensverkürzung mit sich bringen, der Arzt dies auch erkennt und dennoch die Schmerzlinderung vornimmt.

Hierbei weiß der Arzt vom sicheren Eintritt der Lebensverkürzung als Nebenfolge der schmerzlindernden Medikamente und verabreicht sie in dieser Kenntnis trotzdem. Im Hinblick auf die Art des Vorsatzes handelt es sich infolge des sicheren Wissens um die Lebensverkürzung um direkten Vorsatz (dolus directus 2. Grades)[874]. Die insoweit vorgenommene, schmerzlindernde Behandlung mit sicherer Lebensverkürzung soll nach teilweise vertretener Ansicht[875] noch von der indirekten Sterbehilfe umfasst sein. Gerade bei besonders schweren Schmerzen und der damit verbundenen Notwendigkeit hoher Dosierungen von Medikamenten bestehe hier eine besonders drängende ethische Verpflichtung zu ärztlichem Handeln[876]. Wenn die Beschleunigung des Todes doch einmal sicher sei, sollte daran die Schmerztherapie nicht scheitern[877].

Nach anderer Auffassung[878] ist die indirekte Sterbehilfe auf die Fälle zu beschränken, in denen die Lebensverkürzung möglich oder wahrscheinlich ist und der Arzt dementsprechend mit bedingtem Vorsatz (dolus eventualis) die Schmerzlinderung vornimmt. Der Patient erlebe die Lin-

---

873 siehe dazu E III/IV; vgl. Koch in: Eser/Koch Materialien zur Sterbehilfe S. 52

874 vgl. Otto Grundkurs Strafrecht AT § 7 Rn. 32f.; vgl. Roxin Strafrecht AT 1 § 12 Rn.18; vgl. Wessels/Beulke Strafrecht AT Rn. 213

875 Ingelfinger Grundlagen und Grenzbereiche des Tötungsverbots S. 265, 269, 274, der nicht nach der Vorsatzform differenziert, sondern nach einer objektiv erforderlichen Dosierung; Merkel Früheuthanasie S. 172; Merkel JZ 1996, 1145ff. (1147); Neumann in: NK Vor § 211 Rn. 95; Otto Jura 1999, 434ff. (441); Roxin in: Roxin/Schroth Medizinstrafrecht S. 99; vgl. Kantianis Palliativmedizin S. 182, 184; vgl. Schroeder ZStW 106 (1994), 565ff. (579f.), der nicht nach direkter oder indirekter Sterbehilfe differenziert, aber wohl selbst gezielte und auch sichere Tötung zur Schmerzlinderung für durch Interessenabwägung möglicherweise gerechtfertigt ansieht

876 Ingelfinger Grundlagen und Grenzbereiche des Tötungsverbots S. 265; Merkel in: Hegselmann/Merkel Zur Debatte über Euthanasie S. 92

877 Roxin in: Roxin/Schroth Medizinstrafrecht S. 99

878 BGH JZ 2002, 150ff. (152) m. Anm. Sternberg-Lieben = BGHSt 46, 279ff. (285); Conradi Sterbehilfe S. 445; Kutzer NStZ 1994, 111ff. (115); Schöch NStZ 1997, 409ff. (411)

derung seiner Leiden letztlich überhaupt nicht mehr, so dass bei einer solchen ärztlichen Maßnahme ihrer Funktion nach nicht mehr von einer Schmerztherapie gesprochen werden könne[879]. Es gebe heute praktisch keine Grenze mehr, bei der die Todesursächlichkeit eines Opioids sicher festgestellt werden könne, so dass jede noch therapeutisch vertretbare Schmerzmitteldosierung mit dolus eventualis verabreicht werden könne[880]. Deshalb ließen sich die seltenen Fälle, in denen jetzt noch sicheres Wissen um die tödliche Nebenwirkung in Betracht komme, nicht mehr von der verbotenen beabsichtigten Tötung unterscheiden.

Ruft man sich die vielfach gemachten Aussagen[881] ins Gedächtnis, dass eine Atemdepression regelmäßig nicht zu befürchten ist, solange man sich mit der Dosierung nach dem vom Patienten geäußerten Ausmaß des Schmerzes richtet[882], und die Atemdepression ein Zeichen einer Überdosierung darstellt[883], so ist eine sichere Lebensverkürzung infolge einer zum Tod führenden Atemdepression – ohne dass der Patient regelmäßig zur Vermeidung einer solchen überwacht wird – nicht mehr als eine notwendige und erforderliche Schmerzlinderungsmaßnahme anzusehen. Jeder Mensch mit einer mit starken, länger anhaltenden Schmerzen verbundenen Krankheit kann durch seine Gewöhnung an hohe Dosierungen von Schmerzmitteln starke Dosen erhalten, ohne dass eine zum Tod führende Atemdepression eintreten muss. Die Dosierung, die ein Patient noch verträgt und eine solche, mit der der Tod des Patienten mit Sicherheit eintritt, steht nicht abstrakt fest, sondern ist von Patient zu Patient individuell verschieden[884]. Das zeigt sich bei der Einholung mehrerer Gutachten in demselben Fall über die Ursächlichkeit der Gabe eines Schmerzmittels für den eingetretenen Tod, bei denen oftmals Differenzen zwischen einzelnen Gutachtern bestehen[885]. Dem Argument, der Arzt sei gerade bei extrem starken Schmerzen und dadurch bedingten

---

879 Conradi Sterbehilfe S. 445
880 Schöch NStZ 1997, 409ff. (411)
881 siehe D III 2 f
882 Dertwinkel in: Zenz/Donner Schmerz bei Tumorerkrankungen S. 73; Freye Opioide in der Medizin S. 131; Henze in: Klöss Anästhesie S. 491; Jage Medikamente gegen Krebsschmerzen S. 196; Jage/Jurna in: Zenz/Jurna Lehrbuch der Schmerztherapie S. 270; Klaschik in: Husebø/Klaschik Palliativmedizin S. 192, 215; Klaschik Schmerztherapie mit oralem Morphin und Hydromorphon bei Tumorpatienten S. 9; Sorge in: Zenz/Jurna Lehrbuch der Schmerztherapie S. 467
883 Dertwinkel in: Zenz/Donner Schmerz bei Tumorerkrankungen S. 73; Gustorff in: Schockenhoff Spezielle Schmerztherapie S. 106; Klaschik in: Husebø/Klaschik Palliativmedizin S. 215; vgl. Jage Medikamente gegen Krebsschmerzen S. 196
884 Freye Opioide in der Medizin S. 336; Schöch NStZ 1997, 409ff. (410f.)
885 vgl. Schöch NStZ 1997, 409ff. (410)

hohen Dosierungen von Medikamenten besonders zum Handeln verpflichtet, ist vom Grundsatz her zuzustimmen. Gerade in Anbetracht des schwerwiegenden Risikos der Lebensverkürzung ist der Arzt verpflichtet, die zu einer angemessenen Schmerztherapie erforderliche möglichst geringe, die Schmerzen aber bestmöglich lindernde Dosierung zu wählen. Da jeder Patient individuell eine bestimmte Dosierung benötigt und eine angemessene Dosierung keine Atemdepression hervorruft, hat der behandelnde Arzt regelmäßig kein genaues Wissen, ab wann diese Nebenwirkung eintritt. Der Arzt, der trotzdem genau weiß, dass seine Medikation mit Sicherheit zum Tod des Patienten führt, erkennt demnach bereits die nicht mehr vertretbare Schmerzmitteldosierung und handelt in diesem Wissen dennoch. Die sichere Lebensverkürzung durch schmerzlindernde Medikamente ist letztendlich eine Folge der Überdosierung und keine angemessene Schmerztherapie mehr. Diese Fallkonstellation ist nicht mehr unter die indirekte aktive Sterbehilfe zu fassen, sondern ist der unter die direkte aktive Sterbehilfe fallenden zielgerichteten Tötung gleichzustellen[886]. Im Rahmen einer Abwägung der Interessen nach § 34 StGB ist die derart hohe Dosierung letztlich nicht erforderlich zur angemessenen Schmerzlinderung, so dass das Interesse an körperlichem Wohlbefinden nicht so weitgehend beeinträchtigt ist, dass es einer solchen Maßnahme bedürfe. Das hinter dem Tötungsverbot stehende Interesse ist zudem durch die sichere Todesverursachung stark betroffen und höher zu gewichten. Dementsprechend scheidet mangels wesentlichen Überwiegens der Interessenabwägung zugunsten der Schmerzlinderung in diesem Fall eine Rechtfertigung durch Notstand gem. § 34 StGB aus.

Regelmäßig ist daher davon auszugehen, dass bei sicherem Wissen bezüglich der Beschleunigung des Todes durch die schmerzlindernde Behandlung auch im Hinblick auf den heutigen Stand der Schmerztherapie, nach dem die Nebenwirkung der Atemdepression bereits nur noch selten zu befürchten ist[887], eine Überdosierung und keine angemessene schmerzlindernde Behandlung vorliegt. Die erstgenannte Ansicht, die die sichere Lebensverkürzung in die indirekte Sterbehilfe einbezieht, ist daher abzulehnen. Diese Konstellation ist nicht mehr unter die indirekte Sterbehilfe zu fassen, bei der die Abwägung in der Regel zu einer Rechtfertigung wegen Notstands gem. § 34 StGB führt, und der unter die direkte Sterbehilfe fallenden gezielten Lebensverkürzung gleichzustellen.

---

[886] Conradi Sterbehilfe S. 445; Eser in: Sch/Sch Vorbem §§ 211ff. Rn. 26; Schöch NStZ 1997, 409ff. (411); a. A. Antoine Aktive Sterbehilfe S. 49, 61

[887] Eser in: Sch/Sch Vorbem §§ 211ff. Rn. 26; v. Lutterotti Menschenwürdiges Sterben S. 124

In Anbetracht dessen ist die von Gössel[888] vorgenommene Bejahung der Strafbarkeit des Arztes bei unvermeidbarer Lebensverkürzung im Ergebnis zutreffend.

6. Schwere Leidenszustände

Des Weiteren stellt sich die Frage, ob die indirekte Sterbehilfe auf die Schmerzlinderung zu beschränken ist oder auch die Linderung anderer Leidenszustände, die das Risiko einer Lebensverkürzung beinhalten, umfasst.

Roxin[889] befürwortet in Anlehnung an den Alternativ-Entwurf Sterbehilfe[890], die indirekte Sterbehilfe bei schweren, nicht anders zu behebenden Leidenszuständen anzunehmen und nicht auf den Regelfall der Schmerzlinderung zu beschränken. Auch die Grundsätze der Bundesärztekammer zur ärztlichen Sterbebegleitung[891] sprechen von einer Linderung des Leidens. Während eine Schmerztherapie den Regelfall einer Behandlung mit dem Risiko der Lebensverkürzung darstellt[892] und dementsprechend die indirekte Sterbehilfe häufig[893] lediglich im Rahmen von schmerzlindernden Maßnahmen erörtert wird, liegt bei anderweitigen, nur mit diesem Nebenwirkungsrisiko behebbaren Leidenszuständen eine vergleichbare Situation vor, die gleich zu behandeln und auch unter die indirekte Sterbehilfe zu fassen ist. Die indirekte Sterbehilfe ist demnach nicht auf Schmerzen zu beschränken, sondern allgemein auf schwere, anders nicht behebbare Leidenszustände auszuweiten.

---

[888] Gössel BT 1 § 2 Rn. 33

[889] Roxin in: Roxin/Schroth Medizinstrafrecht S. 98; siehe auch Bericht der Arbeitsgruppe „Patientenautonomie am Lebensende" S. 50, 52, die die indirekte Sterbehilfe ausdrücklich bei leidmindernden Maßnahmen annimmt

[890] Baumann u. a. AE-Sterbehilfe S. 22, Formulierung des § 214a sowie Anm. 2

[891] Bundesärztekammer DÄBl. 101 (2004), C1040f.

[892] Roxin in: Roxin/Schroth Medizinstrafrecht S. 98

[893] BGH JZ 2002, 150ff. (152) m. Anm. Sternberg-Lieben = BGHSt 46, 279ff. (285); BGHSt 42, 301ff. (305); Eser in: Sch/Sch Vorbem §§ 211ff. Rn. 26; Neumann in: NK Vor § 211 Rn. 95f.

F) Rechtsvergleichende Betrachtungen

I. Allgemeines

Besondere gesetzliche Regelungen zur indirekten Sterbehilfe sind auch in anderen Rechtsordnungen sehr selten, so dass man – wie im deutschen Recht – überwiegend auf die Auslegung allgemeiner Rechtsnormen, insbesondere der Tötungsdelikte, angewiesen ist[894]. Seit 1992 wird im dänischen Ärztegesetz in § 6 zumindest die indirekte Sterbehilfe angesprochen[895]. In der Rechtsprechung wurde die indirekte Sterbehilfe bisher ebenfalls wenig thematisiert[896]. Zur indirekten Sterbehilfe sind kaum einschlägige Entscheidungen bekannt geworden, und selbst die dieses Thema behandelnden Entscheidungen befassen sich bezeichnenderweise – wie die deutschen Entscheidungen des Bundesgerichtshofs[897] – schwerpunktmäßig mit anderen Fragen[898].

Die Verpflichtung des Arztes zur Leidensminderung auch im Sinne indirekter Sterbehilfe ist als Bestandteil des ärztlichen Behandlungsvertrags anzusehen, modifiziert die ansonsten bestehende Lebenserhaltungspflicht des Arztes in der Sterbephase und kann als internationaler Standard berufsrechtlicher Kodifikationen[899] bezeichnet werden[900].

II. Frankreich

In Frankreich kann der indirekte Sterbehilfe vornehmende Arzt nach einer Auffassung in der Literatur[901] durch Notstand gerechtfertigt sein, wenn er zwischen den beiden Aufgaben, einerseits der Leidenslinderung, andererseits der Erhaltung des Lebens des Patienten, die erstere wählt. Beachtlich ist jedoch, dass Frankreich im Gesetz zur Gewährleistung des Rechts auf palliativmedizinische Leistungen vom 9. Juni 1999 (loi n° 99-477 du 9 juin 1999 visant à garantir le droit à l´accès aux soins

---

894 Koch in: Eser/Koch Materialien zur Sterbehilfe S. 13; Koch in: Pressestelle der deutschen Ärzteschaft Ärztliche Sterbebegleitung S. 42

895 Koch in: Pressestelle der deutschen Ärzteschaft Ärztliche Sterbebegleitung S. 42

896 vgl. Koch in: Eser/Koch Materialien zur Sterbehilfe S. 19; vgl. Koch in: Pressestelle der deutschen Ärzteschaft Ärztliche Sterbebegleitung S. 43

897 BGH JZ 2002, 150ff. m. Anm. Sternberg-Lieben; BGHSt 42, 301ff.

898 Koch in: Pressestelle der deutschen Ärzteschaft Ärztliche Sterbebegleitung S. 43

899 vgl. bspw. Art. 37 Code de déontologie médicale (Frankreich); Teil II Nr. 1 SAMW (Schweiz), abgedruckt in NJW 1996, 767ff. (768)

900 Koch in: Pressestelle der deutschen Ärzteschaft Ärztliche Sterbebegleitung S. 44f.

901 Dijon Le sujet de droit en son corps S. 537f.; Spaniol in: Eser/Koch Materialien zur Sterbehilfe S. 295

palliatifs)[902] jedem Kranken ein Recht auf palliativmedizinische Versorgung zuspricht. Das Gesetz setzt u. a. fest, dass im „livre préliminaire" des „code de la santé publique" Folgendes eingefügt wird: „Toute personne malade dont l´état le requiert a le droit d´accéder à des soins palliatifs et à un accompagnement (Art. L. 1er A., nunmehr Art. L1110-9 code de la santé publique[903]). Les soins palliatifs sont des soins actifs et continus pratiqués par une équipe interdisciplinaire en institution ou à domicile. Ils visent à soulager la douleur, à apaiser la souffrance psychique, à sauvegarder la dignité de la personne malade et à soutenir son entourage (Art. L. 1er B, nunmehr Art. L1110-10 code de la santé publique[904]). Ausdrücklich wird lediglich die Schmerzlinderung als Teil der palliativen Behandlung genannt und nicht nach fehlender oder möglicher lebensverkürzender Nebenwirkung differenziert. Da die palliative Schmerzbehandlung jedoch fortwährend, mithin bis zum Tod, erfolgt und auch die indirekte Sterbehilfe beinhalten kann, ist diese implizit durch das Gesetz ebenfalls als zulässig anzusehen. Die Zulässigkeit der indirekten Sterbehilfe ergibt sich ferner durch das kürzlich verabschiedete Gesetz über die Rechte der Kranken und das Lebensende (loi n° 2005-370 du 22 avril 2005 relative aux droits des malades et à la fin de vie)[905]. Danach wird in Art. L1110-5 code de la santé publique eingefügt, dass ein Arzt, der feststellt, dass er die Leiden eines Patienten im fortgeschrittenen oder terminalen Stadium einer schweren, unheilbaren Krankheit nur durch eine Behandlung mit möglicher lebensverkürzender Nebenfolge lindern kann, den Patienten oder einen bestimmten Vertreter nach dieser Vorschrift hierüber informieren und einen Eintrag in die Krankenakte vornehmen muss („Si le médecin constate qu´il ne peut soulager la souffrance d´une personne, en phase avancée ou terminale d´une affection grave et incurable, quelle qu´en soit la cause, qu´en lui appliquant un traitement qui peut avoir pour effet secondaire d´abréger sa vie, il doit en informer le malade, sans préjudice des dispositions du quatrième alinéa de l´article L. 1111-2, la personne de confiance visée à l´article L. 1111-6, la famille ou, à défaut, un des proches. La procédure suivie est inscrite dans le dossier médical"). Durch die Informationspflicht bei mög-

[902] siehe www.legifrance.gouv.fr/WAspad/Visu?cid=677441&indice=2&table=JORF&-ligneDeb=1

[903] eingefügt durch das Gesetz n° 2002-303 vom 4. März 2002, Journal Officiel n° 54 du 5 mars 2002 page 4118 (loi n° 2002-303 relative aux droits des malades et à la qualité du système de santé), siehe www.legifrance.gouv.fr/WAspad/Visu?cid=-588245&indice=2&table=JORF&ligneDeb=1

[904] eingefügt durch das Gesetz n° 2002-303 vom 04. März 2002, Journal Officiel n° 54 du 5 mars 2002

[905] siehe www.legifrance.gouv.fr/WAspad/Visu?cid=735360&indice=1&table=JORF&-ligne Deb=1

licher indirekter Sterbehilfe ist deren Zulässigkeit implizit geregelt. Danach kann die indirekte Sterbehilfe als Teil der palliativen Schmerzlinderung auch wegen des Gesetzes keine strafrechtliche Verantwortlichkeit nach sich ziehen (Art. 122-4 Code pénal). Wie sich aus Zeitungsartikeln[906] ergibt, hat vor kurzem[907] auch der Untersuchungsrichter Jean-Wilfrid Noël des tribunal de grande instance d'Evry die Vereinbarkeit der indirekten Sterbehilfe mit dem Gesetz festgestellt und ein Verfahren gegen einen Arzt der Clinique de la Martinière, Joël de Bourayne, wegen Mordes an neun Patienten eingestellt. Der Arzt hat seinen Patienten schmerzlindernde Medikamente in der Kenntnis verabreicht oder verabreichen lassen, dass diese deren Leben verkürzen können[908]. Dadurch hat sich der Arzt nach der Einstellungsentscheidung des Untersuchungsrichters im Einklang mit Art. 38 code de déontologie médicale sowie den Gesetzen vom 9. Juni 1999 (zur Gewährleistung des Rechts auf palliativmedizinische Leistungen) und 4. März 2002 (bezüglich der Rechte der Kranken) befunden und palliative Behandlungsmaßnahmen, aber keine Euthanasie vorgenommen. Art. 38 code de déontologie médicale[909] beinhaltet Folgendes: „Le médecin doit accompagner le mourant jusqu'à ses derniers moments, assurer par des soins et mesures appropriés la qualité d'une vie qui prend fin, sauvegarder la dignité du malade et réconforter son entourage. Il n'a pas le droit de provoquer délibérément la mort." Der Arzt habe keine Absicht zur Tötung der Patienten gehabt, sondern lediglich seine Verpflichtung zur palliativen Therapie wahrgenommen, um den Patienten ein würdevolles Lebensende zu gewähren[910]. Die Einstellung bestätigt die vorangegangenen Überlegungen, nach denen der in den Gesetzen vom 9. Juni 1999 und 4. März 2002 festgesetzte Anspruch auf palliative Versorgung eines Patienten die indirekte Sterbehilfe beinhaltet. Demnach kann der die palliative Behandlung vornehmende Arzt sich nicht strafbar machen, wenn er diesen gesetzlich normierten Anspruch erfüllt.

---

906 Blanchard Euthanasie passive Le Monde vom 17.02.2005, S. 8; Blanchard Le Monde vom 10.03.2005, S. 18; Hasendahl Le Quotidien du Médecin vom 18.02.2005, S.9

907 „non-lieu" vom 15.02.2005

908 Blanchard Euthanasie passive Le Monde vom 17.02.2005, S. 8; Blanchard Joël de Bourayne Le Monde vom 17.02.2005, S. 8; Blanchard Le Monde vom 10.03.2005, S. 18; Hasendahl Le Quotidien du Médecin vom 18.02.2005, S. 9

909 siehe nunmehr Art. R4127-38 code de la santé publique (Nouvelle partie Réglementaire, Section 1: Code de déontologie médicale)

910 Blanchard Euthanasie passive Le Monde vom 17.02.2005, S. 8

Die umgekehrte Frage einer möglichen strafrechtlichen Verantwortung des Arztes, wenn dieser schmerzlindernde Maßnahmen bei Sterbenden unterlässt, hat die Gerichte offenbar noch nicht beschäftigt[911].

III. Belgien

Im Gesetz zur Palliativpflege vom 14. Juni 2002 wird in Artikel 2 jedem Menschen ein Recht auf palliativmedizinische Versorgung zugesprochen[912]. Die indirekte Sterbehilfe ist in Belgien sowohl juristisch als auch von ärztlicher Seite anerkannt[913]. Einigkeit besteht zwischen Juristen, Medizinern und „moralischen Autoritäten", dass es zu den Pflichten des behandelnden Arztes gehört, die Leiden seines Patienten zu lindern, auch wenn die Behandlung die Gefahr einer Lebensverkürzung mit sich bringt[914]. Der Arzt muss zwischen den beiden Aufgaben wählen, einerseits Leiden zu lindern, andererseits das Leben seines Patienten zu erhalten bzw. zu verlängern; wenn der Arzt sich für die Schmerzlinderung entscheidet, soll sein Handeln durch Notstand („état de nécessité") gerechtfertigt sein, sofern kein weniger riskantes Mittel zur Verfügung steht[915].

IV. Niederlande

In den Niederlanden gibt es für die direkte aktive Sterbehilfe unter bestimmten Voraussetzungen einen gesetzlichen Strafausschließungsgrund für Ärzte[916]. Dies lässt die Schlussfolgerung zu, dass erst recht die indirekte Sterbehilfe erlaubt sein muss. Die Linderung von Schmerzen gehört in den Niederlanden auch dann zu den ärztlichen Pflichten, wenn durch die Gabe von Schmerzmitteln das Leben des Patienten verkürzt

---

[911] Spaniol in: Eser/Koch Materialien zur Sterbehilfe S. 295

[912] siehe Enquete-Kommission Ethik und Recht der modernen Medizin Zwischenbericht BT-Drs. 15/5858, 41

[913] Locher-Linn/Oudijk in: Eser/Koch Materialien zur Sterbehilfe S. 255; Wernstedt Sterbehilfe in Europa S. 40

[914] Dijon Le sujet de droit en son corps S. 537; Locher-Linn/Oudijk in: Eser/Koch Materialien zur Sterbehilfe S. 255

[915] Dijon Le sujet de droit en son corps S. 537f.; Locher-Linn/Oudijk in: Eser/Koch Materialien zur Sterbehilfe S. 255; vgl. Seibert Indirekte Sterbehilfe S. 92 Fn. 514

[916] Finger MedR 2004, 379ff. (382); Janssen ZRP 2001, 179ff. (180); Kantianis Palliativmedizin S. 63ff.; Oduncu/Eisenmenger MedR 2002, 327ff.; Spreeuwenberg in: Schumpelick Klinische Sterbehilfe und Menschenwürde S. 91f.; vgl. Kutzer ZRP 2003, 209ff. (210); vgl. Sagel-Grande ZStW 111 (1999), 742ff. (751ff.); vgl. Wöretshofer in: Schumpelick Klinische Sterbehilfe und Menschenwürde S. 177; dagegen Lindemann ZStW 117 (2005), 208ff. (211), wonach nach der am 01.04.2002 in Kraft getretenen gesetzlichen Regelung in Art. 293 Abs. 2, 294 Abs. 2 S. 2 nlStGB ein besonderer Rechtfertigungsgrund für Ärzte enthalten ist

wird[917]. Das Bezirksgericht Leeuwarden hat bereits in einem Urteil vom 21.1.1973 die indirekte Sterbehilfe ausdrücklich für zulässig erklärt[918]. Danach ist es zulässig, dem Patienten steigende Dosen Morphin, Psychopharmaka oder andere Mittel zu verabreichen, um das Leiden des Patienten ganz oder so viel wie möglich zu erleichtern, auch wenn dies sein Leben verkürzt[919].

V. Schweiz

Die indirekte Sterbehilfe wird auch in der Schweiz überwiegend für zulässig erachtet[920]. Zwar ist der Tatbestand eines Tötungsdelikts erfüllt, wenn der Arzt einem unter unerträglichen Schmerzen leidenden Kranken gesteigerte Dosen an Schmerzmitteln unter Inkaufnahme der Lebensverkürzung verabreicht; hier greift jedoch nach einer Ansicht der Rechtfertigungsgrund des § 32 schwStGB, wonach die Tat, die das Gesetz oder eine Amts- oder Berufspflicht gebietet, kein Verbrechen oder Vergehen ist[921]. Die Auslegung dieser Bestimmung bestehe in einer Einzelfallbetrachtung, wonach bei der indirekten Sterbehilfe eine Interessenabwägung zugunsten der Schmerz- und Leidenslinderung unerträglicher Leiden gegenüber der unerwünschten Nebenfolge der Lebensverkürzung führt[922]. Die Zulässigkeit der indirekten aktiven Sterbehilfe beruhe auf dem Heilauftrag und damit der Behandlungspflicht des Arztes[923]. Teilweise wird rechtfertigender Notstand für einschlägig gehalten[924]. Eine weitere Auffassung[925] stützt die Rechtfertigung auf eine verfassungs-

---

[917] Khorrami MedR 2003, 19ff.; Kimsma/Leeuwen in: Gordijn/Have Medizinethik und Kultur S. 79; Lindemann ZStW 117 (2005), 208ff. (216), der die palliativ-medizinische Versorgung mit möglicher Lebensverkürzung als normales medizinisches Handeln bezeichnet; vgl. Wöretshofer in: Schumpelick Klinische Sterbehilfe und Menschenwürde S. 175

[918] Scholten in: Eser/Koch Materialien zur Sterbehilfe S. 458, 473

[919] siehe Leitsätze der Entscheidung bei Scholten in: Eser/Koch Materialien zur Sterbehilfe S. 473

[920] Giger Reflexionen über Tod und Recht S. 164f.; Heine in: Eser/Koch Materialien zur Sterbehilfe S. 595 und S. 635f. (Auszug aus dem Bericht der Kommission des Nationalrats über die Sterbehilfe für unheilbar Kranke vom 3.11.1978); Heine JR 1986, 314ff. (315); Schwarzenegger in: Niggli/Wiprächtiger Strafgesetzbuch Vor Art. 111 Rn. 25; medizinisch-ethische Richtlinien der SAMW, abgedruckt in Schweizerische Ärztezeitung 2004, 287ff. (289); Seelmann in: Brudermüller/Marx/Schüttauf Suizid und Sterbehilfe S. 137f.; Wernstedt Sterbehilfe in Europa S. 43

[921] Giger Reflexionen über Tod und Recht S. 164; vgl. Heine JR 1986, 314ff. (315); vgl. Rehberg/Schmid/Donatsch Strafrecht III S. 16

[922] Giger Reflexionen über Tod und Recht S. 164

[923] Giger Reflexionen über Tod und Recht S. 164f., Gunzinger Sterbehilfe S. 178f.; vgl. Rehberg/Schmid/Donatsch Strafrecht III S. 16

[924] vgl. Heine JR 1986, 314ff. (315)

[925] Schwarzenegger in: Niggli/Wiprächtiger Strafgesetzbuch Vor Art. 111 Rn. 25

rechtliche Güterabwägung, wonach das Selbstbestimmungsrecht und das Verbot der unmenschlichen Behandlung ausnahmsweise über die Lebenserhaltungspflicht bei terminal Kranken mit Sterbewunsch zu stellen sei, falls es keine weniger einschneidende Schmerzbekämpfungsmaßnahme gebe und die Schmerzfreiheit bzw. -reduktion die Lebensverkürzung aufwiege.

In der schweizerischen Rechtsprechung erfüllt der ärztliche Eingriff grundsätzlich den Tatbestand der Körperverletzung und bedarf zur Bejahung der Rechtmäßigkeit – wie auch im deutschen Recht – eines Rechtfertigungsgrundes wie der Einwilligung des Patienten[926]. Wenn eine Behandlungspflicht des Arztes zur Vornahme der indirekten aktiven Sterbehilfe, mithin der schmerzlindernden Behandlung selbst bei drohender Lebensverkürzung, besteht[927], so muss im Umkehrschluss erst recht eine Behandlungspflicht des Arztes angenommen werden, wenn die schmerzlindernde Maßnahme keine lebensverkürzende Nebenfolge mit sich bringt.

VI. Österreich

In Österreich ist die indirekte aktive Sterbehilfe nach überwiegender Auffassung nicht strafbar[928]. Die dogmatische Begründung der Straflosigkeit ist sehr umstritten[929], unter anderem wird – teilweise mit Betonung auf den Umfang der Sozialadäquanz der Maßnahmen[930] – auf eine fehlende objektive Zurechenbarkeit abgestellt[931], teilweise mangels sozial-inadäquat gefährlichen Verhaltens der Tatbestand verneint[932]. Die Intention des Handelnden stellt das Kriterium der Abgrenzung zwischen direkter und indirekter Sterbehilfe dar, bei ersterer ist die Abkürzung eines qualvollen Sterbens Ursache und Zweck der Handlung, während bei letzterer das Ziel der Schmerzlinderung lediglich unter Inkaufnahme der Lebensverkürzung maßgeblich ist[933].

---

926 Baumgarten The Right to Die? S. 174

927 Giger Reflexionen über Tod und Recht S. 164f.

928 Kienapfel/Schroll Grundriss Strafrecht BT 1 Vorbem §§ 75ff Rn. 18; Stellamor/Steiner Handbuch des österreichischen Arztrechts Band I S. 276; Wernstedt Sterbehilfe in Europa S. 44

929 Stellamor/Steiner Handbuch des österreichischen Arztrechts Band I S. 276

930 Dearing/Schwarz in: Eser/Koch Materialien zur Sterbehilfe S. 561; Moos in: Höpfel/Ratz Wiener Kommentar Strafgesetzbuch Vorbem zu §§ 75-79 Rn. 29f.; vgl. Wernstedt Sterbehilfe in Europa S. 44

931 Kienapfel/Schroll Grundriss Strafrecht BT 1 Vorbem §§ 75ff Rn. 18

932 Fuchs/Reindl Strafrecht BT 1 S. 16

933 Wernstedt Sterbehilfe in Europa S. 74

Die moderne Strafrechtslehre vertritt den Standpunkt, dass eine medizinisch indizierte, sachgerecht durchgeführte Heilbehandlung – welche weit auszulegen sei und auch alle Maßnahmen zu schmerzlindernden Zwecken umfasse[934] – ohne Rücksicht auf ihren Erfolg von vornherein nicht den Tatbestand der Körperverletzung erfülle (Tatbestandslösung)[935]. Wenn der Arzt mit einer infolge Verletzung der Aufklärungspflicht erteilten oder einer fehlenden Einwilligung eine Heilbehandlung wie beispielsweise eine Schmerzlinderung vornimmt, verwirklicht er aber den Straftatbestand der eigenmächtigen Heilbehandlung gem. § 110 öStGB[936]. Daher ist letztendlich auch nur die vorgenommene palliative Schmerzlinderung mit erfolgter wirksamer Einwilligung straflos, bei fehlender Einwilligung ist der Straftatbestand der eigenmächtigen Heilbehandlung gem. § 110 öStGB erfüllt.

VII. Großbritannien

Der Central Criminal Court London hat in der unveröffentlichten Entscheidung des Falls Dr. Bodkin Adams[937] aus dem Jahr 1958 den Arzt vom Vorwurf der vorsätzlichen Tötung freigesprochen, da ihm die vorsätzliche Tötung nicht nachgewiesen werden konnte[938]. Im Rahmen der Belehrung der Jury, welche als geltendes Recht anzusehen ist, haben die Richter die Zulässigkeit schmerz- und leidensmindernder Maßnahmen auch mit lebensverkürzender Wirkung festgestellt („...he was entitled to do all that was proper and necessary to relieve pain and suffering, even if the measures he took might incidentally shorten life by hours or perhaps even longer)[939].

VIII. Griechenland

In Griechenland ist noch umstritten, ob die Schmerzlinderung mit tödlicher Nebenfolge als strafloses ärztliches Verhalten anzusehen ist[940]. Nach einer Auffassung in der Literatur soll sich der Arzt, wenn er durch die Schmerztherapie unbeabsichtigt den Tod des Patienten verursacht, wegen vorsätzlicher Tötung bzw. bei entsprechendem Verlangen des Patienten wegen Tötung auf Verlangen strafbar machen[941]. Es wird ar-

---

[934] Stellamor/Steiner Handbuch des österreichischen Arztrechts Band I S. 274, 335
[935] Stellamor/Steiner Handbuch des österreichischen Arztrechts Band I S. 274, 288
[936] vgl. Dearing/Schwarz in: Eser/Koch Materialien zur Sterbehilfe S. 561; vgl. Stellamor/Steiner Handbuch des österreichischen Arztrechts Band I S. 116
[937] siehe Huber in: Eser/Koch Materialien zur Sterbehilfe S. 356
[938] Huber in: Eser/Koch Materialien zur Sterbehilfe S. 344
[939] Huber in: Eser/Koch Materialien zur Sterbehilfe S. 344, 356; vgl. Wernstedt Sterbehilfe in Europa S. 40f.
[940] Kantianis Palliativmedizin S. 192
[941] Kantianis Palliativmedizin S. 192

gumentiert, dass keine Gefahrabwendung im Sinne der Notstandsvorschrift die Verletzung menschlichen Lebens im Rahmen einer Abwägung wesentlich überwiegen könne[942]. Nach anderer Ansicht könnte die Schmerzlinderung mit tödlicher Nebenfolge als gerechtfertigter Totschlag angesehen werden, wenn er sich innerhalb der durch erlaubtes Risiko gezogenen Grenzen halte[943]. In Griechenland wird bisher die Diskussion über die rechtlichen Grenzen der Schmerzlinderung mit tödlicher Nebenwirkung jedoch nicht mit der Intensität wie in Deutschland geführt, in der medizinischen Literatur wird beispielsweise diese Art von Sterbebegleitung kaum erwähnt[944].

IX. USA

In den USA hat die Diskussion um die rechtliche Zulässigkeit der indirekten Sterbehilfe trotz ihrer großen praktischen Bedeutung nur wenig Beachtung gefunden[945]. In der amerikanischen Öffentlichkeit wird sie aus humanitären Gründen allgemein anerkannt, und möglicherweise deswegen fehlt es hinsichtlich der strafrechtlichen Beurteilung an einer rechtsdogmatischen Diskussion[946]. In den USA hat die Rechtsprechung bisher – soweit ersichtlich – noch keine rechtsdogmatischen Grundsätze für die indirekte Sterbehilfe entwickelt[947].

Schmaltz[948] weist auf ein Urteil des US Supreme Courts Vacco v. Quill hin, in welchem im Rahmen des Mehrheitsvotums erörtert werde, dass in manchen Fällen Schmerzmittel zwar den Eintritt des Todes beschleunigen könnten, der Arzt aber lediglich eine Schmerzlinderung bezwecke und somit keinen Tötungsvorsatz habe.

Es wird unterschieden zwischen beabsichtigten und bloß in Kauf genommenen schädlichen Folgen[949]. So macht sich ein Arzt nach der – Thomas von Aquin zugeschriebenen[950] – Lehre von der Doppelwirkung eines Medikaments (Schmerzlinderung und Lebensverkürzung, genannt „principle of double effect“) nicht strafbar, wenn das Medikament zumin-

---

[942] Kantianis Palliativmedizin S. 200
[943] Kantianis Palliativmedizin S. 192, 195
[944] Kantianis Palliativmedizin S. 192
[945] Nußbaum The Right to Die S. 43; Schmaltz Sterbehilfe S. 70
[946] Nußbaum The Right to Die S. 100
[947] Nußbaum The Right to Die S. 100; vgl. Schmaltz Sterbehilfe S. 70
[948] Schmaltz Sterbehilfe S. 70
[949] Baumgarten The Right to Die? S. 215; Weigend/Künschener in: Eser/Koch Materialien zur Sterbehilfe S. 671
[950] Ingelfinger Grundlagen und Grenzbereiche des Tötungsverbots S. 260; Merkel in: Hegselmann/Merkel Zur Debatte über Euthanasie S. 95

dest auch einen medizinisch guten Zweck erfüllt, der Vorsatz des Arztes auf die Zielrichtung der Schmerzlinderung gerichtet war und das Verhältnis von Schmerzlinderung und Todesbeschleunigung in einem angemessenen Verhältnis (proportionality) steht[951]. Diesbezügliche Unsicherheiten, ob die Absicht des Arztes sich lediglich auf die Linderung der Schmerzen des Patienten oder auch auf dessen Lebensbeendigung bezog, muss zumindest nach dem Fall State v. Montemarano im Zweifel zugunsten des Arztes ausgelegt werden und führte zum Freispruch des Arztes[952].

Dies lässt den Schluss zu, dass die indirekte Sterbehilfe in den USA erlaubt ist[953]. Manche Einzelstaaten haben die indirekte Sterbehilfe explizit legalisiert, beispielsweise wird in Virginia das Verbot der Beihilfe zum Suizid dahingehend eingeschränkt, dass indirekte Sterbehilfe ausdrücklich erlaubt ist[954].

X. Kanada

In Kanada wird in Fällen, in denen unter den gegebenen Umständen angemessene Dosierungen zur Schmerzlinderung von Patienten gegeben werden, auch wenn diese möglicherweise den Eintritt des Todes beschleunigen können, als unvermeidliche Nebenwirkung medizinisch indizierten Handelns die Tötungsabsicht verneint[955].

XI. Japan

In Japan wird die indirekte Sterbehilfe teilweise lediglich als entschuldigt, vorwiegend jedoch als gerechtfertigt angesehen[956]. Eine Rechtfertigung sei infolge der Interessenabwägung möglich, bei der eine unheilbare Krankheit mit unerträglichen körperlichen Schmerzen, die Behandlung zum Zweck der Schmerzlinderung, die Einwilligung des Patienten, die Vornahme regelmäßig durch einen Arzt und die Behandlung nach ethischen Grundsätzen vorliegen müssten[957].

---

[951] Beauchamp/Veatch in: Beauchamp/Veatch Ethical issues in death and dying S. 214; Nußbaum The Right to Die S. 99; vgl. Schmaltz Sterbehilfe S. 19 bzgl. der "rule of double effect" in der Ethik

[952] siehe Nußbaum The Right to Die S. 100

[953] Schmaltz Sterbehilfe S. 71; vgl. Baumgarten The Right to Die? S. 215

[954] Schmaltz Sterbehilfe S. 71

[955] Heemann/Werner in: Eser/Koch Materialien zur Sterbehilfe S. 412; Keyserlingk ZStW 97 (1985), 178ff. (186f.)

[956] Nishihara in: Szwarc/Wasek Strafrechtskolloquium S. 57; vgl. Asada in: Leipold Selbstbestimmung S. 91f.

[957] Nishihara in: Szwarc/Wasek Strafrechtskolloquium S. 57, 54f.

Die nicht lebensverkürzende Schmerzlinderung, echte Sterbehilfe genannt, stelle eine rechtmäßige Heilbehandlung dar[958].

XII. Korea

Im koreanischen Recht gibt es wie im deutschen Recht keine spezialgesetzliche Regelung der Sterbehilfe, so dass die Tötungsdelikte, insbesondere Tötung auf Verlangen, in Betracht zu ziehen sind[959].

Nach dem koreanischen Medizingesetz vom 16.02.1973 besteht eine Verpflichtung des Arztes zur medizinischen Behandlung[960]. Die unter der reinen Sterbehilfe in Deutschland erörterte Schmerzlinderung ohne lebensverkürzende Nebenwirkung wird in der Literatur allgemein als Teil der ärztlichen Behandlung für zulässig gehalten, in der Rechtsprechung ist das Problem bisher nicht erörtert worden[961].

Verweigert und unterlässt der Arzt die schmerzlindernde Behandlung, so macht er sich nach dem koreanischen Medizingesetz wegen Körperverletzung durch Unterlassen strafbar, wenn die Verweigerung zu einer Gesundheitsschädigung führt; eine unzulängliche medizinische Sterbebegleitung kann als fahrlässige Körperverletzung im Beruf (§ 268 kStGB) strafbar sein, wenn eine ärztliche Sorgfaltspflichtverletzung vorliegt[962]. Jede ärztliche Heilbehandlung, also auch eine schmerzlindernde Maßnahme, stellt nach der herrschenden Meinung eine tatbestandsmäßige Körperverletzung dar, die mit der Rechtsfigur der rechtmäßigen Handlung (§ 20 kStGB), der Gesundheitserhaltung bzw. -wiederherstellung in Ausübung der beruflichen Tätigkeit des Arztes, gerechtfertigt ist, ohne dass das Erfordernis einer Einwilligung des Patienten näher thematisiert wird[963].

Die indirekte Sterbehilfe wird auch in Korea unterschiedlich beurteilt. Während einzelne Auffassungen deren Rechtswidrigkeit und damit Unzulässigkeit, deren Zulässigkeit außerhalb der gesetzlichen Kategorien im rechtsfreien Raum oder als Teil der ärztlichen Behandlung annehmen, greift die überwiegende Auffassung für deren Zulässigkeit auf die

[958] Asada in: Leipold Selbstbestimmung S. 89
[959] Chong Sterbehilfe und Strafrecht S. 8
[960] Chong Sterbehilfe und Strafrecht S. 75f.
[961] Chong Sterbehilfe und Strafrecht S. 75f.
[962] Chong Sterbehilfe und Strafrecht S. 76/85
[963] Chong Sterbehilfe und Strafrecht S. 78ff.

Rechtfertigung durch den fehlenden Widerspruch zu den gesellschaftlichen Sitten (§ 20 kStGB) zurück[964].

XIII. Fazit

Die obigen Ausführungen zeigen, dass in den erörterten Ländern die indirekte Sterbehilfe, sofern nicht bereits ausdrücklich gesetzlich zugelassen, nicht strafbar ist bzw. zumindest überwiegend für nicht strafbar gehalten wird. Das lässt auf eine weitgehende Akzeptanz der indirekten Sterbehilfe – vor allem im europäischen Raum – schließen. Im Hinblick auf die zahlreichen Stellungnahmen europäischer Länder kann hier davon ausgegangen werden, dass die indirekte Sterbehilfe auch in den übrigen europäischen Staaten – wenn nicht sogar allgemein – als zulässig angesehen wird.

[964] Chong Sterbehilfe und Strafrecht S. 97ff.

G) Schlussbetrachtung

Wie man durch die vorangegangenen Ausführungen erkennen kann, ist in Bezug auf eine mögliche Strafbarkeit des Arztes im Hinblick sowohl auf die Durchführung einer palliativen Behandlung als auch auf deren Unterlassen vor allem der Wille des Patienten von Bedeutung.

Die Durchführung einer palliativen Therapie zur Behandlung von Schmerzen und anderen Leiden wie u. a. Übelkeit, Angst und Depression, sei es durch Medikamentengabe, durch Injektion oder durch palliative Bestrahlung, stellt eine tatbestandsmäßige Körperverletzung dar, zu deren Rechtmäßigkeit eine Einwilligung erforderlich ist. Die Konsequenz hieraus ist, dass der Arzt, der ohne (wirksame) Einwilligung oder gegen den ausdrücklich erklärten Willen des Patienten eine derartige palliative Behandlungsmaßnahme durchführt, sich wegen vorsätzlicher Körperverletzung gem. § 223 StGB strafbar macht.

Eine ähnliche Problematik stellt sich bei der unterlassenen palliativen Schmerzbehandlung. Wenn der Patient die Behandlung wünscht und eine schmerzlindernde Behandlung möglich ist, so kann sich der Arzt bei übernommener Behandlung infolge einer dahingehenden Garantenpflicht regelmäßig wegen vorsätzlicher Körperverletzung durch Unterlassen gem. §§ 223, 13 StGB strafbar machen, wenn er die erwünschte Behandlung unterlässt. Auch ohne Garantenstellung kommt bei plötzlich besonders verstärkten Schmerzen und nicht erfolgter Behandlung durch den Arzt eine Strafbarkeit wegen unterlassener Hilfeleistung gem. § 323c StGB in Betracht. Voraussetzung für eine Strafbarkeit wegen Unterlassens der erforderlichen Schmerzbehandlung ist jedoch die dahingehende Fähigkeit des Arztes. Doch selbst wenn diese fehlt, kann die dennoch erfolgte Übernahme der Behandlung bzw. das Unterlassen der Überweisung an sachkundige Hilfe eine Strafbarkeit des Arztes wegen fahrlässiger Körperverletzung bzw. unterlassener Hilfeleistung begründen. Wenn sich das Aufrechterhalten der Schmerzen lebensverkürzend auswirken sollte, kommt bei gegebener Garantenstellung sogar eine Strafbarkeit wegen Totschlags bzw. fahrlässiger Tötung durch Unterlassen gem. §§ 212, 222, 13 StGB in Betracht.

Ebenso kann sich der Facharzt für Innere und Allgemeinmedizin wegen Körperverletzung durch Unterlassen gem. §§ 229, 13 StGB strafbar machen, wenn er bei übernommener Behandlung eine erforderliche psychotherapeutische Therapie des Patienten trotz diesbezüglicher Fähigkeiten und Kenntnisse unterlässt. Voraussetzung dafür ist, dass beim Patienten durch die unheilbare Krankheit seelische Beeinträchtigungen wie Angst und Depression ausgelöst wurden, die sich in körperlichen Symptomen geäußert haben. Die Garantenpflicht des Facharztes für Innere und Allgemeinmedizin bzw. auf diesem Gebiet tätigen Arztes umfasst auch die Grundzüge psychotherapeutischer Behandlung. Bei fehlenden diesbezüglichen Kenntnissen und Fähigkeiten kommt eine Strafbarkeit wegen Körperverletzung gem. § 229 StGB infolge Übernahmeverschuldens in Betracht.

Ferner besteht für den Arzt die Verpflichtung zu einer möglichst optimalen palliativen schmerzlindernden Behandlung. Bleibt er unter dem Standard, der von einem besonnenen und gewissenhaften Arzt seiner Fachrichtung von einer sorgfältigen Behandlung erwartet werden kann, so kann der Arzt sich durch das Aufrechterhalten von Schmerzen, deren weitere Linderung möglich ist, infolge unzureichender Schmerzbehandlung – ebenso bei unzureichender psychotherapeutischer Behandlung – wegen fahrlässiger Körperverletzung durch Unterlassen gem. §§ 229, 13 StGB strafbar machen.

Wenn die durch den Arzt vorgenommene schmerzlindernde palliative Behandlung infolge der hohen Dosierung erforderlicher Schmerzmittel nicht ohne die Nebenwirkung der möglichen Lebensverkürzung erfolgen kann, macht sich der Arzt bei Durchführung dieser Maßnahmen sowohl nach der deutschen als auch nach den untersuchten ausländischen Rechtsordnungen regelmäßig nicht strafbar. Diese unter der indirekten aktiven Sterbehilfe vielfach erörterte Konstellation wird überwiegend für zulässig erachtet, die Begründungen hierfür sind jedoch vielfältig.

Gerade die Zulässigkeit der indirekten aktiven Sterbehilfe ist eine wichtige Voraussetzung für die Wirksamkeit und Anerkennung der Palliativmedizin. Denn wenn der Arzt die Schmerzlinderung lediglich bis zu dem Zeitpunkt vornehmen dürfte, bei dem die Gefahr einer möglichen Lebensverkürzung des Patienten ausgeschlossen ist, müsste er bei einer Vielzahl von an einer unheilbaren Krankheit leidenden Patienten in dem Moment, in dem der jeweilige Patient bei unerträglichen Schmerzen erst recht der palliativen Behandlung bedarf, zur Vermeidung strafrechtlicher Konsequenzen seine Unterstützung versagen. Dies würde nicht zum Konzept der Palliativmedizin mit seiner umfassenden Betreuung passen. Dass dieses Problem nicht nur ein theoretisches darstellt, zeigt das Leitmotiv der Palliativstation des Universitätsklinikums in Mannheim, das lautet: „Es geht nicht darum, dem Leben Tage zu geben, sondern den Tagen Leben."

Literaturverzeichnis

Andreas, M.
Straf- und haftungsrechtliche Aspekte der unterlassenen Schmerzbehandlung ArztRecht 1999, 232-234

Antoine, Jörg
Aktive Sterbehilfe in der Grundrechtsordnung, Berlin 2004 (zit. Antoine Aktive Sterbehilfe)

Arbeitsgruppe Patientenautonomie am Lebensende
Patientenautonomie am Lebensende – Ethische, rechtliche und medizinische Aspekte zur Bewertung von Patientenverfügungen, Bericht vom 10. Juni 2004, www.bmj.bund.de/media/archive/695.pdf

Arzt, Gunther
Die Delikte gegen das Leben ZStW 83 (1971), 1-38

Arzt, Gunther
Heileingriffe aufgrund einer Blanko-Einwilligung bezüglich der Person des Arztes in: Arzt, Gunther/ Fezer, Gerhard/ Weber, Ulrich/ Schlüchter, Ellen Festschrift für Jürgen Baumann zum 70. Geburtstag 22. Juni 1992, Bielefeld 1992, S. 201-212 (zit. Arzt in: Baumann-FS)

Arzt, Gunther
Recht auf den eigenen Tod? JR 1986, 309-314

Asada, Kazushige
Lebensschutz und Selbstbestimmung im Strafrecht in: Leipold, Dieter Selbstbestimmung in der modernen Gesellschaft aus deutscher und japanischer Sicht, Heidelberg 1997, S. 85-101 (zit. Asada in: Leipold Selbstbestimmung)

Aulbert, Eberhard
Ganzheitliche Symptomkontrolle als Basis der Palliativmedizin in: Aulbert, Eberhard/ Klaschik, Eberhard/ Pichlmaier, Heinz Palliativmedizin – Ein ganzheitliches Konzept, Stuttgart 1998, S. 25-36 (zit. Aulbert in: Aulbert/Klaschik/ Pichlmaier Palliativmedizin/Ganzheitliches Konzept)

Aulbert, Eberhard
Kommunikation mit Patienten und Angehörigen in: Aulbert, Eberhard/ Zech, Detlev Lehrbuch der Palliativmedizin, Stuttgart 1997, S. 731-749 (zit. Aulbert in: Aulbert/Zech Lehrbuch der Palliativmedizin)

Aulbert, Eberhard
Lebensqualität bei inkurablen Krankheiten in der Palliativmedizin in: Aulbert, Eberhard/ Zech, Detlev Lehrbuch der Palliativmedizin, Stuttgart 1997, S. 82-98 (zit. Aulbert in: Aulbert/Zech Lehrbuch der Palliativmedizin)

Aulbert, Eberhard
Psychische Grundlagen von Schmerzempfinden, Schmerzäußerung und Schmerztherapie in: Aulbert, Eberhard/ Zech, Detlev Lehrbuch der Palliativmedizin, Stuttgart 1997, S. 504-511 (zit. Aulbert in: Aulbert/Zech Lehrbuch der Palliativmedizin)

Aulbert, Eberhard/ Radbruch, Lukas/ Grond, Stefan/ Zech, Detlev
Prinzipien der Symptombehandlung in: Aulbert, Eberhard/ Zech, Detlev Lehrbuch der Palliativmedizin, Stuttgart 1997, S. 167-173 (zit. Aulbert/Radbruch/ Grond/Zech in: Aulbert/Zech Lehrbuch der Palliativmedizin)

Aulbert, Eberhard/ Zech, Detlev
Prinzipien der Symptombehandlung in der Palliativmedizin in: Aulbert, Eberhard/ Klaschik, Eberhard/ Pichlmaier, Heinz Palliativmedizin – Die Alternative zur Sterbehilfe, Stuttgart 1998, S. 65-73 (zit. Aulbert/Zech in: Aulbert/Klaschik/ Pichlmaier Palliativmedizin/Alternative Sterbehilfe)

Bade, Ulf
Der Arzt an den Grenzen von Leben und Recht, Über die Erlaubtheit ärztlicher Sterbehilfe unter besonderer Berücksichtigung des § 216 StGB, Lübeck 1988 (zit. Bade Sterbehilfe)

Bader, René/ Gallacchi, Guido
Schmerzkompendium, Stuttgart 2001 (zit. Bader/Gallacchi Schmerzkompendium)

Barinaga, Marcia
Can Psychotherapy Delay Cancer Deaths? Science 1989, 448f.

Baron, Ralf
Medikamentöse Therapie bei neuropathischen Schmerzen in: Zenz, Michael/ Jurna, Ilmar Lehrbuch der Schmerztherapie, 2. neu bearbeitete Auflage, Stuttgart 2001, S. 475-484 (zit. Baron in: Zenz/Jurna Lehrbuch der Schmerztherapie)

Baumann, Jürgen
Körperverletzung oder Freiheitsdelikt? NJW 1958, 2092-2094

Baumann, Jürgen u. a.
Alternativentwurf eines Gesetzes über Sterbehilfe, Stuttgart 1986 (zit. Baumann u. a. AE-Sterbehilfe)

Baumann, Jürgen/ Weber, Ulrich/ Mitsch, Wolfgang
Strafrecht Allgemeiner Teil, 11. neubearbeitete Auflage, Bielefeld 2003 (zit. Baumann/Weber/Mitsch Strafrecht AT)

Baumgarten, Mark-Oliver
The Right to Die?, 2. überarbeitete Auflage, Bern 2000 (zit. Baumgarten The Right to Die?)

Beau, Inge
Die WHO-Empfehlungen für die Behandlung von Tumorschmerzen in der ärztlichen Praxis in: Zimmermann, Manfred/ Arnau, Heidi Schmerztherapeutische Versorgung von Tumorpatienten, Stuttgart 1994, S. 5-18 (Beau in: Zimmermann/Arnau Schmerztherapeutische Versorgung)

Beauchamp, Tom L./ Veatch, Robert M.
Forgoing Treatment and Causing Death - Introduction in: Beauchamp, Tom L./ Veatch, Robert M. Ethical issues in death and dying, 2. Auflage, Upper Saddle River, New Jersey 1996, S. 211-215 (zit. Beauchamp/Veatch in: Beauchamp/ Veatch Ethical issues in death and dying)

Beck, Dietmar/ Hanekop, Gerd-Gunnar
Rückenmarknahe Pharmakotherapie in: Aulbert, Eberhard/ Zech, Detlev Lehrbuch der Palliativmedizin, Stuttgart 1997, S. 478-487 (zit. Beck/Hanekop in: Aulbert/Zech Lehrbuch der Palliativmedizin)

Beckert, Frauke
Strafrechtliche Probleme um Suizidbeteiligung und Sterbehilfe unter besonderer Berücksichtigung historischer und ethischer Aspekte, Aachen 1996 (zit. Beckert Strafrechtliche Probleme um Suizidbeteiligung und Sterbehilfe)

Beleites, Eggert
Grundsätze zur Sterbebegleitung neu gefasst DÄBl. 101 (2004), C1039

Beyer, Antje
Tumorschmerz in: Brune, Kay/ Beyer, Antje/ Schäfer, Michael Schmerz: Pathophysiologie – Pharmakologie – Therapie, Berlin 2001, S. 118-135 (zit. Beyer in: Brune/Beyer/Schäfer Schmerz)

Binding, Karl
Rechtliche Ausführung in: Binding, Karl/ Hoche, Alfred Die Freigabe der Vernichtung lebensunwerten Lebens, Leipzig 1920, S. 5-41 (zit. Binding in: Binding/Hoche Freigabe der Vernichtung lebensunwerten Lebens)

Blanchard, Sandrine
Euthanasie passive : la justice clarifie la responsabilité des médecins Le Monde vom 17.02.2005, S. 8 (zit. Blanchard Euthanasie passive Le Monde vom 17.02.2005, S. 8)

Blanchard, Sandrine
Fin de vie et éthique médicale Le Monde vom 10.03.2005, S. 18

Blanchard, Sandrine
Joël de Bourayne «Etre accusé d´euthanasie correspondait à une rupture complète avec mes idéaux» Le Monde vom 17.02.2005, S. 8 (zit. Blanchard Joël de Bourayne Le Monde vom 17.02.2005, S. 8)

Blei, Hermann
Strafrecht II. Besonderer Teil, 12. neubearbeitete Auflage, München 1983 (zit. Blei Strafrecht II)

Bockelmann, Paul
Das Strafrecht des Arztes in: Ponsold, Albert Lehrbuch der Gerichtlichen Medizin, 3. neubearbeitete Auflage, Stuttgart 1967, S. 1-47 (zit. Bockelmann in: Ponsold)

Bockelmann, Paul
Strafrecht des Arztes, Stuttgart 1968 (zit. Bockelmann Strafrecht des Arztes)

Bottke, Wilfried
Suizid und Strafrecht, Berlin 1982 (zit. Bottke Suizid und Strafrecht)

Brune, Kay
Angriffspunkte und Wirkungsmechanismen von Analgetika in: Brune, Kay/ Beyer, Antje/ Schäfer, Michael Schmerz: Pathophysiologie – Pharmakologie – Therapie, Berlin 2001, S. 31-76 (zit. Brune in: Brune/Beyer/Schäfer Schmerz)

Bundesärztekammer
Grundsätze der Bundesärztekammer zur ärztlichen Sterbebegleitung DÄBl. 101 (2004), C1040f.

Bundesärztekammer
Grundsätze der Bundesärztekammer zur ärztlichen Sterbebegleitung NJW 1998, 3406f.

Bütikofer, Julia
Aufklärungspflicht aus juristischer Sicht DÄBl. 94 (1997), C1324-1326

Chatzikostas, Konstantinos
Die Disponibilität des Rechtsguts Leben in ihrer Bedeutung für die Probleme von Suizid und Euthanasie, Frankfurt a. M. 2001 (zit. Chatzikostas Disponibilität des Rechtsguts Leben)

Chong, Hyon-Mi
Sterbehilfe und Strafrecht, Freiburg i. Br. 1998 (zit. Chong Sterbehilfe und Strafrecht)

Clee, M. D./ Hockings, N. F./ Johnston, R. N.
Bronchial Carcinoma: Factors influencing postoperative Survival Br. J. Dis. Chest (1984) 78, 225-235

Conradi, Matthias
Der Arzt an den Grenzen seines Behandlungsauftrages, Eine Untersuchung zu Fragen der Sterbehilfe im Zeitalter der Intensivmedizin, Frankfurt a. M. 2002 (zit. Conradi Sterbehilfe)

Cramer, Peter
Ein Sonderstraftatbestand für die eigenmächtige Heilbehandlung. Einige Bemerkungen zu §§ 229, 230 des Entwurfs eines 6. Gesetzes zur Reform des Strafrechts in: Eser, Albin/ Schittenhelm, Ulrike/ Schumann, Heribert Festschrift für Theodor Lenckner zum 70. Geburtstag, München 1998, S. 761-780 (zit. Cramer in: Lenckner-FS)

Cramer, Peter/ Heine, Günter
In: Schönke, Adolf/ Schröder, Horst Strafgesetzbuch, 26. neu bearbeitete Auflage, München 2001 (zit. Cramer/Heine in: Sch/Sch)

Cramer, Peter/ Sternberg-Lieben, Detlev
In: Schönke, Adolf/ Schröder, Horst Strafgesetzbuch, 26. neu bearbeitete Auflage, München 2001 (zit. Cramer/Sternberg-Lieben in: Sch/Sch)

Csef, Herbert
Ethische Aspekte – Palliativmedizin oder Sterbehilfe? in: Zenz, Michael/ Donner, Barbara Schmerz bei Tumorerkrankungen, Stuttgart 2002, S. 307-314 (zit. Csef in: Zenz/Donner Schmerz bei Tumorerkrankungen)

Czerner, Frank
Das Euthanasie-Tabu – Vom Sterbehilfe-Diskurs zur Novellierung des § 216 StGB, Dortmund 2004 (zit. Czerner Euthanasie-Tabu)

Dahlkamp, Jürgen/ Fröhlingsdorf, Michael/ Ludwig, Udo
Tiefschlaf bis zum Tod Der Spiegel 41/2003, 206/208

Dearing, Albin/ Schwarz, Oliver
Österreich in: Eser, Albin/ Koch, Hans-Georg Materialien zur Sterbehilfe, Freiburg i. Br. 1991, S. 557-579 (zit. Dearing/Schwarz in: Eser/Koch Materialien zur Sterbehilfe)

Debus, Jürgen/ Wannenmacher, Michael
Die Rolle der Strahlentherapie bei der Schmerzbehandlung in: Zenz, Michael/ Jurna, Ilmar Lehrbuch der Schmerztherapie, 2. neu bearbeitete Auflage, Stuttgart 2001, S. 499-507 (zit. Debus/Wannenmacher in: Zenz/Jurna Lehrbuch der Schmerztherapie)

Dellingshausen, Ulrike Baronin von
Sterbehilfe und Grenzen der Lebenserhaltungspflicht des Arztes, Düsseldorf 1981 (zit. v. Dellingshausen Sterbehilfe)

Dertwinkel, Roman
Nichtopioidanalgetika und Opioidanalgetika in: Zenz, Michael/ Donner, Barbara Schmerz bei Tumorerkrankungen, Stuttgart 2002, S. 65-77 (zit. Dertwinkel in: Zenz/Donner Schmerz bei Tumorerkrankungen)

Detering, Jutta
Forum: § 216 StGB und die aktuelle Diskussion um die Sterbehilfe JuS 1983, 418-423

Deutsch, Erwin
Das therapeutische Privileg des Arztes: Nichtaufklärung zugunsten des Patienten NJW 1980, 1305-1309

Deutsch, Erwin
Die Haftung von Arzt und Krankenhaus in der Bundesrepublik Deutschland. Eine Bestandsaufnahme der Rechtsprechung in: Heberer, Georg/ Opderbecke, Hans-Wolfgang/ Spann, Wolfgang Ärztliches Handeln – Verrechtlichung eines Berufsstandes Festschrift für Walther Weißauer zum 65. Geburtstag, Berlin 1986, S. 12-22 (zit. Deutsch in: Weißauer-FS)

Deutsch, Erwin
Neue Aufklärungsprobleme im Arztrecht NJW 1982, 2585-2588

Deutsch, Erwin/ Spickhoff, Andreas
Medizinrecht, 5. neu bearbeitete und erweiterte Auflage, Heidelberg 2003 (zit. Deutsch/Spickhoff Medizinrecht)

Diener, Hans Christoph/ Kindler, Doris/ Maier, Christoph
Medikamentöse Schmerztherapie in: Diener, Hans Christoph/ Maier, Christoph Das Schmerztherapiebuch, 2. Auflage, München 2003, S. 285-342 (zit. Diener/Kindler/Maier in: Diener/Maier Schmerztherapiebuch)

Diener, Hans Christoph/ Maier, Christoph
Schmerzbegriffe in: Diener, Hans Christoph/ Maier, Christoph Das Schmerztherapiebuch, 2. Auflage, München 2003, S. 3-5 (zit. Diener/Maier in: Diener/ Maier Schmerztherapiebuch)

Dijon, Xavier
Le sujet de droit en son corps, Namur 1982 (zit. Dijon Le sujet de droit en son corps)

Dölling, Dieter
Zulässigkeit und Grenzen der Sterbehilfe MedR 1987, 6-12

Dornberg, Martin
Angefragt: Sterbehilfe, Frankfurt a. M. 1997 (zit. Dornberg Sterbehilfe)

Doyle, Derek
Standortbestimmung der Palliativmedizin bei der Behandlung chronisch-progredienter Erkrankungen in: Aulbert, Eberhard/ Zech, Detlev Lehrbuch der Palliativmedizin, Stuttgart 1997, S. 12-23 (zit. Doyle in: Aulbert/Zech Lehrbuch der Palliativmedizin)

Drechsel, Ulrich/ Nagel, Bernd
Spezielle Schmerzanamnese in: Zenz, Michael/ Donner, Barbara Schmerz bei Tumorerkrankungen, Stuttgart 2002, S. 15-28 (zit. Drechsel/Nagel in: Zenz/Donner Schmerz bei Tumorerkrankungen)

Dreier, Horst
In: Dreier, Horst Grundgesetz, Tübingen 1996 (zit. Dreier in: Dreier GG)

Eberbach, W. H.
Juristische Aspekte des Schmerzes Anaesthesist (1986) 35, 403-407

Ebert, Udo
Strafrecht: Ärztlicher Eifer JuS 1976, 319-324

Eibach, Ulrich
Sterbehilfe – Tötung aus Mitleid?, 2. vollständig neu bearbeitete und erweiterte Auflage, Wuppertal 1998 (zit. Eibach Sterbehilfe - Tötung aus Mitleid)

Engisch, Karl
Ärztlicher Eingriff zu Heilzwecken und Einwilligung, ZStW 58 (1939), 1-52

Engisch, Karl
Aufklärung und Sterbehilfe bei Krebs in rechtlicher Sicht in: Kaufmann, Arthur/ Bemmann, Günter/ Krauß, Detlev/ Volk, Klaus Festschrift für Paul Bockelmann zum 70. Geburtstag am 7. Dezember 1978, München 1979, S. 519-537 (zit. Engisch in: Bockelmann-FS)

Engisch, Karl
Die Kausalität als Merkmal der strafrechtlichen Tatbestände, Tübingen 1931 (zit. Engisch Kausalität)

Engisch, Karl
Die Strafwürdigkeit der Unfruchtbarmachung mit Einwilligung in: Geerds, Friedrich/ Naucke, Wolfgang Festschrift für Hellmuth Mayer zum 70. Geburtstag am 1. Mai 1965, Berlin 1966, S. 399-417 (zit. Engisch in: Hellmuth Mayer-FS)

Engisch, Karl
Euthanasie und Vernichtung lebensunwerten Lebens in strafrechtlicher Beleuchtung, Stuttgart 1948 (zit. Engisch Euthanasie)

Engisch Karl
Suizid und Euthanasie nach deutschem Recht in: Eser, Albin Suizid und Euthanasie als human- und sozialwissenschaftliches Problem, Stuttgart 1976, S. 312-321 (zit. Engisch in: Eser Suizid und Euthanasie)

Enquete-Kommission „Ethik und Recht der modernen Medizin"
Zwischenbericht Patientenverfügungen BT-Drs. 15/3700, 1-72

Enquete-Kommission „Ethik und Recht der modernen Medizin“
Zwischenbericht Verbesserung der Versorgung Schwerstkranker und Sterbender in Deutschland durch Palliativmedizin und Hospizarbeit BT-Drs. 15/5858, 1-84

Enquete-Kommission „Recht und Ethik der modernen Medizin“
Schlussbericht BT-Drs. 14/9020, 1-280

Eser, Albin
Freiheit zum Sterben – Kein Recht auf Tötung JZ 1986, 786-795

Eser, Albin
In: Schönke, Adolf/ Schröder, Horst Strafgesetzbuch, 26. neu bearbeitete Auflage, München 2001 (zit. Eser in: Sch/Sch)

Eser, Albin
Lebenserhaltungspflicht und Behandlungsabbruch aus rechtlicher Sicht in: Auer, Alfons/ Menzel, Hartmut/ Eser, Albin Zwischen Heilauftrag und Sterbehilfe, Köln 1977, S. 75-147 (zit. Eser in: Auer/Menzel/Eser Heilauftrag und Sterbehilfe)

Eser, Albin
Medizin und Strafrecht: Eine schutzgutorientierte Problemübersicht ZStW 97 (1985), 1-46

Eser, Albin
Neues Recht des Sterbens? Einige grundsätzliche Betrachtungen in: Eser, Albin Suizid und Euthanasie als human- und sozialwissenschaftliches Problem, Stuttgart 1976, S. 392-407 (zit. Eser in: Eser Suizid und Euthanasie)

di Fabio, Udo
in: Maunz, Theodor/ Dürig, Günter/ Herzog, Roman Grundgesetz, München Stand Februar 2004 (zit. di Fabio in: Maunz/Dürig/Herzog GG)

Finger, Catrin
Evaluation der Praxis der aktiven Sterbehilfe und der Hilfe bei der Selbsttötung in den Niederlanden für das Jahr 2001 MedR 2004, 379-382

Fresenius, Michael/ Hatzenbühler, Michael/ Heck, Michael
Repetitorium Schmerztherapie, Heidelberg 2004 (zit. Fresenius/Hatzenbühler/ Heck Repetitorium Schmerztherapie)

Freye, Enno
Opioide in der Medizin, 6. aktualisierte und erweiterte Auflage, Berlin 2004 (zit. Freye Opioide in der Medizin)

Frisch, Wolfgang
Leben und Selbstbestimmungsrecht im Strafrecht in: Leipold, Dieter Selbstbestimmung in der modernen Gesellschaft aus deutscher und japanischer Sicht, Heidelberg 1997, S. 103-125 (zit. Frisch in: Leipold Selbstbestimmung)

Fuchs, Helmut/ Reindl, Susanne
Strafrecht Besonderer Teil I, Wien 2003 (zit. Fuchs/Reindl Strafrecht BT 1)

Gallwas, Hans-Ullrich
Zur Legitimation ärztlichen Handelns NJW 1976, 1134f.

Gehling, Markus/ Tryba, Michael
Antidepressiva in: Zenz, Michael/Donner, Barbara Schmerz bei Tumorerkrankungen, Stuttgart 2002, S. 77-81 (zit. Gehling/Tryba in: Zenz/Donner Schmerz bei Tumorerkrankungen)

Gehling, Markus/ Tryba, Michael
Antikonvulsiva in: Zenz, Michael/Donner, Barbara Schmerz bei Tumorerkrankungen, Stuttgart 2002, S. 82-86 (zit. Gehling/Tryba in: Zenz/Donner Schmerz bei Tumorerkrankungen)

Geilen, Gerd
Probleme des § 323c StGB Jura 1983, 78-90, 138-148

Giesen, Dieter
Ethische und rechtliche Probleme am Ende des Lebens JZ 1990, 929-943

Giger, Hans
Reflexionen über Tod und Recht, Zürich 2000 (zit. Giger Reflexionen über Tod und Recht)

Goodwin, Pamela J./ Leszcz, Molyn/ Ennis, Marguerite/ Koopmans, Jan/ Vincent, Leslie/ Guther, Helaine/ Drysdale, Elaine/ Hundleby, Marilyn/ Chochinov, Harvey M./ Navarro, Margaret/ Speca, Michael/ Hunter, Jonathan
The Effect of Group Psychosocial Support on Survival in Metastatic Breast Cancer N Engl J Med, Vol. 345, No. 24 (2001), 1719-1726

Gössel, Karl Heinz
Strafrecht Besonderer Teil Band 1, Heidelberg 1987 (zit. Gössel BT 1)

Gössel, Karl Heinz/ Dölling, Dieter
Strafrecht Besonderer Teil 1, 2. völlig neu bearbeitete und erweiterte Auflage, Heidelberg 2004 (zit. Gössel/Dölling Strafrecht BT 1)

Graf-Baumann, Toni
Allgemeines zum Problem des Gutachtens aus schmerztherapeutischer Sicht in: Gralow, Ingrid/ Husstedt, Ingo Wilhelm/ Bothe, Hans-Werner/ Evers, Stefan/ Hürter, Albert/ Schilgen, Markus Schmerztherapie interdisziplinär, Stuttgart 2002, S. 438-447 (zit. Graf-Baumann in: Gralow/Husstedt/Bothe/Evers/ Hürter/Schilgen Schmerztherapie interdisziplinär)

Grond, Stefan
Situation der Tumorpatienten in: Zenz, Michael/ Donner, Barbara Schmerz bei Tumorerkrankungen, Stuttgart 2002, S. 1-11 (zit. Grond in: Zenz/Donner Schmerz bei Tumorerkrankungen)

Grond, Stefan/ Zech, Detlev
Systemische medikamentöse Schmerztherapie in: Aulbert, Eberhard/ Zech, Detlev Lehrbuch der Palliativmedizin, Stuttgart 1997, S. 446-471 (zit. Grond/ Zech in: Aulbert/Zech Lehrbuch der Palliativmedizin)

Gründel, Mirko
Einwilligung und Aufklärung bei psychotherapeutischen Behandlungsmaßnahmen NJW 2002, 2987-2992

Gunzinger, Pierre-André
Sterbehilfe und Strafgesetz, Zürich 1978 (zit. Gunzinger Sterbehilfe)

Gustorff, Burkhard
Medikamentöse Schmerztherapie in: Schockenhoff, Bernd Spezielle Schmerztherapie, 2. aktualisierte und ergänzte Auflage, München 2002, S. 85-109 (zit. Gustorff in: Schockenhoff Spezielle Schmerztherapie)

Häberle, Peter
Die Menschenwürde als Grundlage der staatlichen Gemeinschaft in: Isensee, Josef/ Kirchhof, Paul Handbuch des Staatsrechts Band I, Heidelberg 1987, S. 815-861 (zit. Häberle in: Isensee/Kirchhof Handbuch des Staatsrechts I)

Hampel, Günter
Strahlentherapie tumorbedingter Schmerzen in: Gralow, Ingrid/ Husstedt, Ingo Wilhelm/ Bothe, Hans-Werner/ Evers, Stefan/ Hürter, Albert/ Schilgen, Markus Schmerztherapie interdisziplinär, Stuttgart 2002, S. 388-393 (zit. Hampel in: Gralow/Husstedt/Bothe/Evers/Hürter/Schilgen Schmerztherapie interdisziplinär)

Hanack, E.-W.
Euthanasie in strafrechtlicher Sicht in: Hiersche, Hans-Dieter Euthanasie, München 1975, S. 121-168 (zit. Hanack in: Hiersche Euthanasie)

Hankemeier, Ulrich B./ Krizanits, Franz H.
Medikamentöse Therapie in: Hankemeier, Ulrich B./ Schüle-Hein, Karin/ Krizanits, Franz H. Tumorschmerztherapie, 2. völlig neubearbeitete und erweiterte Auflage, Berlin 2001, S. 41-79 (zit. Hankemeier/Krizanits in: Hankemeier/ Schüle-Hein/Krizanits Tumorschmerztherapie)

Hankemeier, Ulrich B./ Krizanits, Franz H./ Schüle-Hein, Karin
Grundlagen der Behandlung in: Hankemeier, Ulrich B./ Schüle-Hein, Karin/ Krizanits, Franz H. Tumorschmerztherapie, 2. völlig neubearbeitete und erweiterte Auflage, Berlin 2001, S. 1-19 (zit. Hankemeier/Krizanits/Schüle-Hein in: Hankemeier/Schüle-Hein/Krizanits Tumorschmerztherapie)

Hart, Dieter
Autonomiesicherung im Arzthaftungsrecht in: Heldrich, Andreas/ Schlechtriem, Peter/ Schmidt, Eike Recht im Spannungsfeld von Theorie und Praxis Festschrift für Helmut Heinrichs zum 70. Geburtstag, München 1998, S. 291-318 (zit. Hart in: Heinrichs-FS)

Hartmann, Tanja
Eigenmächtige und fehlerhafte Heilbehandlung, Baden-Baden 1999 (zit. Hartmann Eigenmächtige und fehlerhafte Heilbehandlung)

Hasendahl, Stéphanie
Non-lieu pour un médecin accusé d´euthanasie – La justice reconnaît l´acte à double effet Le Quotidien du Médecin vom 18.02.2005, S. 9

Heemann, Regine/ Werner, Gerhard
Kanada in: Eser, Albin/ Koch, Hans-Georg Materialien zur Sterbehilfe, Freiburg i. Br. 1991, S. 409-450 (zit. Heemann/Werner in: Eser/Koch Materialien zur Sterbehilfe)

Heine, Günter
Schweiz in: Eser, Albin/ Koch, Hans-Georg Materialien zur Sterbehilfe, Freiburg i. Br. 1991, S. 591-649 (zit. Heine in: Eser/Koch Materialien zur Sterbehilfe)

Heine, Günter
Sterbehilfe als rechtliches Problem: Die Situation in der Schweiz JR 1986, 314-319

Heinitz, Ernst
Rechtliche Fragen der Organtransplantation in: Kress, Hans Frh. von Ärztliche Fragen der Organtransplantation/ Heinitz, Ernst Rechtliche Fragen der Organtransplantation, Berlin 1970, S. 13-31 (zit. Heinitz in: Kress/Heinitz)

Helgerth, R.
Strafrechtliche Beurteilung der Sterbehilfe durch den Arzt JR 1976, 45-47

Henkel, Heinrich
Zumutbarkeit und Unzumutbarkeit als regulatives Rechtsprinzip in: Engisch, Karl/ Maurach, Reinhart Festschrift für Edmund Mezger zum 70. Geburtstag, München 1954, S. 249-309 (zit. Henkel in: Mezger-FS)

Henze, Annette
Grundlagen der Schmerztherapie in: Klöss, Thomas Anästhesie, München 2004, S. 481-498 (zit. Henze in: Klöss Anästhesie)

Herzberg, Rolf Dietrich
Sterbehilfe als gerechtfertigte Tötung im Strafrecht? NJW 1996, 3043-3049

Heyers, Johannes
Passive Sterbehilfe bei entscheidungsunfähigen Patienten und das Betreuungsrecht, Berlin 2001 (zit. Heyers Passive Sterbehilfe)

Heymann, Monika
Die Europäische Menschenrechtskonvention und das Recht auf aktive Sterbehilfe – EGMR, NJW 2002, 2851 JuS 2002, 957f.

Hiersche, Hans-Dieter
Das Recht auf den eigenen Tod? Strafrecht im Spannungsverhältnis zwischen Lebenserhaltungspflicht und Selbstbestimmung in: Ständige Deputation des Deutschen Juristentages Verhandlungen des sechsundfünfzigsten Deutschen Juristentages Band II Sitzungsberichte, München 1986, S. M 7-M 25 (zit. Hiersche in: Ständige Deputation des Deutschen Juristentages 56. Dt. Juristentag Bd. II)

Hillenkamp, Thomas
32 Probleme aus dem Strafrecht Allgemeiner Teil, 11. überarbeitete Auflage, München 2003 (zit. Hillenkamp 32 Probleme aus dem Strafrecht AT)

Hippel, Robert von
Deutsches Strafrecht Zweiter Band, Berlin 1930 (zit. v. Hippel Deutsches Strafrecht)

Hirsch, Günter
Der sterbende Mensch ZRP 1986, 239-242

Hirsch, Hans Joachim
Behandlungsabbruch und Sterbehilfe in: Küper, Wilfried/ Puppe, Ingeborg/ Tenckhoff, Jörg Festschrift für Karl Lackner zum 70. Geburtstag am 18. Februar 1987, Berlin 1987, S. 597-620 (zit. Hirsch in: Lackner-FS)

Hirsch, Hans Joachim
Der Streit um Handlungs- und Unrechtslehre insbesondere im Spiegel der Zeitschrift für die gesamte Strafrechtswissenschaft (Teil II) ZStW 94 (1982), 239-278

Hirsch, Hans Joachim
Einwilligung und Selbstbestimmung in: Stratenwerth, Günter/ Kaufmann, Armin/ Geilen, Gerd/ Hirsch, Hans Joachim/ Schreiber, Hans-Ludwig/ Jakobs, Günther/ Loos, Fritz Festschrift für Hans Welzel zum 70. Geburtstag am 25. März 1974, Berlin 1974, S. 775-800 (zit. Hirsch in: Welzel-FS)

Hirsch, Hans Joachim
In: Jähnke, Burkhard/ Laufhütte, Heinrich Wilhelm/ Odersky, Walter Leipziger Kommentar Strafgesetzbuch, 11. neubearbeitete Auflage, Berlin 2003 (zit. Hirsch in: LK)

Hirsch, Hans Joachim
Literaturbericht Strafrecht – Allgemeiner Teil (I. Teil) ZStW 95 (1983), 643-668

Hoerster, Norbert
Sterbehilfe im säkularen Staat, Frankfurt a. M. 1998 (zit. Hoerster Sterbehilfe)

Hollmann, Angela
Das ärztliche Gespräch mit dem Patienten NJW 1973, 1393-1399

Horn, Eckhard/ Wolters, Gereon
In: Rudolphi, Hans-Joachim/ Horn, Eckhard/ Samson, Erich/ Günther, Hans-Ludwig Systematischer Kommentar zum Strafgesetzbuch, Neuwied Stand September 2004 (zit. Horn/Wolters in: SK-StGB)

Hornstein, Wilhelm Freiherr von
Grundgedanken zur Palliativmedizin und Hospizbewegung in: Gralow, Ingrid/ Husstedt, Ingo Wilhelm/ Bothe, Hans-Werner/ Evers, Stefan/ Hürter, Albert/ Schilgen, Markus Schmerztherapie interdisziplinär, Stuttgart 2002, S. 369-372 (zit. v. Hornstein in: Gralow/Husstedt/Bothe/Evers/Hürter/Schilgen Schmerztherapie interdisziplinär)

Huber, Barbara
Großbritannien in: Eser, Albin/ Koch, Hans-Georg Materialien zur Sterbehilfe, Freiburg i. Br. 1991, S. 339-389 (zit. Huber in: Eser/Koch Materialien zur Sterbehilfe)

Hufen, Friedhelm
In dubio pro dignitate NJW 2001, 849-857

Hundeshagen, Christian/ Heubel, Friedrich
Die deutsche Debatte zur Schmerztherapie in: Gordijn, Bert/ Have, Henk ten Medizinethik und Kultur, Stuttgart 2000, S. 159-195 (zit. Hundeshagen/Heubel in: Gordijn/Have Medizinethik und Kultur)

Husebø, Stein
Ethik in: Husebø, Stein/ Klaschik, Eberhard Palliativmedizin, 2. überarbeitete Auflage, Berlin 2000, S. 35-105 (zit. Husebø in: Husebø/Klaschik Palliativmedizin)

IASP Subcommittee
Pain Terms: A list with definitions and notes on usage, Pain 6 (1979), 249ff.

Ingelfinger, Ralph
Grundlagen und Grenzbereiche des Tötungsverbots, Köln 2004 (zit. Ingelfinger Grundlagen und Grenzbereiche des Tötungsverbots)

Jage, Jürgen
Medikamente gegen Krebsschmerzen, 2. Auflage, London 1995 (zit. Jage Medikamente gegen Krebsschmerzen)

Jage, Jürgen/ Jurna, Ilmar
Opioidanalgetika in: Zenz, Michael/ Jurna, Ilmar Lehrbuch der Schmerztherapie, 2. neu bearbeitete Auflage, Stuttgart 2001, S. 255-280 (zit. Jage/Jurna in: Zenz/Jurna Lehrbuch der Schmerztherapie)

Jähnke, Burkhard
In: Jähnke, Burkhard/ Laufhütte, Heinrich Wilhelm/ Odersky, Walter Leipziger Kommentar Strafgesetzbuch, 11. neubearbeitete Auflage, Berlin 2002 (zit. Jähnke in: LK)

Jakobs, Günther
Tötung auf Verlangen, Euthanasie und Strafrechtssystem (Sitzungsberichte der Bayerischen Akademie der Wissenschaften 1998 Heft 2), München 1998 (zit. Jakobs Tötung auf Verlangen)

Janssen, André
Die Regelung der aktiven Sterbehilfe in den Niederlanden – Ein Novum ZRP 2001, 179-183

Jarass, Hans D.
Bausteine einer Grundrechtsdogmatik AöR 120 (1995), 345-381

Jarass, Hans D.
In: Jarass, Hans D./ Pieroth, Bodo Grundgesetz, 6. Auflage, München 2002 (zit. Jarass in: Jarass/Pieroth GG (6. A.))

Jarass, Hans D.
In: Jarass, Hans D./ Pieroth, Bodo Grundgesetz, 7. Auflage, München 2004 (zit. Jarass in: Jarass/Pieroth GG)

Jaspers, Birgit/ Schindler, Thomas
Gutachten „Stand der Palliativmedizin und Hospizarbeit in Deutschland und im Vergleich zu ausgewählten europäischen Staaten (Belgien, Frankreich, Großbritannien, Niederlande, Norwegen, Österreich, Polen, Schweden, Schweiz, Spanien)", www.bundestag.de/parlament/kommissionen/ethik_med/gutachten-/gutachten02_palliativmedizin.pdf (zit. Jaspers/Schindler Gutachten Palliativmedizin)

Jescheck, Hans-Heinrich/ Weigend, Thomas
Lehrbuch des Strafrechts Allgemeiner Teil, 5. vollständig neubearbeitete und erweiterte Auflage, Berlin 1996 (zit. Jescheck/Weigend Strafrecht AT)

Jonen-Thielemann, Ingeborg
Die Terminalphase in: Aulbert, Eberhard/ Zech, Detlev Lehrbuch der Palliativmedizin, Stuttgart 1997, S. 678-686 (zit. Jonen-Thielemann in: Aulbert/Zech Lehrbuch der Palliativmedizin)

Jung, Heike
Außenseitermethoden und strafrechtliche Haftung ZStW 97 (1985), 47-67

Jurna, Ilmar/ Motsch, Johann
Nichtanalgetika: Antidepressiva, Antikonvulsiva, Neuroleptika, Tranquillantien und zentrale Muskelrelaxantien, Clonidin, Cortison in: Zenz, Michael/ Jurna, Ilmar Lehrbuch der Schmerztherapie, 2. neu bearbeitete Auflage, Stuttgart 2001, S. 281-294 (zit. Jurna/Motsch in: Zenz/Jurna Lehrbuch der Schmerztherapie)

Kaiser, Gerwin/ Weigang-Köhler, Karin/ Gallmeier, Walter Michael
Unkonventionelle Methoden in der Onkologie in: Aulbert, Eberhard/ Zech, Detlev Lehrbuch der Palliativmedizin, Stuttgart 1997, S. 344-360 (zit. Kaiser/ Weigang-Köhler/Gallmeier in: Aulbert/Zech Lehrbuch der Palliativmedizin)

Kalser, Martin H./ Barkin, Jamie/ MacIntyre, John M.
Pancreatic Cancer Cancer 1985, 397-402

Kantianis, Anastassios
Palliativmedizin als Sterbebegleitung nach deutschem und griechischem Recht, Frankfurt a. M. 2005 (zit. Kantianis Palliativmedizin)

Karger, Christian
Klassifikation nach Strahlungsart in: Reiser, Maximilian/ Kuhn, Fritz-Peter/ Debus, Jürgen Radiologie, Stuttgart 2004, S. 100-103 (zit. Karger in: Reiser/ Kuhn/Debus Radiologie)

Kargl, Walter
Körperverletzung durch Heilbehandlung GA 2001, 538-554

Kaufmann, Arthur
Die Bedeutung hypothetischer Erfolgsursachen im Strafrecht in: Bockelmann, Paul/ Gallas, Wilhelm Festschrift für Eberhard Schmidt zum 70. Geburtstag, Göttingen 1961, S. 200-231 (zit. Kaufmann in: Eberhard Schmidt-FS)

Kaufmann, Arthur
Die eigenmächtige Heilbehandlung ZStW 73 (1961), 341-384

Kautzky, Rudolf
Die Freiheit des Sterbenden und die Pflicht des Arztes in: Eser, Albin Suizid und Euthanasie als human- und sozialwissenschaftliches Problem, Stuttgart 1976, S. 285- 290 (zit. Kautzky in: Eser Suizid und Euthanasie)

Keller, Monika
Depression in: Aulbert, Eberhard/ Zech, Detlev Lehrbuch der Palliativmedizin, Stuttgart 1997, S. 766-779 (zit. Keller in: Aulbert/Zech Lehrbuch der Palliativmedizin)

Kern, Bernd-Rüdiger/ Laufs, Adolf
Die ärztliche Aufklärungspflicht, Berlin 1983 (zit. Kern/Laufs Ärztliche Aufklärungspflicht)

Keyserlingk, Edward W.
Die Strafbarkeit der Nichtbehandlung von Neugeborenen und Kindern in Kanada und in den Vereinigten Staaten von Amerika ZStW 97 (1985), 178-197

Khorrami, Katharina
Die „Euthanasie-Gesetze“ im Vergleich MedR 2003, 19-25

Kienapfel, Diethelm/ Schroll, Hans Valentin
Grundriss des Strafrechts Besonderer Teil Band I, 5. neubearbeitete Auflage, Wien 2003 (zit. Kienapfel/Schroll Grundriss Strafrecht BT 1)

Kimsma, Gerrik/ Leeuwen, Evert van
Euthanasie und Beihilfe zum Suizid in den Niederlanden in: Gordijn, Bert/ Have, Henk ten Medizinethik und Kultur, Stuttgart 2000, S. 71-103 (zit. Kimsma/Leeuwen in: Gordijn/Have Medizinethik und Kultur)

Kißler, Maria
Strahlentherapie in: Zenz, Michael/ Donner, Barbara Schmerz bei Tumorerkrankungen, Stuttgart 2002, S. 43-50 (zit. Kißler in: Zenz/Donner Schmerz bei Tumorerkrankungen)

Klaschik, Eberhard
Besondere Aspekte bei der Betreuung von Tumorpatienten im Endstadium in: Zenz, Michael/ Donner, Barbara Schmerz bei Tumorerkrankungen, Stuttgart 2002, S. 233-239 (zit. Klaschik in: Zenz/Donner Schmerz bei Tumorerkrankungen)

Klaschik, Eberhard
Drei Jahre Palliativstation: Malteser-Krankenhaus in Bonn in: Klaschik, Eberhard/Nauck, Friedemann Palliativmedizin heute, Berlin 1994, S. 117-126 (zit. Klaschik in: Klaschik/Nauck Palliativmedizin heute)

Klaschik, Eberhard
Hospizbewegung und Palliativmedizin in: Zenz, Michael/ Jurna, Ilmar Lehrbuch der Schmerztherapie, 2. neu bearbeitete Auflage, Stuttgart 2001, S. 729-738 (zit. Klaschik in: Zenz/Jurna Lehrbuch der Schmerztherapie)

Klaschik, Eberhard
Medikamentöse Schmerztherapie bei Tumorpatienten, 7. überarbeitete Auflage, Bonn 2002 (zit. Klaschik Medikamentöse Schmerztherapie bei Tumorpatienten)

Klaschik, Eberhard
Palliativmedizin in: Husebø, Stein/ Klaschik, Eberhard Palliativmedizin, 2. überarbeitete Auflage, Berlin 2000, S. 1-33 (zit. Klaschik in: Husebø/Klaschik Palliativmedizin)

Klaschik, Eberhard
Palliativmedizin in: Zenz, Michael/ Donner, Barbara Schmerz bei Tumorerkrankungen, Stuttgart 2002, S. 233-239 (zit. Klaschik in: Zenz/Donner Schmerz bei Tumorerkrankungen)

Klaschik, Eberhard
Palliativmedizin Praxis, 2. überarbeitete Auflage, Bonn 2002 (zit. Klaschik Palliativmedizin Praxis)

Klaschik, Eberhard
Palliativmedizinische Versorgung in Deutschland, Zusammenfassung des Kurzvortrags auf dem 106. Deutschen Ärztetag 2003, www.bundesaerztekammer.de/30/Aerztetag/106_DAET/24Referate/KlaschikTOPIII.html (zit. Klaschik Zusammenfassung Kurzvortrag DÄT)

Klaschik, Eberhard
Schmerztherapie mit oralem Morphin und Hydromorphon bei Tumorpatienten, 3. völlig neu überarbeitete Auflage, Bonn 2002 (zit. Klaschik Schmerztherapie mit oralem Morphin und Hydromorphon bei Tumorpatienten)

Klaschik, Eberhard
Schmerztherapie und Symptomkontrolle bei Sterbenden im Rahmen der Palliativmedizin in: Diener, Hans Christoph/ Maier, Christoph Das Schmerztherapiebuch, 2. Auflage, München 2003, S. 276-281 (zit. Klaschik in: Diener/Maier Schmerztherapiebuch)

Klaschik, Eberhard
Schmerztherapie und Symptomkontrolle in der Palliativmedizin in: Husebø, Stein/ Klaschik, Eberhard Palliativmedizin, 2. überarbeitete Auflage, Berlin 2000, S. 167-262 (zit. Klaschik in: Husebø/Klaschik Palliativmedizin)

Klaschik, Eberhard
Symptomkontrolle in: Zenz, Michael/ Jurna, Ilmar Lehrbuch der Schmerztherapie, 2. neu bearbeitete Auflage, Stuttgart 2001, S. 739-749 (zit. Klaschik in: Zenz/Jurna Lehrbuch der Schmerztherapie)

Klaschik, Eberhard/ Nauck, Friedemann
Adjuvante Therapie in: Zenz, Michael/ Donner, Barbara Schmerz bei Tumorerkrankungen, Stuttgart 2002, S. 94-100 (zit. Klaschik/Nauck in: Zenz/Donner Schmerz bei Tumorerkrankungen)

Klaschik, Eberhard/ Nauck, Friedemann
Finalphase in: Zenz, Michael/ Donner, Barbara Schmerz bei Tumorerkrankungen, Stuttgart 2002, S. 239-242 (zit. Klaschik/Nauck in: Zenz/Donner Schmerz bei Tumorerkrankungen)

Klein, Eckart
Grundrechtliche Schutzpflicht des Staates NJW 1989, 1633-1640

Knopp, Lothar
Aktive Sterbehilfe – Europäische Entwicklungen und „Selbstbestimmungsrecht" des Patienten aus verfassungsrechtlicher Sicht MedR 2003, 379-387

Koch, Hans-Georg
Aktuelle Rechtsfragen der Sterbehilfe im deutschen Recht in: Gordijn, Bert/Have, Henk ten Medizinethik und Kultur, Stuttgart 2000, S. 225-265 (zit. Koch in: Gordijn/Have Medizinethik und Kultur)

Koch, Hans-Georg
Bundesrepublik Deutschland in: Eser, Albin/ Koch, Hans-Georg Materialien zur Sterbehilfe, Freiburg i. Br. 1991, S. 31-193 (zit. Koch in: Eser/Koch Materialien zur Sterbehilfe)

Koch, Hans-Georg
Einführung und rechtsvergleichende Übersicht in: Eser, Albin/ Koch, Hans-Georg Materialien zur Sterbehilfe, Freiburg i. Br. 1991, S. 1-30 (zit. Koch in: Eser/Koch Materialien zur Sterbehilfe)

Koch, Hans-Georg
Sterbebegleitung in Europa und den USA in: Pressestelle der deutschen Ärzteschaft Ärztliche Sterbebegleitung Symposium der Bundesärztekammer am 15. Januar 1998 in Königswinter, Köln 1999, S. 38-53 (zit. Koch in: Pressestelle der deutschen Ärzteschaft Ärztliche Sterbebegleitung)

Köhle, Karl
Psychotherapie mit Sterbenden und Sterbebegleitung in: Aulbert, Eberhard/ Zech, Detlev Lehrbuch der Palliativmedizin, Stuttgart 1997, S. 837-851 (zit. Köhle in: Aulbert/Zech Lehrbuch der Palliativmedizin)

Köhler, August
Deutsches Strafrecht Allgemeiner Teil, Leipzig 1917 (zit. Köhler Deutsches Strafrecht AT)

Köhler, Michael
Strafrecht Allgemeiner Teil, Berlin 1997 (zit. Köhler Strafrecht AT)

Kohlhaas, Max
Das Recht auf den eigenen Tod NJW 1973, 548-550

Kränzle, Susanne
Pflegerische Aspekte in: Hankemeier, Ulrich B./ Schüle-Hein, Karin/ Krizanits, Franz H. Tumorschmerztherapie, 2. völlig neubearbeitete und erweiterte Auflage, Berlin 2001, S. 272-276 (zit. Kränzle in: Hankemeier/Schüle-Hein/Krizanits Tumorschmerztherapie)

Kreuzer, Arthur
Ärztliche Hilfeleistungspflicht bei Unglücksfällen im Rahmen des § 330c StGB, Hamburg 1965 (zit. Kreuzer Ärztliche Hilfeleistungspflicht)

Kreuzer, Arthur
Ärztliche Hilfeleistungspflicht in der Sicht des Strafrechts in: Mergen, Armand Die juristische Problematik in der Medizin Band 2: Ärztliche Aufklärungs- und Schweigepflicht, München 1971, S. 217-254 (zit. Kreuzer in: Mergen Juristische Problematik in der Medizin)

Kreuzer, Arthur
Die unterlassene ärztliche Hilfeleistung in der Rechtsprechung NJW 1967, 278-281

Krey, Volker
Strafrecht besonderer Teil Band 1, 12. völlig neu bearbeitete Auflage, Stuttgart 2002 (zit. Krey Strafrecht BT 1)

Kühl, Kristian
Strafrecht Allgemeiner Teil, 4. neu bearbeitete Auflage, München 2002 (zit. Kühl Strafrecht AT)

Kunig, Philip
In: v. Münch, Ingo/ Kunig, Philip Grundgesetz-Kommentar, 5. neubearbeitete Auflage, München 2000 (zit. Kunig in: v. Münch/Kunig GG)

Küper, Wilfried
Noch einmal: Rechtfertigender Notstand, Pflichtenkollision und übergesetzliche Entschuldigung JuS 1971, 474-477

Küper, Wilfried
Strafrecht Besonderer Teil, 5. neubearbeitete Auflage, Heidelberg 2002 (zit. Küper Strafrecht BT)

Kutzer, Klaus
Die Angst der Ärzte vor dem Strafrichter ZRP 1993, 404-406

Kutzer, Klaus
Die Auseinandersetzung mit der aktiven Sterbehilfe ZRP 2003, 209-212

Kutzer, Klaus
Recht auf Schmerzbehandlung Der Schmerz 1991, 53-55

Kutzer, Klaus
Rechtliche und rechtspolitische Aspekte einer verbesserten Schmerzbekämpfung in Deutschland in: Eser, Albin/ Kullmann, Hans Josef/ Meyer-Goßner, Lutz/ Odersky, Walter/ Voss, Rainer Straf- und Strafverfahrensrecht, Recht und Verkehr, Recht und Medizin Festschrift für Hannskarl Salger, Köln 1995, S. 663-674 (zit. Kutzer in: Salger-FS)

Kutzer, Klaus
Sterbehilfeproblematik in Deutschland: Rechtsprechung und Folgen für die klinische Praxis MedR 2001, 77-79

Kutzer, Klaus
Strafrechtliche Grenzen der Sterbehilfe NStZ 1994, 110-115

Laber, Jörg
Der Schutz des Lebens im Strafrecht, Frankfurt a. M. 1997 (zit. Laber Schutz des Lebens im Strafrecht)

Lackner, Karl/ Kühl, Kristian
Strafgesetzbuch, 25. neu bearbeitete Auflage, München 2004 (zit. Lackner/Kühl)

Langer, Winrich
Rechtliche Aspekte der Sterbehilfe in: Kruse, Torsten/ Wagner, Harald Sterbende brauchen Solidarität, München 1986, S. 101-145 (zit. Langer in: Kruse/Wagner)

Laufs, Adolf
Arzt und Recht im Wandel der Zeit MedR 1986, 163-170

Laufs, Adolf
Arztrecht, 5. verbesserte und erweiterte Auflage, München 1993 (zit. Laufs Arztrecht)

Laufs, Adolf
Die Art und Weise der Aufklärung. Aufklärungsformulare in: Laufs, Adolf/ Uhlenbruck, Wilhelm Handbuch des Arztrechts, 3. neubearbeitete Auflage, München 2002, S. 527-532 (zit. Laufs in: Laufs/Uhlenbruck Handbuch des Arztrechts)

Laufs, Adolf
Die Entwicklung des Arztrechts 1983/84 NJW 1984, 1383-1390

Laufs, Adolf
Die Freiheit des ärztlichen Berufs in: Laufs, Adolf/ Uhlenbruck, Wilhelm Handbuch des Arztrechts, 3. neubearbeitete Auflage, München 2002, S. 13-23 (zit. Laufs in: Laufs/Uhlenbruck Handbuch des Arztrechts)

Laufs, Adolf
Die Risikoaufklärung im besonderen in: Laufs, Adolf/ Uhlenbruck, Wilhelm Handbuch des Arztrechts, 3. neubearbeitete Auflage, München 2002, S. 512-520 (zit. Laufs in: Laufs/Uhlenbruck Handbuch des Arztrechts)

Laufs, Adolf
Die Selbstbestimmungsaufklärung in: Laufs, Adolf/ Uhlenbruck, Wilhelm Handbuch des Arztrechts, 3. neubearbeitete Auflage, München 2002, S. 506-512 (zit. Laufs in: Laufs/Uhlenbruck Handbuch des Arztrechts)

Laufs, Adolf
Nicht der Arzt allein muss bereit sein, das Notwendige zu tun NJW 2000, 1757-1769

Laufs, Adolf
Zur Freiheit des Arztberufs in: Ahrens, Hans-Jürgen/ Bahr, Christian von/ Fischer, Gerfried/ Spickhoff, Andreas/ Taupitz, Jochen Festschrift für Erwin Deutsch zum 70. Geburtstag, Köln 1999, S. 625-633 (zit. Laufs in: Deutsch-FS)

Leisner, Walter
Das Lebensrecht in: Leisner, Walter/ Goerlich, Helmut Das Recht auf Leben, Hannover 1976, S. 9-57 (zit. Leisner in: Leisner/Goerlich Recht auf Leben)

Lenckner, Theodor
In: Schönke, Adolf/ Schröder, Horst Strafgesetzbuch, 26. neu bearbeitete Auflage, München 2001 (zit. Lenckner in: Sch/Sch)

Lenckner, Theodor/ Perron, Walter
In: Schönke, Adolf/ Schröder, Horst Strafgesetzbuch, 26. neu bearbeitete Auflage, München 2001 (zit. Lenckner/Perron in: Sch/Sch)

Leonardy, Helmut
Sterbehilfe DRiZ 1986, 281-291

Leonardy, Helmut
Zum rechtlichen Rahmen der Sterbehilfe in: Jung, Heike/ Meiser, Richard Johannes/ Müller, Egon Aktuelle Probleme und Perspektiven des Arztrechts, Stuttgart 1989, S. 14-33 (zit. Leonardy in: Jung/Meiser/Müller Arztrecht)

Lilie, Hans
In: Jähnke, Burkhard/ Laufhütte, Heinrich Wilhelm/ Odersky, Walter Leipziger Kommentar Strafgesetzbuch, 11. neubearbeitete Auflage, Berlin 2001 (zit. Lilie in: LK)

Lindemann, Michael
Zur Rechtswirklichkeit von Euthanasie und ärztlich assistiertem Suizid in den Niederlanden ZStW 117 (2005), 208-235

Lindenmaier-Möhring
Nachschlagewerk des Bundesgerichtshofs StGB, München 1981 (zit. BGH LM)

Locher-Linn, Monika/ Oudijk, Johannes C.
Belgien in: Eser, Albin/ Koch, Hans-Georg Materialien zur Sterbehilfe, Freiburg i. Br. 1991, S. 249-280 (zit. Locher-Linn/Oudijk in: Eser/Koch Materialien zur Sterbehilfe)

Lorenz, Dieter
Recht auf Leben und körperliche Unversehrtheit In: Isensee, Josef/ Kirchhof, Paul Handbuch des Staatsrechts, Band VI Freiheitsrechte, 2. durchgesehene Auflage, Heidelberg 2001, S. 3-39 (zit. Lorenz in: Isensee/Kirchhof Handbuch des Staatsrechts VI)

Lutterotti, Karl Michael von
Ärztliche Handlungsanleitungen im Grenzbereich von Leben und Tod in strafrechtlicher Sicht, Freiburg i. Br. 1998 (zit. v. Lutterotti Ärztliche Handlungsanleitungen)

Lutterotti, Karl von
Ärztliches Handeln aus strafrechtlicher Sicht in: Knupp, Bernhard/ Stille, Wolfgang Sterben und Tod in der Medizin, Stuttgart 1996, S. 90-97 (zit. v. Lutterotti in: Knupp/Stille Sterben und Tod in der Medizin)

Lutterotti, Markus von
Ärztlicher Heilauftrag und Euthanasie – Gedanken zu ärztlichen, ethischen und juristischen Aspekten in: Eser, Albin Suizid und Euthanasie als human- und sozialwissenschaftliches Problem, Stuttgart 1976, S. 291-298 (zit. v. Lutterotti in: Eser Suizid und Euthanasie)

Lutterotti, Markus von
Menschenwürdiges Sterben, Freiburg i. Br. 1985 (zit. v. Lutterotti Menschenwürdiges Sterben)

Maier, Christian
Bewährtes und Zukünftiges in der Tumorschmerztherapie in: Klaschik, Eberhard/ Nauck, Friedemann Palliativmedizin heute, Berlin 1994, S. 1-16 (zit. Maier in: Klaschik/Nauck Palliativmedizin heute)

Maiwald, Manfred
Grundlagenprobleme des Unterlassungsdelikts JuS 1981, 473-483

Maiwald, Manfred
Zur Leistungsfähigkeit des Begriffs „erlaubtes Risiko“ für die Strafrechtssystematik in: Vogler, Theo/ Herrmann, Joachim/ Krümpelmann, Justus/ Moos, Reinhard/ Triffterer, Otto/ Leibinger, Rudolf/ Schaffmeister, Dieter/ Meyer, Jürgen/ Hünerfeld, Peter/ Behrendt, Hans-Joachim Festschrift für Hans-Heinrich Jescheck zum 70. Geburtstag, Erster Halbband, Berlin 1985, S. 405-425 (zit. Maiwald in: Jescheck-FS)

Marx, Achim
Grundlagen der Schmerztherapie in: Schockenhoff, Bernd Spezielle Schmerztherapie, 2. aktualisierte und ergänzte Auflage, München 2002, S. 3-21 (zit. Marx in: Schockenhoff Spezielle Schmerztherapie)

Maurach, Reinhart/ Gössel, Karl Heinz/ Zipf, Heinz
Strafrecht Allgemeiner Teil Teilband 2, 7. neubearbeitete und erweiterte Auflage, Heidelberg 1989 (zit. Maurach/Gössel/Zipf Strafrecht AT 2)

Maurach, Reinhart/ Schroeder, Friedrich-Christian/ Maiwald, Manfred
Strafrecht Besonderer Teil Teilband 1, 9. neu bearbeitete Auflage, Heidelberg 2003 (zit. Maurach/Schroeder/Maiwald Strafrecht BT 1)

Maurach, Reinhart/ Schroeder, Friedrich-Christian/ Maiwald, Manfred
Strafrecht Besonderer Teil Teilband 2, 8. neubearbeitete Auflage, Heidelberg 1999 (zit. Maurach/Schroeder/Maiwald Strafrecht BT 2)

Mayer, Max Ernst
Der allgemeine Teil des deutschen Strafrechts, 2. unveränderte Auflage, Heidelberg 1923 (zit. Mayer Strafrecht)

Merkel, Reinhard
Ärztliche Entscheidungen über Leben und Tod in der Neonatalmedizin JZ 1996, 1145-1155

Merkel, Reinhard
Früheuthanasie, Baden-Baden 2001 (zit. Merkel Früheuthanasie)

Merkel, Reinhard
Teilnahme am Suizid – Tötung auf Verlangen – Euthanasie. Fragen an die Strafrechtsdogmatik in: Hegselmann, Rainer/ Merkel Reinhard Zur Debatte über Euthanasie, 2. Auflage, Frankfurt a. M. 1992, S. 71-127 (zit. Merkel in: Hegselmann/Merkel Zur Debatte über Euthanasie)

Meyer, Maria-Katharina
Reform der Heilbehandlung ohne Ende GA 1998, 415-427

Möllering, Jürgen
Schutz des Lebens – Recht auf Sterben, Stuttgart 1977 (zit. Möllering Schutz des Lebens)

Moos, Reinhard
In: Höpfel, Frank/ Ratz, Eckart Wiener Kommentar zum Strafgesetzbuch, 2. Auflage, Wien 2002 (zit. Moos in: Höpfel/Ratz Wiener Kommentar Strafgesetzbuch)

Müller, Gerda
Beweislast und Beweisführung im Arzthaftungsprozeß NJW 1997, 3049-3056

Müller-Busch, Christof/ Klaschik, Eberhard/ Woskanjan, Susanne
Palliativmedizin – Eine Alternative zur aktiven Euthanasie DÄBl. 101 (2004), A1077f.

Münch, Ingo von
In: v. Münch, Ingo/ Kunig, Philip Grundgesetz-Kommentar, 5. neubearbeitete Auflage, München 2000 (zit. v. Münch in: v. Münch/Kunig GG)

Münter, Marc
Strahlenbiologie in: Reiser, Maximilian/ Kuhn, Fritz-Peter/ Debus, Jürgen Radiologie, Stuttgart 2004, S. 25-54 (zit. Münter in: Reiser/Kuhn/Debus Radiologie)

Nauck, Friedemann
Der Patient in der Finalphase in: Klaschik, Eberhard/Nauck, Friedemann Palliativmedizin heute, Berlin 1994, S. 42-50 (zit. Nauck in: Klaschik/Nauck Palliativmedizin heute)

Nauck, Friedemann
Palliativmedizin – ein Überblick in: Hankemeier, Ulrich B./ Schüle-Hein, Karin/ Krizanits, Franz H. Tumorschmerztherapie, 2. völlig neubearbeitete und erweiterte Auflage, Berlin 2001, S. 358-371 (zit. Nauck in: Hankemeier/Schüle-Hein/ Krizanits Tumorschmerztherapie)

Nauck, Friedemann
Schmerztherapie in der Finalphase in: Hankemeier, Ulrich B./ Schüle-Hein, Karin/ Krizanits, Franz H. Tumorschmerztherapie, 2. völlig neubearbeitete und erweiterte Auflage, Berlin 2001, S. 372-379 (zit. Nauck in: Hankemeier/Schüle-Hein/Krizanits Tumorschmerztherapie)

Nauck, Friedemann
Tumorschmerz in: Gralow, Ingrid/ Husstedt, Ingo Wilhelm/ Bothe, Hans-Werner/ Evers, Stefan/ Hürter, Albert/ Schilgen, Markus Schmerztherapie interdisziplinär, Stuttgart 2002, S. 372-387 (zit. Nauck in: Gralow/Husstedt/ Bothe/Evers/Hürter/Schilgen Schmerztherapie interdisziplinär)

Neumann, Ulfrid
In: Neumann, Ulfrid/ Puppe, Ingeborg/ Schild, Wolfgang Nomos Kommentar zum Strafgesetzbuch, Baden-Baden Stand Nov 2003 (zit. Neumann in: NK)

Neumann, Ulfrid
Strafrechtlicher Schutz der Menschenwürde zu Beginn und am Ende des Lebens in: Prittwitz, Cornelius/ Manoledakis, Ioannis Strafrecht und Menschenwürde, Baden-Baden 1998, S. 51-62 (zit. Neumann in: Prittwitz/Manoledakis Strafrecht und Menschenwürde)

Niese, Werner
Ein Beitrag zur Lehre vom ärztlichen Heileingriff in: Bockelmann, Paul/ Gallas, Wilhelm Festschrift für Eberhard Schmidt zum 70. Geburtstag, Göttingen 1961, S. 364-382 (zit. Niese in: Eberhard Schmidt-FS)

Nipperdey, Hans Carl
Die Würde des Menschen in: Neumann, Franz L./ Nipperdey, Hans Carl/ Scheuner, Ulrich Die Grundrechte Zweiter Band, Berlin 1954, S. 1-50 (zit. Nipperdey in: Neumann/Nipperdey/Scheuner Grundrechte Bd. 2)

Nishihara, Haruo
Die Rechtfertigung der Sterbehilfe in Japan in: Szwarc, Andrzej/ Wasek, Andrzej Das erste deutsch-japanisch-polnische Strafrechtskolloquium der Stipendiaten der Alexander von Humboldt-Stiftung, Poznan 1998, S. 51-58 (zit. Nishihara in: Szwarc/Wasek Strafrechtskolloquium)

Nußbaum, Anja
The Right to Die, Berlin 2000 (zit. Nußbaum The Right to Die)

Oduncu, Fuat S./ Eisenmenger, Wolfgang
Euthanasie – Sterbehilfe – Sterbebegleitung MedR 2002, 327-337

Otto, Harro
Die strafrechtliche Problematik der Sterbehilfe Jura 1999, 434-441

Otto, Harro
Grundkurs Strafrecht - Allgemeine Strafrechtslehre, 7. neu bearbeitete Auflage, Berlin 2004 (zit. Otto Grundkurs Strafrecht AT)

Otto, Harro
Grundkurs Strafrecht - Die einzelnen Delikte, 6. neubearbeitete Auflage, Berlin 2002 (zit. Otto Grundkurs Strafrecht BT)

Otto, Harro
Recht auf den eigenen Tod? Strafrecht im Spannungsverhältnis zwischen Lebenserhaltungspflicht und Selbstbestimmung in: Ständige Deputation des Deutschen Juristentages Verhandlungen des sechsundfünfzigsten Deutschen Juristentages, Band I Gutachten, Berlin 1986, S. D1-D109 (zit. Otto DJT-Gutachten)

Pelzl, Stephan
An der Grenze von Leben und Tod Euthanasie und Strafrecht KJ 1994, 179-199

Perron, Walter
In: Schönke, Adolf/ Schröder, Horst Strafgesetzbuch, 26. neu bearbeitete Auflage, München 2001 (zit. Perron in: Sch/Sch)

Pfingsten, Michael/ Hildebrandt, Jan
Nomenklatur/ Definitionen in: Zenz, Michael/ Jurna, Ilmar Lehrbuch der Schmerztherapie, 2. neu bearbeitete Auflage, Stuttgart 2001, S. 175-182 (zit. Pfingsten/Hildebrandt in: Zenz/Jurna Lehrbuch der Schmerztherapie)

Pichlmaier, Heinz
Entwicklung der Palliativmedizin in Deutschland in: Aulbert, Eberhard/ Klaschik, Eberhard/ Pichlmaier, Heinz Palliativmedizin – Ein ganzheitliches Konzept, Stuttgart 1998, S. 1-7 (zit. Pichlmaier in: Aulbert/Klaschik/Pichlmaier Palliativmedizin/Ganzheitliches Konzept)

Pieroth, Bodo/ Schlink, Bernhard
Grundrechte Staatsrecht II, 20. neubearbeitete Auflage, Heidelberg 2004 (zit. Pieroth/Schlink Grundrechte)

Pschyrembel
Klinisches Wörterbuch, 260. neu bearbeitete Auflage, Berlin 2004 (zit. Pschyrembel siehe)

Puppe, Ingeborg
In: Neumann, Ulfrid/ Puppe, Ingeborg/ Schild, Wolfgang Nomos Kommentar zum Strafgesetzbuch, Baden-Baden Stand Nov 2003 (zit. Puppe in: NK)

Rabbata, Samir
Euthanasie bleibt tabu DÄBl. 101 (2004), C1109

Radbruch, Lukas/ Zech, Detlev
Algesimetrie in der Krebsschmerztherapie in: Aulbert, Eberhard/ Zech, Detlev Lehrbuch der Palliativmedizin, Stuttgart 1997, S. 436-446 (zit. Radbruch/Zech in: Aulbert/Zech Lehrbuch der Palliativmedizin)

Radbruch, Lukas/ Zech, Detlev
Definition, Entwicklung und Ziele der Palliativmedizin in: Aulbert, Eberhard/ Klaschik, Eberhard/ Pichlmaier, Heinz Palliativmedizin – Die Alternative zur Sterbehilfe, Stuttgart 1998, S. 53-64 (zit. Radbruch/Zech in: Aulbert/Klaschik/ Pichlmaier Palliativmedizin/Alternative Sterbehilfe)

Radbruch, Lukas/ Zech, Detlev
Definition, Entwicklung und Ziele der Palliativmedizin, in: Aulbert, Eberhard/ Zech, Detlev Lehrbuch der Palliativmedizin, Stuttgart 1997, S. 1-11 (zit. Radbruch/Zech in: Aulbert/Zech Lehrbuch der Palliativmedizin)

Ratsak, Gerda
Angst und Angstbewältigung in: Aulbert, Eberhard/ Zech, Detlev Lehrbuch der Palliativmedizin, Stuttgart 1997, S. 750-765 (zit. Ratsak in: Aulbert/Zech Lehrbuch der Palliativmedizin)

Rehberg, Jörg/ Schmid, Niklaus/ Donatsch, Andreas
Strafrecht III, 8. teilweise neu bearbeitete Auflage, Zürich 2003 (zit. Rehberg/ Schmid/Donatsch Strafrecht III)

Rengier, Rudolf
Strafrecht Besonderer Teil II, 5. neu bearbeitete Auflage, München 2003 (zit. Rengier Strafrecht BT 2)

Reymann, Andreas
Thesen zur medikamentösen Schmerztherapie in: Schockenhoff, Bernd Spezielle Schmerztherapie, 2. aktualisierte und ergänzte Auflage, München 2002, S. 41-59 (zit. Reymann in: Schockenhoff Spezielle Schmerztherapie)

Richter, Wolfgang/ Aulbert, Eberhardt/ Hankemeier, Ulrich B.
Psychische Grundlagen von Schmerzempfindung, Schmerzäußerung und Schmerzbehandlung in: Hankemeier, Ulrich B./ Schüle-Hein, Karin/ Krizanits, Franz H. Tumorschmerztherapie, 2. völlig neubearbeitete und erweiterte Auflage, Berlin 2001, S. 20-30 (zit. Richter/Aulbert/Hankemeier in: Hankemeier/ Schüle-Hein/Krizanits Tumorschmerztherapie)

Richter-Kuhlmann, Eva A.
Prozess um Sterbebegleitung: Ärztin muss vor Gericht DÄBl. 102 (2005), A2197

Roellecke, Gerd
Gibt es ein „Recht auf den Tod"? in: Eser, Albin Suizid und Euthanasie als human- und sozialwissenschaftliches Problem, Stuttgart 1976, S. 336-346 (zit. Roellecke in: Eser Suizid und Euthanasie)

Roßner, Hans-Jürgen
Begrenzung der Aufklärungspflicht des Arztes bei Kollision mit anderen ärztlichen Pflichten, Frankfurt a. M. 1998 (zit. Roßner Aufklärungspflicht)

Roxin, Claus
Strafrecht Allgemeiner Teil Band I, 3. Auflage, München 1997 (zit. Roxin Strafrecht AT 1)

Roxin, Claus
Strafrecht Allgemeiner Teil Band II, München 2003 (zit. Roxin Strafrecht AT 2)

Roxin, Claus
Zur strafrechtlichen Beurteilung der Sterbehilfe in: Roxin, Claus/ Schroth, Ulrich Medizinstrafrecht, 2. überarbeitete Auflage, Stuttgart 2001, S. 93-119 (zit. Roxin in: Roxin/Schroth Medizinstrafrecht)

Rudolphi, Hans-Joachim
In: Rudolphi, Hans-Joachim/ Horn, Eckhard/ Samson, Erich/ Günther, Hans-Ludwig Systematischer Kommentar zum Strafgesetzbuch, Neuwied Stand September 2004 (zit. Rudolphi in: SK-StGB)

Sagel-Grande, Irene
Rechtliche Regelung der Euthanasie in den Niederlanden ZStW 111 (1999), 742-755

Sandgathe Bettina
Welche Erleichterungen bringt die neue BtMVV? in: Klaschik, Eberhard/ Nauck, Friedemann Palliativmedizin heute, Berlin 1994, S. 17-24 (zit. Sandgathe in: Klaschik/Nauck Palliativmedizin heute)

Schäfer, Michael
Pathophysiologie des Schmerzes in: Brune, Kay/ Beyer, Antje/ Schäfer, Michael Schmerz: Pathophysiologie – Pharmakologie – Therapie, Berlin 2001; S. 1-29 (zit. Schäfer in: Brune/Beyer/Schäfer Schmerz)

Schara, J.
Schmerz als Problem? Anaesthesist (1986) 35, 395f.

Schara, Joachim
Patientenaufklärung – Rechtliche und humanitäre Forderungen in: Hankemeier, Ulrich B./ Schüle-Hein, Karin/ Krizanits, Franz H. Tumorschmerztherapie, 2. völlig neubearbeitete und erweiterte Auflage, Berlin 2001, S. 31-40 (zit. Schara in: Hankemeier/Schüle-Hein/Krizanits Tumorschmerztherapie)

Schele, Hans-Albrecht/ Kloke, Marianne
Schmerzen bei Tumorerkrankungen in: Diener, Hans Christoph/ Maier, Christoph Das Schmerztherapiebuch, 2. Auflage, München 2003, S. 209-231 (zit. Schele/Kloke in: Diener/Maier Schmerztherapiebuch)

Scherer, Ralf
Opioidanalgetika – Wirkmechanismen und Pharmakokinetik in: Gralow, Ingrid/ Husstedt, Ingo Wilhelm/ Bothe, Hans-Werner/ Evers, Stefan/ Hürter, Albert/ Schilgen, Markus Schmerztherapie interdisziplinär, Stuttgart 2002, S. 307-312 (zit. Scherer in: Gralow/Husstedt/Bothe/Evers/Hürter/Schilgen Schmerztherapie interdisziplinär)

Schlund, G. H.
Der Schmerz – auch ein medizinisch-juristisches Problem Med. Welt 1979, 915-919

Schlunk, Thomas
Parenterale Schmerztherapie in: Zenz, Michael/ Donner, Barbara Schmerz bei Tumorerkrankungen, Stuttgart 2002, S. 117-123 (zit. Schlunk in: Zenz/Donner Schmerz bei Tumorerkrankungen)

Schmaltz, Christiane
Sterbehilfe; Rechtsvergleich Deutschland – USA, Frankfurt a. M. 2001 (zit. Schmaltz Sterbehilfe)

Schmid, Hugo
Die Grenzen der Therapiefreiheit NJW 1986, 2339-2343

Schmidhäuser, Eberhard
Die Grenze zwischen vorsätzlicher und fahrlässiger Straftat („dolus eventualis" und „bewusste Fahrlässigkeit") JuS 1980, 241-252

Schmidhäuser, Eberhard
Strafrecht Allgemeiner Teil, Tübingen 1970 (zit. Schmidhäuser Strafrecht AT)

Schmidt, Eberhard
Der Arzt im Strafrecht, Leipzig 1939 (zit. Schmidt, Eb. Der Arzt im Strafrecht)

Schmitt, Rudolf
Das Recht auf den eigenen Tod MDR 1986, 617-621

Schmitt, Rudolf
Euthanasie aus der Sicht eines Juristen JZ 1979, 462-467

Schneider, Hartmut
In: Joecks, Wolfgang/ Miebach, Klaus Münchener Kommentar zum Strafgesetzbuch, München 2003 (zit. Schneider in: MüKo)

Schöch, Heinz
Die erste Entscheidung des BGH zur sog. indirekten Sterbehilfe NStZ 1997, 409-412

Schöch, Heinz
Menschenwürdiges Sterben und Strafrecht ZRP 1986, 236-239

Schockenhoff, Eberhard
Töten oder Sterbenlassen in: Gordijn, Bert/ Have, Henk ten Medizinethik und Kultur, Stuttgart 2000, S. 459-476 (zit. Schockenhoff in: Gordijn/Have Medizinethik und Kultur)

Scholten, Hans-Joseph
Niederlande in: Eser, Albin/ Koch, Hans-Georg Materialien zur Sterbehilfe, Freiburg i. Br. 1991, S. 451-500 (zit. Scholten in: Eser/Koch Materialien zur Sterbehilfe)

Scholze, Bettina/ Finkeißen, Ekkehard
Ärztliche Fortbildungspflicht in Deutschland MedR 2004, 141-148

Schreiber, Hans-Ludwig
Das Recht auf den eigenen Tod – zur gesetzlichen Neuregelung der Sterbehilfe, NStZ 1986, 337-345

Schreiber, Hans-Ludwig
Ein neuer Entwurf für eine Richtlinie der Bundesärztekammer zur Sterbehilfe in: Ahrens, Hans-Jürgen/ Bahr, Christian von/ Fischer, Gerfried/ Spickhoff, Andreas/ Taupitz, Jochen Festschrift für Erwin Deutsch zum 70. Geburtstag, Köln 1999, S. 773-786 (zit. Schreiber in: Deutsch-FS)

Schröder, Birgit
Das Recht auf ein menschenwürdiges Sterben, Berlin 2003 (zit. Schröder Recht auf menschenwürdiges Sterben)

Schroeder, Friedrich-Christian
Beihilfe zum Selbstmord und Tötung auf Verlangen ZStW 106 (1994), 565-580

Schroeder, Friedrich-Christian
In: Jähnke, Burkhard/ Laufhütte, Heinrich Wilhelm/ Odersky, Walter Leipziger Kommentar, 11. neu bearbeitete Auflage, Berlin 2003 (zit. Schroeder in: LK)

Schug, Stephan/ Zech, Detlev
Prinzipien der Schmerztherapie in: Aulbert, Eberhard/ Zech, Detlev Lehrbuch der Palliativmedizin, Stuttgart 1997, S. 427-430 (zit. Schug/Zech in: Aulbert/ Zech Lehrbuch der Palliativmedizin)

Schüle-Hein, Karin
Palliative Strahlentherapie in: Aulbert, Eberhard/ Zech, Detlev Lehrbuch der Palliativmedizin, Stuttgart 1997, S. 260-278 (zit. Schüle-Hein in: Aulbert/Zech Lehrbuch der Palliativmedizin)

Schüle-Hein, Karin
Palliative Strahlentherapie in: Hankemeier, Ulrich B./ Schüle-Hein, Karin/ Krizanits, Franz H. Tumorschmerztherapie, 2. völlig neubearbeitete und erweiterte Auflage, Berlin 2001, S. 156-187 (zit. Schüle-Hein in: Hankemeier/Schüle-Hein/Krizanits Tumorschmerztherapie)

Schulz-Ertner, Daniela
Bestrahlungsplanung in: Reiser, Maximilian/ Kuhn, Fritz-Peter/ Debus, Jürgen Radiologie, Stuttgart 2004, S. 107-118 (zit. Schulz-Ertner in: Reiser/Kuhn/ Debus Radiologie)

Schulz-Ertner, Daniela
Verfahren der kurativen und palliativen Strahlentherapie in: Reiser, Maximilian/ Kuhn, Fritz-Peter/ Debus, Jürgen Radiologie, Stuttgart 2004, S. 97-99 (zit. Schulz-Ertner in: Reiser/Kuhn/Debus Radiologie)

Schulze-Fielitz, Helmuth
In: Dreier, Horst Grundgesetz, Tübingen 1996 (zit. Schulze-Fielitz in: Dreier GG)

Schünemann, Bernd
Moderne Tendenzen in der Dogmatik der Fahrlässigkeits- und Gefährdungsdelikte JA 1975, 149-158

Schwalm, G.
Juristische Aspekte der Sterbehilfe BayÄBl. 1975, 565-568

Schwarzenegger, Christian
In: Niggli, Marcel Alexander/ Wiprächtiger, Hans Basler Kommentar Strafgesetzbuch II, Basel 2003 (zit. Schwarzenegger in: Niggli/Wiprächtiger Strafgesetzbuch)

Seelmann, Kurt
Sterbehilfe: Die Rechtslage in der Schweiz in: Brudermüller, Gerd/ Marx, Wolfgang/ Schüttauf, Konrad Suizid und Sterbehilfe, Würzburg 2003, S. 135-146 (zit. Seelmann in: Brudermüller/Marx/Schüttauf Suizid und Sterbehilfe)

Seelmann, Kurt
„Unterlassene Hilfeleistung" oder: Was darf das Strafrecht? JuS 1995, 281-286

Seibert, Michael
Rechtliche Würdigung der aktiven indirekten Sterbehilfe, Konstanz 2003 (zit. Seibert Indirekte Sterbehilfe)

Sellschopp, Almuth
Ziele psychosozialer Intervention in: Aulbert, Eberhard/ Zech, Detlev Lehrbuch der Palliativmedizin, Stuttgart 1997, S. 723-730 (zit. Sellschopp in: Aulbert/ Zech Lehrbuch der Palliativmedizin)

Siebert, Arvid
Strafrechtliche Grenzen ärztlicher Therapiefreiheit MedR 1983, 216-220

Siebert, Arvid
Strafrechtliche Grenzen ärztlicher Therapiefreiheit, Münster (Westfalen) 1982 (zit. Siebert Strafrechtliche Grenzen ärztlicher Therapiefreiheit)

Simson, Gerhard
Ein Ja zur Sterbehilfe aus Barmherzigkeit in: Evers, Hans Ulrich/ Friauf, Karl Heinrich/ Hanack, Ernst Walter/ Reinhardt, Rudolf Persönlichkeit in der Demokratie Festschrift für Erich Schwinge zum 70. Geburtstag, Köln-Bonn 1973, S. 89-110 (zit. Simson in: Schwinge-FS)

Simson, Gerhard
Euthanasie als Rechtsproblem NJW 1964, 1153-1157

Sohn, Wolfgang
Ambulante hausärztliche Betreuung von Tumorpatienten – Realität und Wunsch in: Zenz, Michael/ Donner, Barbara Schmerz bei Tumorerkrankungen, Stuttgart 2002, S. 279-286 (zit. Sohn in: Zenz/Donner Schmerz bei Tumorerkrankungen)

Sorge, Jürgen
Epidemiologie, Klassifikation und Klinik von Krebsschmerzen in: Aulbert, Eberhard/ Zech, Detlev Lehrbuch der Palliativmedizin, Stuttgart 1997, S. 430-435 (zit. Sorge in: Aulbert/Zech Lehrbuch der Palliativmedizin)

Sorge, Jürgen
Medikamentöse Schmerztherapie in: Zenz, Michael/ Jurna, Ilmar Lehrbuch der Schmerztherapie, 2. neu bearbeitete Auflage, Stuttgart 2001, S. 457-473 (zit. Sorge in: Zenz/Jurna Lehrbuch der Schmerztherapie)

Spaniol, Margret
Frankreich in: Eser, Albin/ Koch, Hans-Georg Materialien zur Sterbehilfe, Freiburg i. Br. 1991, S. 281-319 (zit. Spaniol in: Eser/Koch Materialien zur Sterbehilfe)

Spendel, Günter
In: Jähnke, Burkhard/ Laufhütte, Heinrich Wilhelm/ Odersky, Walter Leipziger Kommentar Strafgesetzbuch, 11. neu bearbeitete Auflage, Berlin 1996 (zit. Spendel in: LK)

Spickhoff, Andreas
Die Entwicklung des Arztrechts 2002/2003 NJW 2003, 1701-1710

Spickhoff, Andreas
Die Entwicklung des Arztrechts 2004/2005 NJW 2005, 1694-1703

Spiegel, David/ Bloom, Joan R./ Kraemer, Helena C./ Gottheil, Ellen
Effect of Psychosocial Treatment on Survival of Patients with Metastatic Breast Cancer The Lancet 1989, 888-891

Spreeuwenberg, Cornelis
Hilfe zum Sterben: mehr Pros als Contras. in: Schumpelick, Volker Klinische Sterbehilfe und Menschenwürde, Freiburg i. Br. 2003, S. 86-96 (zit. Spreeuwenberg in: Schumpelick Klinische Sterbehilfe und Menschenwürde)

Staats, Peter S.
The Pain-Mortality Link: Unraveling the Mysteries in: Payne, Richard/ Patt, Richard B./ Hill, C. Stratton Assessment and Treatment of Cancer Pain, Seattle USA 1998, S. 145-156 (zit. Staats in: Payne/Patt/Hill Assessment and Treatment of Cancer Pain)

Ständige Deputation des Deutschen Juristentages
Verhandlungen des sechsundfünfzigsten Deutschen Juristentages Band II Sitzungsberichte, München 1986 (zit. Ständige Deputation des Deutschen Juristentages 56. Dt. Juristentag Bd. II)

Starck, Christian
In: von Mangoldt, Hermann/ Klein, Friedrich/ Starck, Christian Das Bonner Grundgesetz, Band 1, 4. vollständig neubearbeitete Auflage, München 1999 (zit. Starck in: v. Mangoldt/Klein/Starck GG)

Steffen, Erich
Noch einmal: Selbstverantwortetes Sterben? NJW 1996, 1581

Steiner, Udo
Der Schutz des Lebens durch das Grundgesetz, Berlin 1992 (zit. Steiner Schutz des Lebens durch das GG)

Stellamor, Kurt
In: Stellamor, Kurt/ Steiner, Johannes Wolfgang Handbuch des österreichischen Arztrechts Band II: Arzt und Ethik, 2. überarbeitete und erweiterte Auflage, Wien 1999 (zit. Stellamor in: Stellamor/Steiner Handbuch des österreichischen Arztrechts Band II)

Stellamor, Kurt/ Steiner, Johannes Wolfgang
Handbuch des österreichischen Arztrechts Band I: Arzt und Recht, 2. überarbeitete Auflage, Wien 1999 (zit. Stellamor/Steiner Handbuch des österreichischen Arztrechts Band I)

Stratenwerth, Günter
Zur Individualisierung des Sorgfaltsmaßstabes beim Fahrlässigkeitsdelikt in: Vogler, Theo/ Herrmann, Joachim/ Krümpelmann, Justus/ Moos, Reinhard/ Triffterer, Otto/ Leibinger, Rudolf/ Schaffmeister, Dieter/ Meyer, Jürgen/ Hünerfeld, Peter/ Behrendt, Hans-Joachim Festschrift für Hans-Heinrich Jescheck zum 70. Geburtstag, Erster Halbband, Berlin 1985, S. 285-302 (zit. Stratenwerth in: Jescheck-FS)

Stratenwerth, Günter/ Kuhlen, Lothar
Strafrecht Allgemeiner Teil I, 5. neu bearbeitete Auflage, Köln 2004 (zit. Stratenwerth/Kuhlen Strafrecht AT 1)

Stree, Walter
In: Schönke, Adolf/ Schröder, Horst Strafgesetzbuch, 26. neu bearbeitete Auflage, München 2001 (zit. Stree in: Sch/Sch)

Striebel, Hans-Walter/ Toussaint, Susanne
Methoden der Schmerztherapie in: Kretz, Franz-Josef/ Schäffer, Jürgen Anästhesie, 3. völlig überarbeitete und teilweise neu verfasste Auflage, Berlin 2000, S. 637-653 (zit. Striebel/Toussaint in: Kretz/Schäffer Anästhesie)

Striebel, Hans-Walter/ Toussaint, Susanne
Physiologie und Pathophysiologie des Schmerzes in: Kretz, Franz-Josef/ Schäffer, Jürgen Anästhesie, 3. völlig überarbeitete und teilweise neu verfasste Auflage, Berlin 2000, S. 627-633 (zit. Striebel/Toussaint in: Kretz/Schäffer Anästhesie)

Striebel, Hans-Walter/ Toussaint, Susanne
Spezielle Schmerztherapie in: Kretz, Franz-Josef/ Schäffer, Jürgen Anästhesie, 3. völlig überarbeitete und teilweise neu verfasste Auflage, Berlin 2000, S. 655-671 (zit. Striebel/Toussaint in: Kretz/Schäffer Anästhesie)

Strub, Gerhard/ Wolf, Stefan
Sterbehilfe in: Kaufmann, Arthur/ Merkel, Reinhard/ Papageorgiou, Konstantin/ Schroth, Ulrike/ Voß, Monika Moderne Medizin und Strafrecht, Heidelberg 1989, S. 151-160 (zit. Strub/Wolf in: Kaufmann/Merkel/Papageorgiou/Schroth/ Voß Moderne Medizin und Strafrecht)

Strubelt, Otfried
Vereinfachte Verschreibung von Betäubungsmitteln DÄBl. 90 (1993), B1292-B1297

Strumpf, Michael
Einführung in Diagnostik und Therapie verschiedener Schmerzsyndrome bei Tumorpatienten in: Zenz, Michael/ Donner, Barbara Schmerz bei Tumorerkrankungen, Stuttgart 2002, S. 145-149 (zit. Strumpf in: Zenz/Donner Schmerz bei Tumorerkrankungen)

Strumpf, Michael
Krebsschmerz in: Zenz, Michael/ Jurna, Ilmar Lehrbuch der Schmerztherapie, 2. neu bearbeitete Auflage, Stuttgart 2001, S. 715-728 (zit. Strumpf in: Zenz/ Jurna Lehrbuch der Schmerztherapie)

Strumpf, Michael/ Schwarz, Ute/ Zenz, Michael
Organisatorische Aspekte der Schmerztherapie in: Zenz, Michael/ Jurna, Ilmar Lehrbuch der Schmerztherapie, 2. neu bearbeitete Auflage, Stuttgart 2001, S. 909-919 (zit. Strumpf/Schwarz/Zenz in: Zenz/Jurna Lehrbuch der Schmerztherapie)

Strumpf, Michael/ Zenz, Michael
Stufenschema, Betäubungsmittelverschreibungsverordnung (BtMVV) in: Zenz, Michael/ Jurna, Ilmar Lehrbuch der Schmerztherapie, 2. neu bearbeitete Auflage, Stuttgart 2001, S. 485-498 (zit. Strumpf/Zenz in: Zenz/Jurna Lehrbuch der Schmerztherapie)

Stüwe, Heinz
Sterbebegleitung: Neues Gesetz in Frankreich DÄBl. 101 (2004), A3376

Tag, Brigitte
Der Körperverletzungstatbestand im Spannungsfeld zwischen Patientenautonomie und Lex artis, Berlin 2000 (zit. Tag Körperverletzungstatbestand)

Tempel, Otto
Inhalt, Grenzen und Durchführung der ärztlichen Aufklärungspflicht unter Zugrundelegung der höchstrichterlichen Rechtsprechung NJW 1980, 609-617

Tomassone, Silvia/ Wöffen, Tim
Leitlinienmedizin und ärztliche Therapiefreiheit StudZR 2005, 61-80

Treede, Rolf-Detlev
Physiologische Grundlagen der Schmerzentstehung und Schmerztherapie in: Zenz, Michael/ Jurna, Ilmar Lehrbuch der Schmerztherapie, 2. neu bearbeitete Auflage, Stuttgart 2001, S. 39-63 (zit. Treede in: Zenz/Jurna Lehrbuch der Schmerztherapie)

Triffterer, Otto
Die „objektive Voraussehbarkeit" (des Erfolges und des Kausalverlaufs) – unverzichtbares Element im Begriff der Fahrlässigkeit oder allgemeines Verbrechenselement aller Erfolgsdelikte? in: Kaufmann, Arthur/ Bemmann, Günter/ Krauss, Detlef/ Volk, Klaus Festschrift für Paul Bockelmann zum 70. Geburtstag am 7. Dezember 1978, München 1979, S. 201-224 (zit. Triffterer in: Bockelmann-FS)

Trockel, Horst
Sterbehilfe im Wandel der Zeit NJW 1975, 1440-1446

Tröndle, Herbert
Selbstbestimmung des Patienten – Wohltat oder Plage? MDR 1983, 881-887

Tröndle, Herbert
Warum ist die Sterbehilfe ein rechtliches Problem? ZStW 99 (1987), 25-48

Tröndle, Herbert/ Fischer Thomas
Strafgesetzbuch und Nebengesetze, 52. neu bearbeitete Auflage, München 2004 (zit. Tröndle/Fischer)

Uhlenbruck, Wilhelm
Bedenkliche Aushöhlung der Patientenrechte durch die Gerichte NJW 2003, 1710-1712

Uhlenbruck, Wilhelm
Die Rechtspflicht des Arztes zu ausreichender postoperativer Schmerztherapie MedR 1993, 296-299

Uhlenbruck, Wilhelm
Recht auf den eigenen Tod? ZRP 1986, 209-217

Uhlenbruck, Wilhelm
Rechtsfragen der Palliativmedizin in: Söllner, Alfred/ Gitter, Wolfgang/ Waltermann, Raimund/ Giesen, Richard/ Ricken, Oliver Gedächtnisschrift für Meinhard Heinze, München 2005, S. 949-968 (zit. Uhlenbruck in: Söllner/Gitter/ Waltermann/Giesen/Ricken Heinze-Gedächtnisschrift)

Uhlenbruck, Wilhelm
Selbstbestimmtes Sterben durch Patiententestament, Vorsorgevollmacht, Betreuungsverfügung, Berlin 1997 (zit. Uhlenbruck Selbstbestimmtes Sterben)

Uhlenbruck, Wilhelm/ Ulsenheimer, Klaus
Arzt und Drogenwesen in: Laufs, Adolf/ Uhlenbruck, Wilhelm Handbuch des Arztrechts, 3. neubearbeitete Auflage, München 2002, S. 1196-1202 (zit. Uhlenbruck/Ulsenheimer in: Laufs/Uhlenbruck Handbuch des Arztrechts)

Uhlenbruck, Wilhelm/ Ulsenheimer, Klaus
Die ärztliche Sterbehilfe in: Laufs, Adolf/ Uhlenbruck, Wilhelm Handbuch des Arztrechts, 3. neubearbeitete Auflage, München 2002, S. 1158-1179 (zit. Uhlenbruck/Ulsenheimer in: Laufs/Uhlenbruck Handbuch des Arztrechts)

Ulsenheimer, Klaus
Ärztliche Sterbehilfe in: Laufs, Adolf/ Uhlenbruck, Wilhelm Handbuch des Arztrechts, 3. neubearbeitete Auflage, München 2002, S. 1375-1385 (zit. Ulsenheimer in: Laufs/Uhlenbruck Handbuch des Arztrechts)

Ulsenheimer, Klaus
Arztstrafrecht in der Praxis, 3. neu bearbeitete und erweiterte Auflage, Heidelberg 2003 (zit. Ulsenheimer Arztstrafrecht in der Praxis)

Ulsenheimer, Klaus
Die ärztliche Hilfeleistungspflicht (§ 323c StGB) in: Laufs, Adolf/ Uhlenbruck, Wilhelm Handbuch des Arztrechts, 3. neubearbeitete Auflage, München 2002, S. 1284-1302 (zit. Ulsenheimer in: Laufs/Uhlenbruck Handbuch des Arztrechts)

Ulsenheimer, Klaus
Die fahrlässige Körperverletzung in: Laufs, Adolf/ Uhlenbruck, Wilhelm Handbuch des Arztrechts, 3. neubearbeitete Auflage, München 2002, S. 1235-1264 (zit. Ulsenheimer in: Laufs/Uhlenbruck Handbuch des Arztrechts)

Ulsenheimer, Klaus
Die rechtliche Verpflichtung zur postoperativen Schmerztherapie Anaesthesist (1997 (Suppl. 3)) 46, S138-S142

Ulsenheimer, Klaus
Strafbarkeit des Garanten bei Nichtvornahme der einzig möglichen, aber riskanten Rettungshandlung – BGH bei Dallinger, MDR 1971, 361 JuS 1972, 252-256

Ulsenheimer, Klaus/ Erlinger, Rainer
Forensische Aspekte der Schmerztherapie in: Zenz, Michael/ Jurna, Ilmar Lehrbuch der Schmerztherapie, 2. neu bearbeitete Auflage, Stuttgart 2001, S. 935-943 (zit. Ulsenheimer/Erlinger in: Zenz/Jurna Lehrbuch der Schmerztherapie)

Verrel, Torsten
Der BGH legt nach: Zulässigkeit der indirekten Sterbehilfe MedR 1997, 248-250

Verrel, Torsten
Richter über Leben und Tod? JR 1999, 5-8

Verrel, Torsten
Selbstbestimmungsrecht contra Lebensschutz JZ 1996, 224-231

Vogel, Hans-Peter
Symptomatische Behandlung neuropsychiatrischer Symptome in: Aulbert, Eberhard/ Zech, Detlev Lehrbuch der Palliativmedizin, Stuttgart 1997, S. 665-677 (zit. Vogel in: Aulbert/Zech Lehrbuch der Palliativmedizin)

Weber, Ulrich
In: Arzt, Gunther/ Weber, Ulrich Strafrecht Besonderer Teil, Bielefeld 2000 (zit. Weber in: Arzt/Weber Strafrecht BT)

Weigend, Thomas/ Künschener, Alfred
USA in: Eser, Albin/ Koch, Hans-Georg Materialien zur Sterbehilfe, Freiburg i. Br. 1991, S. 669-774 (zit. Weigend/Künschener in: Eser/Koch Materialien zur Sterbehilfe)

Weißauer, Walther/Opderbecke, Hans Wolfgang
Behandlungsabbruch bei unheilbarer Krankheit aus medikolegaler Sicht MedR 1995, 456-462

Welzel, Hans
Das Deutsche Strafrecht, 11. neubearbeitete und erweiterte Auflage, Berlin 1969 (zit. Welzel Strafrecht)

Welzel, Hans
Studien zum System des Strafrechts ZStW 58 (1939), 491-566

Welzel, Hans
Zur Dogmatik der echten Unterlassungsdelikte, insbesondere des § 330c StGB NJW 1953, 327-329

Wernstedt, Thela
Sterbehilfe in Europa, Frankfurt a. M. 2004 (zit. Wernstedt Sterbehilfe in Europa)

Wessels, Johannes
Strafrecht Besonderer Teil/1, 21. neubearbeitete Auflage, Heidelberg 1997 (zit. Wessels Strafrecht BT 1 (21. A. 1997))

Wessels, Johannes/ Beulke, Werner
Strafrecht Allgemeiner Teil, 34. neu bearbeitete Auflage, Heidelberg 2004 (zit. Wessels/Beulke Strafrecht AT)

Wessels, Johannes/ Hettinger, Michael
Strafrecht Besonderer Teil/1, 23. neubearbeitete Auflage, Heidelberg 1999 (zit. Wessels/Hettinger Strafrecht BT 1 (23. A.))

Wessels, Johannes/ Hettinger, Michael
Strafrecht Besonderer Teil/1, 28. neubearbeitete Auflage, Heidelberg 2004 (zit. Wessels/Hettinger Strafrecht BT 1)

Wiedemann, Bernd
Blockaden, Neurolysen, spinale Opioidanalgesie in: Zenz, Michael/ Donner, Barbara Schmerz bei Tumorerkrankungen, Stuttgart 2002, S. 123-140 (zit. Wiedemann in: Zenz/Donner Schmerz bei Tumorerkrankungen)

Wieden, Torsten
Dokumentation und Qualitätssicherung in: Schockenhoff, Bernd Spezielle Schmerztherapie, 2. aktualisierte und ergänzte Auflage, München 2002, S. 61-82 (zit. Wieden in: Schockenhoff Spezielle Schmerztherapie)

Wieden, Torsten
Viszeraler Schmerz in: Schockenhoff, Bernd Spezielle Schmerztherapie, 2. aktualisierte und ergänzte Auflage, München 2002, S. 617-629 (zit. Wieden in: Schockenhoff Spezielle Schmerztherapie)

Wiesing, Urban
Ethik in der Medizin, Stuttgart 2000 (zit. Wiesing Ethik in der Medizin)

Willenbrink, Hans-Joachim
Schmerzbehandlung bei Tumorpatienten & symptomorientierte Therapie im Erwachsenen- und Kindesalter mit Beiträgen zur port- und pumpengesteuerten Analgesie sowie zur PCA - patientengesteuerten Analgesie, 15. Auflage, Bremen 2003 (zit. Willenbrink Schmerzbehandlung bei Tumorpatienten)

Willenbrink, Hans-Joachim
Schmerztherapie bei Tumorpatienten in: Schockenhoff, Bernd Spezielle Schmerztherapie, 2. aktualisierte und ergänzte Auflage, München 2002, S. 529-593 (zit. Willenbrink in: Schockenhoff Spezielle Schmerztherapie)

Willweber-Strumpf, Anne
Psychotherapie in: Zenz, Michael/ Donner, Barbara Schmerz bei Tumorerkrankungen, Stuttgart 2002, S. 115-117 (zit. Willweber-Strumpf in: Zenz/Donner Schmerz bei Tumorerkrankungen)

Wilms, Heiner/ Jäger, York
Menschenwürde und Tötung auf Verlangen ZRP 1988, 41-46

Wimmer, August
Kein Recht auf den eigenen Tod? FamRZ 1975, 438-440

Witteck, Lars
Strafbarkeit aktiver Sterbehilfe in Deutschland – ein Trugschluss? KritV 2003, 163-190

Wolfslast, Gabriele
Euthanasie aus der Sicht der Rechtsprechung in: Aulbert, Eberhard/ Klaschik, Eberhard/ Pichlmaier, Heinz Palliativmedizin – Die Alternative zur Sterbehilfe, Stuttgart 1998, S. 41-51 (zit. Wolfslast in: Aulbert/Klaschik/Pichlmaier Palliativmedizin/Alternative Sterbehilfe)

Wolfslast, Gabriele
Psychotherapie in den Grenzen des Rechts, Stuttgart 1985 (zit. Wolfslast Psychotherapie)

Wöretshofer, Jürgen
Die (straf)rechtliche Situation der Sterbehilfe in den Niederlanden in: Schumpelick, Volker Klinische Sterbehilfe und Menschenwürde, Freiburg i. Br. 2003, S. 169-204 (zit. Wöretshofer in: Schumpelick Klinische Sterbehilfe und Menschenwürde)

Wussow, Robert-Joachim
Umfang und Grenzen der ärztlichen Aufklärungspflicht VersR 2002, 1337-1345

Zech, Detlev/ Bischoff, Albrecht/ Grond, Stefan
Die Rolle der Schmerzambulanz bei der hausärztlichen Versorgung von Tumorpatienten in: Zimmermann, Manfred/ Arnau, Heidi Schmerztherapeutische Versorgung von Tumorpatienten, Stuttgart 1994, S. 63-78 (Zech/Bischoff/ Grond in: Zimmermann/Arnau Schmerztherapeutische Versorgung)

Zenz, Michael
Taschenbuch der Schmerztherapie, Stuttgart 1995 (zit. Zenz Taschenbuch Schmerztherapie)

Zenz, M./ Raber, M./Strumpf, M.
Opioid-Analgetika in der Behandlung chronischer „nichtmaligner“ Schmerzsyndrome in: Soyka, D. Schmerz, Stuttgart 1995, S. 117-126 (zit. Zenz/Raber/ Strumpf in: Soyka Schmerz)

Peter Lang · Europäischer Verlag der Wissenschaften

Regina Leitner

Sterbehilfe im deutsch-spanischen Rechtsvergleich

Frankfurt am Main, Berlin, Bern, Bruxelles, New York, Oxford, Wien, 2006. 332 S.
Recht und Medizin. Herausgegeben von Erwin Deutsch, Adolf Laufs und Hans-Ludwig Schreiber. Bd. 80
ISBN 3-631-55310-2 · br. € 56.50*

Die Autorin beleuchtet zunächst den gesamteuropäischen Kontext der rechtlichen Problematik der Sterbehilfe und die Regelungen der Niederlande, Belgiens und der Schweiz. Bei der anschließenden Analyse der deutschen Rechtslage sucht die Autorin konsequente Lösungsansätze für die verschiedenen Formen der Sterbehilfe auf der Grundlage des aktuellen oder mutmaßlichen Patientenwillens und des rechtfertigenden Notstands. Es folgt eine detaillierte Untersuchung der spanischen Rechtslage, die von einer ausdrücklichen gesetzlichen Regelung, aber auch weiter ungelösten dogmatischen Streitfragen geprägt ist. Im direkten Vergleich beider Rechtsordnungen werden Gemeinsamkeiten und Unterschiede herausgearbeitet. Abschließend unterbreitet die Autorin unter Berücksichtigung insbesondere des Selbstbestimmungsrechts des Einzelnen Vorschläge zur gesetzlichen Regelung der Sterbehilfe in Deutschland.

Aus dem Inhalt: Problematik der Sterbehilfe im gesamteuropäischen Kontext · Regelung der Sterbehilfe in der deutschen und spanischen Rechtsordnung · Gemeinsamkeiten und Unterschiede im direkten Vergleich · Vorschläge zur gesetzlichen Regelung der Sterbehilfe in Deutschland

FSC
www.fsc.org
MIX
Papier | Fördert
gute Waldnutzung
FSC® C083411

Kolibri 360 GmbH
Ferdinand-Jühlke-Straße 7
99095 Erfurt, Deutschland
produktsicherheit@kolibri360.de

Druck:
CPI Druckdienstleistungen GmbH
im Auftrag der
Kolibri 360 GmbH
Ferdinand-Jühlke-Str. 7
99095 Erfurt